郑州商品交易所
Zhengzhou Commodity Exchange

期货市场研究丛书

算法机器人和法律监管

科技、自动化与期货及衍生品监管

Algo Bots and the Law:

Technology, Automation, and the Regulation of Futures and Other Derivatives

[美] 格雷戈里·斯科皮诺（Gregory Scopino） 著
郑州商品交易所期货及衍生品研究所 译

中国财经出版传媒集团
中国财政经济出版社

图书在版编目（CIP）数据

算法机器人和法律监管：科技、自动化与期货及衍生品监管 /（美）格雷戈里·斯科皮诺（Gregory Scopino）著；郑州商品交易所期货及衍生品研究所译. -- 北京：中国财政经济出版社，2024.11

书名原文：Algo Bots and the Law : Technology, Automation, and the Regulation of Futures and Other Derivatives

ISBN 978-7-5223-2776-1

Ⅰ. ①算… Ⅱ. ①格… ②郑… Ⅲ. ①人工智能—算法—法律—研究 Ⅳ. ① D912.174

中国国家版本馆 CIP 数据核字（2024）第 035446 号

责任编辑：彭洋洋　　责任校对：胡永立
责任印制：张　健　　封面设计：卜建辰

算法机器人和法律监管：科技、自动化与期货及衍生品监管
SUANFA JIQIREN HE FALÜ JIANGUAN：KEJI、ZIDONGHUA YU QIHUO JI YANSHENGPIN JIANGUAN
中国财政经济出版社 出版

URL：http：//www.cfeph.cn
E-mail：cfeph @cfemg.cn

社址：北京市海淀区阜成路甲 28 号　邮政编码：100142
营销中心电话：010-88191522
天猫网店：中国财政经济出版社旗舰店
网址：https：//zgczjjcbs.tmall.com
北京密兴印刷有限公司印刷　各地新华书店经销
成品尺寸：170mm × 240mm　16 开　30.25 印张　416 000 字
2024 年 11 月第 1 版　2024 年 11 月北京第 1 次印刷
定价：98.00 元
ISBN 978-7-5223-2776-1
（图书出现印装问题，本社负责调换，电话：010-88190548）
本社质量投诉电话：010-88190744
打击盗版举报热线：010-88191661　QQ：2242791300

总　序

习近平总书记指出，创新是引领发展的第一动力。抓创新就是抓发展，谋创新就是谋未来。创新是期货市场的基因，而研究可谓抓创新、谋创新的关键一步。

回顾来路，中国当代期货市场的发展与创新始终与研究息息相关：从试点探索阶段期货市场研究工作小组的推动、郑州粮油批发市场课题组的坚持，到清理整顿阶段对期货市场功能定位、初心使命的再审视和再探讨，再到党的十八大以来对适应中国发展阶段的期货监管制度和业务模式的新认知、新探索，30多年来，期货市场向前艰辛跋涉的每一步，无不源自市场前辈和同仁视野的拓展、认知的跃升。

作为国务院批准成立的首家期货市场试点单位，郑州商品交易所（以下简称“郑商所”）高度重视研究工作，早在1997年设立“期货市场研究丛书”，开启了国内期货交易所同类工作的先河，至今已累计出版著作近30本。这些著作较为系统地介绍了国外期货市场的发展经验、发展模式，较为全面地总结了我国期货市场产生、发展的基本经验，对期货市场的一些理论问题进行了思考和探索，为市场创新发展提供了诸多启示和借鉴。

为者常成，行者常至。中国期货市场从无到有、从小到大、由弱变强，在短短30多年的时间里，走完了成熟市场100多年的路程，走出了一条不平凡的发展道路。其间，中国期货市场产品体系不断完善、市场功能持续深化、风险防控更加成熟、创新开放不断深入、服务能力显著提升。《中华人民共和国期货和衍生品法》的颁布和施行，有力推动了期货市场在法治轨道上持续健康发展。一个期货市场的崛起，是对众多期货人不断研究探索的最大褒奖。

眺望前路，新时代赋予了资本市场新的定位和使命。要贯彻新发展理念，紧紧围绕打造安全、规范、透明、开放、有活力、有韧性的资本市场，坚持把资本市场的一般规律同中国国情市情相结合，坚守资本市场工作的政治性、人民性，以强监管、防风险、促高质量发展为主线，以完善资本市场基础制度为重点，更好发挥资本市场功能作用，推进金融强国建设，服务中国式现代化大局。作为资本市场的重要组成部分，中国期货市场要不负使命、以创新跟上时代，需要直面众多待解决的重大问题：如何融入国家战略，在服务新发展格局中展现更大担当？如何融入实体产业，在服务经济高质量发展中更有作为？如何深刻把握市场运行规律，提高自身运行质量？如何立足国情、市情，学习借鉴国际最佳实践案例，建设中国特色现代期货市场？回答好这些问题，是新时代赋予期货人的机遇与考验。

中国期货市场三十而立，如何再出发？加强研究成为市场共识。持续加强期货行业理论方面的研究与创新，有了与时俱进的理论支撑，发展的方向会更明确，前进的步伐会更坚实。郑商所将充分发挥期货交易所作为金融基础设施的枢纽作用，继续以“期货市场研究丛书”作为行业研究交流、成果展示的平台和纽带，凝聚各方智慧合力，以研究为创新赋能、助推期货市场实现高质量发展，在奋进新征程、服务新格局中继续阔步向前。

郑州商品交易所党委书记、理事长 

原版序言

常言道："千里之行，始于足下。"就本书而言，"千里之行"始于安妮·卢金比尔（Anne Lukingbeal）——康奈尔大学法学院前教导主任。得益于她的鼓励，我才能够走上法学学术与教育之路。源于她的建议，我在康奈尔大学开设了一门关于美国金融衍生品法律法规的课程，由我和同事加里·巴尼特（Gary Barnett）担任讲师，时间长达四年之久。当时，加里·巴尼特担任美国商品期货交易委员会（CFTC）互换交易商和中介监管部（DSIO）主任，而我则任该部特别顾问（当然，目前我仍担任该职务）。在投入大量时间进行课程资料研究后，我意识到，整理的素材及想法足以支撑我撰写法律学术文章。于是，我先后撰写了六篇文章，分别发表于哥伦比亚大学、康涅狄格大学等大学法学院所属的法学期刊。这些文章主要探讨了算法交易及技术革新对当前衍生品市场监管框架带来的挑战（但不仅限于此）。2017年，我开始教授另一门课程，并拓展了大量课程素材。这些文章及素材为本书奠定了坚实的基础。本书用绝大部分篇幅描述和介绍了美国的期货和衍生品法律法规，着重探讨的是，现行法律法规框架是否能够适用正在变革期货和衍生品市场的自动化技术，其是否适用的维度究竟何在？本书并非一个主题贯穿始终，我也绝非简单地复述现有法律法规的概念，而是从多领域多角度开展讨论，提出自己对此类问题的看法。例如，在第十章，我认为：正如经过时间检验的金融市场监管方法一样，美国国会很可能需要扩大监管范围，一些为衍生品市场参与者提供软件程序开发，以及开发自动化系统的企业及个人将被纳入监管范围，避免出现监管缺口。此外，在第十六章，我提出建议：打击算法滥用的有效方式之一，是运用现行金融市场中介监管效能，以合理性或过失性作为判定依据，对未就自动化系统和算法实行有效监管的企业予以处罚。同样，在第十七章，我论述了期货及其他金融工具的“闪崩”事件（也称“闪电崩盘”事件，是指极端、剧烈的价格波动现象）。我据此建议，建立“金融市场扰乱应对基金”，不谋而合的是，有关推出机器人及分布式人工智能万能险这一建议的呼声也很高。在其他领域，监管部门正在制订保险型解决方案，以应对快速、复杂、自动化的算法可能带来的负面影响。我还进一步说明，应对“闪电崩盘”事件而设立“金融市场扰乱应对基金”的建议，与这类监管工作的宗旨一致。

如果没有众人的帮助，我将无法完成本书的写作。因此，我必须对提供过帮助的人表示感谢。首先，感谢我的妻子奥什拉（Aušra）。没有她的耐心，本书无法成稿。其次，需要感谢克里斯·布鲁默（Chris Brummer）。2017年，在他的帮助下，我从康奈尔大学法学院来到乔治敦大学法学院（GULC），并担任兼职法学教授，他的大力支持总是令我备受鼓舞。康奈尔大学位于纽约州伊萨卡市，尽管我非常怀念之前伊萨卡市的日子，但乔治敦大学法学院位于华盛顿特区，距离我住所的距离不算太远，我开车即可通勤，无须乘坐飞机。在康奈尔大学，我所在的团队由杰夫·拉奇林斯基（Jeff Rachlinski）领导，他在科研、写作和教学方面都给了我莫大鼓励，而且整个团队都非常出色，我对他们的感激之情难以言表。团队成员包括鲍勃·希尔曼（Bob Hillman）、瓦莱丽·汉斯（Valerie Hans）、迈克尔·多尔夫（Michael Dorf）、恰克·怀特黑德（Chuck Whitehead）、奥德特·里诺（Odette Lineau）、乔希·查菲茨（Josh Chafetz）、扎卡里·克罗普顿（Zachary Clopton，目前已供职于西北大学）和系主任埃德瓦多·M. 培耶（Eduardo M. Peñalver）。最后，我还想对安德鲁·维尔斯坦因（Andrew Verstein，加利福尼亚大学洛杉矶分校法学院）、叶莎·雅达芙（Yesha Yadav，范德堡大学法学院）、弗兰克·帕特洛伊（Frank Partnoy，加利福尼亚大学伯克利分校法学院）、詹姆斯·科瓦克（James Kwak，康涅狄格大学法学院）、拉姆西·伍德科克（Ramsi Woodcock，肯塔基大学法学院）和汤姆·C. W. 林（Tom C. W. Lin，天普大学法学院）表示感谢。他们对我极其慷慨，无论什么时候，只要我有需要，都会拨冗面谈。在给我提供帮助的人中，如果有人被遗漏了，我在此表示歉意。需要指出的是，尽管许多人向我提供了帮助，但本书可能仍会存在一些疏漏，这些疏漏之处均由本人造成，与他人无关。

此外，我还必须声明，本书是我以个人名义撰写，不涉及CFTC雇员的官方身份。本书中的分析和结论均为本人个人观点，并非CFTC互换交易商和中介监管部其他成员、CFTC其他工作人员、CFTC自身或美国政府的观点。

格雷戈里·斯科皮诺

目　录

绪　论

自动化和人工智能领域的技术进步已经从根本上改变了美国期货和衍生品市场的性质，而在某些领域，这些技术进步正促使市场法律法规框架发生必然变革。本书的主题，正是围绕这种变革展开。目前，人工智能系统正在改变市场。为找出应对这种局面的解决方案，本书对算法机器人在期货市场交易中基本取代人工交易者的问题进行了研究，对目前监管机构应对这些变化的方式方法进行了分析，并对政策制定者未来应采取哪些措施进行了探讨。但是，在深入探讨这些话题之前，请允许我从更广阔的视野（即在金融和衍生品视角之外）阐述一下计算机科技领域技术进步产生的社会影响。

最近数十年，技术已经改变了我们的世界，甚至改变了一些我们认为理所当然的东西。比如，我上高中时，有的同学曾炫耀说："我的学期论文是在电脑上写的。"而如今，人们已经认为用电脑写作是理所当然的。如果现在还有学生吹嘘说自己是在电脑上写论文的，听众的反应很可能会是这样的："别开玩笑了！那你是怎么给朋友发信息的呢？不发短信，用信鸽吗？"拼写和语法也一样。在文字处理软件获得广泛运用之前，只有人能够检查和纠正文本中的拼写和语法错误，而今天，几乎人人都在使用自带拼写和语法检查功能的文字处理软件。因此，收到满是拼写和语法错误的学生作业时，大学教授的第一反应可能是："这个学生真是懒到家了！他竟然连自动拼写检查都不做，就把论文交上来了。"实际上，今天的大学教授很可能不会再接受学生们手写的研究论文了，甚至连打字机基本上也已经成为了过去式。简而言之，凡是学术论文和新闻报道，甚至可以说，写作任何东西，基本上都是用电脑来完成了。大多数情况下，如果有人告诉你他正在写什么东西，那自然是使用电脑完成的。

当然，如果仔细想一想，我们就会发现，技术实际上早已催生了重大变化。我是在纽约州一个小城镇的一所大学里念的研究生。当时，学校通往城里的路上有一个破旧的酒店，酒店大门外的广告牌上面写着"彩色电视，每间必备"的宣传标语。到了2018年，如果这还是一家酒店最大卖点的话，那么，这家酒店在市场竞争中可能会遇到大麻烦。"computer"这个词的历史也能说明问题，牛津大学未来学家、学者卢西亚诺·弗洛里迪（Luciano Floridi）告诉我们，过去这个词的含义近似于会计师、簿记员或审计师之类的词汇。[①]也就是说，"computer"过去是指人类的一种职业。[②]弗洛里迪特别指出：

> 17世纪至19世纪，这个词等同于"从事计算工作的人"，因为当时世界上没有任何可以自主运算的机器。比如，1890年，美国民政局一场关于"computer"这一职位的竞聘上岗考试就包含"正字法、书法、誊写、书信写作、代数、几何、对数和三角学"的内容。……但是，到计算机领域先驱科学家艾伦·图灵（Alan Turing）发表其经典论文《计算机器与智能》时，他已经不得不说明，在某些情况下，他指的是"人类计算师（human computer）"，而非其他，到了1950年，"computer"不再仅指从事计算的人了。[③]

① LUCIANO FLORIDI, THE FOURTH REVOLUTION 93 (2014).

② 同上。

③ 同上。

今天，我们已经很难找到“人类计算师”的招聘广告了。如果有人提到某项工作是由“computer”完成的，人们会理所当然地认为，这里的“computer”是指机器，而不是人类。[①]

近年来，大众认知发生着类似的迅猛变革。2011年，著名技术专家、风险投资人马克·安德森（Marc Andreessen）表示软件正在蚕食世界，以此强调一个事实，即科技公司与其他行业之间的界线正在模糊化，而“数字经济”将以一种悄无声息的方式取代实体经济。[②]简而言之，安德森认为，几乎所有企业都是科技公司，尽管有些企业尚未认识到这一点。

2019年，在安德森发表“软件正在蚕食世界”的评论八年之后，软件的胃口已经明显变大，甚至到了“吞噬”金融及其他部门所有经营方式的地步。比如，将自己视为技术型企业的公司，不仅包括高盛之类的投资银行和纳斯达克这样的金融交易所，而且还包括农业企业、供应链管理和运输公司，以及汽车制造商，甚至还包括医疗保健服务提供商。比如，高盛前首席执行官劳埃德·布兰克费恩（Lloyd Blankfein）经常表示，他的投资银行实际上是一家科技公司。事实上，布兰克费恩并没有开玩笑。近年来，高盛雇佣的软件程序员和计算机工程师确实比脸书、推特和领英都要多。

但是，技术带来的社会变革并不止于此。近些年，人工智能已经渗透到了越来越多的社会领域。对于人工智能，一些人泛泛地将其定义为能够从事需要人类智能才能完成的活动的计算机。2017年，芯片制造商英伟达公司的首席执行官黄仁勋（Jensen Huang）对安德森的比喻进行了一次新的解读。他表示，软件确实蚕食了世界，但人工智能很快就会“蚕食软件”。[③]作出这

---

① 同样，“在第二次世界大战之前，‘计算员（calculator，现今指计算器——译者注）’也是一项技能型职业。”JERRY KAPLAN, ARTIFICIAL INTELLIGENCE: WHAT EVERYONE NEEDS TO KNOW 2（2016）.

② Andrew Burt, *The Law Is Adapting to a Software-Driven World*, Fin. Times, March 26, 2017; Marc Andreessen, *Why Software Is Eating the World*, WALL ST. J., Aug. 20, 2011, https://www.wsj.com/articles/SB10001424053111903480904576512250915629460.

③ Tom Simonite, *Nvidia CEO: Software Is Eating the World, but AI Is Going to Eat Software*, MIT TECH. REV., May 12, 2017; Peter Voss, *AI and Natural Language*, MEDIUM, Sept. 26, 2017.

一表述时，黄仁勋实际上认同了其他技术专家的观点。根据这些人的预测，在不久的将来，人工智能在人类社会中将无处不在，“像电一样，人工智能将成为‘点亮’其他任何东西的根本性、基础性技术”①。请注意，这些技术专家并不是在说，人工智能只是特定服务和运算方面的一个不错选择，而是在预测，“人工智能将像电一样，越来越易于使用，越来越有必要嵌入到所有事物中”②。

近期科技进步表明，人工智能似乎真的正在进入人类商业和生活的方方面面。人工智能正在替我们“除草、扫地，甚至挤牛奶”③。说到奶牛，奶农们现在经常提到“互联网奶牛”和“智能奶牛”。其实，这是指身上装了传感器的奶牛。在机器学习算法的帮助下，奶农们能够对这类牛群的健康进行持续监测，降低其死亡率，同时提高其繁殖能力和牛奶产量。目前，自动驾驶汽车正在充当出租车，人工智能驱动的机器人正在递送比萨饼，而像亚马逊Alexa之类的数字助手则正在被用于给酒店客人办理入住手续。实际上，人工智能系统不仅正在接手仓库和制造工厂，而且还可以诊断疾病，分析合同草稿中的潜在法律问题，撰写体育比赛、公司财报等主题众多的新闻报道。得益于人工智能技术的进步，连马桶都在向“智能化”方向发展。近年来，人们已经见证了智能马桶的出现，其中一些配备了亚马逊的Alexa数字助手，能

① Mike Elgan, *The Latest iPhones Show Why A.I. Is the New Electricity*, COMPUTERWORLD, Sept. 23, 2017, https://www.computerworld.com/article/3227826/mobile-wireless/the-latest-iphones-show-why-ai-is-the-new-electricity.amp.html; Daniel Eckert, *AI Is the New Electricity*, PRICEWATERHOUSECOOPERs, July 11, 2016, http://usblogs.pwc.com/emerging-technology/ai-is-the-new-electricity/（表示“‘人工智能驱动’成为下一个‘电力’发动机、‘数字’微件或‘互联网’驱动服务只是时间问题”）; Kathleen J. Davis, *Machine Learning Could Be as Important to Future of Work as Electricity Once Was, Expert Says*, WESA, Jan. 8, 2018, http://wesa.fm/post/machine-learning-could-be-important-future-work-electricity-once-was-expert-says#stream/0.

② Elgan, *The Latest iPhones Show Why A.I. Is the New Electricity*. “人工智能目前和将来都将无处不在。因此，人工智能比“包括电力、工业革命、互联网和移动互联网在内的人类所有科技革命的总和都更具颠覆性”，风险资本投资公司“创新工场”创始人、谷歌中国前负责人李开复（Kai-Fu Lee）表示。Sophia Yan, *Artificial Intelligence Will Replace Half of All Jobs in Next Decade, Says Widely Followed Technologist*, CNBC.COM, April 27, 2017.“我认为，我们的子孙后代将回顾当前的人工智能革命，并将其与蒸汽机或电力的影响相提并论”，麻省理工学院数字经济倡议主任埃里克·布林约尔松（Erik Brynjolfsson）表示。Steve Lohr, *The Promise of Artificial Intelligence Unfolds in Small Steps*, N.Y. TIMES, Feb. 28, 2016.

③ Daniela Rus, *Rise of the Robots: Are You Ready?*, FIN. TIMES, March 7, 2018.

够对尿液和粪便样本进行分析，从而提前诊断出潜在健康问题。

鉴于人工智能和机器人领域的进步对人类社会产生的巨大影响，有人提出有必要对这些技术实施监管。华盛顿大学法学专业副教授兼校科技政策实验室联合主管雷恩·卡罗（Ryan Calo）就建议，成立一个联邦机器人委员会。2018年，卡罗教授重申了自己的观点，即美国国会有必要解决人工智能的监管问题。他向《华尔街日报》提出：

> 人工智能领域的一个可笑之处，是它的支持者经常会提出两个相互矛盾的主张。一方面，他们说人工智能将改变一切，但另一方面，他们又说，相应的法律或法规制度无须改变。我认为，这简直就是无稽之谈。这里的问题不是是否需要监管，而是应如何通过监管使人工智能实现促进人类繁荣的终极目标。

卡罗强调，政府不能指望科技行业自身对人工智能实施充分监管和治理。他补充说："对我而言，放手不管就可实现最优结果这种观点过于乐观，甚至到了愚蠢的地步。"[①]事实上，大多数人似乎并不认为诸如自动驾驶汽车和送货无人机之类的人工智能系统应完全免于政府监管，而是认为，政府应在这些技术的监管方面扮演合理角色。

鉴于人工智能目前应用于从奶牛到马桶在内的所有东西，因此，如果有人说，金融市场，包括期货、商品期权、互换及其他衍生品市场，近年来已经因自动化和人工智能领域的技术进步而发生了变革，这并不会令人感到惊讶。和其他许多行业一样，在金融机构、股票及其衍生品交易所、商品经纪公司和集合投资基金内部，人工智能（如能够使投资基金进行算法交易的自动交易系统和交易所的电脑交易撮合引擎等）大量涌现。实际上，2013年，时任CFTC主席加里·詹斯勒（Gary Gensler）就表示：

> 我们见证了市场从人工交易到高度自动化电子交易的根本性转变。自

① Vogt, *What Kind of Regulation Does AI Need?*, at R8.

动交易系统（包括高频交易商）已进入市场，并在没有人工参与的情况下以千分之一秒的速度执行交易，电子交易已占期货市场交易总量的91%以上。

詹斯勒的观点表明，电子计算机系统和软件算法在当时已经基本取代了在期货交易所实体交易大厅内口头叫价的场内经纪人和场内交易者。2018年11月，在华盛顿特区乔治敦大学法学院主办的一次金融科技会议上，CFTC主席J. 克里斯托弗·吉安卡洛（J. Christopher Giancarlo）表示：

> 在我们的生活被改变的同时，全球交易市场也在经历同样的数字革命，从模拟到数字，从人工交易到算法交易，从独立交易中心到互联交易网络等等。对此，在场的听众肯定不会感到惊讶。新兴数字技术正在冲击交易市场和整个金融版图，对资本形成和风险转移产生了深远影响。这些技术包括算法交易、“智能”合约、分布式账簿技术（DLT）及……大数据、自动化数据分析和人工智能（AI）。

本书探讨的是自动化和人工智能给衍生品市场带来的变革，以及这种变革对相关市场监管法律法规问题造成的影响。那么，我为什么要指出如“几乎人人都在用电脑撰写学术论文”“大量传统企业都在使用人工智能开展核心业务”等这么明显的事实呢？这是因为，正如电脑对于学术论文的写作而言已成为必需那样，自动化和人工智能的使用对于衍生品及其他金融工具的交易而言也将变得至关重要。

今天，人们认为“数字经济”是指基于数字技术的经济流程、交易、互动和活动。[①]“电商”是电子商务的简称，是“互联网上的商业”。[②]同样，“算法交易”是指通过计算机算法而不是人工交易者进行的衍生品、股票、债券和货币交易。[③]“FinTech”是“科技金融”的简称，通常用于指代“运用科技

① *Digital Economy*，TECHOPEDIA，https：//www.techopedia.com/definition/32989/digital-economy.

② *E-commerce*，TECH TERMS，https：//techterms.com/definition/ecommerce.

③ *Algorithmic Trading*，INVESTOPEDIA，https：//www.investopedia.com/terms/a/algorithmictrading.asp.

改善金融活动的新型金融行业”。[①]牛津大学的弗洛里迪指出，线上线下的区别正在迅速消失，而且注定将不再那么重要。同样，我认为，在不久的将来，使用“算法交易”和“电商”之类的语言也将不合时宜，使用这些词语就相当于告诉别人你是在电脑上撰写研究论文，或你入住的是每间客房都配备了彩色电视的酒店。到那时，“算法交易”将等同于交易，电子商务将等同于商业。所有金融都将是科技金融，科技二字将成为累赘。在不久的将来（尽管尚未成为现实），通过交易所实体大厅中的人类经纪人执行期货指令（而不是通过算法机器人发送电子订单信息给交易所的电脑交易撮合引擎），将等同于通过信鸽（而不是短信）给自己的爱人发送亲密信息。科技创新已经塑造且将继续塑造我们这个世界，同时改变金融市场的运作方式。

这种事实对法律和律师影响巨大，因为如果科技和人工智能“蚕食世界”，并且成为几乎所有社会领域不可分割的组成部分，那么，所有律师都要了解科技和人工智能相关的法律问题。如果人工智能和机器人无处不在，那么，所有律师在执业时都要涉足人工智能和机器人法律实务。自动化和人工智能的传播已经从根本上改变了期货及衍生品市场的诸多方面，以至于昔日挤满了喊价经纪人和交易者的嘈杂实体交易大厅基本上已被计算机服务器及其网络所取代。因此，如果不了解衍生品市场中自动化和人工智能日益普及的情况，人们就无法理解此类市场相关法律法规面临的众多挑战。

这可不是什么轻松的事情，大多数交易由软件算法驱动的自动交易系统（即本书标题所指的“算法机器人”）而不是人类实施，这个事实给美国衍生品市场监管机构——负责实施《商品交易法》的CFTC——带来了法律法规方面的挑战。比如，在美国，大多数市场操纵和破坏性交易行为的诉因都要求证明违法者在作案时存在犯罪主观意图。即便在被指控实施市场滥用行为

① Patrick Schueffel, *Taming the Beast: A Scientific Definition of FinTech*, 4 J. OF INNOV. MGMT 32（2016）.

的公司类案件中，也必须证明当事公司的高管、雇员或代理人在主观上存在犯罪意图。但是，在不是由人发出指令、而是由自动交易系统或人工智能系统自行发起不当交易活动的情况下，监管机构大概率将难以证明犯罪心理要件的存在。实际上，无论是由人、还是由软件算法实施，相关破坏性行为都对市场产生消极影响。这个问题并不是以金融市场不当行为为诉因提起诉讼时所独有的。很多情况下由自动交易系统或人工智能系统实施的行为，当该行为由人实施的情况下属于非法行为时，此种问题就会出现。在学术界，法律学者将其称为“问责缺失”[①]。

如上所述，卡罗教授中肯地指出，人工智能正在快速重塑大量业务，特别是金融和商业的运作方式，而与这一事实相矛盾的是，有人主张这些领域的法律法规应保持不变。但是，并非仅有卡罗持有这种观点。实际上，他的观点有一个间接但古老的出处。英国政治家、哲学家弗朗西斯·培根（Francis Bacon）就说过：“那些不愿采用新方法的人一定会碰到新问题，因为时间是最伟大的创新者。”[②]尽管培根早已于1626年逝世，但他的智慧仍然适用于当今社会面临的挑战。毫无疑问，自动化和人工智能导致衍生品市场发生种种变化，这必然要求这些市场的法律法规作出相应变革，无论这种变革是为了建立新的法律机制，以应对人工智能所驱动交易系统操纵衍生品价格的问责缺失问题，还是为了纠正金融市场中自动化和人工智能造成或加剧的其他棘手问题。

由于本书主要分析的是衍生品金融市场自动化和人工智能相关法律法规问题，因此，本书中的内容能够发挥多重作用。首先，本书为读者提供了针对美国期货及衍生品法律法规框架的概述（其中一章还专门论述了其他某些司法管辖区涉及这些问题的法律）。其次，本书探讨了期货及衍生品市场中自

① 比如，可参见：Lynn LoPucki，*Algorithmic Entities*，95 WASH. U. L. REV. 887，901 & n.76（2018）.

② Francis Bacon Quotes.（n.d.）. BrainyQuote.com. Retrieved January 8，2019，from BrainyQuote.com Web site：https：//www.brainyquote.com/quotes/francis_bacon_130602.

动化和人工智能日益增多带来的主要问题和挑战。由于本书分析的是衍生品的监管问题，并着重探讨这些市场中因人工智能日益增加而导致的重大法律法规问题，因此，书中提供的资料应该能够吸引两类人的关注，即希望了解金融市场相关法律的群体和对人工智能感兴趣的群体。

我想再次指出的是，尽管我目前担任CFTC特别顾问，但本书却是以我个人名义撰写。也就是说，我不是以CFTC雇员的官方身份进行写作。所以，本书中的分析和结论均为我个人见解，并不代表CFTC其他工作人员、CFTC自身或美国政府的观点。换句话说，这本“大部头”著作中的观点不应被视为官方政策或指南。在写作过程中，我致力于让每一章都自成体系，以便其能够各自独立，这样，读者便无须按顺序阅读本书。具体而言，第一章介绍了人工智能领域相关基本背景信息和情境。第二章讨论了各类衍生品的常见经济学定义。一般而言，衍生品及其他金融工具的法律法规定义通常会比它们的常见概念更全面。因此，第三章详细阐述了衍生品（通常较为棘手）的法律法规定义。第四章简要概述了被称为“科技金融”的各类金融活动。第五章从整体上概述了美国衍生品监管框架。第六章至第十章探讨了金融市场中介的监管问题，监管对象既包括以衍生品交易为重点的商品经纪人和对冲基金，也包括“数字中介”相关的一般问题。第十一章概述了衍生品市场主要违法行为的主观状态，并讨论了自动交易系统发起的破坏性或操纵性交易行为，以及上述行为所导致的主管机构无法证明当事公司是否存在主观犯罪意图的“问责缺失”问题。第十二章至第十六章涉及衍生品市场各类不当行为和监管失灵，从市场操纵和欺诈到幌骗和做尾盘等。（如果还不了解其中某些概念，请不要着急。本书将帮助你了解上述扰乱市场的各种行为类型。）第十七章探讨了金融市场中出现较晚（相对而言）的“闪电崩盘”和反弹现象。第十八章介绍了其他国家或地区对衍生品金融市场自动化和人工智能系统的监管情况。第十九章对全书进行了总结，回应了前面章节提到的一些主要议题，并梳理其来龙去脉。

与证券市场相比，期货及衍生品市场相关出版物要少得多。但我相信，金融生态系统的这一组成部分是金融市场最具魅力、也最为重要的一个版块。许多人或许甚至从未听说过这个版块，但我希望能够通过本书略尽绵薄之力，修补局面于万一。目前，人工智能技术正在变革整个金融系统，并给现行法律法规带来挑战，而衍生品市场因其涉及大量市场资金，正是研究这一问题的一个重要样本。期货及衍生品市场极大地影响着整个经济体系中粮食、贵金属和能源产品等商品的定价。2017年，CFTC主席吉安卡洛在一次演说中就说明了这些市场的重要性。

> 商品期货市场为农产品未来收获时的价格提供了至关重要的信息来源，甚至连对期货市场兴趣不大的美国人都因其价格而受到了影响。比如，粮库通常会以期货市场价格为依据，确定收获季节给予当地农民的收购价格。反过来，农民们也会观察交易所价格，以确定其农作物收成的价格是否公平。……但是，衍生品市场并非仅对农业生产者有用。实际上，它们还会对美国家庭供热服务和工厂用能的价格和供应、住房贷款利率、退休金储蓄的收益等造成影响。此外，超过90%的财富500强企业都会通过衍生品来对自己全球业务运作中的商业市场风险进行管理。简而言之，衍生品通过对价格、供应及其他商业风险进行管理来满足社会需求，有利于释放资本，进而促进经济增长，创造就业机会，推进市场繁荣。

现在，这些市场都受自动交易系统及相关计算机算法的支配。因此，虽然计算机不吃面包，不戴珠宝，绝大多数也不开车，但计算机算法却日益取代人类，决定小麦、黄金或燃料的价格。[①]基于此，吉安卡洛主席还强调，“金融监管机构需要花更多精力，确保其自身与不断进行的技术变革保持同步，

① Gregory Meyer, *From Ranchers to Fund Managers*, ‘*Algos*’ *Cause a Stir*, FIN. TIMES, Oct. 10, 2017, https: //www.ft.com/content/591603a8-8198-11e7-94e2-c5b903247afd?ftcamp=engage%2Femail%2Fnewsletters%2Fsmart_brief%2Fsmartbriefnewsletterscontrafcf%2Fauddev&segid=0800933.

否则，他们将发现自己有可能无法履行市场保障义务。”[1]探讨衍生品市场中人工智能相关的重大法律法规问题，是一项相当浩大的工作，但在从事这项工作的过程中，我每一分每一秒都充满了快乐。我希望，这种快乐能够在本书中淋漓尽致地挥洒出来。

---

① Tsering Namgyal, *Regulators Must Work Harder to Keep Pace with Fintech Innovation, Says CFTC Chairman*, MLEX, Nov. 15, 2017.

第一章

主要概念：算法、人工智能及其他

如果你曾经思考过“人工智能”与“机器学习”之间的差异，那你无疑是幸运的。本章主要介绍了人工智能及其相关概念的背景及情境，并简要讲述了人工智能工具在金融市场中的运用方式。近年来，对冲基金、银行、商品交易顾问及其他众多金融服务公司都在采用人工智能及计算机相关工具，以此实现众多业务维度的自动化。所以，理解人工智能的基本概念有助于深入了解这些公司的运作方式。

第一节 算法

首先，让我们来看一些定义。比如，在没有人类指令的情况下从事衍生品交易的软件程序通常被称为自动交易系统（ATS），但也经常被称为算法机器人（英文为“algorithmic robot”，简写为“algo bot”）。

到底什么是算法机器人呢？稍后我们会讲述“机器人”的定义，但对初学者而言，“算法是指告诉机器人该怎么做的一串指令”[①]。也就是说，“算法只是非常具体的配方，即由计算机执行、以得到某些特定结果的一串串小步

① PEDRO DOMINGOS, THE MASTER ALGORITHM: HOW THE QUEST FOR THE ULTIMATE LEARNING MACHINE WILL REMAKE OUR WORLD 1 (2015).

骤。”[①]算法非常重要，因为计算机……之所以有用，仅仅是因为它们能够执行程序，而程序又不过是算法的实现。[②]实际上，算法是计算机存在的终极原因，如果没有算法，计算机将毫无用处。[③]洛杉矶加利福尼亚大学法学教授林恩·洛普基（Lynn Lopucki）是这样解释组织实体是如何具备“算法性”的：“如果被算法控制，组织实体就具备了‘算法性’。”算法是一套决策规则，相关算法是在计算机上运行的，是应外部环境作出决定、并予以执行的程序。[④]具体而言，组织实体中的决策仅由算法代为作出且没有人类参与的情况下，才称得上算法真正控制了组织实体。[⑤]关于人工智能的评论和报道经常提及“自主”人工智能体或系统。一般而言，如果某组织实体受自己控制，那该组织实体就是自主的。[⑥]

当今社会，算法无处不在。尽管算法普遍存在于日常程序和交易中，但却基本藏身于公众视野之外。[⑦]

> 配方就是算法，数学公式也是。计算机代码具有算法性。互联网就是基于算法运行的，所有在线搜索都是通过算法实现的。也正是有了算法，电子邮件才知道该往哪儿去。智能APP也只是算法而已。计算机和视频游戏不过是通过算法讲述故事。没有算法，在线约会、书籍推荐和旅行网站都无从谈起。GPS地图绘制系统也是通过算法将我们从A地引导到B地，人工智能只是算法而已，人们在社交媒体上看到的东西都是由算法呈现的。实际上，人们在网上看到的和做到的一切都是算法的功劳。人们每次

---

① ARLINDO OLIVEIRA, THE DIGITAL MIND: HOW SCIENCE IS REDEFINING HUMANITY 6 (2017).

② 同上。

③ OLIVEIRA, THE DIGITAL MIND, at 6.“要通过计算机解决问题，我们就需要算法。算法是指通过执行后将输入转变为输出的一串指令。”ETHEM ALPAYDIN, MACHINE LEARNING: THE NEW AI, Kindle loc. 345 (2016).

④ Lynn M. LoPucki, *Algorithmic Entities*, 95 WASH. U.L. REV. 887, 898 (2018).

⑤ 同上，第898–899页。

⑥ 同上，第899页。

⑦ Aaron Smith, *Public Attitudes Toward Computer Algorithms*, PEW INTERNET, Nov. 16, 2018.

在电子表格中对数据进行整理，算法都在其中发挥了作用。今天，大多数金融交易都是通过算法实现的。算法能够帮助设备对语音命令作出响应，识别人脸，分拣照片，甚至制造并驾驶汽车。

实际上，近年来，算法已经非常普遍，以至于一些人将这种现象称为算法时代，正如我们所知，如果所有算法突然停止运转，这将意味着世界末日。[①]生活在算法时代的主要好处是，“算法自动寻找知识，且与传统可行方法相比，速度要快得多。”[②]法律并没有赋予计算机或在计算机上运行的软件算法以法律人格或主体地位，而是将其视为一种财产。

具备算法性的人工智能系统是金融市场（包括衍生品市场）的重要组成部分。如绪论所述，期货和期权市场中的大量衍生品交易均由自动交易系统完成，而这些系统又会根据计算机算法的分析和指令进行交易决策。这正是自动交易系统经常被通俗地称为“算法”和“算法机器人”的原因（由于决策过程缺乏透明度，自动交易系统还被称为“黑箱”）。“算法交易”这个术语是指“输入交易指令且该交易指令的各个维度由计算机算法决定（如指令执行时间、价格和数量等），或者通常在没有人类干预的情况下发起交易指令”的计算机系统。[③]一些算法交易属于所谓高频交易（常简称为“HFT”）的范畴。目前，高频交易的确切定义仍然存在争论，但一般而言，高频交易是指利用计算机和软件算法“以高于人类能够想象或反应的速度自动发送和撤销

---

① Smith, *Public Attitudes Toward Computer Algorithms*. 实际上，“我们已经将世界交给了机器学习和算法。现在的问题是，我们应如何更好地理解并管理我们的所作所为。”这个评价较客观。同上。科技企业家、活动家吉姆·沃伦（Jim Warren）将算法及其在社会中扮演的角色描述为：根据定义，任何关于如何完成某件事情（或告诉能够理解指令的机器如何作为）的指令串都是“算法”。所有当事方，无论其大小，也无论其好坏，一直都在创造并实施这些算法（旨在实现预期功能的配方），而且会一直坚持下去。人类创造的几乎所有“好处”，以及坏处（有时只是旁观者的看法），都源于人类发现了完成一件事情的方法，然后致力于重复这一过程。而且，他们通常还会将这种方法与他人分享。Rainie & Anderson, *Code-Dependent*, PEW INTERNET.

② 同上。

③ Nathan D. Brown, *The Rise of High Frequency Trading: The Role Algorithms, and the Lack of Regulations, Play in Today's Stock Market*, 11 APPALACHIAN J.L. 209, 209 (2012).

交易指令”的行为。[①]目前为止，大多数评论和焦点都集中于证券市场中的自动交易系统和高频交易公司，但如前所述，自动交易系统和高频交易公司同时也在商品和期货市场中从事交易活动。因此，总体而言，算法机器人及类似金融交易机器人都是自主的，因为它们对衍生品及其他金融工具进行买卖时，并没有人就何时交易、如何交易向其发出特定指令。实际上，一家量化对冲基金的首席科学家——同时也是“一位人们公认的人工智能大师”——解释说，该基金的所有交易决定都是由人工智能作出的。他甚至开玩笑说：“哪怕我们都不在了……交易还是会继续。”[②]

“金融行业正在陷入狂热，拼命实现一切的自动化，从交易柜台到借贷决策，再到客户服务”，而期货及衍生品算法交易的发展只是这其中的一部分。转向计算机化、自动化交易环境的现象是与计算机和数学奇才进入金融界同步发生的。这里所谓的奇才，通常是指“宽客（Quant）”或“宽客交易者（Quant Trader）”，即量化分析师或量化交易者的简称。一些宽客曾经从事基于人工智能的软件程序工作。近年来，随着他们的涌入，自动交易系统开始在某些交易所的交易中占据支配地位。量化交易策略区别于其他交易策略的特征之一就是交易的自动化，以及因交易的自动化，在决定何时交易、如何交易的过程中消除了人类的偏好和情绪。

> 区分量化策略与其他所有策略的主要依据：根据投资组合头寸的选择及其规模的确定等日常决策是以系统方式进行的（当然允许“应急”否决的情形……），还是以人工斟酌决定方式进行的。如果头寸的选择和持有量通常都是由系统回答的，那就是量化策略。如果在标准操作程序下，其中任何一个是由人类回答的，那就不是量化策略。

---

① Gregory Scopino, *Do Automated Trading Systems Dream of Manipulating the Price of Futures Contracts? Policing Markets for Improper Trading Practices by Algorithmic Robots*, 67 FLA. L. REV. 221 (2015) Concept Release on Risk Controls and System Safeguards for Automated Trading Environments, 78 Fed. Reg. 56, 545（“实际上，高频交易是一种自动化交易，但并非所有自动化交易都是高频交易。”）.

② Cade Metz, *The Rise of the Artificially Intelligent Hedge Fund*, WIRED, Jan. 25, 2016.

总之，当今社会，算法无处不在，甚至到了“形成新的生态系统”的地步。这个生态系统持续不断地发展壮大，其丰富性只有生命本身可以媲美。① 更重要的是，算法对自主软件程序至关重要，以至于人们认为，近年来人工智能技术的爆炸式发展就是由算法驱动的。②目前，这场算法革命已经深入人类社会的许多方面，包括期货及衍生品市场。在这些市场，交易正日益成为算法机器人的领地。

第二节　人工智能

人工智能到底该如何定义，目前并没有共识。在一定程度上是因为在如何定义智能这个问题上，人们仍然存在着诸多分歧。③比如，有人认为，“智能的定义……大相径庭，但都聚焦于许多本身就难以定义且相互联系的人类特征，如意识、自觉、语言运用、学习能力、抽象能力、适应能力、推理能力等。”④智能的简单定义，就是获取并运用知识和技能的能力。⑤《斯特德曼医学字典》将智能定义为个体有目的地采取行动、进行理性思维并有效应对环境的综合能力，尤其与个人感知自身应对挑战的有效性相关。⑥一般而言，智能代表“有目的的适应行为”。⑦

如果说智能的概念本身都如此模糊，那人们又该如何定义人工智能呢？从学术上讲，人工智能并不是一个独立的主题或学科，但确实是“一个拥有

---

① DOMINGOS, THE MASTER ALGORITHM at 5.

② Janna Anderson et al., *Shareable Quotes from Experts About Artificial Intelligence and the Future of Humans*, PEW INTERNET, Dec. 10, 2018, http://www.pewinternet.org/2018/12/10/shareable-quotes-fromexperts-about-artificial-intelligence-and-the-future-of-humans/.

③ Matthew U. Scherer, *Regulating Artificial Intelligence Systems: Risks, Challenges, Competencies, and Strategies*, 29 HARV. J.L. & TECH. 363, 359-362 (2016).

④ 同上，第360页。

⑤ LoPucki, *Algorithmic Entities*, 95 WASH. U.L. REV. 887, 898.

⑥ *Intelligence*, STEDMAN'S MEDICAL DICTIONARY (2014).

⑦ Wendy M. Williams, *Consequences of How We Define and Assess Intelligence*, 2 PSYCHOL. PUB. POL'Y & L. 506, 506 (1996).

众多子学科的广泛研究领域”。[①]人工智能的许多定义“大体上都围绕着一个概念展开，即人工智能就是要造出能够实施特定行为，且这些行为若由人实施将被视为智能的计算机程序或机器。”[②]比如，达特茅斯大学前教授、人工智能之父约翰·麦卡锡（John McCarthy）（人们认为他在1956年发明了“AI”这个词）将人工智能描述为“使机器作出特定行为”的过程，“这些行为若由人作出，则将被视为智能行为。”[③]人工智能另一个非常相似的定义，则是“一门使机器作出特定行为的科学，其中该特定行为若由人作出，将需要智力支持”。[④]

现在，由算法机器执行但需要人类智能支持的活动有许多，下棋、检查文件中的拼写和语法错误、根据个人阅读和观看记录推荐书籍和电影、撰写新闻报道、驾驶汽车、操纵无人机等，无不如此。当然，买卖期货合约和股票亦然。人工智能涵盖了从“谷歌的搜索算法到IBM的沃森（Watson）再到自主武器”的任何领域。有趣的是，“何为人工智能”这个问题的答案目前“已经发生了变化，因为由于技术进步，计算机已经能够执行之前被认为绝对属于智力范畴的任务了”。这个事实“使麦卡锡不得不感叹，‘一旦投入工作，再也没有人会将其称为人工智能了’。”[⑤]在讨论这种人工智能定义方法时，

① MARTIN FORD, ARCHITECTS OF INTELLIGENCE 3（2018）.

② JERRY KAPLAN, ARTIFICIAL INTELLIGENCE: WHAT EVERYONE NEEDS TO KNOW, Kindle loc. 133（MIT Press 2016）；同时，请参见：JOHN M. JORDAN, ROBOTS, Kindle loc. 3163（MIT Press 2016）.

③ KAPLAN, ARTIFICIAL INTELLIGENCE, at Kindle loc. 133；请参见：ALPAYDIN, MACHINE LEARNING, at Kindle loc. 1962.

④ SAMIR CHOPRA & LAURENCE F. WHITE, ALEGAL THEORY FOR AUTONOMOUS ARTIFICIAL AGENTS 5（2011）.

⑤ Scherer, *Regulating Artificial Intelligence Systems*, 29 HARV. J.L.&TECH., at 361.“这些程序通过迭代的方式，反复向算法输入数据，改善输出。随着时间的推移，这些程序能够作出独立判断，而其依据则是之前从类似但并非相同任务中得到的数据。”Sean Semmler & Zeeve Rose, *Artificial Intelligence: Application Today and Implications Tomorrow*, *Duke L. & Tech. Rev.*, Dec. 4 2017, at 85, 86–87. 比如，“但今天，几乎没人会赋予谷歌地图以‘人工智能’这个荣誉称号。在使用‘智能’这个词时，我们都非常情绪化和吝啬……当一项任务实现自动化时，我们实际上将相关技能降格成了一种机制。今天，如果从贬义上看，谷歌地图似乎只是一种机器人；……因此，‘人工智能’的领地一直都在缩小。”Gideon Lewis-Kraus, *The Great A.I. Awakening*, N.Y. TIMES, Dec. 14, 2016.

牛津大学教授卢西亚诺·弗洛里迪表示：

> 请注意以下反事实逻辑：我们将人类的这种行为称为智能。这个定义并不是说人工智能体有智能，而是说，要实现同样的目标，人类必须要有智能……在这里，唯一的要求就是，任务的执行结果必须与人类智能能够实现的结果同样好，甚至更好。

但是，斯坦福大学的杰瑞·卡普兰（Jerry Kaplan）指出，以特定行为的执行是否需要人类那样的智能为标准对人工智能进行定义，这种方法肯定存在问题。具体而言，人工智能驱动的计算机“能够执行许多人类根本无法完成的任务，而执行这些任务的许多行为确实让人觉得体现了智能”。[①]比如，今天的计算机和软件程序能够作出远超人类能力的“智能”行为，如“基于……非常规数据访问模式，在仅仅500毫秒的时间内”即可发现网络攻击行为，或“仅根据……海平面高度发生了几乎无法察觉的细微变化”即可认识到有必要发出海啸警报等。[②]

人工智能可分为两大类。第一类是“狭义人工智能”，即只能执行特定任务（如响应互联网搜索、推荐在线观看电影、识别人脸和驾驶汽车）的人工智能。大体而言，目前的所有人工智能都是狭义人工智能。尽管当前的狭义人工智能系统只能执行单一、特定的“细小明确”任务（或密切相关的任务），但某些系统却能在指定活动中实现远超人类的表现。比如，一些人工智能系统在预测心脏病发作和识别癌症等方面似乎比人类更在行。此外，机器在需要观察数字并从中得出结论的任务中一般要比人类出色得多，而且更

---

① KAPLAN，ARTIFICIAL INTELLIGENCE，Kindle loc. 133；请参见：Mike Elgan，*The Latest iPhones Show Why A.I. Is the New Electricity*，COMPUTERWORLD，Sept. 23，2017，https：//www.computerworld.com/article/3227826/mobile-wireless/the-latest-iphones-show-why-ai-is-the-new-electricity.amp.html.

② KAPLAN，ARTIFICIAL INTELLIGENCE，Kindle loc. 133. 同样，谷歌地图“能够完成任何不是地图盲的人都能做到的事情，比如将你从酒店带到机场——尽管其能够以更加迅速、更加可靠的方式完成。”但谷歌地图“还能完成人类很明显根本就做不到的事情：比如，它能评估路况、规划最佳路线并在你走错了出口时重新规划路线。”Lewis-Kraus，*The Great A.I. Awakening*，N.Y. TIMES.

加迅速。基于这些事实，新南威尔士大学人工智能教授托比·沃尔什（Toby Walsh）表示："如果我们选择认识物体，识别照片中的人，研读肺部扫描，或者将汉字语音转换为文本这样细小明确的任务，并给予计算机足够的数据，计算机即使不能做得更好，也最起码能学着做得跟我们一样好。"[①] 人工智能当前的能力虽然有限，但近期发展仍有两大看点："（1）人工智能在许多领域预测结果和行为方面的表现已经超过了人类；（2）鉴于该技术正飞速进步，因此人工智能在预测结果方面的优势仍将继续呈指数级增长。"[②]与人类相比，人工智能在预测型任务中具有天然优势，因为它们"能够在瞬间处理数十亿计的数据，得出最优行动方案"。[③]

尽管人工智能科学家在狭义人工智能领域取得了令人瞩目的成就，但他们的长期目标仍然是创造一般人工智能，即人们常说的"通用人工智能（AGI）"。[④]通用人工智能是指"在所有认知任务中均展现出至少与人类同样先进的、明显智能行为的未来人工智能。"[⑤]尽管通用人工智能在技术上是否可行仍不得而知，但一项针对人工智能专家的调查表明，他们中的许多人都认为，通用人工智能预计将在未来25年内实现。但是，一些专家认为要想实现这一目标，还有很长的路要走。而很多技术专家则持明显的乐观态度，其中谷歌前首席执行官埃里克·施密特（Eric Schmidt）当属一例。在与麻省理工学院一位研究人员的访谈中，施密特曾表示，他的梦想是10年或20年后机器能够解决科学问题，甚至计算机也能获得诺贝尔奖。施密特承认，这种结果

① Margot O' Neill, *Explainer: What is artificial intelligence?*, ABC NEWS（AUSTRALIA）, Aug. 7, 2017, http://www.abc.net.au/news/2017-08-07/explainer-what-is-artificial-intelligence/8771632.

② Anthony J. Casey & Anthony Niblett, *The Death of Rules and Standards*, 92 IND. L.J. 1401, 1423-24（2017）.

③ 同上。

④ "拥有特定任务智能形式的人工智能体……已经在我们周围出现。在许多情况下，他们不仅能够与人类进行竞争，而且能够轻松击败人类主体。随着机器学习技术的持续进步，这一趋势预计将进一步加速。" Vallor & Bekey, *Artificial Intelligence and the Ethics of Self-Learning Robots*, at 340.

⑤ EXEC. OFFICE OF THE PRES. NAT' L SCI.&TECH. COUNCIL COMM. ON TECH., PREPARING FOR THE FUTURE OF ARTIFICIAL INTELLIGENCE 7（2016）; FORD, ARCHITECTS OF INTELLIGENCE 3（2019）（"达到人类智能水平的人工智能……通常被称为通用人工智能。"）.

可能希望不大，但他仍然相信，鉴于当前人工智能的能力，以及人工智能领域技术进步的速度，这种结果是可能出现的。

第三节　机器学习、深度学习等

机器学习是人工智能的一个细分领域。近年来，机器学习因为“实现了人工智能领域的革命”而倍受赞誉。[①]现在，这个行业内的许多人甚至经常“交替”使用“人工智能”和“机器学习”这两个术语。[②]计算机如今可接受训练，预测天气、决定股市结果、理解你的购物习惯、控制工厂机器人等，这些都是机器学习领域的最新进展。今天，谷歌、亚马逊、脸书（现已改名为Meta）、网飞、领英及其他面向消费者的类似流行服务等最受欢迎的技术平台，均由机器学习驱动。[③]

什么是机器学习？幸运的是，与“智能”和“人工智能”之类的概念相比，机器学习的定义更为简单。人工智能先驱赫尔伯特·A. 西蒙（Herbert A. Simon）认为，学习是系统基于经验改善其性能的过程。[④]因此，机器学习是

① Richard Waters, *How Machine Learning Creates New Professions – and Problems*, FIN. TIMES, Nov. 29, 2017. “人工智能所有领域目前的兴旺景象都是由机器学习领域的突破性进展推进的。机器学习要求对计算机进行‘训练’，使其能够基于案例而不是人类的编程执行任务。被称为深度学习的技术已使这种方法强大得多。”Tom Simonite, *The Wired Guide to Artificial Intelligence*, WIRED, Feb. 1, 2018. “如今，我们越来越多地看到，善于学习的计算机程序，即能够自动调整其行为的软件，已经能够更好地匹配其任务要求。” ALPAYDIN, MACHINE LEARNING, at Kindle loc. 119–20.

② Cassie Kozyrkov, *The Simplest Explanation of Machine Learning You'll Ever Read*, HACKER NOON, May 24, 2018. “从技术上讲，机器学习是人工智能的一个分支，但由于发展非常成功，体量庞大，如今已使其先辈相形见绌，风光不再。” DOMINGOS, THE MASTER ALGORITHM, at 8.

③ Kevin Parrish, *Deep Learning vs. Machine Learning: What's the Difference Between the Two?*, DIGITAL TRENDS.COM, Jan. 27, 2018. “机器学习甚至还支配着全球金融市场，目前有四分之三以上的股票交易使用高频交易算法；风险资本投资公司（Deep Knowledge Ventures）甚至还在其董事会中任命了虚拟的算法董事。” Evan Dashevsky, *Will Robots Make Humans Unnecessary?*, PC MAG., Feb. 3, 2016. “计算机的学习方式多种多样。看电视、搜索网络、使用信用卡或在用电话通话时，我们都在运用计算机的学习能力。在许多情况下，真正的学习机制是看不见的，但学习确实发生了。” OLIVEIRA, THE DIGITAL MIND, at 7.

④ Hyunjong Ryan Jin, *Think Big! The Need for Patent Rights in the Era of Big Data and Machine Learning*, 7 NYU J. INTELL. PROP.&ENT. L. 78, 88（2018）.

算法在某些任务中基于经验改善其表现的学习。①换言之，机器学习就是开发程式化计算机系统，使其通过接触和处理数据的方式得出关于这个世界的逻辑结论的一门科学。②尽管机器学习的概念自人工智能出现以来就一直存在，但近年来，由于可分析数据的增加和计算机处理数据能力的增强（即人们经常提到的“大数据”），机器学习工具变得更加有效。可用数据的爆炸性增长大部分要归功于“普适计算”，即许多人“随时随地将众多计算机用于各类目的，但并未明确将计算机称为计算机”这一现象。③

机器学习还被人们描述为“一个能够使计算机无须进行明确的程序化即可进行学习的研究领域”。④通俗地讲，机器学习是“统计学与计算机科学之

---

① TOM M. MITCHELL, MACHINE LEARNING 1–2（1997）; Ashley S. Deeks, *Predicting Enemies*, 104 VA. L. REV. 1529, 1545（2018）.“机器学习是一个发展过程。在这个过程中，系统反复暴露在充满信息的环境中，然后逐渐形成、拓展、改进或强化其在该环境或相关类似环境中的行为和认知能力。” Vallor & Bekey, *Artificial Intelligence and the Ethics of Self-Learning Robots*, at 340.

② Jay D. Aronson, *Computer Vision and Machine Learning for Human Rights Video Analysis: Case Studies, Possibilities, Concerns, and Limitations*, 43 LAW & SOC. INQUIRY 1188, 1193（2018）.“机器学习解决的是如何打造基于经验自动改善性能的计算机这个问题。它是目前发展最快的技术领域之一，是计算机和统计学的交叉学科，而且是人工智能和数据科学的核心。” M. I. Jordan & T. M. Mitchell, *Machine Learning: Trends, Perspectives, and Prospects*, 349 SCI. 255, 255（2015）；同时，请参见：Christian Chessman, *A "Source" of Error: Computer Code, Criminal Defendants, and the Constitution*, 105 CAL. L. REV. 179, 228（2017）. 机器学习是“人工智能的一个子集，其实质是教计算机程序通过寻找数据规律进行学习。数据越多，计算机系统的改善就越大。” Margot O' Neill, *Explainer: What is artificial intelligence?*, ABC NEWS（AUSTRALIA）, Aug. 7, 2017, http: //www.abc.net.au/news/2017–08–07/explainer–what–is–artificial–intelligence/8771632.

③ ALPAYDIN, MACHINE LEARNING, Kindle loc. 378.“目前，数字化数据正呈指数级增长，且能够以电子方式捕捉和操纵。以这种形式出现的大数据利用了若干核心数据来源，其中包括物联网、公共档案、社交媒体和摄像机，以及卫星跟踪等。” Mark Fenwick et al., *Regulation Tomorrow: What Happens When Technology Is Faster Than the Law?*, 6 AM. U. BUS. L. REV. 561, 565（2017）.（表示“大数据的缺陷已基本可通过人工智能予以解决。”）更重要的是，大数据并非仅涉及包含个人信息的大规模数据集，而且还涉及“这些数据的颗粒化和个人化性质”，因为“移动设备和嵌入式计算使人们能够收集大量的个人数据，而机器学习算法则可基于这些数据进行学习，从而根据每个人的具体需求和情形定制服务。” Jordan & Mitchell, *Machine Learning*, 349 SCI. at 255.“数据收集能力在一个接一个领域爆棚……数据就像洪水，让人目不暇接，无从分析，但促成数据洪流的运算能力进步同时也像变戏法一样，变出了强大的、能够赋予其含义的新工具。” Appenzeller, *The Scientists' Apprentice*, 357 SCI. at 16.“在一场涉及大多数科学领域的革命中，研究人员正在从数据洪流中释放通常以人工神经网络这一形式出现的人工智能。”同上。（表示人工智能系统“能够从数据集中发现规律和异常，而对人类而言，这些数据集规模过于宏大，过于混乱，超出了人类的应对能力。”）

④ JeanFancois Puget, *What Is Machine Learning?*, IBM.COM, May 18, 2016, https: //www.ibm.com/developerworks/community/blogs/jfp/entry/What_Is_Machine_Learning?lang=en.

间的联姻”，因为“许多机器学习工具都建立在大多数研究人员熟悉的统计方法之上”。[①,②]机器学习领域“以开发和评估能够从数据集中提取有益规律的算法为重点”。[③]具体而言，机器学习算法会以动态方式处理规模通常很大的数据，“以发现原本并不明显甚至无法发现的规律和关系”。[④]在这一过程中，机器学习算法需要“使用传统的统计回归方法”。[⑤]更重要的是，机器学习系统通常会随着时间的推移而改进，因为“通过在时间进程中持续分析数据，机器学习算法能够改进其模型，从而生成日益准确的结果”。[⑥]通过计算机化的数据分析，机器学习算法就能基于经验，独立、自动地改善其在某些任务中的性能。

> 过去，计算机该做什么通常是由程序员在编程语言中以编写算法的方式决定的。现在，对某些任务而言，我们不再编写程序，而是收集数据。这些数据包含的案例可以说明应当采取的做法，而学习算法将自动对学习程序进行修正，以匹配这些数据的明确要求。

---

① Richard Waters, *How Machine Learning Creates New Professions – and Problems*, FIN. TIMES, NOV. 29, 2017. “机器学习背后的主要理论来自统计学。” ALPAYDIN, MACHINE LEARNING, at Kindle loc. 469. 机器学习可定义为一种设计一系列行动（即算法）以解决问题的方法。这种方法能够基于经验自动优化，不需要或只需要有限的人类干预。鉴于数据来源日益多元化、创新化且规模庞大，这类技术可用于发现这些数据的规律（即大数据分析）。Simonite, *The Wired Guide to Artificial Intelligence*, WIRED, Feb. 1, 2018.

② *Artificial Intelligence and Machine Learning in Financial Services 4*, FIN. STAB. BD., Nov. 1, 2017. 近年来，统计学家们“一觉醒来，突然发现自己变成了人们口中的‘人工智能研究人员’。” Michael I. Jordan, *Artificial Intelligence–The Revolution Hasn't Happened Yet*, MEDIUM, April 19, 2018. “在某种意义上，机器学习与经验式法律研究中广泛使用的众多统计技术并无多大区别。” Surden, *Machine Learning and Law*, 89 WASH. L. REV. at 95. “许多现代机器学习算法与物理和社会科学领域广泛采用的众多统计推理工具有着共同的渊源。” Yavar Bathaee, *The Artificial Intelligence Black Box and the Failure of Intent and Causation*, 31 HARV. J.L. & TECH. 889, 901–02（2018）. “机器学习利用统计技术推断数据之间的关系。” Sebastian Day, *Quants Turn to Machine Learning to Model Market Impact*, RISK, Apr. 5, 2017.

③ JOHN D. KELLEHER & BRENDAN TIERNEY, DATA SCIENCE 238（MIT Press 2018）.

④ Aronson, *Computer Vision and Machine Learning for Human Rights Video Analysis*, 43 LAW & SOC. INQUIRY, AT 1193.

⑤ Johnathan Jenkins, *What Can Information Technology Do for Law?*, 21 HARV. J.L. & TECH. 589, 600（2008）.

⑥ Emily Berman, *A Government of Laws and Not of Machines*, 98 B.U. L. REV. 1277, 1286（2018）.

这种方法与计算机科学的其他领域不同，因为学习算法（又被称为“学习者”）是作用于其他算法的算法。在机器学习条件下，计算机能够自己撰写程序，而不需要我们去写。换句话说，过去，让计算机做任何事情（从做加法到开飞机）的唯一方法，就是编写一个算法，以详细到令人咋舌的方式向其解释该怎么做，但现在的机器学习算法……却能基于数据进行推理，自行搞定一切。利用机器学习工具，研究人员成功实现了复杂任务的自动化，其方法并不是以自动化过程中涉及的智能为重点，而是以自动化过程产生的结果为重点。也就是说，研究人员承认，如果一个计算机系统能够生成人们认为准确、适当、有帮助且有用的结果，那么，这种结果就可以视为“智能”，即便其并不是通过人类模式的认知过程实现的。

计算机能够利用机器学习算法执行人们没有明确编程、而实际上也无法编程的复杂任务，即计算机可以完成接收或收集相关数据，对其进行分析，然后独立得出结论。比如，机器学习算法可观察并分析大量手写数字样本，学习手写数字的辨认，然后将其“学到的”东西用于识别之前从未见过的手写数字。通过这种数据密集型学习，机器学习算法被人们用于诊断癌症、预测心脏病发作，甚至用于预测个人打算看什么电影这样的场景。

但是，机器学习算法能做到的并不仅限于对事物进行识别和分类。比如，利用机器学习工具，谷歌的自动驾驶汽车能够自学如何保持在路面行驶：没有工程师写过任何算法，没有人一步一步地教它们如何从A地到达B地。[①]直到今天，仍然没有人知道该如何给汽车编写驾驶程序，而实际上也没有这种必要，因为安装了学习算法的汽车能够通过观察驾驶员的动作学到驾驶方法。[②]

> “人们尝试过输入所有道路规则，但没有用，”华盛顿大学计算机教授、《终极算法》的作者佩德罗·多明戈斯（Pedro Domingos）解释说，“对于驾驶，我们需要了解的大多数东西恰恰是我们认为理所当然的那

① DOMINGOS, THE MASTER ALGORITHM, at xiv.

② 同上。

些，比如，在从未到过的公路上，我们要观察道路的弯曲情况，然后相应地转动方向盘。对于人类而言，这不过是一种直觉，但教计算机这么做却很难。计算机可观察人类驾驶并从中学习，自动驾驶汽车只是一个被一堆算法控制的机器人。这个机器人集成了其之前观察过的所有汽车的驾驶经验，而这些经验正好弥补了它缺少常识的问题。”①

但是，机器学习算法也有其消极方面。总体而言，它们在为何能够实现其特定结果、或如何实现这种结果方面并不透明。因此，一些人将这类算法称为“黑箱”。尽管如此，机器学习算法的运用仍然出现了爆炸性增长，因为在实现结果和得出准确结论方面，这些算法已被证明极其有效。我们也许并不确切了解自动驾驶汽车为何能够在车流中穿梭，或到底是如何在车流中穿梭的，但通过观察其在道路上的活动，我们知道它确实能够做到。到目前为止，一些对冲基金及其他金融实体将机器学习算法用于金融市场交易决策已达数年之久。

一、自然语言处理

近年来，程序员们开始使用基于大数据的机器学习算法驱动人工智能系统，以使其能够理解人类的口头和书面交流。这个过程被称为自然语言处理（NLP）。具体而言，自然语言处理是指“用于处理人类语言的计算方法”②。一些人将该领域进一步细分为“自动自然语言理解（ANLU）”和“自动自然语言生成（ANLG）”两类。③基于机器学习的自然语言处理例子很多，其中

① Evan Dashevsky, *Will Robots Make Humans Unnecessary?*, PC MAG., February 3, 2016.

② ALPAYDIN, MACHINE LEARNING, at Kindle loc. 2069（指出自然语言处理也被称为“计算语言学”）；大体可参见：Peng Lai “Perry” Li, *Natural Language Processing*, 1 GEO. L. TECH. REV. 98（2016）.

③ Nimay Parekh, *Inside Product*: *Technology Landscape of Artificial Intelligence*, MEDIUM.COM, March 21, 2018, https://becominghuman.ai/inside-ai-series-artificial-intelligence-technologies-acrossprocesses-systems-and-computations-5e31eab21117. 自然语言处理技术正是2011年IBM的沃森机器人在挑战自我（Jeopardy!）游戏中击败两位人类冠军玩家的秘诀所在。*Artificial Intelligence and Life in 2030*, at 4, STAN. UNIV.（2016）, https://ai100.stanford.edu/2016-report; Elizabeth Liddy, *IBM's Watson on Jeopardy*: *A Victory in Natural Language Processing*, INFOSPACE, Feb. 25, 2011, https://ischool.syr.edu/infospace/2011/02/25/ibms-watson-on-jeopardy-a-victory-in-natural-language-processing/.

“包括谷歌翻译、垃圾电子邮件自动识别、报纸摘要在线精简等”[①]，而撰写从公司财报到职业体育赛事等任何新闻消息类文章的自动计算机系统也利用了这一技术。利用自然语言处理技术的机器学习系统“要接受训练，通过分析词汇、句子结构、句法和人类交流模式等方式，诠释并理解以简单英语或其他语言呈现出的各种问题”[②]。自然语言处理系统的最新进展“已使机器超越了简单的词汇识别功能——尽管该功能曾助力Siri和Alexa执行发布驾驶指令、购买日常用品这样的简单任务”。人们预测，“系统很快就会能够阅读并合成大量书面信息，包括整个图书馆书籍中的信息。”[③]一些金融行业人工智能专家已开始利用自然语言处理开发自动交易系统。在快速“阅读”在线新闻报道、社交媒体帖子、政府公告、金融市场和银行监管者的演讲后，这类系统能够作出相应的投资决策。

> 沃尔夫研究公司（Wolfe Research）副董事长兼量化研究负责人罗鲨今年早些时候这样指出：“随着计算能力和机器学习算法的迅猛发展和创新，处理非结构化文本信息、以生成有用数字信号就变得日益重要了，即便是一群人类分析师也无法搜寻数千份文本并将其记录在案，但机器可以做到，并在数秒内执行交易。”[④]

因此，在数据流日益增加且对市场具有潜在影响的当下，自然语言处理是对冲基金和投资公司试图与这一进展保持同步的手段之一。实际上，利用基于机器学习的自然语言处理技术“汇总并分析各种渠道的社交媒体，并从中发现关键投资者情绪”，这类社交传媒数据分析公司近年来已经出现。而且，这些公司已向各大投资公司兜售其服务，因为后者希望对投资者和市场

---

① Mark Holmes, *How AI Can Help Advisers with MiFID Ⅱ*, FIN. TIMES ADVISER, Aug. 14, 2017.

② Sean Semmler & Zeeve Rose, *Artificial Intelligence: Application Today and Implications Tomorrow*, DUKE L. & TECH. REV., Dec. 4, 2017, at 85, 87.

③ Daniela Rus, *Rise of the Robots: Are You Ready?*, FIN. TIMES, March 7, 2018.

④ Wigglesworth, *AI Decodes Trading Signal*, FIN. TIMES.

总体情绪和感受保持密切监测。[1]

二、监督学习

机器学习算法通常被分为三个大类，即监督学习、强化学习和非监督学习。在监督学习（有时被称为“监督训练”）中，“程序员赋予系统一个事物相关的标记数据集，然后要求计算机从其未见过的其他数据集中识别出类似事物”[2]。机器学习系统首先将识别“输入数据的样本及预期输出结果”，然后利用其独立数据分析能力确定“两者之间的关系，最后利用这种关系对后期输入数据的结果进行预测”[3]。

一个监督式机器学习的简单例子可能会有助于说明这个过程是如何运作的。比如，一名程序员想教一个机器学习系统学会如何识别照片中的猫。首先，该程序员会给计算机系统一个已标记为“猫”或“非猫”的大规模照片数据集。然后，让机器学习系统分析训练数据集中的照片后，该程序员还会要求系统确定其从未见过的其他照片中是否也有猫存在。该程序员不会向系统提供到底应如何识别猫这样的指令集，但会确保训练数据集照片中的猫全部被正确识别和标记，并做到所有训练照片有猫（或“无猫”）的判断均正确无误。通过监督式机器学习，计算机就能对标记照片进行分析，并独立识别出能够认定某张照片是否有猫的各种特征。用于“教”机器学习系统识别照片中是否有猫的方法同样可用于让计算机识别其他项目，如垃圾电子邮件。监督式机器学习系统一旦完成对训练数据集的分析，程序员通常会给系统一个（或多个）新数据“测试集”进行测试，直到其认为系统已足够准确，能够在程序训练范围内独立运行为止。

---

① IOSCO RESEARCH REPORT ON FINANCIAL TECHNOLOGIES（FINTECH），at 28，IOSCO，Feb. 2017，https：//www.iosco.org/library/pubdocs/pdf/IOSCOPD554.pdf.

② Aronson，*Computer Vision and Machine Learning for Human Rights Video Analysis*，43 LAW & SOC. INQUIRY 1188，1193；Vallor & Bekey，*Artificial Intelligence and the Ethics of Self-Learning Robots*，at 341.

③ Sebastian Day，*Quants Turn to Machine Learning to Model Market Impact*，RISK，April 5，2017.

对于更为复杂的机器学习任务，程序员可为监督式机器学习系统提供数以千计标记了各种词性（如名词、代词、动词、副词和形容词等）的句子。然后，程序员可要求机器学习系统识别其从未见过的其他句子中的各种词性，以期其“学会”如何根据其对训练数据集中标记词性的分析，适当识别各种词性。程序员不会给机器学习系统具体的规则，如“以‘ing’结尾的词通常为动词，或除句首外其他任何地方出现的首字母大写词一般都是名词”这样的规则，但会允许系统基于标记的训练数据集发展其对语法词性的独立理解能力。因此，在监督式机器学习中，“通过提供我们已分好类的例子，计算机能够基于经验进行‘学习’，而无须明确编程，并在时间进程中随着经验的积累而变得越来越聪明[①]。”

但须注意的是，监督式机器学习模式只能体现“提供给它的训练数据的质量和代表性”。因此，如果给系统提供的训练数据不完整或无法充分反映真实世界，那么，系统就可能得出“符合逻辑但不正确的结论”[②]。比如，如果程序员给机器学习系统提供的数据集仅包含以“ing”结尾的动词，而未包含以“ing”结尾的名词或形容词（如king和interesting），则系统很可能会错误地将以“ing”结尾的名词和形容词归入动词。

监督式机器学习系统已用于各种商业目的（如预测客户行为）。举例来说，一家公司可能会将对特定网络广告作出响应的所有个体作为一个数据集提供给系统，希望系统能够预测其他哪些客户会对同样或类似的广告作出反应。对于这些人为何会对该广告作出反应，该公司可能并不知情。但是，该公司可能会希望能够通过监督式机器学习系统从现有（训练）数据中找出规律，然后利用这种规律发现应将其他哪些客户作为相同或类似网络广告的目标客户。

---

① Julie Wittes Schlack, *Understanding Customers by Blending Human Insight and Machine Learning*, HARV. BUS. REV., Oct. 27, 2017.

② ARONSON, *Computer Vision and Machine Learning for Human Rights Video Analysis*, 43 LAW & SOC. INQUIRY AT 1193–94.

三、强化学习

强化学习与监督学习类似，因为程序员设定了目标变量（如垃圾电子邮件或照片中的猫），并致力于对算法进行“训练”。具体而言，“强化学习（或称‘评价学习’）由一些算法组成，这些算法在人工智能体（即人工智能系统）采取一项或一系列行动后，对其实施奖励或惩罚。”[①]基于其获得的奖励和惩罚，人工智能系统“在未来试验中应该会学着生成能够使奖励最大化的行动”[②]。为此，强化学习被人们描述为“对不同行动进行实验、以弄清如何实现虚拟奖励（如游戏得分）最大化的软件”[③]。强化学习的另一种解释是赋予机器学习系统以“最大化预期奖励的任务”，然后观察该系统“在不同情形下进行的不同行为试验，以发现哪些行为最为有效”[④]。这样做的结果通常是随着时间的推移，系统将通过实施各种行为，成功发现实现奖励最大化的最有效方式——无论奖励条件是在视频游戏中获得最高分，还是正确识别尽可能多的垃圾邮件。

四、非监督学习

非监督式机器学习的学习过程通常比监督式机器学习更为去焦点化，因为程序员通常并没有具体的目标变量，甚至不知道自己到底想预测什么。在程序员没有考虑预期结果（如识别照片中的所有猫），只想知道给定数据集中可能存在的规律和相关性（如有）的情况下，非监督学习即可派上用场。因此，程序员可将数据集输入机器学习系统，让系统自行发现该数据集中的规律和相关性，而无须用事先标记了预期产出的数据（如猫的照片）对系统进行“训练”。[⑤]运用非监督式机器学习工具时，计算机系统“得到的输入是未

---

① ALPAYDIN，MACHINE LEARNING，at Kindle loc. 2105.

② 同上。

③ Simonite，*The Wired Guide to Artificial Intelligence*，WIRED，Feb. 1，2018.

④ SHANAHAN. THE TECHNOLOGICAL SINGULARITY，at Kindle loc. 872.

⑤ Aronson，*Computer Vision and Machine Learning for Human Rights Video Analysis*，43 LAW & SOC. INQUIRY at 1194.

做标记的数据集，并被要求按照程序发现该数据集中最明显的类型或结构原理（通常被称为聚类）”①。也就是说，非监督学习旨在“揭示数据集中可构成后续分析依据的那些规律”②。这个过程与监督和强化学习技术的不同之处在于，“非监督式机器学习算法能够识别数据集中的规律，并将那些反复出现或共同的数据特征归为一类”，从而依靠输入数据集本身，而无须使用参考数据或训练数据即解决问题。③在发现之前不太明显的新联系和新规律方面，非监督学习可能大有裨益。因此，公司经常用非监督机器学习分析大规模客户交易数据集，基于既往交易生成一般趋势或特征，将这些客户汇集成聚类，然后用这种聚类信息改进公司的业务模式。④

五、深度学习

如前所述，机器学习是人工智能领域一个极受欢迎的分支。深度学习则是机器学习下的一个热门领域，被称为“最热门的人工智能领域”。因此，今天的大多数人工智能系统都采用了机器学习，而大多数机器学习系统又使用了深度学习工具。可以说，正是因为有了深度学习技术的进步，目前在我们周围运行的许多人工智能系统才能像变魔法一样完成他们的任务。

著名作家、人工智能专家马丁·福特（Martin Ford）将“深度学习”这一术语定义为“利用深度（或多层）人工神经网络，即大致模仿大脑神经运

① Aronson, *Computer Vision and Machine Learning for Human Rights Video Analysis*, 43 LAW & SOC. INQUIRY at 1194（2018）.

② Dana Remus & Frank Levy, *Can Robots Be Lawyers? Computers, Lawyers, and the Practice of Law*, 30 GEO. J. LEGAL ETHICS 501, 509–10（2017）.“实际上，计算机只是被要求识别数据集内部的结构、关系和规律（或称趋势）。” Berman, *A Government of Laws and Not of Machines*, 98 B.U. L. REV. at 1287.

③ Wilka et al., *How Machines Learn*, 13 WASH. J.L. TECH.&ARTS at 225.“与依赖标记数据的监督式算法不同，非监督式机器学习利用函数和未标记数据揭示数据集之前不为人知的属性。”同上。

④ 同上，第225页。

作方式的软件，实施的一种机器学习”[①]。深度学习还被描述为“一种利用大体上受大脑神经启发的自我调节数学网络过滤数据的机器学习技术”。机器学习非常重要，因为“我们过去十年内见证的绝大部分巨大进步，从图像和人脸识别到语言翻译，几乎一切均由……深度学习驱动”[②]。实际上，本章之前探讨的、人工智能系统实现的许多重大成就（如计算机系统控制汽车、发现癌症、基于社交媒体情绪分析选择买卖金融工具、为新闻出版物撰写新闻报道的能力等）都是在深度学习工具的帮助下实现的。

深度学习系统有时又被称为“深度神经网络”或“人工神经网络”。神经网络是“一种机器学习模型，它是通过一个由神经元构成的网络执行的”[③]。

> 神经网络由代表源数据或输入数据各种特征的一组输入节点和代表预期控制行为的一组输出节点组成。在输入节点层与输出节点层之间，是一个处理输入数据（如提取与预期输出相关性特别强的那些特征）的“隐藏”节点层……基于反复获得的“经验”（即利用输入数据集进行的多次训练），这个网络能够逐渐“学会”如何在给定任务类型中优化机器的“行为”（输出）。

深度学习神经网络之所以被称为“深度”，是因为他们可拥有“数十至数百个层”，且“深度学习模型的力量来源是后面层中的神经元能够从前面层神经元习得的特征中习得有益特征”。[④]也就是说，该网络的每一层通常都聚焦

---

① Simonite, *The Wired Guide to Artificial Intelligence*, WIRED, Feb. 1, 2018. “人工神经网络是在真实神经网络（如大脑）某些假设的组织原理启发下开发的计算机程序。人工神经网络与真实神经网络之间的关系能够给人很大的启发。” KAPLAN, ARTIFICIAL INTELLIGENCE, at Kindle loc. 617. “尽管一开始是以人类和动物大脑神经元的简单模型为基础构建的，但人工神经元并不是以通过计算机模仿生物神经元为目的。实际上，人工神经元的目的是像生物神经元那样，实现基于经验进行学习的能力。” Vallor & Bekey, *Artificial Intelligence*, in ROBOT ETHICS 2.0, at 340.

② FORD, ARCHITECTS OF INTELLIGENCE, at 3. “除了人工智能的其他运用，特别是涉及计算机视觉、自然语言和音频处理的运用外，自动驾驶机器人汽车的性能也已因深度学习技术的使用而得到了显著改善。” Vallor & Bekey, *Artificial Intelligence*, in ROBOT ETHICS 2.0 at 340.

③ JOHN D. KELLEHER & BRENDAN TIERNEY, DATA SCIENCE 238 (MIT Press 2018).

④ KELLEHER & TIERNEY, DATA SCIENCE, at 238.

于目标数据的特定特征或方面。比如，在利用计算机深度学习系统分析图片的情况下，人工神经元的最底层可能会聚焦于图像中的特定颜色，而上一层则可能聚焦于颜色区域周边的线条，再上一层则可能聚焦于图像的另一具体方面。通过层层叠加，系统最终就能识别屏幕上物体的形状和形态。和基本的机器学习一样，基于神经网络的系统能够随着时间的推移独立、自动地改进其在给定任务中的表现。特别值得一提的是，由于“神经网络的运用，系统能够修改其自身代码，以发现输入与输出之间的联系或因果关系，从而实现学习”[①]。比如，脸书正采用一个基于深度学习的人脸识别系统正确识别并自动标记人的形象。

由于深度学习是机器学习的一个分支，因此，今天的大多数人工智能系统（包括那些向客户推荐电影、控制自动驾驶汽车、理解语音和文本中自然语言的系统）可以说都是以机器学习工具为基础。但是，更为准确的说法应该是这些人工智能都是由深度学习神经网络驱动。实际上，“神经网络并非人们目前正在实践的唯一一种人工智能形式……但却凭借自身的支配地位，将人工智能提升到了前所未有的成功高度。”[②]

第四节　机器人

本书书名为《算法机器人和法律监管》（*Algo Bots and the Law*）。那么，什么是“bot”呢？和其他任何事物一样，人们对这个术语的适当定义也存在分歧。对初学者而言，“bot”就是“robot（机器人）”的简称。但近年来，一些人开始用“bot”指代“robot”之外的另一类设备。也就是说，一些人将“bot”称为自主软件程序，因此它主要出现在互联网上。与此不同的是，“robot”是指有外在的物理形态，且能够在“真实世界”中移

① DORMEHL，THINKING MACHINES，at Kindle loc. 495.

② DORMEHL，THINKING MACHINES，at Kindle loc. 805–07.

动或以其他方式行动的机械设备。在影响深远的著作《道德机器人》中，作者温达尔·瓦拉赫（Wendell Wallach）和柯林·阿伦（Colin Allen）使用了“(ro)bot”这个新词来指代软件算法和实体形态的机器人这两个概念。

一般而言，“robot”可认为是机器智力的外在形体。人工智能法律专家马修·U. 舍雷尔（Matthew U. Scherer）在其著作中用“人工智能”这个术语指代计算机科学和智力概念，同时又用“人工智能系统”指代能够执行需要人类智力任务的机器。[①]舍雷尔指出，“人工智能系统”可用于指代硬件和软件的各种组合，无论是在单个计算机上运行的程序，还是在联网计算机上运行的程序，或者搭载人工智能的其他任何组件的集合。[②]根据舍雷尔的理论，“人工智能系统”这个概念似乎足够宽泛，能够将人工智能驱动的机器人涵盖在内。人工智能系统是否需要外在形体似乎取决于其拟执行任务的类型，无论是执行期货合约的交易（此情形无需外在形体），还是控制汽车的运动（在此情形下，对于人工智能系统实现其唯一设计功能而言，外在形体是必要的）。今天，鉴于人工智能系统与机器人的概念之间已存在大范围重叠，这种宽泛的人工智能系统概念似乎并无不当。在这些问题上，耶鲁大学法学院教授杰克·M. 波尔金（Jack M. Balkin）曾经表示：“我不对机器人与人工智能体做明确区分。”[③]因此，许多人工智能领域的专家都在从事涉及机器人的项目，而反之亦然，这种现象并不令人惊讶。近年来的技术进步似乎已经导致人工智能与机器人学这两大领域出现了融合，或者说，至少拉近了这两大领域之间的距离。由于“人工智能系统”与“机器人”二者的概念存在大范围重叠，因此针对其他称为人工智能或人工智能系统的东西，一些论述机器人的法律专家和学者同时也提出了许多问题，并进行了种种分析（反之亦然）。在这些评论

① Scherer, *Regulating Artificial Intelligence Systems*, 29 HARV. J.L. & TECH. at 362.

② 同上。

③ Jack M. Balkin, *The Path of Robotics Law*, 6 CALIF. L. REV. CIRCUIT 45, 45 (2015).

家中，一些人还自创了新词，用于描述这一事实。比如，美国电气电子工程师协会的全球自主系统倡议（Global Initiative on Autonomous Systems）就使用了“自主智能系统”这一术语，并屡屡将其简称为“A/IS”，因为其认为“没有必要使用人工智能这个术语……定义并讨论旨在延伸人类智力或运用于机器人的技术和系统”①。该倡议下属各委员会的专家之所以选择使用这一表述，即“A/IS”，是因为其涵盖了多个领域（机器学习、智能系统、工程学、机器人学等）及其他类似技术。②

尽管许多人都认为“robot”是机械性的、有外在形体的机器，而“bot”则完全是算法性的软件实体，但并不是所有人都同意这种划分方法。而且，如何准确定义什么是“robot”，这个问题目前“仍悬而未决，即便在该领域专家中也是如此”③。大多数定义将“robot”描述为满足下列条件的机械（或其他具有外在形体的）设备：（1）能够通过某种感应器感知周围环境；（2）能够对其感应对象进行分析和思考；（3）能够采取影响周围环境的行动。这种

① The IEEE Global Initiative on Ethics of Autonomous and Intelligent Systems, Ethically Aligned Design: A Vision for Prioritizing Human Well-being with Autonomous and Intelligent Systems, Version 2, at 12, IEEE, Dec. 12, 2017, https: //www.businesswire.com/news/home/20171212005440/en/ IEEE-Releases-Ethically-Aligned-Design-Version-2.实际上，“该全球倡议的一般原则委员会试图就所有类型自主智能系统的伦理问题表达高度关切，无论这些系统是实体机器人（如机器人或自动驾驶汽车），还是软件系统（如医疗诊断系统、智能个人助手、算法聊天机器人）。”同上，第20页。

② The IEEE Global Initiative on Ethics of Autonomous and Intelligent Systems, Ethically Aligned Design: A Vision for Prioritizing Human Well-being with Autonomous and Intelligent Systems, Version 2, at 12, IEEE, Dec. 12, 2017, https: //www.businesswire.com/news/home/20171212005440/en/IEEE-Releases-Ethically-Aligned-Design-Version-2.“‘A/IS’这个缩略语是自主智能系统的简称。这种表述方式说明了人们对自主或智能软件设计、开发、部署、报废和采用等问题的同步关切。这些软件可安装在能够根据自定义的原则运用独立推理、决策、意图形成和激励等技能的其他软件和/或硬件系统上。”同上，第21页。

③ JORDAN, ROBOTS, at Kindle loc. 141.“目前，机器人专家仍未就如何定义其专业研究对象达成一致。”PATRICK LIN ET AL., ROBOT ETHICS: THE ETHICAL AND SOCIAL IMPLICATIONS OF ROBOTICS 17（2014）.“复杂技术很少会有单一、稳定而无争议的定义。机器人也不例外。”Ryan Calo, *Robotics and the Lessons of Cyberlaw*, 103 CAL. L. REV. 513, 529-32（2015）.“到底什么才是robot？这个问题很难回答。目前，‘robot’这一术语还没有明确定义，特别是在法律和政策领域。robot一定要有外在形体吗？还是说，软件‘bot’也可以称为robot？robot一定要自动化吗？还是说，远程操作的远程呈现机器也可以称为robot？”Woodrow Hartzog, *Unfair and Deceptive Robots*, 74 MD. L. REV. 785, 789-91（2015）.“在何为机器人方面，计算机科学家们拿不出任何类似共识的东西。”JORDAN, ROBOTS, at Kindle loc. 138.

定义大体上被称为“感应—思考—行动范式”①。根据这种定义，“robot必须有感应器、能够模仿某些认知维度的处理能力，以及驱动器。”②这种定义方式将自动驾驶汽车和无人机归入了“robot”行列。在“感应—认知—行动范式”下，“robot”的定义与人工智能系统的定义似乎隐隐有相同之感。毕竟，如前所述，人工智能系统是指从事需要人类智力活动的计算机系统。这两个概念之间之所以会有重合，是因为人工智能系统从事的许多（但非全部）人类智力活动（如驾驶汽车，购买期货、期权和股票等）都要求其对周围环境进行感应、思考，并采取行动。

对于机器人的定义，人们的分歧主要涉及以下方面，机器人是否必须具有自主性，且具有机械性或其他外在形体，能够在实体世界中运动。

> 一些人认为，如果指定设备能够：（1）感应周围环境；（2）基于各种输入执行逻辑推理；（3）对实体环境作出反应，即满足（机器人的）条件。一些人则坚称，机器人必须能够在实体空间运动（因此Nest的恒温器就不能视为机器人）。还有一些人则表示，真正的机器人一定是自主的（因此排除了工厂的组装工具）。

比如，麻省理工学院的研究人员兼作家安德鲁·麦卡菲（Andrew McAfee）就曾用“机器人”这一术语“作为不断拓展的现代数字技术工具箱的缩略语”。在他看来，这些数字技术“正迅速学习大量原本专属于人类的技能，从理解自然语言到诊断疾病再到驾驶汽车等”③。同样，美国东北大学法学院（Northeastern School of Law）教授伍德罗·哈佐格（Woodrow Hartzog）曾

① JORDAN, ROBOTS, at Kindle loc. 3182［表示“先驱机器人专家乔治·贝基（George Bekey）将robot定义为‘能够感应、思考和行动的机器’”］. 许多机器人专家都支持，何为robot这个问题的定义应满足外在形体这一要求。尽管他们屡屡提及感应—思考—行动测试，但从技术上讲，对于这一视角下的robot，其构成要素最好描述为：（1）一种机械或有其他外在形体的物理设备；（2）能够感应；（3）能够思考；（4）能够行动。

② JORDAN, ROBOTS, at Kindle loc. 443.

③ Andrew McAfee, *Technological Progress Offers Enormous Benefits to All of Us, Writes Andrew McAfee*, FIN. TIMES, May 5, 2016.

表示，“就探讨消费者保护政策而言”，传统的机器人定义“过于狭隘”，因为“无外在形体和非自主技术往往也会造成类似或相关的消费者保护问题”[①]。其他的机器人定义中还包括由人类“远程操作的”设备。[②]此外，如果认为只有自主设备才是机器人，则又会出现应如何定义自主这个问题。人们认为，自主的定义并不是二元的，而是具备连续体的特质，存在不同程度的自主。比如，无人机主要是以远距离传输方式控制的，能够长时间独立飞行。因此，在某些定义下，无人机可因其充分的自主性而被归入机器人的行列。

机器人的传统定义也受到了挑战，这是因为目前正在开发的大部分机器人外形都不像《星球大战》中的C-3PO或其他类似人形机器人。当然，从纯粹的文化角度看，“机器人往往是那种能够展示类似人类能力的机械实体”[③]。但现实是，对许多任务而言，人形并不是机器人的最优外形。因此，我们“没有理由将机器人实现其目标的手段作为一个整体限制在一个包装盒里”。所以，科学家可以将“机器人”设计成一套共同工作的有形的设备。[④]现在，请想象一下科学家们专门设计并用于给房子喷漆的机器人吧！尽管人们可将其“想象成一个攀爬梯子，并在其人类同事身边挥舞着刷子的人形机器人”，但今天的现实是，设计房屋喷漆机器人的科学家或工程师可能会将其设计成“一个个装着喷嘴并拖着漆盒飞行的无人机队”[⑤]。摄像头或其他感应器可能会“遍布（房子）四周”，以监测工作中的无人机，而行动的“大脑”（即“机器人的控制系统”[⑥]，很可能是指挥人工智能驱动机器人团队的软件算法）则大

---

① Woodrow Hartzog, *Unfair and Deceptive Robots*, 74 MD. L. REV. 785, 789–91 (2015).

② Margot E. Kaminski et al., *Averting Robot Eyes*, 76 MD. L. REV. 983, 985 (2017).

③ JORDAN, ROBOTS, at Kindle loc. 3182.

④ JERRY KAPLAN, HUMANS NEED NOT APPLY: A Guide to Wealth and Work in the Age of Artificial Intelligence 43 (2015)（“机器人可由一套相互之间没有联系但可以互换的驱动器、发动机和工具构成。”）.

⑤ 同上；FLORIDI, *A Fallacy that Will Hinder Advances in Artificial Intelligence*, FIN. TIMES（“所以自主汽车并不是由坐在方向盘前的人形机器人驾驶的……”）.

⑥ “和人类大脑一样，机器人的控制系统会使用反馈。但是，机器人的大脑不是一组神经元，而是被称为中央处理器或CPU的硅基芯片，类似于计算机芯片。”Frank B. Chavez Ⅲ, *The Main Parts of a Robot*, SCIENCING.COM, Mar. 13, 2018, https://sciencing.com/main-parts-robot-7403157.html.

概率不会出现在房屋周围的任何机械设备中，而是位于远程计算机上（这得益于云计算技术的进步）。机器人可以是一套设备，其控制系统位于远程计算机上，这种概念给机器人的主流观念带来了挑战。

如上述例子所述，今天的机器人已经不需要单独、个别的控制系统（即“大脑”），而是可以仅依赖远程计算机和服务器上的集体控制系统。可以说，这种依赖即使不是完全依赖，至少也是部分依赖。云计算正是以这样的方式，不仅驱动了自动驾驶汽车，而且还驱动了数字助手（如凸显虚拟助手功能的亚马逊Echo设备Alexa和苹果的Siri）。如果机器人没有独立控制系统，而只是共享远程智力资源，那么，人们就会提出以下问题，即“这种机器人到底是应视为独立、个别实体，还是应视为更大集合实体的一个组成部分呢？”如果深入探究这个问题，人们又会提出另一个深层次的问题，即“到底哪个部分才应被视为机器人：是搭载智力的控制系统，还是对外界作出反应的机械设备，抑或是二者的结合？”[①]萨米尔·乔普拉（Samir Chopra）教授和他的合著者劳伦斯·F. 怀特（Laurence F. White）律师提出了一个类似问题，并将其称为“身份认同问题（the problem of identification）”[②]。尽管乔普拉和怀特分析这一问题的目的是明确法律意义上构成自主人工智能体的具体事物或“人”，但对于分析哪些东西应归为机器人或人工智能而言，他们提出的问题同样非常重要（如前所述，人工智能和机器人这两大领域近年来已经融合）。可以预见，人们可对人工智能或机器人的软件和硬件进行重大变更，因此这个问题更加棘手了。因为变更软件或硬件后，又会出现机器人或人工智能系统是否变成、何时变成新的不同实体这些问题。

幸运的是，本书目标并不是为了解决如何定义术语“robot”（或“人工智能系统”或“bot”）这一问题，而是为了使人们充分理解这些概念，从而理

① “请考虑在硬件上运行的软件这种人工智能体。智能体主体到底是硬件、软件，还是二者的某种结合，我们仍不得而知。”CHOPRA & WHITE, A LEGAL THEORY, at 181.“更糟糕的是，硬件和软件可能分散于多个地点，由不同人士维护。”

② 同上。

解相关法律问题的分析。在本书中，“robot”和“bot”这两个术语将与“人工智能系统”交互使用（且均翻译为“机器人”——译者注）。这是因为，我觉得没有任何理由仅将“robot”视为机械设备或有其他外在形体的设备。在我看来，人工智能系统、robot和bot交互使用未尝不可，因为“软壳或硬壳中的智能机器都有‘对外部世界作出反应’的能力”①。“软壳或硬壳”中的人工智能系统影响外部世界的能力证明了一个事实，即线下“真实世界”与线上互联网之间的区别正在迅速消失。牛津大学教授弗洛里迪表示，“这里（模拟、碳基、线下）与那里（数字、硅基、线上）的界线正在迅速模糊化。”②他预测说，“在不久的将来，线上线下的区别将更加模糊，然后消失。”③现在，线上发生的事情也日益对实体世界中的生活和幸福产生具体影响。既然线上和线下两个世界正在融合，那么，仅仅因为一样东西能在其中一个世界行动就赋予其“robot”的标签没有太大意义。因此，巴斯大学计算机科学教授乔安娜·J. 布莱森（Johanna J. Bryson）对“robot”的宽泛定义似乎是正确的。她认为，“robot”是真实世界中能够将感知转化为行动的任何人工实体，因此，如果一个数字助手能够倾听并与人类对话，那么，它就是robot，一个存

---

① Nicolas Petit，Law and Regulation of Artificial Intelligence and Robots：Conceptual Framework and Normative Implications，Working Paper，Mar. 9，2017（援引Ryan Calo，*Robotics and the Lessons of Cyberlaw*，105 CAL. L. REV. 513［2015］）；WENDALL WALLACH & COLIN ALLEN in ROBOT ETHICS：THE ETHICAL AND SOCIAL IMPLICATIONS OF ROBOTICS 65（提到了“自由漫游的实体与虚拟智能体”）。将自主软件程序称为机器人的现象很普遍。比如，可参见：Richard Waters，*Businesses Turn to Software Robots for Office Work*，FIN. TIMES，Mar. 8，2018（“软件机器人复制了人类在计算机屏幕前经常从事的日常工作”）。实际上，2014年一个“机器人”因在暗网上购买毒品而被逮捕，从而登上新闻，这个机器人就是一个软件算法。Ryan Calo，*A Robot Really Committed a Crime：Now What?*，FORBES，Dec. 23，2014.

② LUCIANO FLORIDI，THE FOURTH REVOLUTION 43（2014）（原文为斜体）（表示“数字—线上世界正在溢出并进入模拟—线下世界，进而与其融合”）.

③ FLORIDI，THE FOURTH REVOLUTION，at 43.“比如，在一个人根据数据库实时更新的导航系统开车时，问这个人到底是在线上还是线下已经没有什么意义了。”同上。“Z世代可能无法想象信息空间之外的生活，因为，用戏剧的语言讲，信息空间正逐渐吞噬其他任何现实。”同上，第44页。弗洛里迪并非发现了这一现象的唯一人士。在著作《AI未来》中，人工智能专家李开复提到了一个“根本性重要趋势”，即“数字世界与实体世界的结合”。李开复将这种结合称为“OMO，即线上与线下的融合”。Karen Hao，*AI Hype in Vegas*，THE ALGORITHM，MIT TECH. REV.，Jan. 8，2019.

在于世界并能改变世界的智能体和行为主体。[1]

同样，在论述超级智慧人工智能系统造成的潜在风险时，未来生命研究所（Future of Life Institute）表示，人工智能的发展（Beneficial-AI Movement）关注的主要问题并不在于机器人，而在于智能本身，即偏离了人类目标的智能，因为偏离了方向的超人类智能如果要给我们造成麻烦，并不需要机器人的形体，而只需要互联网连接，这可以使人工智能能够比金融市场更聪明，比人类研究人员更善于发明，比人类领袖更善于操纵，甚至开发出我们无法理解的武器[2]。该研究所进一步表示，即便没有机械机器人的形体，超级智慧、超级富有的人工智能仍可轻松酬请或操纵许多人类在不知情的情况下为其服务[3]。尽管离见证超级智慧人工智能系统诞生的时刻还有很长的路要走，但该研究所的评论仍然支持以下观点，即无论选择使用哪个术语（如“人工智能系统”“robot”或“bot”），这种人工智能体都不需要有机械形式的外在形体即可对外界作出反应。

第五节　算法机器人

现在，让我们回到本书书名中提到过的“算法机器人”这个术语。如上所述，在本书中，我将交互使用“robot”“bot”和“人工智能”这些术语，用于指代有形的人工智能体或无形的人工智能体。这样做并无不妥，因为人工智能系统是执行原本需要人类智能才能完成的任务的软件算法、计算机或机械设备。同样，robot也是软件算法或者有形设备又或者有形装置，能够感

---

① Joanna J. Bryson, *Robots Should Be Slaves*, at ch. 11, 63–74, CLOSE ENGAGEMENTS WITH ARTIFICIAL COMPANIONS: KEY SOCIAL, PSYCHOLOGICAL, ETHICAL, AND DESIGN ISSUES (Yorick Wilkes, ed. 2010)；同时，请参见：Ryan Calo, *Robotics and the Lessons of Cyberlaw*, 103 CAL. L. REV. 513, 531 (2015)（表示尽管其相信“最强大、最完整意义上的机器人作为有形物体确实存在于这个世界，并拥有按照物理方式施加影响的能力”，但其仍然构思了一种“构成连续体”的“机器人”。这样，智能住宅中能够投射人影、与人类交流、回答问题并订购食物的房间也可归入机器人行列）.

② *Benefits & Risks of Artificial Intelligence*, https://futureoflife.org/background/benefits-risks-ofartificial-intelligence/.

③ 同上。

知、思考和分析周围环境，然后以能够影响其外部世界的方式作出反应。由于“算法机器人”这一术语被金融服务行业广泛运用于指代自动交易系统，即独立于人类控制或指令之外自行决定何时买卖及买卖多少衍生品（或其他金融工具）等问题的无形计算机算法，算法机器人实际上既满足人工智能系统的定义，又满足机器人的定义。算法机器人执行的是需要人类智力的任务（即买卖金融工具）。此外，算法机器人能够感知、思考和行动。在交易金融工具的过程中，算法机器人会对金融市场状况（及某些情形下的其他相关信息）进行监测，分析推断如何随时最大限度地从市场交易中获利，并通过买卖衍生品执行其策略。因此，算法机器人能够对金融工具的价格及整个市场状况产生具体影响。

自动交易系统被描述成了“其程序能够随着时间推移而不断演变的数字机器人”[①]，且这种机器人“可追溯至人工智能领域”[②]。一般而言，自动交易系统，包括那些采用高频交易策略的系统，都会随时根据经验持续分析、评估并调整其交易算法。

> 它们也许并不聪明，也没有自我意识……但能够演变。它们会观察、实验并学习，完全独立于创造它们的人类。利用机器学习和神经网络等先进计算机科学技术，它们甚至能够基于其观察结果创造出新的改进型算法。

① SCOTT PATTERSON, DARK POOLS: HIGH-SPEED TRADERS, AI BANDITS, AND THE THREAT TO THE GLOBAL FINANCIAL SYSTEM 309 (2012).

② CHRISTOPHER STEINER, AUTOMATE THIS: HOW ALGORITHMS CAME TO RULE OUR WORLD 5 (2012).

第二章
常见衍生品的经济学定义

在分析技术创新如何改变金融市场这个问题之前，我们必须了解金融市场，而要了解金融市场，我们又必须首先大体了解一些术语和概念。如绪论所述，美国金融市场有两大监管机构，即美国商品期货委员会（CFTC）和证券交易委员会（SEC）。在机构设置上，美国国会确立了一个框架，一方面，规定SEC负责证券市场的监管，包括公司股票及债券、国债、股票期权以及在美国法律下被认定为证券的其他衍生品；另一方面，CFTC则负责期货合约、商品期权、互换及未被美国法律归入证券的其他衍生品。美国设置了两大市场监管机构，而不是同时面向证券和期货市场的单一综合监管机构，一些人对于这种做法提出了批评。尽管当前市场监管架构很大程度上要归因于几十年前国会领导人形成的立法路径依赖（后文将对这一问题进行详细探讨），但有关SEC和CFTC是否应予合并的争论实际上忽视了一个更为宏大且重要得多的问题，即相关分析的焦点应该是金融市场相关法律法规的内容，以及实施这些法律法规的能力水平。较为妥当的做法，应该是重点分析当前法律法规架构是否有利于维护金融市场的稳定、透明和高效，而不是国家应如何在不同机构之间分配监管权力。因此，尽管不时有人提出合并CFTC和SEC的建议，但到目前为止，美国政府官员一直都拒绝接受这类建议，而最近一次拒绝发生在2017年。当时，美国财政部发布了一份报告，建议CFTC

和SEC分别维持其独立现状。

要理解金融市场生态系统，可以假定该系统由三个明显不同的领域或主题构成。第一个领域涉及对市场上交易的金融工具进行定义和理解。第二个领域则涉及为市场提供必要体制机制及“管路系统”的主要基础设施的定义和规范。这些基础设施具体包括为相关金融工具提供交易场所的交易所和交易平台及进行交易结算的清算所等。可想而知，第三个领域涉及的是如何对中介机构进行定义和监管，如商品经纪商、帮助零售投资者等其他主体进入衍生品市场的集合性商品投资工具、在衍生品市场上以自有账户从事交易活动的金融机构等。

本章和第三章探讨的是金融市场生态系统的第一个领域，即金融工具。本章将探讨衍生品这一金融工具的常见经济学定义，而第三章则将从法律法规的视角说明衍生品的定义和概念问题。如果你已经知道期货合约、互换和商品期权是什么，就可以跳过或略读本章及下一章。但是，你也许会惊讶地发现，某些衍生品的法律法规定义竟然与这些金融工具的常见经济概念大相径庭。比如，互换的常见经济概念比美国《商品交易法》中互换的定义要狭隘得多。在《商品交易法》下，互换可理解为涵盖了几乎所有以或有事项为条件的合约类型。因此，对于在金融市场从业的律师或商人而言，了解金融工具的法律法规定义至关重要，因为个人或企业一旦达成了属于受监管衍生品相关法律定义范围内的合约，即需遵循特定的监管要求。如前所述，在确立美国衍生品市场监管框架的过程中，国会一是赋予了CFTC期货合约、商品期权和互换的排他性管辖权；二是要求所有期货合约交易均在受CFTC监管的指定合约市场（DCM）上进行。因此，金融市场参与者应了解美国法律到底将哪些合约认定为期货合约，这一点至关重要。如果不了解，他们就可能会“不小心”达成需要接受监管的期货合约交易或其他类型的衍生品交易。

但是，对各类衍生品的定义进行概述并非易事。对此，读者可能会感到惊讶。和其他领域一样，在法律领域，关键定义也往往会遭到强烈质疑，甚至存在争议。比如，在美国，从业人员和评论家对期货合约及互换法律定义的合理解释和建构就存在分歧。当然，专家与其他相关方因关键术语的合理定义出现分歧，这种情况并不只出现在衍生品法律领域。正如我们在第一章中看到的那样，人工智能专家与计算机科学领域的学者在“机器人”和“智能”这些基本术语的定义上就存在分歧。人们也许会认为，硅谷那些本职工作就是让计算机和机器以智能方式运作的公司高管、科学家和学术专家，应该能够就何为智能这个问题达成一致。毕竟，如果连智能是什么都无法描述，那人们又怎么会知道计算机是否具备了人工智能呢？幸运的是，虽然人工智能专家们在如何赋予智能以最佳定义方面存在分歧，但这种分歧似乎并没有阻碍这个领域的进步和创新。

在如何定义各类衍生品方面，市场参与者和法律学者等各方之所以存在分歧，是因为定义拥有巨大力量。法律和科学一样，定义决定了整个领域和主题的范围。因此，确定关键定义是一项起点任务，是在给定领域内讨论相关话题或问题之前就必须完成的。正因为如此，金融工具的定义往往存在重大分歧，因为它们关系重大。以商品期货合约为例，在美国，期货合约定义范围内的任何合约均须接受由CFTC实施的联邦监督和监管。一方面，如果期货合约的定义过于宽泛，那么，有些人通常认为并不构成期货交易的合约安排就可能会被纳入监管范围。另一方面，如果定义过于狭隘，一些肆无忌惮者就可能会模仿期货合约的经济特征，创建类似期货合约的金融工具，并使其跳出监管范围，从而逃避国会试图为期货市场确立的法规监管。“证券”这一术语的定义同样如此。给定案情中是否存在证券，甚至决定了证券法是否适用，因此，“证券”这个术语被赋予了最广泛的管辖权。[1]

---

① HAROLD S. BLOOMENTHAL & SAMUEL WOLFF，3SEC.&FED. CORP. LAW § 2：2（2d ed. Sept. 2017 updated）.

第一节　开场：若干案例

具体例子有助于概括期货合约、期权和互换定义中所涉及的某些问题。所以，首先请允许我带大家前往一座虚构的小型大学城参观一下。这座大学城名叫“学院村”，位于美国。学院村最大的机构是州立大学，是一家从事高等教育的大规模公立机构。学院村的学生都特别喜欢吃比萨。遗憾的是，在这个虚构的世界，无论是意大利腊肠比萨、香菇比萨，还是其他不知名的比萨，它们的价格都有极大的波动性，每天的价格都会出现巨大波动。在学院村的比萨店买一大份意大利腊肠比萨，周一可能需要5美元，但到了周五，这个价格可能就要涨到10美元。学院村共有四家比萨店，尽管其价格并不相同，但比萨和苏打饮料的价格都呈现出相似的波动性。学院村位于州中部，与周围城市相距甚远，距离最近的一个小镇也有65英里远。所以，学生们几乎不可能从其他地方轻松买到比萨。

学院村的大部分学生都不敢想象没有比萨的生活会是什么样子。因此，学生们就面临着价格波动带来的风险。比如，比萨价格可能会上涨，就会限制一些学生购买这些食品的能力。当然，比萨价格也可能随时下降，但这种极端波动性，即学院村比萨价格的每日波动，使学生们无法指望在自己碰巧想买比萨和苏打饮料时就能获得承受得起的价格。现在，学生们只能在价格处于低位时大量购买比萨，但州立大学的宿舍房间很小，只配备小冰箱。所以，储存大量比萨的做法也不可行。

一位名叫迈克尔的学生创业心非常强。他看到了比萨每日价格波动这种现象中蕴藏的商机。之前，他曾在赛马机构从事赌注登记人的工作。所谓赌注登记人，就是从押注赛马结果的人那里收取赌资的人。迈克尔开始就学院村内不同比萨店比萨产品的未来价格提供各种下注活动。比如，他可能会安排某位学生在某个月最后一个周五，以7美元的价格从乔伊比萨铺获得一大份意大利腊肠比萨，并为这项服务收费。作为一个选项，且同样以收费为对价，他可能会授予某位学生在合同生效后至下一个周五之间的任何时候从乔伊比萨铺获得一大份意大利腊肠比萨的权利（而非义务），并同样对此收费，到时，他会自行购买比萨交给那个学生，但只收取6美元。此外，迈克尔还可以5美元的价格出售从学院村内四大比萨店中的任何一家店购买一大份香菇比萨的权利，且这种权利可在下个月内的任何时候行使。推销这些下注（或出价）产品时，迈克尔表示学生们可借此对冲或抵消与比萨和苏打饮料价格波动相关的风险。

但是，迈克尔提供的某些下注活动并不需要真的向学生们交付比萨和苏打饮料。比如，迈克尔允许学生们就下周五乔伊比萨铺的大份意大利腊肠比萨的价格是否为6美元这个问题下注。到周五时，如果这个学生的预测是对的，那么，迈克尔就会向其支付一笔现金。此外，学生们还可以赌下周五乔伊比萨铺大份意大利腊肠比萨的价格将高于3美元，但低于9美元，同样，如果他们的猜测最终证实是准确的，迈克尔也要向其支付一笔事先确定的现金。而且，迈克尔还就每个月最后一个周五学院村内小份、中份和大份意大利腊肠比萨、香菇比萨和鳀鱼比萨的平均价格组织下注活动。

迈克尔的比萨下注活动极受欢迎。很快，其他学生也开始学习他的做法，并从事类似业务。其中，一位名叫阿道丽莎的学生颇有想法。她意识到，学生们完全可以在没有赌注登记人的情况下就学院村内比萨的未来价格互相下注。所以，她设立了一个允许学生们这样做的互联网平台。学生们可以访问她设立的学院村比萨交易平台，寻找愿意就比萨未来买卖达成协议的其他学生。交易原理是这样的：学生A向学生B承诺于下周五向后者提供一大份意大利腊肠比萨，作为交换，学生B应向学生A支付5美元。根据协议，学生A有义务于下周五向学生B提供一大份意大利腊肠比萨，而学生B则有义务就此支付5美元。阿道丽莎学院村比萨交易平台的某些版块允许学生们在平台上寻找自己的交易对手。该平台的其他版块则可通过计算机算法，自动撮合比萨合约的当事方。比如，学生可输入其想要的比萨类型、希望到手的日期和愿意支付的价格等信息，然后，平台会将其匹配给愿意在该日期以上述价格出售该类比萨的对手方。为了降低这种自动匹配的难度，阿道丽莎还在平台的这个版块上对比萨合约进行了标准化处理。因此，人们只能在某些颇受欢迎的特定日期以特定的价格区间请求购买某些颇受欢迎的比萨类型。如果有人想在冷门时间以非常见价格购买特别新奇或定制水平极高的比萨，比如，在下周三凌晨4：30以8.55美元的价格购买一份一半是鳀鱼、一半是红辣椒的比萨，则其必须使用学院村比萨交易平台的非自动交易版块。阿道丽莎从其平台上发生的每笔交易中收取小额交易费。

阿道丽莎的同学帕克了解这些交易活动后，决定出售“比萨保险”，承诺在一年期内确保学生们免受比萨价格上涨带来的痛苦。“比萨保险”的工作原理如下：比如，学生可购买一份保险期限为一年的7美元中份香菇比萨保险单，这份保单可保证，该生在一年内任何时候购买中份香菇比萨的价格不超过7美元。作为每月向帕克支付保险费的回报，帕克向该生承诺，该生于年内任何时候在学院村四大比萨店中的任何一家店购买中份香菇比萨时，只要价格超过了7美元，且无论超过多少，帕克都会代其支付超出的那部分金额。这样，购买保险后，该生就很清楚，在一年内，他再也不用为中份香菇比萨支付7美元以上的价格了。这些保单对消费大量比萨的学生极其有利，因为有了保险，他们现在想点多少比萨都可以，甚至每晚都可以点比萨，而无须支付超出比萨保险合同中商定价格水平的金额（当然，他们必须支付每个月的保险费）。一旦与帕克达成了年度比萨保险合同，在合同期限内，保险费率将保持不变。但是，帕克可根据其对市场状况的评估，对新客户的保险费率进行调整。比如，对于在8月与其达成了10美元大份肉丸加量奶酪比萨保险合同的学生，帕克可收取每月20美元的保险费。在就每月保险费及合同其他要素进行谈判时，帕克会努力评估相关类型比萨的价格超出合同规定水平的可能性及超出该水平的持续时间，以及潜在客户在一年内可能订购的比萨数量。

听说帕克的比萨保险业务后，阿道丽莎开始允许学生在其比萨在线交易平台上交易比萨保险单。此外，阿道丽莎还允许人们在其交易平台上对比萨保险单的保费价格进行下注。比如，学生们可以赌8美元大份奶酪比萨12月份的月度保险费将达25美元，或者将超过20美元但低于27美元，凡此等等。阿道丽莎经常会从帕克那里购买比萨保险单，以便在学院村比萨交易平台上交易并获利。

学习反垄断法课程后，帕克认识到，如果镇上的一家或多家比萨店破产或被对手收购，学院村的比萨价格可能会上涨。所以，帕克开发了“比萨店破产”保险单。作为每月收取保险费的回报，帕克承诺，若镇上任何一家比萨店破产被对手吞并，他会向学生支付一笔商定金额的赔偿金。和常规“比萨保险”一样，“比萨店破产保险单”的期限通常也是一年。此外，学生们还可就学院村内两家、三家或四家比萨店破产的情形购买保险。帕克相信，这类结果，即镇上多家或四家比萨店全部关门的结果，极不可能出现。所以，这些“比萨店破产”保险单相对较为便宜，因为帕克认为，他就这些保险单支付赔偿金的可能性相对较低。

学院村的四家比萨店分别为“乔伊比萨铺”“香农比萨屋”“蒙哥马利比萨店”和“大学比萨店”。四家比萨店全部实施了奖励计划，在四家店里消费的人都可以获得积分。而且，积分可在比萨店兑换食物和饮料。比如，在香农比萨屋，100积分可以兑换2块奶酪比萨。在特定比萨店消费得越多，从这个比萨店获得的积分就越多。要获得积分，学生们需参与比萨店的客户忠诚活动并开设会员账户。某家比萨店的积分无法在另一家比萨店使用。不同比萨店的价格各不相同，而其各自积分计划的条款和条件也不相同。比如，大学比萨店比其他比萨店更为高端，故其价格通常较高。尽管蒙哥马利比萨店的价格较低，但其积分计划相对而言并不诱人，因为顾客必须积累大量积分才能兑换到食品。比如，在香农比萨屋，200积分就可兑换一大份意大利腊肠比萨，但在蒙哥马利比萨店，1000积分才能兑换到同样的比萨。根据四家比萨店的政策，积分可通过以下三种方式进行登记和使用：

（1）积分卡：参加客户忠诚活动的会员将获发与其活动账户或积分账户相关联的特别“积分卡”，和银行卡一样，这些卡可在比萨店的收银台那里刷卡消费。

（2）比萨店数据库：利用积分购买比萨时，会员无须使用其积分卡，因为所有比萨店都在电子数据库中储存了会员积分信息。因此，如果会员丢失或忘带积分卡，他们只要在比萨店提供另一种形式的身份证明，店员即可在数据库中查询其账户信息。

（3）积分证书：会员可就其希望领取的积分数量（不可超出其账户中的积分总量）申请领取纸质版“积分证书”。一旦领取特定数量的纸质版积分证书，该积分数将从会员的忠诚活动账户中予以扣除。

四个比萨店都建设了自己的网站，学生们可通过这些网站下单购买比萨及其他食品。这些网站甚至允许学生提前一个月预订比萨并付款。因此，学生们可前往大学比萨店的网站订购下周四要的、添加奶酪和香菇的中份比萨，并立即支付账单。乔伊，即乔伊比萨铺的老板，决定在其网站上以出售积分的方式筹集资金。于是，他宣布，他的店铺每天都会在网站上拍卖1000份“数字积分”。学生们可前往网站的相应版块，以10的倍数为单位认购相应份数数字积分。每天定额（1000份）的“数字积分”一旦销售完毕，在线市场立即关闭。积分的出价和报价及已完成交易的价格都会在网站上即时公布。特定日期闭市后，每一积分的平均价格也会予以显示。了解到乔伊的在线积分业务后，镇上的其他三家比萨店也积极跟进，为自己的数字积分设立了相同的平台。

一位名叫雏田的学生非常聪明。她设立了一个在线平台，利用这个平台，学生们可将一家比萨店的积分与另一家比萨店的积分进行交换。交换积分后，学生们可相互领取纸质版积分证书，从而对交易进行结算。雏田从其平台上发生的每笔交易中收取小额服务费。此外，她还要求在其平台上交易的所有人都出示身份证明，并缴纳小额费用（相当于履约保证金），以防止欺诈。雏田发现，四家比萨店的网站每天都会发布其积分的平均价格。因此，她允许学生就不同比萨店积分的未来平均价格进行投注。比如，学生们可以赌乔伊比萨铺积分在下个月第一天的平均价格是否为2美元。而且，学生们还可以赌不同比萨店积分价格之间的未来预期差额（比如，下周五，大学比萨店积分的平均价格将比蒙哥马利比萨店积分的平均价格高2美元）。

另一位学生名叫妮妙，她非常喜欢赌积分的未来平均价格。而且，她非常擅长这种赌博，曾通过这种方式成功将1万美元的大学助学贷款变成了27万美元。妮妙希望其他学生也能从其猜测积分未来平均价格的非凡能力中受益。因此，她设立了一个积分平均价格基金，并以每份5万美元的价格出售该基金的“会员资格”。有了这种会员资格，一旦妮妙利用会员费，通过下注积分平均价格未来变动，获得了任何收益，会员们即可按比例获得相应利润。购买的会员资格越多，按比例获得的利润就越大。所以，拥有一份会员资格的人可能会获得2%的利润，但拥有五份会员资格的人则可能获得10%的利润。妮妙则收取与其下注成功与否相挂钩的年度服务费。

迈克尔最好的朋友冈特看到朋友挣了钱，于是想模仿迈克尔的商业模式。但是，他又不想因为与朋友竞争而毁掉这份友谊。于是，冈特也创建了一个在线平台，但这个平台的下注产品不是比萨的价格，而是与比萨无关的其他物品价格或事件的未来走势。比如，冈特的平台可以让学生们对特定年份哪位教授将获得终身教职、哪位候选人将赢得学院村市政厅即将进行的选举、学院村在特定冬天将下几次雪等问题进行下注。

在上述活动中，是否有活动涉及《商品交易法》和CFTC的法规？在上文描述的交易中，是否存在期货合约、商品期权或互换？上面提到的人中，是否有人经营的是类似期货交易所的业务活动？在上述学生中，是否有人曾被CFTC或SEC调查过，或者说曾经受到了二者的监管关注？这些问题的答案将在本章剩余部分及第三章中进行探讨。可以说，上述例子既说明了衍生品定义的复杂性，又说明了理解这些定义范围的重要性，因为一不小心，人们从事的可能就是受到高度监管的金融活动。如果一定要仓促发表什么评论的话，那就是，上述活动可以描述为保险、投资或赌博，具体取决于个人视角。评论家们指出，人们可以将购买商品期货合约的行为定性为：（1）对未来商品价格进行对冲或投机；（2）就未来商品价格涨跌为自己配置保险；（3）就商品价格是否上升或下跌进行赌博。就上述活动而言，人们可以用同样的方式来观察。学生们是在从事比萨价格、比萨积分及类似东西相关的赌博活动，还是在为比萨价格的未来上涨购买保险？或者说二者兼而有之？第三章和第四章提供的信息将有助于我们解决这类问题。

第二节　金融工具和金融市场

“金融工具”的定义之一是“赋予当事方某些金融权利或责任的……标准协议或合约”[①]。金融工具有众多形态和规模，但人们通常认为，金融工具是能够进行交易以实现资金和资本转移的资产。金融工具以多种形式存在，如货币、给予或接受现金或某些资产的合同权利、资产或实体所有权证明等。按照这样的定义，证券和衍生品均属金融工具。“金融市场”这一术语指进行股票、债券、货币、衍生品及其他金融工具交易的任何市场。在口语中，大多数人提到“金融市场”时，都是指股票交易所和期货交易所之类的有组织交易平台。但是，如后文详述的那样，金融工具的交易并非仅限于这种有组织平台。金融工具市场可以有众多形态，从高度结构化的实体或电子交易所和交易场所，到以松散形式结合在一起的金融机构集团等。值得注意的是，这些金融机构集团会与对手方谈判并达成某些类型的双边专业衍生品合约，并充当这些衍生品的交易商，从而形成市场。尽管“金融市场”这一术语经常让人想起挤满了高声喊价的交易者那样的实体交易大厅，但这种市场景象目

① MICHAEL DURBIN, ALL ABOUT DERIVATIVES 3（2d ed. 2011）（阐述了金融工具的例子，如抵押贷款、货币、定期寿险等）.

前基本上已经过时。与之形成鲜明对比的是高度计算机化的交易平台。目前为止，这些平台中的大部分已完全采用电子交易系统。

第三节　衍生品和商品

远期合约、期货合约、期权和互换等都属于衍生品。那么，到底什么才是“衍生品”呢？描述衍生品的最常见方式，就是将其泛泛地定义为价值源自其他变量（即参考资产，又称为标的资产或标的物）的金融工具。参考资产可以是商品，如从小麦和石油到利率和标普500股票指数之类的任何东西。大体而言，衍生品都是价值与标的资产价值挂钩的合约（协议）。衍生品的详细定义如下：

> 在交易所内或交易所外交易且价格直接取决于（或源于）一项或多项标的证券、股票指数、债务工具、商品、其他衍生工具或任何协定价格指数或安排（如消费者价格指数或运费的变化）的金融工具……衍生品包括期货、期权和互换。比如，期货合约是实物合约的衍生品，而期货期权则是期货合约的衍生品。

上述定义的最后一部分（即提到期货、期权和互换的部分）是关键，它有助于将问题简化一点。这是因为，无论多么奇特，所有衍生品都是四种基本类型（即远期合约、期货合约、互换和期权）的变体或组合。在下文中，我们将简要介绍上述每一类型。许多（但非全部）衍生品都以商品为标的物。商品一般是指小麦、玉米、煤炭和黄金之类的物品。准确地说，商品一般被理解为作为“农业或采矿业产品”或“大规模生产的非定制产品”且能够与其同类物品进行替换或交换的“经济物品”。[①]但是，《商品交易法》对商品的

① *Commodity*, MERRIAM-WEBSTER DICTIONARY, https://www.merriam-webster.com/dictionary/commodity; JOHN LANCASTER, HOW TO TALK MONEY 93（2014）（“经济学意义上本质上不存在差别，因而可以买卖交换的某种东西。”）.

法律定义要比这广泛得多。在第三章中，我们将探讨《商品交易法》对商品的定义到底比这广泛多少，但可以肯定地说，《商品交易法》的“商品”定义涵盖了外汇、股票指数、利率等资产类别。

第四节　场内和场外衍生品

衍生品及其他金融工具既可在有组织交易所或类似交易场所进行交易（故称为“场内衍生品”），又可以通过谈判在对手方之间进行双边交易。一般而言，“交易所”这个术语指的是能够将买卖双方汇聚一堂的有组织场所。如上所述，过去，交易所都是实体建筑，交易者在规定交易时间内，在建筑内进行面对面的交易。但现在，实体交易大厅远不如以前普遍，大多数交易活动都是一天二十四小时不间断地在计算机交易平台上以电子方式进行。

总体而言，交易所交易的金融工具都有标准化条款，但价格除外，因为价格是基于市场需求而不断波动的。为促进交易所的交易，这种标准化是必要的，因为如果没有这种标准化，交易商就要为金融工具的条款进行单独谈判，而这将妨碍在有组织场所开展交易的流畅性。通常，交易所会即时（或以接近即时的方式）发布交易价格，并对其市场进行监管，以防范欺诈和市场操纵。不在交易所或类似平台进行交易的衍生品被称为“场外”或“OTC”衍生品。在某些情形下，企业也会利用场外衍生品，因为“场外交易对手方可按客户要求变更并严格定制其衍生品合约，以满足客户需求，而无须受限于数量有限的标准化场内交易合约”[①]。比如，某公司可能需要对冲特定类型的风险，但场内没有衍生品能够满足这一需求，因此，该公司需要在场外找到愿意成为其对手方的交易方，并就该场外合约的定制条款进行谈判。如前所述，在美国，《商品交易法》和《CFTC规章》均将期货交易所称为“指定合约市场”。这是可以理解的，因为期货交易所是人们买卖期货合约的市场。所

① Lynch, *A Twenty-First Century Understanding*, 43 LOY. U. CHI. L.J. at 32-33.

以，美国国会将这些市场称为“合约市场”再合适不过了。要在美国境内合法经营，合约市场必须从政府那里获得被称为“指定书（designation）”的牌照。这正是这类市场基础设施提供方被称为指定合约市场的原因所在，尽管期货从业人员通常用首字母缩略语将其称为“DCM”。

阅读衍生品及其他金融工具相关文献时，人们经常会看到特定金融衍生品“流动性”的说法。这并不是说特定金融衍生品或其标的资产是一种液体（而非气体或固体），金融领域对“流动性”的理解不同于化学课上分析物质形态时的界定。金融人士提到“流动性”或“流动的”金融工具时，他们使用这两个词的方式与其他行业并不相同。对他们而言，流动性是指特定金融工具的仓位数量，以及人们获得或退出特定金融工具交易头寸的容易程度。比如，目前最受欢迎、因而最具流动性的期货合约就是基于股票指数和利率的金融期货。

第五节　现货市场：直接买入与远期合约

人们可直接进行商品买卖，而无须就这些商品的衍生品进行交易。也就是说，在购买基于标的商品的期货合约或其他衍生品之外，人们还可直接购买实际数量的标的商品（如石油、小麦、玉米、黄金等）。直接购买商品（如10000桶石油、10000蒲式耳小麦、5000盎司黄金等）还可称为购买“现货商品”“实物商品”“实物”或“现货”。同样，某一商品的“现金市场”是指该商品的实物市场，而非基于该特定商品的期货合约或其他衍生品市场。此外，一些人还用“现货”这个词代替“现金”，因此“现金市场”就变成了“现货市场”。比如，讨论现货商品和石油现金市场时，他们可能会分别将其称为“现金”商品和石油“现货”市场。同样，某一商品的“现金价格”（又称为“现货价格”）是指该商品在其现货商品市场中通过传统市场渠道交付给买方的价格，而不是期货价格，因为期货价格是指在期货交易所交易且计划在未来交割的商品的价格，或该商品期货合约的价格。商品的现金市场可与其衍生品金融市场形成鲜明对比。

远期合约通常是指交付某种商品的卖方和接收某种商品的买方这两个对手方达成的、在未来规定日期以协商价格交付规定数量和质量的特定资产或商品的协议。商品远期合约的主要条款可包括：商品数量、商品质量或等级、交付地点、合约结算日期及规定数量和质量的商品拟支付的价格等。人们为什么要达成远期合约呢？一个主要原因是为了降低不确定性，对冲现有风险敞口。远期合约是通过使“买卖双方锁定价格”的方式实现这一点的。在远期合约的对手方中，有购买义务的一方通常被称为持有“多头头寸”的一方；相反，有出售义务的一方则被称为“空头”方，因为该方持有“空头头寸”。远期合约通常在现货市场交易，即商业性质的买方和卖方就指定未来日期交付规定数量和质量的商品达成的协议。远期合约通常并不在有组织交易所进行交易，而是以分别谈判和双边交易的方式实施的。因此，现货市场由即期销售商品和通过远期合约购买商品这两类交易构成。

一个假设性案例或许有助于说明远期合约是如何运作的。“斯薇蒂甜食”是一家小型糖果公司，为斯薇蒂家族所有。该家族拥有一家制作巧克力棒的工厂。为生产巧克力，该家族必须购买大量可可、白糖和牛奶。因此，该家族必须最大限度地管理成本。如果能保护公司不受可可、白糖和牛奶等价格上涨风险的影响，斯薇蒂公司的高管们就能改善公司的未来规划。因此，斯薇蒂的首席执行官联系了一家国际商品公司，询问其一个月后交付可可、白糖和牛奶的价格。该公司回复称，对于斯薇蒂，他们可以以每磅2.75美元的价格出售10万磅白糖，以每公吨4.05美元的价格出售10公吨可可，并以每磅3.25美元的价格出售20万磅牛奶。斯薇蒂首席执行官与同事进行了讨论，并认为在目前市场行情下，这些价格对斯薇蒂工厂非常有利。因此，斯薇蒂与该商品公司达成了远期合约，同意以该商品公司的报价购买规定数量的上述商品。一个月后，该商品公司会将可可、白糖和牛奶交付给斯薇蒂工厂，而斯薇蒂首席执行官也将授权公司为交付的商品支付货款。到那时，如果可可、白糖和牛奶的价格高于远期合约中协商确定的价格，那么，斯薇蒂将节约一笔资金，因为它能够按照远期合约中确定的价格获得商品，而无须支付较高的现货市场价格。但是，如果这三种商品一个月之后的价格低于远期合约中谈判确定的价格，那么，斯薇蒂将失去利用现货市场较低价格的机会。斯薇蒂的高管们认识到了以下风险，即达成远期合约后，如果商品价格低于合约中商定的水平，那么，他们将无法从中受益。但是，他们认为这种风险是值得的，因为在他们看来，潜在的商品价格上涨才是更大的业务风险，而远期合约正好能够免除他们的这种担忧。

第六节　期货合约

对许多人而言，“衍生品”一词等同于期货合约。确实，在很长时期内，美国衍生品市场基本等同于期货市场，因为商品期权之前为法律所禁止，而互换又直到20世纪70年代末、80年代初才开发出来。期货合约是指购买或出售未来进行交割的某种商品的协议，且须满足下列条件：（1）商品价格于合约发起时确定；（2）协议任何一方均有以规定价格履约的义务；（3）协议旨在承担或转移价格风险；（4）可以交割或平仓的方式履约。此外，期货合约除价格之外的所有条款都是标准化的，且均在交易所（或其他类型的有组织交易平台）进行交易。换言之，期货合约可以说是特殊类型的远期合约，即在交易所进行交易的标准化远期合约。如前所述，期货合约的标准化能够促进交易所的交易，有助于提高期货市场的流动性。这是期货合约与远期合约之间的一个主要区别，因为远期合约通常需要分别进行谈判，以满足对手方的确切需求为目的。期货合约属于金融工具，而（如前所述）远期合约属于涉及特定商品或资产的现金市场贸易协议。在美国，期货合约与远期合约之间的界线极其重要，这一点再怎么强调也不为过，因为期货合约属于金融工具（即衍生品之一），而远期合约则属于现货市场交易。再次强调，这一区别非常重要，因为与商品现货市场相比，包括期货及衍生品市场在内的金融市场受到的监管要严格得多。

通过买入实物进行交割的期货合约，便能以合约规定的价格获得规定数量和质量的特定商品，即便到期时该商品的“现货”或“现金”市场价格上涨并高于期货合约中规定的价格。和远期合约一样，买入期货合约者被认为是看多该商品，并将在该商品价格上涨的情况下获利，因为期货合约使他们有权以较低合约价格获得特定数量商品（然后以较高市场价格出售商品或对冲了结其头寸，从而获利）。出售期货合约者被认为是看空该商品，并在该商品价格下跌的情况下获利。期货交易以匿名方式进行，交易由交易所撮合，交易对手方互相不清楚对方身份。交割月是指合约到期且标的资产必须予以交割的月份。每一期货合约都有规定的到期日，而到期日又与交割日相挂钩。期货合约的交割日是指合约标的商品或工具必须进行交割以履行合约条款的日期。交割日各不相同，具体取决于相关期货合约的条款。比如，玉米期货合约的条款可能会规定每年4月和10月的最后一个交易日为交割日。这意味着，某一特定日历年将有两种期货合约，一种在4月到期，一种在10月到期。“交割”是指履行特定期货（或期权）合约的相关交割要求。一些期货和期权合约是以实物交割的。在这种情况下，卖方（即空方）必须按照合约规定，将规定数量和质量的商品交付给买方（即多方）。现金交割（又称“金融交割”）是指在期货合约下，卖方根据合约规定的详细程序，向买方支付标的商品的现金价值或基于指数或价格水平支付买方现金，从而进行期货合约交割的行为。在现实中，即便是要求以农产品或其他商品进行实物交割的期货合约，也极少会真正交付合约中提及的标的商品，因为期货合约的交易方通常会在交割日之前即达成对冲平仓交易，以实现盈亏。特定期货合约或商品期权的最小价格波动（即最小增量）被称为最小变动价位。期货交易所负责确定各类期货合约的条款，如规定合约指定商品交付点的交割地点条款。

和远期合约一样，人们同样可利用期货合约对冲其商品价格风险。比如，想象一下，5000蒲式耳小麦期货合约的当前价格为750美元。如果必须购买小麦制作面包的面包师担心未来几个月小麦价格将上涨，那么，他就可以达成多头期货合约，将其需要的小麦锁定在750美元的价格水平上。同样，如果希望出售小麦获利的农场主担心未来小麦价格将下跌，那么，他就可以达成空头期货合约（与面包师的期货合约呈相反方向），以保证其不因小麦价格下跌而受到不利影响。通过达成空头小麦期货合约，该农场主即可确保其获得每5000蒲式耳小麦至少750美元的价格，尽管其放弃了在小麦价格上涨到750美元以上的情形下获利的机会。即便不是为了对冲商品价格当前风险，人们仍可达成期货合约。这类人被称为投机商，因为他们订立期货合约的目的就是对商品价格的未来走势进行投机。

从事期货合约交易的其他人被称为套利者。套利是指同时在两个或多个市场购买并出售相同或相当金融工具或资产、以便从其价格关系中获利的交易策略。比如，如果组成某一指数的一篮子股票的价格与基于该股票指数的某一期货合约的价格之间存在差异，那么交易商就可实施套利策略，买入一种资产，同时卖出另一资产，以利用这种价格差异进行牟利。如果某一商品的现货价格与基于该商品的期货合约的价格之间存在偏差，特别是在该期货合约的到期月（即商品现货价格与期货价格通常趋同的月份），也可利用类似的套利策略。随着期货合约逼近其到期日，期货价格通常会趋近现货价格。在一定程度上，这种现象应归因于套利，因为期货合约到期时，如果现货价格低于期货价格，那么，交易商即可利用这种差异获得套利利润，反之亦然。这种套利交易通常会进一步推动现货商品价格与期货价格趋同。但是，需要指出的是，如果期货合约设计不当，即合约未充分反映现货市场状况（如规定的交割地点会产生额外的相关费用，不能反映整个市场的真实状况），商品期货合约到期时的价格就不一定会与现货价格趋同。比如，如果特定商品的期货合约只有一个交割地点，那期货价格可能就不会与现货市场价格趋同，因为在这种情形下，交割地点的仓储设施所有人可能会取得垄断权，对必须在那里交割和储存商品、以满足期货合约要求的交易商实施价格敲诈。实际上，现货市场买方和卖方拥有的储存和交割选项可能要多得多，其中一些的价格可能会比期货合约下唯一交割地点的储存设施更便宜。当然，在创设期货合约时，期货交易所通常会努力避免这类问题。

“基差”是指某种商品期货价格与当地现货价格之间的差异。对农业和能源市场而言，每一类型的商品和每一交割地点都有不同的基差。比如，如果某一天然气期货合约是在路易斯安那州新奥尔良以实物交割的，那么，路易斯安那州的企业所面临的基差将有别于芝加哥的企业。简而言之，基差可理解为基于下列因素对商品价格进行“本地化”：（1）将商品运至特定地点的运输成本；（2）当地的供需状况；（3）利率和当地的储存成本。①

如上所述，在美国，场内商品期货通常是通过清算所进行清算和结算的。在《商品交易法》和《CFTC规章》中，清算所被称为“衍生品清算机构”，为每笔期货和期权交易提供担保。②期货或期权合约的买方和卖方一旦由期货交易所撮合，该交易即被执行并发送到清算所。然后，清算所对期货和期权合约进行更新，使自己成为所有卖方的买方和所有买方的卖方。也就是说，在衍生品市场语境下，更新意味着用另一方（即清算所）代替合约的原当事方之一。③换句话说，“清算所（或清算人）”充当了交易双方的中央对手方（CCP），并充当了交易的“中间人”。④用清算所代替每一合约即时交易方的做法有利于推动市场的进入和退出，因为平仓时并不需要找出原先的买方和卖方。⑤总体上，美国所有期货和商品期权交易所都有下属的清算所。这些

① Chicago Board of Trade, UNDERSTANDING BASIS, at 2.

② JOHNSON ET AL., DERIVATIVES REGULATION § 1.05 [1]（认为“清算所的功能（之一）就是保证其接受的所有期货和期权合约的金融诚信”）；CHISHOLM, DERIVATIVES DEMYSTIFIED, at 208.

③ 同上。

④ 同上。

⑤ 同上。

清算所管理着相应交易所所有交易的清算和结算。清算所还可称为清算组织、清算协会或中央对手方。

期货市场（相对于现货商品交易）一个主要的诱人之处是，由于杠杆的运用，人们能够以少量资金持有大量商品头寸，而不像现货市场那样，必须有大量资金才能入场。所谓杠杆，是指利用相对较少资本控制大量商品的能力。杠杆通常是通过借贷或仅要求市场主体就特定数量和质量的商品或资产提供较低比例保证金的方式实现的。期货合约（及其他许多类型的衍生品）都利用了杠杆，因为交易者通常仅需以保证金形式就特定期货合约提供5%至10%的入场资金。保证金是指客户存放在经纪商（即期货经纪商）、经纪商存放在清算会员或清算会员存放在清算机构的资金或担保品。交易所通常会设置相当于期货合约价值5%至10%的初始保证金金额。保证金并非购买期货合约（或其他衍生品）的部分价款，而是履约保证金。初始保证金是多头和空头持有期货合约头寸时，必须存放于清算所的金额。具体而言，初始保证金就是期货合约建仓时，经纪商要求客户、清算会员要求经纪商或清算机构要求清算会员提交并存放的金额。维持保证金是任何时候都要在保证金账户中保有的保证金金额（无论是客户在经纪商处开立的保证金账户，经纪商在清算会员处开立的保证金账户，还是清算会员在清算机构开立的保证金账户，均应遵循此要求）。

逐日盯市是美国期货交易所的一项日常活动。在这项活动中，每一期货合约和商品期权合约的损益，都会根据这些合约当天的价格变动情况，进行计算和调整。根据某交易日的交易时段结束时交易者所持期货合约的未平仓头寸，计算得出需被调增或调减的金额。由于维持保证金水平是基于期货（或期权）合约的价格确定的，因此价格变动经常会导致客户须在经纪商处存放的保证金金额发生变化。如果客户账户中的资金低于要求的维持保证金水平，经纪商就会向其发出追加保证金通知。这意味着，客户必须在经纪商处存放更多担保品。同样，如果价格发生不利变动，清算机构也可向其清算会员发出追加保证金通知，而清算会员也可向其经纪商客户发出同样的通知。维持保证金水平通常等于或低于初始保证金水平。变动保证金是基于所持期货合约头寸的不利价格变动，客户必须向经纪商、经纪商必须向清算会员或清算会员必须向清算机构缴纳的金额。换句话说，应保证金追加通知要求，客户必须向其经纪商支付变动保证金（经纪商必须向清算会员支付变动保证金或清算会员必须向清算机构支付变动保证金），以使其存放金额不低于维持保证金水平。变动保证金水平由客户保证金账户余额与维持保证金水平之差决定，而维持保证金水平则由未平仓期货合约的价格变动情况决定。

逐日盯市及保证金要求可降低期货合约相关风险，因为为反映期货合约价格变动情况，保证金数额每天都会更新。逐日盯市及保证金要求通常是由清算所决定并管理的。当然，清算所还负责场内衍生品的结算。保证金额度相关要求通常是基于清算所对特定商品历史波动情况的分析确定的，且能够覆盖相关商品在某个交易日内95%至99%的近期价格变动情形。波动性衡量的是商品、资产、证券、指数或其他项目在时间进程中的变化幅度和速度。与价格在数月内逐渐上涨或下跌的商品相比，价格在某个交易日内（或交易时段内）会频繁剧烈变动的商品的波动性更大。总体上，对交易者而言，波动性更大意味着风险更高，尽管清算所的保证金制度正是为了降低这种风险而存在的。

尽管采用了保证金和清算所等制度，但期货交易仍然是有风险的，期货合约具有高度杠杆性这一事实就足以说明这个问题，因为高杠杆性意味着较小的价格变动即可转化为巨额的收益或损失。如前所述，期货合约具有高杠杆性，因为与相关期货合约的现金价值相比，初始保证金水平相对较低，通常仅介于现金价值的5%至10%之间。当然，期货交易的魅力部分来源于以下事实，即由于交易者通常仅须将相当于期货合约价值5%至10%的金额存入经纪商处的保证金账户，因此与买卖标的商品相比，建立期货交易头寸的成本要低得多。此外，有了衍生品，人们就可对商品市场的价格变动进行投机活动，而无须担心储存、保险和运输之类的问题。

与不需要集中清算的交易相比，清算所管理初始保证金和变动保证金缴纳活动的方式可能会存在很大差异。比如，在大多数远期合约（而非期货合约）下，合约的对手方通常并不需要缴纳保证金，且合约不需通过清算所进行清算。因此，远期合约面临对手方违约的风险，而期货合约的对手方则清楚，清算所将为原先交易的执行提供担保。简而言之，就期货合约而言，对手方面临清算所违约的风险，而不是相互之间违约的风险。一般而言，由清算所充当对手方比由另一类型的公司作为对手方风险更低，因为清算所是大规模金融机构，其主要目的就是充当衍生品交易的金融后盾和担保人。

如上所述，一些期货合约（及其他衍生品）是以实物交割的。这意味着，合约到期时，持有空头头寸的对手方（即“卖方”）必须向持有多头头寸的对手方（即“买方”）交付规定数量的特定商品。①对于以“现金”交割（或称“金融”交割）的期货合约而言，当事方仅须对其账户进行轧差，然后由一个对手方向另一对手方总付一笔资金，从而完成交割。②但在现实中，甚至对于要求进行实物交割的期货合约而言，交易方通常也不用向其对手方交付特定数量的商品。③实际上，交易所内的交易者通常会达成第二份衍生品合约，对冲掉第一份合约下可能出现的任何交付或接收义务。④

> 比如，在场内期货合约下卖出100万加仑取暖油的人，可能会在该合约到期之前，通过第二份期货合约买入100万加仑取暖油，从而将卖出的取暖油头寸对冲平仓。这样，他就抵消了交付或接收任何取暖油的义务，而仅须基于取暖油卖出价格与同样数量的取暖油买入价格之差承担资金上

---

① Lynch, *A Twenty-First Century Understanding*, 43 LOY. U. CHI. L.J. at 37.

② 同上，第37页。（“尽管衍生品合约可规定当事方拥有在合约到期时最终启动标的资产交割的权利，但作为选项之一，合约也可规定双方仅须对其账户进行轧差，然后由一方向另一方总付一笔资金，从而完成双方账户的结算。”）

③ 同上，第37页。（表示“标的物为可交割资产的绝大多数场内衍生品合约在到期时均未发生真实的实物交割。”）

④ 同上，第37页。

的损益。

过去，最受欢迎的期货合约是那些以小麦和玉米等农产品为标的资产的合约。但近几十年来，金融期货，即以美国短期国债、外汇等金融工具为标的的期货合约，比这些农产品期货合约要受欢迎得多。目前为止，最受欢迎的金融期货类型是利率期货，即标的资产能够产生并支付利息的期货合约，如固定收益类证券（包括但不限于美国短期国债）。

一些具体例子可能有助于厘清这些概念。下面，我们以芝加哥商业交易所（CME）交易的活牛期货合约为例进行说明。每手活牛期货合约的交易单位为4万磅（约18公吨），报价单位为美分/磅，最小价格波动（即最小变动价位）为每磅0.00025美元，相当于每手合约10美元。活牛期货合约的期限为9个月，合约月份分别为2月、4月、6月、8月、10月和12月。《芝加哥商业交易所规则手册》第101章规定了活牛期货合约的细则，包括交割时可接受的活牛等级、合约到期时交付实物活牛的要求等。

同样，CME三级牛奶期货合约的交易单位为20万磅三级牛奶，大约相当于90公吨牛奶，最小价格波动为每磅0.0001美元，大约相当于每手合约20美元。三级牛奶期货合约采用现金交割，故合约到期时，空头方无须向多头方交割20万磅的牛奶。一年中每个日历月都有对应月份的牛奶期货。这些期货合约的估值为"（美国农业部）确定的三级牛奶价格的2000倍"①。

现在，我们来看看佐治亚州亚特兰大市洲际交易所（ICE，以下简称"洲际交易所"）提供的一些期货合约。洲际交易所可可期货合约的交易单位为10公吨，报价单位为美元/公吨，最小价格波动为每公吨1美元，大约相当于每手合约10美元。合约到期月份分别为3月、5月、7月、9月和12月。洲际交易所的可可期货合约为实物交割，可接受的交割地点包括纽约地区、特拉华河地区、汉普顿港群、阿尔巴尼和巴尔的摩的港口。同样，洲际交易所的11

① Lynch, *A Twenty-First Century Understanding*, 43 LOY. U. CHI. L.J. at 37.

号原糖期货合约也为实物交割合约，每手合约的交易单位为112000磅原糖，报价单位为美分/磅（精确到小数点后两位），合约到期月份分别为3月、5月、7月和10月，最小价格波动为每磅0.01美分，相当于每手合约11.20美元。11号原糖期货合约的交割地点包括原产国（即“可交割产物”获准来源国）的（任何）港口，而对内陆国家而言，则为传统出口港口的泊位或停泊处。

第七节　期权

期权是赋予买方在规定期限内不管市场价格如何变动均能以规定价格（称为“行权价”）买入或卖出（特定数量和质量的）规定资产、商品或其他工具的权利（但非义务）的合约。买入期权者向出售期权者支付一笔款项，称为权利金。如买入期权，则权利金是唯一成本。如某人出售场外期权，在出售看涨期权（call option，也称为买权、认购期权——译者注）的情形下，其必须交付规定数量和质量的相关商品，而在出售看跌期权（put option，也称为卖权、认沽期权——译者注）的情形下，则其必须接收规定数量和质量的相关商品。此外，如果在交易所出售期权，则必须缴纳保证金，正如交易期货合约那样。创设或出售期权者被称为期权立权人。期权立权人将期权出售给期权持权人。规定赋予买方以特定价格购买标的资产这一权利的期权被称为“看涨期权”。规定赋予买方以特定价格出售标的资产这一权利的期权被称为“看跌期权”。一般而言，《商品交易法》和《CFTC规章》适用于商品期权，即以期货合约或实物商品为标的的期权。SEC负责监管股票期权市场。美式期权是指在到期日或到期日之前任何时候均可行权的期权。欧式期权是指只能在到期日当日行权的期权。百慕大期权是一种可在期权期限内事先确定的一组规定日期行权的奇异期权。期权的内在价值通常反映在其是否具有“实值”上。比如，如果某一看涨期权标的商品的当前价格高于其行权价格，则该看涨期权属于实值期权。如果某一看跌期权标的商品的当前价格低于其行权价格，则该看跌期权属于实值期权。如果某一看涨期权标的商品的当前价格低于其行权价格，则该看涨期权属于虚值期权。如果某一看跌期权标的商品的当前价格高于其行权价格，则该看跌期权属于虚值期权。如果某一期权标的商品的当前价格等于其行权价格，则该期权属于平值期权。

一份衍生品法律文本使用了下面的商品期权例子进行说明：

> 法学院酿酒公司（The Law School Brewing Company）不确定一年后需要多少小麦，他们可以等，到时就会知道具体需求，但该公司管理层担心到时候小麦价格会高很多。利用衍生品，他们可以找到一项替代策略，即买入在一年后购买规定数量小麦的期权。①

这一策略的好处就是，一年后，如果小麦价格真的涨得很高了，该公司却提前锁定了比市场价格更低的价格。②其潜在消极后果是如果小麦价格实际上低于期权锁定的价格，则（法学院酿酒公司）将为其实际上并不需要的期权支付费用。③

对于期货期权而言，期权持有人行使其权利即可得到期货合约，而不是一定数量的实物商品。此外，一旦行权，期货经纪商、交易所和（期货经纪商所属）清算所的账簿都会作出书面记录，以反映该商品期货合约已交割和结算这一事实。④一部专著曾就期货合约与期权之间的差异提供了以下视角：

> 但是，商品期权与期货合约之间存在许多区别性特征。其中最明显的一项，就是在期权无利可图的情况下，其持有人拥有任其到期并失效的权利。在期货合约下，无论是以对冲平仓还是以交割方式履约，当事方在持有合约期间均须就合约价值的全部变动负责。比如，如果某人买入了一份以每盎司8美元的价格购买白银的白银期货合约，但其持有该合约期

① KALBAUGH, DERIVATIVES LAW, at 3.
② 同上。
③ 同上。
④ 同上。

间白银价格下跌到了每盎司6美元，则无论是对冲平仓，还是交割，其均有义务承担每盎司2美元的全部损失……商品期权与期货合约之间的另一区别性特征，是作为补偿支付给立权人或卖方的期权权利金。期权立权人是以备用费的名义收取权利金的，因为与其对手方不同，无论商品因市场价格变化变得多么昂贵，立权人均须准备完成交易。期货合约就没有类似费用，因为在期货合约下，双方的义务和风险是对等和相反的（即“对称”）。

第八节　互换

互换可描述为两个当事方在未来固定日期相互进行支付的协议，双方支付金额基于不同依据进行计算。① 在实践中，互换协议的一个对手方将于未来多个特定节点向另一对手方进行一系列支付，而作为交换，另一对手方也将向第一个对手方进行一系列支付。尽管一个对手方的确切支付义务在互换协议开始时即可明确或计算，但“要计算至少一个对手方的现金流，就必须发现某些标的变量并套入商定的公式，以计算作为当时系列现金流一部分的拟交换现金金额”②。有人认为，互换可视为一系列远期合约或一系列期货合约的结合，而每次互换则代表一次远期合约（或期货合约）交易”③。在《多德—弗兰克法》出台之前，大部分互换交易都是在场外进行的。《多德—弗兰克法》的主要目标之一就是让更多互换到有组织交易平台进行交易，并通过清算所

① MICHAEL DURBIN, ALL ABOUT DERIVATIVES 29 (2d ed. 2011); KALBAUGH, DERIVATIVES LAW, at 6（“互换就是利用事先确定的定价机制定期交换资产的合约”）; Gregory Scopino, *Expanding the Reach of the Commodity Exchange Act's Antitrust Considerations*, 45 HOFSTRA L. REV. 573, 573–74 (2016); 请参见：Lynch, *A Twenty-First Century Understanding*, 43 LOY. U. CHI. L.J. at 20 n. 76（“互换协议是双方商定交换至少两组明确现金流的协议”）.

② 同上。

③ 同上。（认为“任何互换协议均可轻松转变为一系列具有经济等价性的远期合约”）; KALBAUGH, DERIVATIVES LAW, at 6（表示“通过一系列商品期货交易，即可实现类似结果”）. 由于期货合约如上所述就是场内交易的标准化远期合约，因此是否将互换描述为一系列远期或期货合约，并没有什么实际意义上的不同。

进行清算。由于场外互换属于双边谈判私人合约，因此可以定制，或根据特定对手方的需求进行特殊化处理。正因为如此，它们的条款也具有特异性。交易所和类似交易平台通常会即时显示其金融工具的价格，但场外市场的价格并不会展示或披露给除交易双方之外的其他人。场外衍生品市场的主体通常都是大型机构投资者、跨国公司、对冲基金、银行及其他金融机构。由于旨在满足原买方特定需求的定制衍生品难以找到新的买方，因此与标准化场内衍生品市场相比，场外衍生品市场的流动性通常较低。历史上，美国的期货合约通常在交易所进行交易，而互换则是在场外进行交易。下面，我们将举一些例子说明互换交易是如何进行的。

在互换市场上，多达75%的交易属于利率互换交易，而“普通香草型”利率互换又最为普遍。下列文字描述了这种互换的运作方式：

> “普通香草型”利率互换，即最简单、最常见的互换合约，要求某一对手方履行在特定期限内以规定的固定利率向另一对手方进行付款的义务，而其付款金额等于双方商定的假定金额（即“名义金额”）产生的利息。另一对手方也必须履行在同一期限内向上述第一对手方付款的义务，其付款金额等于同一名义金额产生的利息，但其适用利率是浮动利率。如果第一对手方支付的固定利率高于第二对手方支付的浮动利率，则第一对手方必须在规定期间向第二对手方支付一笔资金，资金额度等于两个利率之差乘以名义金额。反过来，如果第二对手方支付的浮动利率高于第一对手方支付的固定利率，则固定利率付款方将接受付款。商定的假定金额或名义金额为计算付款义务提供了依据，但该资金并不易手。

显然，尽管互换通常涉及两项用于“交换”或“互换”的不同支付流，但在现实中，这些金额通常会由欠款金额更大的一方进行轧差处理，最终将其转换为一次性支付。利率互换可用于对冲利率风险，或用于未来利率走势投机。比如，因浮动利率义务面临利率风险的公司可达成利率互换交易并获得固定利率，从而对冲其风险。

了解最受欢迎的互换交易后，现在，让我们来看一看场外互换交易的运行机制。场内衍生品来自相关交易所开发的标准化合约，但场外互换的交易和记录方式与此不同。如果两人或两公司均希望与对方进行场外衍生品交易，则其可达成一份国际互换和衍生品协会（ISDA）主协议，以描述双方未来交易的标准化条件。[①]主协议可包括双方定制条款的补充附件、证明双方每次交易的确认书，及双方可通过引用方式纳入该附件或确认书的可选标准化定义。[②]ISDA主协议处于整个文件架构的顶端，因为它包含了永远不会改变的内容，并规定了适用于每项交易的纠纷解决及其他广泛条款，除非双方对其作出变更。[③]ISDA主协议还可被视为一种覆盖对手方在主协议开放式期限内任何时候实施的所有衍生品协议（即交易）的伞状协议。

“标准化主协议”的制定是一大“法律创新”，它使互换面临的法律环境发生了革命性变化，因为它使对手方之间的交易轧差成了一个净头寸，而不再是众多单独头寸，从而减轻了破产情形下信托人只承认违约对手方享有债权的互换交易、而忽视其负有支付义务的其他互换交易的风险。[④]总体而言，达成最终主协议通常需要进行广泛谈判，因为该协议将涵盖两个对手方之间未来实施的所有互换交易。[⑤]一篇关于互换交易演变和发展问题的优秀法律期刊文章曾这样描述用ISDA主协议记录场外互换交易的过程：

ISDA主协议之所以能成为“主”协议，而不是一份简单的合约，是

---

① KALBAUGH, DERIVATIVES LAW, at 10.

② 同上，第10页；请参见：GORDON F. PERRY, THE POST-REFORM GUIDE TO DERIVATIVES AND FUTURES 191（2012）[认为“大多数场外衍生品均以ISDA主协议及其附件（用于定制主协议）、附件的信用支持附件、每一交易的确认书等文件作为证明”].

③ PERRY, THE POST-REFORM GUIDE, at 191.

④ Carolyn H. Jackson, *Have You Hedged Today? The Inevitable Advent of Consumer Derivatives*, 67 FORDHAM L. REV. 3205, 3229（1999）；同时，请参见：Adam R. Waldman, *OTC Derivatives and Systemic Risk: Innovative Finance or a Dance into the Abyss?*, 43 AM. U. L. REV. 1023, 1060（1994）（“对于与特定对手方之间的所有交易，大多数互换交易参与者都采用了单一的‘主协议’方式”）.

⑤ Jackson, *Have You Hedged Today?*, 67 FORDHAM L. REV. at 3230；请参见：PERRY, THE POST-REFORM GUIDE, at 191.

因为它能够处理缔约方在较长时期内的众多交易。从本质上讲，主协议设置了两个当事方之间的关系。它确立了双方希望在未来任何交易中均纳入协议的所有条款，包括声明和保证、义务、定义、违约事件等。

主协议一旦签署，双方之间未来交易的文书工作就变得相对简单了。届时，双方仅须交换“确认书”，即一份迷你合约，其中仅列出交换对象、交易价格、交易币种、交易日期等内容及特定交易与主协议所述标准条款之间的任何预期差异。这份确认书将自动纳入主协议，成为双方之间一份大型、单一合约的一小部分，并受主协议确立的一般条款约束。

ISDA主协议的条款通常会规定双方在协议下进行的所有交易的付款应进行轧差处理（称为“跨交易支付轧差”），将众多互换支付合并成一次支付，从而降低交易成本。[①]与双边谈判场外衍生品的交易规则不同，交易期货合约时，在期货交易所交易的是标准化合约，交易所已经规定了除价格之外的所有合约条款，因此无须就条款进行单独谈判。在场外衍生品领域，ISDA成员自20世纪80年代起即开始合作开发自己的标准协议和补充定义，从而形成了今天使用的主协议和附件模板，并使场外互换及其他类似衍生品交易方没必要每次订立互换协议时都要重新就每一合约条款进行谈判。尽管互换市场参与者也可就互换协议的任何条款进行双边谈判，但采用已为行业熟知和理解的ISDA主协议、附件和合约条款常见定义有助于提高场外互换交易的顺畅性。

了解场外衍生品合约文件后，我们再来看看其他一些常见的互换合约。商品互换属于固定价格换浮动价格类交易，其名义金额为特定数量的商品（如石油），而浮动价格则为定期观察到的、该商品现货价格的平均值。[②]创

---

① Flanagan, *The Rise of a Trade Association*, at 231; PERRY, THE POST-REFORM GUIDE at 191（将ISDA主协议描述为“ISDA成员多年来开发的范例文件”）.

② Roberta Romano, *A Thumbnail Sketch of Derivative Securities and their Regulation*, 55 MD. L. REV. 1, 50–51（1996）; 请参见：Al Moldof, *The Cornerstone: How to Use a Commodity Swap to Hedge Material Prices*, CONSTRUCTION, ACCT.&TAX., 2017 WL 2537395（May/June 2017）.

设以一项或多项证券为标的的互换合约也是可以的，这类互换通常被称为“权益互换”。根据定义，权益互换是指基于一项或多项权益证券计算支付金额的互换。[①]比如，权益互换可采用“协议”形式，即：持有权益证券股份的一方同意将这些证券的回报支付或“互换”给另一方，以换取某一权益指数或一篮子权益的回报或基于利率的现金流。[②]

信用衍生品与我们目前为止讨论过的其他许多衍生品都不相同。这是因为，信用衍生品并不是为了应对某些标的证券或商品相关的市场风险，而是为了应对某一当事方在履行金融义务时的信用风险。[③]最受欢迎的信用衍生品就是信用违约互换（CDS）。信用违约互换是指基于参考实体未来发生或不发生“信用事件”，如公司破产、某些外国政府债务违约、一篮子债券内部的第三方违约等事件，而产生收益的互换。[④]尽管信用违约互换不是保险，但它们通常被认为履行了与保险类似的功能。比如，林奇教授表示，信用违约互换的运作方式与保险单非常相似。在这种合约下，一方即信用违约互换的“购买人”（或称“保障买方”）同意向另一方（或称“保障卖方”）支付一系列款项，以换取另一方同意在第三方实体或债务工具（或实体、债务工具篮子）发生一次或多次信用事件的情况下向信用违约互换购买人支付款项。[⑤]购买保障者应按固定时间间隔向保障卖方支付保费，而保障卖方仅须在参考资

---

① KALBAUGH, DERIVATIVES LAW, at 501.

② HAROLD S. BLOOMENTHAL & SAMUEL WOLFF, SEC. L. HANDBOOK § 14：34（April 2018 update）（出处从略）.

③ DURBIN, ALL ABOUT DERIVATIVES, at 59.

④ Lynch, *A Twenty-First Century Understanding*, 43 LOY. U. CHI. L.J. at 22.“触发结算的信用事件可以是双方一致同意的任何事情，但通常都是ISDA定义的以下五大信用事件中的一项或多项，即破产、未能付款、债务违约、债务加速到期或重组。”DURBIN, ALL ABOUT DERIVATIVES, at 63.

⑤ Lynch, *A Twenty-First Century Understanding*, 43 LOY. U. CHI. L.J. at 22 n. 81；请参见：Kristin N. Johnson, *Things Fall Apart*: *Regulating the Credit Default Swap Commons*, 82 U. COLO. L. REV. 167, 170（2011）（“用最简单的话来说，信用违约互换就是针对债务人不履行其债务义务这一风险提供保险类似保障的协议”）；156 CONG. REC. S5, 821（daily ed. July 14, 2010）（statement of Sen. Merkley）（“然后，我们就有了信用违约互换。这是为债券成功与否提供保险的一个花哨术语”）.

产、公司或债券（或资产、公司及债券篮子）发生信用事件（在合约中有规定）的情况下才需要付款。

人们可利用信用违约互换对冲特定公司或债券（或债券篮子）的违约风险，或就特定公司或债券（或债券篮子）违约的可能性进行投机。针对单一公司或债券的信用违约互换被称为“单名信用违约互换”。[①]比如，某人认为某一汽车制造公司或航空公司未来可能会宣布破产，则其可购买相关公司的破产保障，以便在参考公司宣布破产、债券支付违约或发生其他某些指定信用事件的情况下获得赔偿金。同样，若某人已经暴露在特定公司可能会发生信用事件的风险之下，则其可利用信用违约互换，对现存风险进行对冲。比如，如果某一对冲基金给一家计算机芯片制造商提供了贷款，但又担心该芯片制造商在偿还贷款之前倒闭，则该基金可通过一项或多项信用违约互换，购买该芯片制造商的破产保障。简而言之，信用衍生品可视为与“某方不履行其经济义务这种可能性”相关的“履约担保”。[②]信用事件发生时，信用违约互换的结算方式可以是现金，也可以是实物。在现金结算方式下，保障卖方将支付保障买方因信用事件产生的净损失。[③]在某些情形下，信用事件发生后，保障卖方须以定期（通常为按月）方式向保障买方进行支付，以仿效债权人原本接受支付的方式。[④]在实物结算方式下，信用违约互换通常要求保障卖方将信用违约互换的参考债券交付给保障买方。

信用违约互换不同于许多其他类型的互换，因为仅在参考资产发生信用事件的前提下，保障卖方才需要向保障买方进行支付。因此，人们可能会表示，“将这些东西称为‘互换’似乎有点牵强”，因为互换行为并不如利率互

① Lynch，*A Twenty-First Century Understanding*，43 LOY. U. CHI. L.J. at 62.
② 同上，第60页。
③ 同上，第63页。
④ Practical Law Finance，DECONSTRUCTING DERIVATIVES（Oct. 2，2015）.

换中那么明显。[①]实际上，信用违约互换更像看跌期权，即：在参考资产发生信用事件的情况下，保障买方可获得支付。事实上，信用违约互换刚刚诞生时，确实曾被称为“信用违约期权”，目前这个名字（即“信用违约互换”）只是后来才广为人知的。

还有一些互换以本章未列出的其他商品、资产和价格为标的。比如，一些衍生品与天气事件、外国货币甚至是工厂排放相挂钩。对所有潜在衍生品类型进行描述不仅超出了本章（及本书）的范围，而且是一项不可能完成的任务。人们过去发明了许多富有想象力的金融工具，未来可能会出现更多的金融创新。而且，这些创新很可能会超出我们今天的预测能力。

① Practical Law Finance，DECONSTRUCTING DERIVATIVES（Oct. 2，2015）.同时，请参见：OSKARI JUURIKKALA，THE LAW AND ECONOMICS OF CREDIT DEFAULT SWAPS 107（2015）[“与互换形成鲜明对比的是，信用违约互换并非现金流的交换，当然，也绝对不是（如其名称的字面意思那样）指信用违约的互换。它与真正的互换协议没有任何功能上的相似之处。”].

第三章
衍生品及其他金融工具的法律法规定义

了解了期货及衍生品的常见经济学定义后，现在，我们再来看看美国相关法律法规是如何定义的。法律法规定义通常会与常见经济学定义不同。为什么会这样呢？与人们的想象相反，这并不是因为美国国会想让法律专业学生的日子不好过，也不是他们想把人们弄糊涂。实际上，日常生活和法律法规对金融工具描述的差异主要（但非全部）是由国会导致的。美国国会保持这种差异的目的，是保证人们无法创设与其希望监管的金融工具近似却能避开监管框架的标的。在许多情况下，金融工具的法律法规定义要比常见用法中的定义更为宽泛和模糊。因此，认定某一金融工具是否被涵盖在相关法律或法规定义内并非一个非黑即白的问题，这其中存在一些中间地带。这种现象可能会使事情更加棘手，至少对这个领域的学生和从业人员而言就是如此。

此外，美国《商品交易法》难以确保在任何情况下都能提供衍生品的明确定义。实际上，许多评论家都批评美国国会在《商品交易法》中为何这样或为何没有那样定义衍生品。[①]比如，堪萨斯市密苏里大学的法律教授蒂莫西·E. 林奇就将美国国会定义衍生品的方式描述为“简直毫无理性”且“无法理解”。[②]尽管我并不认为问题真有那么严重，但仍要提醒大家注意，这确

① Timothy E. Lynch, *Derivatives: A Twenty-First Century Understanding*, 43 LOY. U. CHI. L.J. 1, 13 n. 48(2011).

② Lynch, *A Twenty-First Century Understanding*, 43 LOY. U. CHI. L.J. at 14.

实是一个相当复杂的法律问题。正因为如此，在分析本领域的法律解释问题时，法律从业者应该了解人们对《商品交易法》中金融工具定义的主要批评及这些定义的潜在缺陷。首先，尽管“商品”的常见概念是指“无论生产者是谁均属同一类别的产品，包括‘农产品、贵金属和矿产’等”[①]，但《商品交易法》却将“商品”定义为“当前或未来交易且于未来交割合约所涉及的所有商品、物品、服务、权利和权益，但洋葱和电影票房除外”[②]。1974年，美国国会在《商品交易法》的商品定义中采纳了这个开放式的表述。同年，美国国会又批准成立了CFTC这一独立机构。1974年以前，《商品交易法》中的商品定义提供了一份列举式的具体农产品清单，这意味着对于未在《商品交易法》商品定义中明确列举的项目，其期货合约和期权均不受监管。因此，有人就利用这一漏洞，开始以《商品交易法》商品定义中未列举的项目为标的，提供不受监管的衍生品交易。为解决这个问题，美国国会不断地将新项目添加到《商品交易法》的商品定义清单中，但刚一添加完，以未纳入法定清单产品为标的的新衍生品合约就会相继出现。因此，在1974年，为一劳永逸地解决这个问题，美国国会决定将“商品”定义为作为期货合约标的物的所有商品、物品、服务、权利和利益。但是，此举虽然解决了一个问题，即用列举式项目清单定义商品这种做法很容易造成法律规避的这个问题，但又导致了另一个问题，即：因为包罗万象的商品定义具有模糊性，可能会导致市场参与者和监管人员面临法律不确定的问题。开放式的商品法律定义涉及范围广泛，如将其与商品期货、期货期权和商品期权的监管权放在一起解读，我们就可以理解为，这个开放式定义将大量经济活动都纳入了《商品交易法》的监管范围。幸运的是，CFTC和法院均未对《商品交易法》的适用范围做进一步的扩大解释。因此，想要在网上订购水果和蔬菜并于一周后收货的人，实际上并不需要在政府监管的交易所购买期货合约。

① Steven Wolowitz & Christopher J. Houpt, 8 BUS.&COM. LITIG. FED. CTS § 81: 7 (4th ed. Nov. 2017 update).

② 7 U.S.C. § 1 (a)(9).

在CFTC成立之前，美国农业部的一个部门，即商品交易管理局（Commodity Exchange Authority），拥有管辖商品期货市场的权力。总体上，人们认为商品交易管理局对期货市场的监管并没有效果：由于期货投机者的推波助澜，商品价格经常暴涨，而商品期权市场也充斥着欺诈行为。面对这些丑闻，20世纪70年代初，美国国会开始考虑改革完善期货市场监管。1975年，CFTC正式开始运作。但是，如果不是时任SEC主席雷·加勒特（Ray Garrett）的决定，这个机构也许永远都不会诞生。1974年，当美国民选官员们正就如何以最佳方式改革期货市场展开辩论时，美国白宫找到了加勒特，向他提出了SEC是否希望获得"商品期货行业的监管权"这一问题。对此，加勒特的回答是否定的。于是，美国国会最终设立了CFTC。在设立CFTC的同时，美国国会还授予了该机构对期货合约的排他性管辖权。这样做有多种原因，其中之一就是设立一个而非多个面向期货及衍生品的权威、专业监管机构。具有讽刺意味的是，CFTC的设立标志着该机构与SEC之间开启了漫长的管辖权之争。与此同时，人们也开始长期不断地批评美国国会为何要根据作为交易对象的金融工具属于期货合约还是证券来划分其管辖权。

评论家们不仅对衍生品的法律定义提出了批评，而且还对国会未将若干常见金融衍生品的定义纳入联邦法律这一事实进行了批判。比如，《商品交易法》和证券法律均未对"衍生品"这个词汇进行定义。但是，最令人惊讶的疏漏却是，即便《商品交易法》作为美国法律提出了商品期货市场的监管框架，但该法并未就期货合约的构成作出规定。CFTC从未颁布任何联邦法规对"期货合约"这一术语进行明确定义，尽管其就哪些类型的协议应视为"期货合约"这个问题提供了官方指南。在没有法律法规定义的情况下，如何对期货合约这一可谓最为典型的金融衍生品进行概念界定，这个问题自然而然就交给法院判决去解决了。这意味着，如果要理解哪些协议属于期货合约范畴，人们必须首先了解这个领域的判例法。令人遗憾的是，这种临时、逐案解释期货合约概念的做法并未给人们提供多少清晰度，与理想状态仍相距甚远。期货合约缺乏准确的法律定义尤其麻烦，因为尽管期货合约主要是由CFTC监管，但远期合约通常却不属于CFTC的权限范围（因其缺乏反欺诈和反操纵权限）。《商品交易法》基本上未覆盖远期合约，这一事实通常被称为“远期合约除外现象”[①]。正如下文将详细阐述的那样，在当前具有临时性且重事实的判例法下，期货与远期合约的界限对从业者和市场参与者而言可能极难分辨。

《商品交易法》对其他类型衍生品的定义均有不足。比如，与期货合约的定义相比，“期权”的定义同样有诸多不足之处。《商品交易法》第2节第（a）条第（1）款第（A）项只是简单地表示，CFTC对“具有‘期权’‘特权’‘赔偿’‘买入价’‘卖出价’‘看跌’‘看涨’‘预付款担保’或‘拒绝担保’等性质或在行业内通常以上述术语见称的任何交易”均具有排他性管辖权。林奇教授认为，“期权”的定义属于同义反复，而其他人则认为，《商品交易法》第2节第（a）条第（1）款第（A）项的表述根本就没有提供任何期权的定义。此外，法律语言以模糊方式赋予了CFTC对具有期权性质的交易的管辖权，而这意味着，CFTC拥有的管辖权并非真正针对期权，而是针对在某种意义上与期权类似的东西。

甚至连最近纳入《商品交易法》的金融工具定义也受到了批评。一方面，评论家们批评美国国会未将期货合约定义纳入《商品交易法》，但另一方面，人们表示，通过2010年《多德—弗兰克法》（其中第七编《2010年华尔街透明度与问责法》）纳入《商品交易法》中的“互换”定义又有些矫枉过正。《商品交易法》中的互换定义超过了1500个单词，这还没有包括该定义对CFTC和SEC法规中的互换定义进行的注释，而这部分注释又超过了1400个单词。因此，在《商品交易法》中，互换的法律法规定义总共超过了2900个单词。此外，在《联邦公报》中，涉及互换监管定义的文本又有数百页之多。

① Harris, *The CFTC and Derivatives Products*, 71 CHI.-KENT L. REV. at 1120；同时，请参见：Committee on Commodities Regulation of the Association of the Bar of the City of New York, *The Forward Contract Exclusion: An Analysis of Off-Exchange Commodity-Based Interests*, 41 BUS. LAW. 853（1986）.

因此，仅仅为了了解互换的法律定义，人们就要阅读并理解如此多的书面材料，这可以说是现代法律制度过度技术化的一个悲哀写照。由于这些事实，人们甚至可就期货合约或互换的定义写出一本书来。但是，我的目的并不是要写一本关于期货合约或互换定义的书，而是要让读者从总体上理解这些金融工具是如何定义的，同时明确其法律法规定义的一些主要维度。这些维度要么是人们争论的焦点，要么给整个金融市场监管问题提出了重要课题。

面对这些模糊定义，甚至连一些专家都就金融衍生品及相关工具关键要素的识别难度发表了评论。比如，加利福尼亚大学伯克利分校法学教授弗兰克·帕特洛伊（Frank Partnoy）就曾写道："根据相应测试认定特定工具是否属于'证券''期货'或两者皆非的难度越来越大。"[①]同样，伊利诺伊大学法学院教授维瑞蒂·温希普（Verity Winship）也曾表示："CFTC的权限……表述起来很简单，但在实践中却很复杂，因为和证券一样，'期货'的定义有时并不直白。"[②]

鉴于这些法律文本面临的挑战，人们到底该如何判断什么是期货合约，什么是证券呢？商品期权与股票期权之间的区别又是什么呢？还有，到底是什么特征使得一份合约可以归入"互换"或"基于证券的互换"的定义范围呢？如果还不知道这些问题的答案，请不要着急。尽管这些定义问题给我们带来了挑战，但在许多情况下，通过启发法或法律原则解释，人们仍可找到降低这些概念混乱程度的方法。在下文各节中，本章将就这些问题中的大多数提供尽可能清晰的答案。

---

① Frank Partnoy, *The Shifting Contours of Global Derivatives Regulation*, 22 U. PA. J. INT' L ECON. L. 421, 422 (2001); 同时，请参见：Russo & Vinciguerra, *Financial Innovation and Uncertain Regulation*, 69 TEX. L. REV. at 1437（表示"场内交易期权及其他衍生品被轻率地分成了'证券'和'期货'，因而这些工具的监管权在SEC与CFTC之间进行了不当划分"）.

② Verity Winship, *Public Agencies and Investor Compensation: Examples from the SEC and CFTC*, 61 ADMIN. L. REV. 137, 140 (2009); 同时，请参见：Cary J. Meer, *Hybrid Instruments: Their Treatment Under Recent Commodity Trading Commission Releases*, 46 BUS. LAW. 405, 405 (1991)（探讨了回答"某一证券或保证金到底何时构成期货合约或商品期权"这一问题的复杂性）.

第一节 再论衍生品定义

在第二章中，我们已经深入了解了期货、期权和互换的基本运作机制。现在，要更加全面地理解“衍生品”这个概念，我们就有必要对其定义进行凝练。在第二章中，“衍生品”被定义为自身价值源于其他事物的东西。这一定义应用广泛，但也广受诟病。比如，一项较为善意的评价称其“虽然公平，但仍存在不足”①。林奇教授认为，“衍生品”这一术语的常见定义经常出现在法律学术和政策讨论中，但其仍存在不足，因为它不准确、不全面，未反映现代衍生品交易的性质和范围。②林奇教授还表示，该常见定义既过于包容，又不够包容，因为它既包括了股票和债券之类不属于衍生品的投资，又排除了事件衍生品等明显属于衍生品的事物。③

林奇教授表示，衍生品应定义为两个对手方之间订立满足下列条件的合约，即每一对手方在合约下的损益取决于一项或多项外部、未来且不确定事件或指标的结果，且每一对手方均期待（或认为）该结果与另一对手方期待（或认为）的结果相反。④我很喜欢林奇教授的这个定义。一方面，这个定义明确了以下事实，衍生品的每一对手方均期待某一未来事件或指标的结果与另一对手方期待的相反，因此衍生品“总体上为对手方双方提供了一个零和损益”，即一个对手方获得的收益通常大致等于另一对手方遭受的损失。⑤简而言之，在每一笔衍生品交易中，一个人的收益是另一个人的损失。北卡罗来纳大学教堂山分校法学院的托马斯·李·黑曾（Thomas Lee Hazen）教授甚至表示，期货和期权合约之所以值得关注，是因为它们并不创造财富，而

---

① MICHAEL DURBIN, ALL ABOUT DERIVATIVES 3（2d ed. 2011）.

② Lynch, *A Twenty-First Century Understanding*, 43 LOY. U. CHI. L.J. at 10–11.

③ 同上，第11页。“这些常用定义尽管可能很准确，但确实不够完整，存在模糊性，过于包容，且往往未反映衍生品交易的性质和范围。”同上，第15–16页。

④ 同上，第14页。“这意味着，他们属于‘射幸合约’，因为每一对手方均期待合约结果与另一对手方期待的相反。”同上。

⑤ 同上，第14页。

只涉及财富的转移。[①]因此，“交易”和“投资”期货及衍生品的性质与参与股票和债券市场并不相同，原因如前所述，“‘投资’衍生品合约仅意味着与对手方订立合约”[②]。尽管如此，林奇承认，衍生品“能够且通常确实创造了价值”。比如，当人们利用期货及衍生品对冲现有风险并因此而“获得保险价值”时，衍生品就创造了价值。[③]特别应该指出的是，如第二章所述，衍生品能够发挥非常有益的作用，因为人们可利用衍生品成功对冲或消除业已存在的风险。[④]

尽管衍生品合约的价值主要来自一方享有的权利及相对于其合约对手方的义务，但衍生品合约产生的权利不同于其他如股票持有人因持有特定股票而形成的权利或债权人因贷款而享有的权利。[⑤]实际上，衍生品合约下的应付款项取决于某些未知的未来或有事项，即通常所说的“标的物”，且这些未来或有事项对衍生品合约和对手方而言均属于外部因素，因为对手方基本无法控制这些或有事项的最终结果，即便可以，这种控制能力也非常有限。[⑥]

与“衍生品”的常见定义相比，林奇教授对“衍生品”的分析及提出的“衍生品”定义更加深刻地透视了衍生品的本质。他的真知灼见对于正确理解这些工具的概念大有裨益。尽管如此，他的定义对于日常使用而言仍然过于复杂，因此，定义“衍生品”这一术语时，一个简单但准确的方法就是完整列举人们认为属于衍生品的四类金融工具，即（1）远期合约；（2）期货合约（实际上是远期合约一个子类）；（3）期权；（4）互换。

所有这些都不得不让人提出这样一个问题，即哪些项目可以明确归入非

① Lynch, *A Twenty-First Century Understanding*, 43 LOY. U. CHI. L.J. at 18 n. 63［援引Thomas Lee Hazen, *Rational Investments, Speculation or Gambling? — Derivative Securities and Financial Futures and Their Effect on the Underlying Capital Markets*, 86 NW. U. L. REV. 987, 1006–07（1992）］.

② Lynch, *A Twenty-First Century Understanding*, 43 LOY. U. CHI. L.J. at 47 n. 162.

③ 同上，第19页。

④ 同上，第7页，注释24。

⑤ Lynch, *A Twenty-First Century Understanding*, 43 LOY. U. CHI. L.J. at 16.

⑥ 同上，第16–17页。

衍生品范畴呢？根据林奇教授的定义，未满足衍生品所有必要特征的事物都属于非衍生品范畴，按照这一标准，衍生品的特征包括：（1）属于对手方之间的合约；（2）合约结果取决于一项或多项外部、未来且不确定事件或指标的结果；（3）每一对手方均期望或有事件或指标的结果与另一对手方期待的相反。因此，贷款协议、公司股票、债券、共同基金的利息、艺术品和现金都不属于衍生品，因为它们均缺少衍生品定义要素中的至少一项。①以贷款为例，债务人向债权人付款的义务并不是以某些外部事件为条件，而是本身就存在的。②同样，在贷款情形下，贷款人和借款人有着相似而非相反的期待，即贷款收益将被借出，而本金和利息将予以返还。③就股票、共同基金和艺术品而言，人们都是直接购买并拥有了这些资产。最后，现金之所以不是衍生品，是因为如上所述，衍生品属于合约，而现金不是合约。

在某些领域，衍生品与非衍生品之间的界限并不是那么明确。比如，林奇教授认为，赌博性押注和保险应归入衍生品行列。④但至少在美国，这既不是主流观点，也不是法律规定。2000年的《商品期货现代化法》对《商品交易法》进行了修订，明确规定该法优先适用于涉及某些衍生品的州赌博法。同样，《多德—弗兰克法》也对《商品交易法》进行了修订，增加了第12（h）节。该节对“互换”作出如下规定：（1）不得被视为保险；（2）不得根据任何州法律将其作为保险合约进行监管。⑤因此，美国国会明确将这两类交易（即赌博性押注和保险）排除在了《商品交易法》的管辖范围之外。

很明显，人们经常会将衍生品与赌博和保险进行对比。比如，尽管期货

---

① Lynch, *A Twenty-First Century Understanding*, 43 LOY. U. CHI. L.J. at 29.

② 同上。

③ 同上。

④ 同上。

⑤ CEA § 12（h）, codified at 7 U.S.C. § 16（h）. 尽管《多德—弗兰克法》作出了上述规定，但国会于1945年通过的《麦卡伦·弗格森法》作为一部联邦法律却将保险业务排除在了大多数联邦法律监管范围之外。请参见：15 U.S.C. § 1012（“保险业务及从事该项业务的所有人均应受各州法律的约束”，且“国会制定的任何法律均不得解释为废除、损害或替代了各州为对保险业务实施监管而颁布的任何法律……除非国会法律明确涉及保险业务”）.

及衍生品被描述成了一种以粮食及其他商品的价格为对象的赌博，但国会和法院一般都认为，衍生品与赌博存在区别，因为衍生品具有帮助企业对冲和管理风险的作用。同样，由于期货及衍生品可视为价格担保，使人们能够对冲其面临的商品和资产价格波动风险，因此人们又将衍生品与保险进行了对比。衍生品与保险之间的一项显著差异在于：现代西方保险行业的基础规则之一，就是人们仅在对保险合约保障对象拥有“可保权益”的情况下，才能从保险公司购买保险保障。这意味着，人们仅在对冲其承担的既有风险时才能购买保险，（除保险公司之外的）任何人均不能利用保险合约进行投机。[①]比如，除非拥有一座房子并享有房子处置权或以其他方式在这座房子中享有权益，否则人们就不能……就这座房子的损失购买保险。[②]可保权益这一要求的政策依据是，如果没有这项要求，可能会产生一项非预期道德风险，因为非对冲性保单持有人可能会产生谋杀被保险人或破坏被保险财产的动机。[③]但是，期货合约及衍生品就没有“可保权益”要求。这意味着，人们对其不享有财产权益或没有风险敞口的标的商品或资产达成期货合约或其他类型的衍生品交易是合法做法，而且是相当常见的。[④]实际上，业内官方人士甚至认为，期货及衍生品市场需要投机者（即不以对冲其既有风险敞口为目的的对手方）为其提供流动性，并为那些对冲交易方提供交易对手方。

第二节 证券：豪威测试及其他

在美国，证券和衍生品的金融监管基本上以产品为依据，即所谓的“以

① Lynch, *A Twenty-First Century Understanding*, 43 LOY. U. CHI. L.J. at 48.

② 同上。（“就陌生人而言，由于人们并不怎么关心其是否一直存活，因此不能为其购买人寿保险。而且，同意达成交易的对手方在这一规则上不能弃权。”）

③ 同上，第48页；同时，请参见：同上，注释169。

④ 同上，第48页。

市场为依据”[①]，因为美国政府监管证券市场的方式与其监管期货合约和互换之类衍生品市场的方式并不相同。比如，美国法律规定，期货合约必须在受监管期货交易所进行交易（在《商品交易法》中，受监管期货交易所被称为“指定合约市场”或“DCM”，因为它们是获得了联邦政府“指定”、许可的期货合约市场）。因此，如果某一金融工具在期货合约定义的范围之内，则其（通常）不能在场外或证券交易所进行交易。

在分析期货合约的法律法规定义之前，我们将对美国法律认定的“证券”进行介绍。我之所以决定先探讨证券的定义，原因有三：首先，先行讨论人们更加熟悉的金融工具，然后再转向更为晦涩的金融工具似乎更为妥当。尽管衍生品市场（如期货合约、商品期权和互换等市场）是全球金融系统的重要组成部分，但公众对证券市场要熟悉得多。而且，美国国会给证券市场监管机构（即SEC）提供的资源远比给衍生品市场监管机构（即CFTC）的要多。比如，2018财年，美国国会给CFTC提供的预算额度为2.49亿美元，而给SEC的预算额度却高达16亿美元。其次，期货、互换和商品期权等通常并不属于证券。因此，通过了解美国法律将哪些东西认定为证券，我们可以看出哪些东西不属于期货合约等。[②]最后，分析与证券认定相关的成文法和判例

① 据称，美国是基于“功能”方法（即金融衍生品执行的是否是同一功能这一标准）对金融市场监管权力进行划分的。Russo & Vinciguerra, *Financial Innovation and Uncertain Regulation*, 69 TEX. L. REV. At 1440.但是，事实似乎并非如此，因为在美国，经济功能非常相似的金融工具正在接受不同机构的监管。“比如，股票指数期货合约与直接以股票指数为标的的期权执行的经济功能基本相似，但前者在CBOT和CME之类的期货交易所交易，且受CFTC监管，而后者则在芝加哥期权交易所交易，并受SEC监管。”同上。因此，“进行功能分析后，如果发现特定工具与证券、期货合约或期权的运作方式相同，而且都是作为价格投机性质的投资或工具进行营销的，那么，SEC和CFTC似乎都可能认为该工具属于其监管范围。”Gilberg, *Regulation of New Financial Instruments*, 39 VAND. L. REV. at 1685.“比如，在某项特定交易显示出证券的某些要素并以投资为目的达成的情况下，则SEC很可能会得出该交易须根据《证券法》要求进行注册这一结论。”同上。“同样，远期交付类合约如服务于场内交易期货合约的经济目的，即用于针对商品价格进行对冲或投机，则促使CFTC采取行动的可能性会更大。”同上，第1686页。

② 人们认为，将金融工具分为“期货”和“证券”两类的做法是一种“没有意义的二分法”，而“联邦金融市场监管的基本前提，即新生金融工具的监管责任应基于其属于‘证券’，还是属于‘期货合约’的定义范围来进行划分”，也是一种设计失当。Russo & Vinciguerra, *Financial Innovation and Uncertain Regulation*, 69 TEX. L. REV. at 1433–34. 尽管如此，美国法律仍在以这种方式划分金融市场的监管权。

法，有助于我们了解美国立法机构和法院如何处理包括期货合约在内的相关金融工具的定义。这是因为，在定义不同金融工具时，人们采用了类似的法律工具和概念。因此，了解这些范式，有利于理解证券之外其他金融工具的定义。毕竟，在任何情况下，这一领域的从业者均应了解证券和期货合约二者的法律法规定义。

下面是一个相对而言较为直白的证券定义：

> 一般而言，证券是指代表某一公司所有者权益（权益证券或股票）或某一公司、城市或主权国家债务的可转让工具。其他形式的债务（如抵押贷款）可转换为证券。在证券法律下，某些证券衍生品，如权益证券期权（即股票期权）和基于证券的互换，也可视为证券。

上述定义来自CFTC衍生品市场术语表，对于外行人而言，这个定义完全可以接受。但是，重要的是，要全面了解哪些工具属于证券监管范围，就需要考察美国法律对证券的定义。1933年的《证券法》和1934年的《证券交易法》都对“证券”这一术语进行了定义。粗略浏览就会发现，美国国会采用了“罗列清单”的方式对这个术语进行定义，使证券法的适用范围似乎在不断地延伸。1934年《证券交易法》第3节第（a）条第（10）款的定义表述如下：

> “证券”指票据，股票，国库券，证券期货，基于证券的互换，债券，信用债券，利润分成协议下的权益凭证或参与凭证，油、气或其他矿产收益权或出租权相关权益凭证或参与凭证，担保品信托凭证，公司成立前持股凭证或认股凭证，可转让股票，投资合同，表决权信托凭证，证券存托凭证，基于任何证券、存款证明或证券组合/指数（包括其中包含的或基于其价值的任何权益）的任何看跌期权、看涨期权、跨式期权、期权或特权，或在外币相关全国性证券交易所达成的任何看跌期权、看涨期权、跨式期权、期权或特权，或通常以“证券”之名为人们所知的工具，或上述

任一证券的权益凭证或参与凭证、临时凭证或中期凭证、收据、认购或购买权证或权利，但不包括发行时期限不超过9个月（不含宽限期）的货币或票据、汇票或银行承兑汇票，或其期限限制相同的展期。

为进一步说明，下面我们又给出了1933年《证券法》第2节第（a）条第（1）款中的“证券”定义：

“证券”指票据，股票，库存股，证券期货，基于证券的互换，债券，信用债券，债务凭证，盈利分享协议下的权益凭证或参与凭证，担保品信托凭证，公司成立前持股凭证或认股凭证，可转让股票，投资合同，表决权信托凭证，证券存托凭证，油、气或其他矿产权相关部分不可分权益，基于任何证券、存款证明或证券组合/指数（包括其中包含的或基于其价值的任何权益）的看跌期权、看涨期权、跨式期权、期权或特权，或在外币相关全国性证券交易所达成的看跌期权、看涨期权、跨式期权、期权或特权，或通常以“证券”之名为人们所知的权益或工具，或上述任一证券的权益凭证或参与凭证、临时凭证或中期凭证、收据、担保、认购或购买权证或权利。

一部主流证券法专著指出，1934年《证券交易法》第3节第（a）条第（10）款以大体相同的方式对证券进行了定义，但存在以下差异：（1）删除了“债务凭证”；（2）将短期“商业票据”排除在了该定义范围之外；（3）采用了稍微不同的方式将油气权益归类为证券。美国参议院关于1934年《证券交易法》的报告指出，就是要保持该《证券交易法》中的证券定义与1933年《证券法》“大体相同”。美国最高法院表示，在认定证券法的基本覆盖范围时，1933年《证券法》和1934年《证券交易法》中的证券定义虽然存在细微差异，但可视为“基本相同”。[①]

① THOMAS LEE HAZEN，1LAW SEC. REG. § 1：49（Oct. 2017 Update）［援引Tcherepnin v. Knight，389 U.S.332，335，（1967）］.

人们认为，证券的法律定义“涵盖范围很广”，而法院解释这一术语时也很宽泛，以至于一些人甚至认为，某些司法判决可以说已经触及了人们认为的合理证券概念的外围。比如，美国一部主流证券法专著专门就“证券”的法律定义开设了一个章节，其阐述如下：

> 请看下列项目：苏格兰威士忌、自我提升课程、化妆品、蚯蚓、海狸、麝鼠、兔子、毛丝鼠、动物育种项目、牛类胚胎、稀有硬币投资计划、捕渔船、真空吸尘器、墓地、投币式电话、健康保险、网上冲浪、纽约证券交易所的一个席位、母带录制合同、集合诉讼基金和果树。这些项目有什么共同点呢？答案就是，它们全都被认为是联邦或州证券法意义上的证券。

上述项目清单令人震惊。人们不禁要问，蚯蚓、自我提升课程和果树为什么也构成了证券呢？这个问题的答案就藏在“投资合同”这一表述中。1933年《证券法》和1934年《证券交易法》中的证券定义都将其纳入了证券范畴。这个表述成了一个包罗万象的术语。人们广泛认为，它为证券提供了一个最为广泛的定义。判断哪些东西构成了“投资合同”，继而又构成了证券这个问题的法律标准，这一理念是美国最高法院1946年在“证券交易委员会诉W. J. 豪威公司案”中确立的。[①]当时，美国最高法院表示，投资合同是个人将其资金投资于特定事业、进而期望通过发起人或第三方的努力获得利润的合同、交易或计划。对这一表述进行解析，我们可以得出“豪威测试”（即Howey Test）的各项要素，即一项交易满足下列条件即可构成投资合同：（1）存在资金投资行为；（2）投资对象为特定事业；（3）投资要有获利预期；（4）利润来自其他人的努力。[②]

在豪威案中，当事方不仅销售了种有柑橘树的地块，而且还随附签署了“服务合同”。根据服务合同，工人会监测、采摘和销售水果，所得利润给予

① SEC v. W.J. Howey，328 U.S. 293（1946）.

② 请参见：THOMAS LEE HAZEN，1LAW SEC. REG. § 1：50（Oct. 2017 Update）.

地块买受人（即投资人）。具体而言，这项交易涉及地块购买相关的土地销售合同和担保契约，以及地块上柑橘种植和采摘相关服务合同。法院认为，服务合同的加入使这项交易不再是简单的土地购买交易。法院指出，这些合同购买人的居住地远离地块，缺少种植、采摘和销售柑橘产品所需的设备和技能。而且，法院还强调了一个事实，即种植和管理小块、独立的柑橘园在经济上是不可行的，仅在作为大规模农业经营活动的一部分进行开发的情况下，这些地块才会具备真正的价值。因此，地块买受人购买这些小型地块并达成服务合同的行为很明显并不是为了成为柑橘果农。

随后，最高法院将该测试运用于案件事实并认定，这些土地销售合同、担保契约和服务合同等作为一个整体构成了投资合同。法院还发现，豪威公司及名为“Howey-in-the-Hills”的另一家公司不仅出售了柑橘园地块，而且还提供了入股一家大型柑橘企业并获得该企业利润分成的机会，而这家大型柑橘企业正是由这两家公司经营的。买受人之所以会对这项交易感兴趣，仅仅是因为他们期待能够从其投资中获得收益。总之，事实表明，买受人提供了资金，并分享了利润，而发起人则负责业务的管理、控制和经营。法院表示，投资合同碰巧采用的形式（在本案中，为土地销售合同、担保契约和服务合同）并不重要，因为交易的经济本质才是真正重要的东西。因此，法院认定，小型柑橘园地块及随附服务合同的买受人实际上是在投资于一项特定事业，并希望从种植、营销和出售水果者的劳动中获得利润。今天，豪威测试已经成了一部良法，经常被用于评估某一新颖金融工具是否构成了证券。比如，SEC就曾引用豪威测试认定首次代币发行（ICO）属于证券，因为投资合同的定义涵盖了首次代币发行的许多特征，即便未涵盖全部特征。[①]简

① Report of Investigation Pursuant to Section 21（a）of the Securities Exchange Act of 1934：The DAO，SEC.GOVSEC.GOV，July 25，2017，https：//www.sec.gov/litigation/investreport/34-81207.pdf; Kate Rooney，*SEC Chief Says Agency Won't Change Securities Laws to Cater to Cryptocurrencies*，CNBC.COM，July 6，2018，https：//www.cnbc.com/2018/06/06/sec-chairman-clayton-says-agency-wont-change-definition-of-a-security.html.

而言之，首次代币发行是一种新型众筹活动。在活动中，“创业企业或网络项目……通过创设和销售（数字代币）筹集资金”，而这些数字代币根据设计通常只能在程序员开发的计算服务中使用。[①]

黑曾教授指出，在运用豪威测试的过程中，法院往往会聚焦于向投资者销售投资的方式，因为阅读所有相关案件后，人们会得出以下结论，即交易内容可能还不如交易方式那么重要。[②]换句话说，最根本的问题是相关特定投资或工具是否需要联邦（或州）证券法提供投资者保护。[③]在下列情形下，这一点表现得尤为明显：就实际上并不存在的投资项目进行营销、要约和筹措资金的欺骗行为被认为违反了证券法律法规。[④]在这种情况下，即便整个投资机会都是骗局（如所谓推销和出售皮包公司股票的行为），但只要涉及投资合同的主要要素，证券法就仍可适用。[⑤]

可以肯定的是，“证券”这个概念的可拓展范围是有限的。比如，1975年，美国最高法院在“联合住房基金（United Housing Foundation）诉福尔曼（Forman）”一案中表示，该案中合作建房项目的“股份”并不构成证券，尽管其被明确称为“股份”，且赋予了参与者获得出租公寓的权利。最高法院表示，很明显，在分析某项交易是否属于证券时，该交易是否被称为“股份”确实是一个考虑因素。但是，交易的名称，无论是股份、股票，还是其他，并非是应予考虑的唯一因素。[⑥]最重要的是，福尔曼项目“股份”的购买者并不希望从某项商业投资中获得利润，他们只是获得了一个住所，即纽约市廉价住房开发项目开发的一套公寓。

在福尔曼案中，有人仅因获得租赁廉价住房的权利被称为了“股份”，便

---

① Nathaniel Popper, *An Explanation of Initial Coin Offerings*, N.Y. TIMES, Oct. 27, 2017.

② THOMAS LEE HAZEN, 1LAW SEC. REG. § 1：50（Oct. 2017 Update）.

③ 同上。

④ 同上。

⑤ 同上。“在欺诈活动中，如果宣扬的投资机会具有证券特征，哪怕其宣扬的商业交易并没有实质性内容，同样可构成证券。因此，类似于连锁信件、金字塔骗局或类似欺诈的庞氏骗局也将触发证券法。”同上；同时，请参见：第1：49节。

⑥ Forman, 421 U.S. at 840–41.

被认为应将这种权利归为“证券”。摒弃这种观点后，最高法院运用豪威测试对该案案情进行了测试，并认定相关股份并非投资合同，因而不构成证券。具体而言，最高法院表示，在福尔曼一案中，豪威测试的第三个要素（即未来利润预期）缺失，因为股份的购买者是住房综合体的租户，他们寻求的只是一个住所，而非投资机会。最高法院指出，这些租户必须将其股份以购买时的相同价格回售给管理综合体的非营利公司。该法院继续表示，界定某一行为是否系证券交易（在本案中这种交易并不存在），关键点是人们交出自己的资金以期通过他人的努力获得利润这种投资行为，而不是购买商品自用或购买住所自住这样的行为。[①]简而言之，购买汽车上班自用、从超市购买苹果供自己和家人食用或购买房子供自己居住或出租等交易行为，并无其他用途，故不构成豪威测试下的投资合同，尽管在某些情形下，人们确实可能希望从这些常见交易中获得某些经济利益。

有时，豪威测试确实会导致传统上不认为是证券的某些协议和交易被认定为投资合同，因而构成了证券。蚯蚓农场、麝鼠育种项目和墓地销售就是这样的例子。但是，过于聚焦这些罕见案例，会导致适用证券法认定证券时，所依据的概念基础变得支离破碎。[②]因此，最佳处理方法就是理解豪威测试及其应用分析的要素，同时记住，罕见案例毕竟是罕见的，涉及蚯蚓和麝鼠的投资方案并不是常态。实际上，证券看起来可能更像IBM股份，而不是在柑橘园土地上种植水果所产生的利润权益。而且，豪威测试并不支持每次柑橘园土地销售都是证券这一观点。实际上，豪威测试可直接运用于拥有明显投资要素的各项经营活动。比如，在许多情况下，有限合伙企业和有限责任公司之类非股份制企业的权益就满足豪威测试的投资合同测试，因而构成了证券。以有限合伙企业为例，在大多数州，有限合伙人根据法律都属于被动投资者。作为投入资金或其他某些财产的回报，他们可以从有限合伙企业中获

① Forman，421 U.S. at 858.

② HAROLD S. BLOOMENTHAL & SAMUEL WOLFF，3SEC.&FED. CORP. LAW § 2：2（2d ed. Sept. 2017 update）.

得合伙权益。也就是说，他们投资于合伙企业是为了获得利润。因此，传统的证券定义很明显符合豪威测试。

此外，需要记住的是，豪威测试适用的，仅仅是冗长法定证券清单中的一项，即“投资合同”。其他证券项目的定义为特定交易是否能够认定为证券提供了另类依据。比如，如上所述，证券法明确将债券、信用债券和任何利润分成协议下的权益或参与凭证纳入了证券的定义范围。债务证券是代表借入且必须归还资金的证券，它有固定金额、具体期限，且通常还有特定利率或原始购买折扣。[①]债务证券的例子有短期债券（bill）、中期债券（note）、长期债券（bond）和商业票据等。债券可定义为由公司、主权国家及其机构或超国家实体发行的债务证券。[②]约翰·兰卡斯特在其著作《金钱“话”术》（*How to Speak Money*）中将“债券”这一术语定义如下：

> 人们把钱借给公司后形成的公司债务。债券有票息（即按月、按季或按年支付的金额）和到期日（即债券停止支付票息并全额返还本金的日期）。所以，你可能会以5%的利率借给沃尔玛5000美元。这意味着，沃尔玛大概率将按月或按季以5%的年利率向你支付一年的利息，即250美元。之后，他们就会把你的本金5000美元全部返还给你。政府也会发行债券……“债券”是一个很有趣的词汇，因为它是极少数能够说明金钱真相的比喻之一。它毫无保留地道出了一个真相，即发行债券者必然受债券束缚（在英文中，bond既有债券之意，也有束缚之意——译者注）……

债券还被人们称为“固定收益证券”，因为它们在到期之前会定期支付固定票息。[③]这类金融工具通常会与货币和商品（二者也会经常与衍生品进行交

① *Debt Securities*, DICTIONARY OF FIN.&INVEST. TERMS 164 (7th ed. Barron's 2006).

② ANDREW M. CHISHOLM, DERIVATIVES DEMYSTIFIED 240 (2d ed. 2010). “简单或‘普通香草型’债券会定期支付固定票息（即利息），而名义或票面价值则在到期后再行支付。”同上。

③ ANDREW M. CHISHOLM, DERIVATIVES DEMYSTIFIED 246 (2d ed. 2010).

易）归为一组，并被称为“FICC”，即“固定收益、货币和商品”[①]。此外，有担保的债务凭证（CDO）、有担保的抵押债券（CMO）及相关资产支持证券（ABS）也被认为属于债务证券，因而须受SEC监管。

第三节　期货合约：无成文法上的定义，判例法界定不清

如上所述，《商品交易法》和《CFTC规章》均未对“期货合约”进行定义。由于这一事实，人们很难以明确、单一的方式对这一金融工具进行定义。在探讨法律是如何定义期货合约这个复杂问题之前，对联邦政府部分期货交易监管规则进行解释说明，可为理解“期货合约”定义提供背景资料从而为这项努力提供一个背景是有益无害的。了解美国期货交易监管的一般方法和目标有助于理解本主题相关法律为何在某些地方（而不是其他地方）划下了不可逾越的界线。《商品交易法》第4节第（a）条禁止人们在被CFTC指定为合约市场（即指定合约市场）之外的地方进行期货合约交易。因此，第4节第（a）条实际上禁止了场外期货合约的存在（但豁免及其他特殊情形除外）。期货合约的场内交易要求可追溯至1922年的《谷物期货法》。当时，商品期货市场和行业声名狼藉，充斥着欺诈和价格操纵。这种现象对粮食价格产生了负面影响，因此惹怒了农民。而当时，农民又是一个非常强大的选民团体。在期货市场联邦监管法律通过之前的多年时间里，所谓的“对赌行”及其雇员实施了大量的欺诈行为。与期货经纪商不同，对赌行实际上并不在交易所执行客户订单，而是利用客户资金作为未来价格变动的赌注。[②]

---

① Tracy Alloway & Michael MacKenzie, *Finance: The FICC and the Dead*, FIN. TIMES, Aug. 11, 2014［提到了“被银行家们称为FICC（即固定收益、外汇及大宗商品）的部门”，并称其为“华尔街银行曾经最强势的”银行部门，“是进行豪赌并挣大钱的债券、商品和衍生品明星交易者之家”］.

② Markham, *Confederate Bonds*, 25 SETON HALL. L. REV. at 11. 援引美国最高法院在盖特伍德（Gatewood）诉北卡罗莱纳案中对对赌行进行的定义，即：“名义上开展股票交易所业务或类似性质的业务，但实际上从事通常面向小规模账户并以股票、粮食、石油等商品的价格涨跌为赌局的赌注登记业务，且未转让或交付其名义上交易的股票或商品的机构。”203 U.S. 531, 536（1906）. 关于对赌行的历史背景，请参见：Brendan Sapien, Note, *Financial Weapons of Mass Destruction: From Bucket Shops to Credit Default Swaps*, 19 S. CAL. INTERDISC. L.J. 411（2010）.

由于实际上并没有场内交易活动，所以客户基本上就是在与对赌行经营者（或对赌行所有人）对赌。在许多情况下，如果对赌行经营者输掉的赌局过多，他们就会关张并申请破产保护，从而留下一大串无法偿还的债务。[①]而且，对赌行还是期货交易所的对手，因为它们会与交易所进行业务竞争。在确定作为赌博对象的商品价格时，对赌行也会采用期货交易所列报的商品期货合约价格。1905年，在一项法律诉讼中，美国最高法院与芝加哥期货交易所（CBOT）站到了同一阵营。当时，CBOT发起了一项法律诉讼，要求法院禁止对赌行使用其报价。尽管CBOT在美国最高法院的胜利对于对赌行而言意味着一大损失，但之后，这些臭名昭著的团伙仍然继续存在，而这正是促使美国国会在20世纪20年代初通过期货市场监管法律的因素之一。立法机构的成员们相信，要求所有期货交易均须在联邦政府监管的交易所（本身属于自律组织）进行，这将消灭对赌行，并减少泛滥成灾的期货交易欺诈。第4节第（a）条的意义再怎么强调都不为过。因为有了第4节第（a）条，设计并销售期货合约者只要不是在指定合约市场上交易，就会涉嫌违法犯罪。

如前所述，由于《商品交易法》和《CFTC规章》均未就何为期货合约作出定义，因此哪些东西构成了《商品交易法》意义上的期货合约，该问题基本上就留给了对这一术语进行解读的各项司法判决了。除了未对期货合约的定义颁布官方规则外，CFTC甚至也未敦促美国国会对这一术语进行定义。实际上，1992年，当美国国会考虑将“期货合约”和“远期合约”这两个术语加入《商品交易法》时，时任CFTC主席温迪·格拉姆（Wendy Gramm）甚至建议国会不要这样做。“一方面，过于宽泛的（期货合约）定义可能会给其他监管机构、现货市场和远期市场制造麻烦”，格拉姆表示，“而另一方面，限制性过强的定

① Mark D. Young & William L. Stein, *Swap Transactions Under the Commodity Exchange Act: Is Congressional Action Needed?*, 76 GEO. L.J. 1917, 1919–22（1988）；请参见：Markham, *Confederate Bonds*, 25 SETON HALL. L. REV. at 12（“如果客户在赌博中赢了，对赌行经营者应向客户支付赌资。但是，在市场走势对其赌局不利的情况下，对赌行经营者往往会一跑了之。”）.

义又可能会给CFTC的执法带来问题。”[①]格拉姆还告诫美国国会，期货合约和远期合约的法律定义将限制CFTC的“灵活性”，并为非法场外期货合约的销售者提供路线图，因为他们可以设计超出定义的新型期货合约，从而妨碍CFTC对场外欺诈进行监督的能力。[②]格拉姆表示，没有单一、具体的期货合约法律定义，CFTC才能在必要时灵活变通地对那些反映期货合约经济特征，但又与现有期货合约存在足够差异，从而使其能够规避期货合约法律法规的新型金融工具进行监管。简而言之，该机构担心，何为期货合约这个问题的法律定义可能会给诈骗分子提供一份要素清单，使其得以根据这份清单设计出逃避政府监管的新型金融工具。CFTC之所以具有广泛的管辖权，原因在于“期货合约”没有法律定义，而作为期货合约标的物的“商品”又被泛泛定义。实际上，这种授权方式正是为了克服“电话交易所”经营者利用之前框架下联邦政府对农产品期货合约的监管授权不足的弱点，其通过向公众兜售以金属、木材、咖啡及之前法律未列举的商品作为标的物的期货合约，进而实施不受监管的期货骗局。[③,④]

尽管评论家们经常批评“期货合约”这一术语的模糊性，但《商品交易法》和《CFTC规章》仍然只提供了一些（有限的）指导措施。在《商品交易法》中，“期货合约”被称为于未来交割且涉及任何商品的销售合约。幸运的是，在上文引用的具体术语中，有一些在《商品交易法》和《CFTC规章》

① Mark D. Young & William L. Stein, *Swap Transactions Under the Commodity Exchange Act: Is Congressional Action Needed?*, 76 GEO. L.J. 1917, 1919–22 (1988)；请参见：Markham, *Confederate Bonds*, 25 SETON HALL. L. REV. at 12（“如果客户在赌博中赢了，对赌行经营者应向客户支付赌资。但是，在市场走势对其赌局不利的情况下，对赌行经营者往往会一跑了之。”）.

② *Definition of Futures Contract Would Create Problems*, *CFTC Warns*, 24 SEC. REG. & L. REP. (BNA) 704 (May 8, 1992). 格拉姆还表示，远期合约的法律定义可能会“为场外交易品种的非法销售者创设一份路线图，使其寻求利用远期定义主张其零售客户‘愿意’接受交付”。同上。

③ “电话交易所是销售人员高压式利用电话银行按照潜在投资者名单（称为‘傻瓜名单’）逐一拨打电话、向其推销投机性证券甚至是欺诈性证券的场所或部门。‘电话交易所’之所以得名，是因为其高压销售做法。” *Boiler Room*, INVESTOPEDIA, https://www.investopedia.com/terms/b/boilerroom.asp#ixzz5MysBgPSE.

④ Russo & Vinciguerra, *Financial Innovation and Uncertain Regulation*, 69 TEX. L. REV. at 1445–46. 同上，第1446页（表示“‘期货合约’这个术语的广度也应视为针对期货相关欺诈活动强化联邦监管基础的手段，以及改善美国期货市场安全性和稳健性的手段。”）.

中已有明确定义。比如，“销售合约”在《商品交易法》第1a节第（13）条中被定义为“销售、分销协议及出售协议”，而在《CFTC规章》第1.3节中又被进一步定义成了“销售、购买、分销或购买协议、出售或购买协议”①（该规章在定义中增加了“购买”一词）。在《商品交易法》第1a节第（9）条（及《CFTC规章》第1.3节）中，“商品”被定义成了当前或未来交易且于未来交割的合约所涉及的许多农产品、其他所有商品和物品以及所有服务、权利和权益，但洋葱和电影票房收入除外。②1958年，洋葱种植者们成功说服国会明确将洋葱排除在《商品交易法》的“商品”定义之外，因为他们希望彻底禁止洋葱期货合约的交易，而其理由则是“期货交易很明显对经济作物价格有负面影响”③。同样，2010年，由于美国电影协会的成功游说，根据《多德—弗兰克法》的一项条款，电影票房收入也被排除在《商品交易法》的“商品”定义之外。为了体现完整性，《商品交易法》中的商品定义现表述如下：

“商品”是指当前或未来交易的、作为未来交割合约标的的小麦、棉花、大米、玉米、燕麦、大麦、黑麦、亚麻籽、高粱、麦麸、黄油、蛋、马铃薯（爱尔兰土豆）、羊毛、羊毛条、脂肪和油（包括猪油、牛脂、棉籽油、花生油、大豆油及其他所有脂肪和油）、棉籽粕、棉籽、花生、大豆、豆粕、牲畜、畜产品、冷冻浓缩橙汁和其他所有商品和物品，但洋葱和电影票房收入（或与此等收入相关的任何指数、指标、价值或数据）除外，以及所有服务、权利和权益（但电影票房收入及与此等收入相关的任何指数、指标、价值或数据除外）。④

---

① 17 C.F.R. § 1.3；同时，请参见：JOHNSON ET AL., DERIVATIVES REGULATION § 1.02［3］（“因此，销售合约似乎包括任何形式的销售安排，但未来交割这一表述排除了现场销售发生了但为方便当事方或其他目的而推迟商品实际转让的交易。”）.

② 请参见：7 U.S.C. § 1a（9）（2012）；同时，请参见：Lynch，*A Twenty-First Century Understanding*, 43 LOY. U. CHI. L.J. at 13 n. 48（“《商品交易法》的商品定义似乎包括了除洋葱和电影票房收入之外的其他任何东西。”）.

③ JOHNSON ET AL., DERIVATIVES REGULATION § 1.02［1］n. 6.

④ 7 U.S.C. § 1a（9）.

有人指出，这里列举的商品在性质上均属于农产品，每一项目都是在其成为商品市场交易或预期交易对象时被纳入的。[①]如上所述，1974年，美国国会对这一定义进行了拓展，使其覆盖了“当前或未来交易的、作为未来交割合约标的的……所有服务、权利和权益”，因为在此之前，为保证之前属于（或预计将成为）期货交易对象的商品清单能够不断更新，国会不得不反复对《商品交易法》进行修订。由于商品定义的这种开放性，将创新性新商品、物品、服务、权利和权益等解释为商品就变得轻而易举，而这又意味着，以这些新颖商品为标的物的期货、期权及其他衍生品接受CFTC的监管也就顺理成章了。

最后，《商品交易法》第1a节第（27）条以否定方式对“未来交割”进行了定义，即不包括任何销售现货商品但推迟运输或交割的情形。乍一看，这个定义似乎有点奇怪，“未来交割”为何不包括推迟运输或交割的情形呢？其实，这种表述要归因于《商品交易法》的主要目的，是对旨在转移风险（即对冲）的金融交易实施监管。实际上，美国国会并不是要《商品交易法》适用于每一笔商品买卖交易，即便是不涉及风险转移的金融交易，也不是《商品交易法》的适用对象。具体而言，除反欺诈和反操纵等保护职能外，《商品交易法》并不以保障现货商品交易为目的。如果某人提议向他人出售小麦、黄金或石油，且立即交割，则此交易通常不属于《商品交易法》的监管范围。不然，《商品交易法》第4节第（a）条规定的场内交易要求，将迫使几乎所有商品买卖活动都要在联邦政府监管的期货交易所进行。想象一下，如果不能在当地超市而只能在期货交易所购买西红柿或苹果，那将会是什么情景？显然，这种情景是荒谬的。更重要的是，这绝非美国国会通过法律对期货及衍生品实施监管的真实意图。

但是，如果有人在现货市场向其他人出售石油，并同意下周四交割，这是不是期货合约呢？答案是否定的。这个例子恰恰说明了《商品交易法》中的“未来交割”为何被定义成了“不包括销售任何现货商品但推迟运输或交

① 7 U.S.C. § 1a（9）.

割的情形”。

在这个案例中，周二购买石油但希望下周三交割，此交易达成的并非期货合约。否则，大量商业行为将陷入低效境地，因为人们将不得不立即接收任何商品（如《商品交易法》定义），以避免不得不在联邦政府监管的交易所通过期货合约来买卖商品。

因此，基于以下事实，即“于未来交割且涉及任何商品的销售合约”这一表述中的“未来交割”（这是法律提及期货合约时的通常说法）不包括“销售任何现货商品但推迟运输或交割的情形”（这是《商品交易法》提及远期合约时的通常说法），远期合约被排除在了《商品交易法》的期货合约定义之外。[①]这是因为，远期合约通常会以商品的实际交割告终，因而通常被视为现货市场的一部分，而这超出了《商品交易法》大多数条款的管辖范围。与远期合约不同的是，绝大多数期货合约都不会导致实际交割（尽管某些类型的期货合约也会进行交割），因为在期货合约到期之前，交易对手方通常会以冲抵方式进行平仓。期货合约可互换和冲抵这一事实，凸显了其内在的金融性质和风险转移性质。如前所述，《商品交易法》不对远期合约实施监管这一事实通常被称为“远期合约除外”。因此，“于未来交割”这一术语的定义，是为了确保《商品交易法》不涵盖真正需要相关商品的实体在传统商业交易中推迟交割或运输的情形。具体而言，远期合约除外，使得销售商品（其定义很广，几乎包括了任何东西）但推迟运输或交割的情形，无须遵守《商品交易法》第4节第（a）条所述场内交易要求及其他相关监管义务。

判断某一协议或交易属于期货合约还是远期合约，通常是认定该协议或交易是否适用《商品交易法》的关键一步。正如我们看到的那样，各类法院

---

① JOHNSON ET AL., DERIVATIVES REGULATION § 1.02［12］. 现货销售的测试标准，是在当事方构想中，实物商品的所有权是否将发生预期的转移，尽管其实际占有可能会被推迟。因此，打个比方，粮食出口商可能会向国外买家出售小麦，但只有在等其购买海运服务之后或应买家要求时才会实际交货。此外，在找到合适的仓储空间之前，买家可能也会要求推迟运输。当然，国家粮库经常会在收获之前即购买农民的部分收成。

均认为，认定某一协议到底是期货合约还是远期合约，不能只看商品实际交割的可能性。在继续讨论对“期货合约”术语进行解释的司法判决之前，我还想最后重申一下CFTC的监管权。CFTC拥有涉及商品现货合约和远期合约的反欺诈和反操纵权。通常，仅在商品期货合约或其他衍生品骗局同时涉及现货或远期商品交易的情况下，CFTC才会行使这种针对现货商品交易的反欺诈和反操纵权。本章后续章节将介绍一些具体的司法判例，以便读者深入了解《商品交易法》中期货合约等金融工具法律法规概念的演变过程。

一、辛瓦诉美林案

辛瓦（Sinva）诉美林（Merrill Lynch）案的司法判决充当了一座桥梁，很好地衔接了前文豪威测试及美国证券法相关讨论，以及后文《商品交易法》和期货监管这部分。在辛瓦诉美林案中，原告辛瓦公司就经纪商进行所谓的无授权白糖期货合约交易给其造成的损失提起了诉讼。该案发生的时间为1966年，[①]审理法院为纽约南区联邦地区法院。原告辛瓦公司主要营业地址位于瑞士伯尔尼的巴拿马公司，主要在意大利各地从事各类项目的投融资业务。一名被称为“帕斯夸尔·保罗·塞佩（Pasquale Paolo Sepe）”的意大利公民是该公司的唯一股东和经理人。被告梅里尔、林奇、皮尔斯、芬纳和史密斯公司（即美林公司）是辛瓦公司的经纪商，其主要营业地址位于美国纽约。1961年，辛瓦公司通过其代理人塞佩在美林公司的巴黎办事处开立了一个商品账户。辛瓦公司表示，该公司一开始在其巴黎商品账户中买进了45手白糖期货合约，但之后，美林公司的一名雇员又通过辛瓦公司的账户另外买进了77手白糖期货合约，并卖出了5手合约，而这些交易均违反了辛瓦公司的明确指令。辛瓦公司进一步表示，尽管其要求美林公司取消这些交易，但美林公司拒绝照做。辛瓦还表示，美林公司未及时执行原告关于卖出原先45手白

① 因此，该案发生在1974年美国国会投票创设CFTC之前。

糖期货合约的指令。

辛瓦公司的第二项主张重申了之前的指控，并进一步表示，美林公司盗取了其卖出45手合约获得的收益，以及无授权交易首日原告商品账户中的现金余额。辛瓦公司还表示，美林公司盗取了原告在美林公司纽约办事处开立的另一账户中的5.8万美元资金。据其猜测，这可能是为了弥补其巴黎商品账户因白糖期货合约遭受损失而造成的亏空。

辛瓦公司的第三项主张表示，被告行为违反了1933年《证券法》和1934年《证券交易法》。辛瓦公司表示，美林公司的行为违背了其对客户应尽的委托义务。辛瓦公司还表示，违背义务及盗取辛瓦账户资金的行为构成了涉及证券购买或销售活动的骗局。

针对指控，美林公司提出了一项排除动议，要求法院排除其违反了联邦《证券交易法》的指控，并表示《证券法》对本案不适用，因为相关行为不涉及证券的购买或销售。美林公司的论据是，《证券法》的反欺诈条款不适用于涉及期货合约买卖的欺诈行为，因为美林公司认为，期货合约并非证券。

在法院看来，期货合约是否在“证券”法律定义的范围之内取决于期货合约是否构成了此前司法判例已经解释过的“投资合同”。在辛瓦公司案中，地区法院承认，司法解释并未就何为“投资合同”这个问题提供明确的答案。地区法院表示：

> 《证券法》中使用的“投资合同”“是一个模糊术语，难以定义，更难以适用”。当然，这样设计是为了应对数不胜数且变化多端的骗局，这些骗局的设计者试图通过承诺收益来利用他人资金。[①]

请注意，在上述声明中，地区法院解释了“投资合同”这个术语为什么会“模糊”的原因，这是因为，这种模糊性正是其力量之源。简而言之，投资合同的定义之所以会模糊，正是美国国会、监管机构和司法部门精心设计

① 同上，第370页。

的结果。用软件开发师的行话来讲，可以说，投资合同定义的这种不确定性并不是什么缺陷，而是一个特征。这是因为，如果骗子想躲避证券法管辖，那么精确的术语定义将为他们提供一份路线图。毕竟，明确的定义可能无法涵盖数不胜数且变化多端的骗局，这些骗局的设计者试图通过承诺收益来利用他人资金。①

遗憾的是，对辛瓦公司而言，尽管地区法院承认“投资合同”的概念很模糊，但其并不认同商品期货合约属于证券的说法。实际上，地区法院表示，一种新奇的观点认为证券法的监管职能应拓展至广泛的商品市场领域，这种观点“于法无据”。地区法院是在将豪威测试运用于白糖期货合约后得出这一结论的。记住，在豪威测试下，一项交易要成为投资合同，必须满足以下条件：

（1）存在资金投资行为；

（2）投资对象为特定事业；

（3）投资要有利润预期；

（4）利润主要来自他人（如发起人、第三方等）的努力。

地区法院认为，白糖期货合约不满足豪威测试的第二项和第四项条件。地区法院指出，白糖期货合约并非面向特定事业的投资。白糖期货合约的价格主要取决于白糖的整体市场价格。本国或全球范围内的蔗农和白糖生产者均未参与某项特定事业。蔗农及白糖生产者和销售商都是独立且通常具有竞争性的企业。白糖期货合约的价格并非主要取决于某一特定农场或生产者的产出或努力。如果事实果真如此的话，虽然本案的案情可能会与豪威测试中的柑橘园案类似，但结果可能也会不同。同样，地区法院表示，白糖期货合约的价格并不取决于“发起人、管理人、雇员或任何第三方”的努力。具体而言，地区法院表示：

---

① Sinva, 253 F. Supp. At 371.

> 购买商品期货不需要依赖发起人、管理人、雇员或任何第三方的努力。买受人或出售人投机动机的存在不足以证明证券法意义上的“投资合同”的存在。在某种意义上，购买或销售马匹、汽车的人都希望成就有利可图的“投资”。但是，这种预期收益并不取决于他人的持续努力。

同样，白糖期货合约的价格与白糖的一般市场价格挂钩，而不是与特定农场或公司的努力挂钩。因为这个原因，地区法院认定，豪威测试的第四项要素没有得到满足。辛瓦诉美林案判决的教训可适用于一般期货合约，即：期货合约不属于证券。

二、CFTC诉联合石油销售集团（Co Petro Marking Group）案

在上文中，我们明确了期货合约不在美国证券法监管范围之内这一事实。下面，我们将继续介绍美国历史上影响深远的司法判决之一，CFTC诉联合石油销售集团（Co Petro Marketing Group）一案。在该案中，法院对期货合约与远期合约之间的界限进行了分析。这是美国第九巡回上诉法院于1982年作出的一项判决。长期以来，这项判决始终维持了美国期货合约的法律标准（直到21世纪初，一些法院才开始在这个问题上采取不同的做法）。

联合石油销售集团是加利福尼亚州许可的一家汽油经纪公司，经营着许多连锁加油站。[①]此外，联合石油销售集团还充当了石油制品经纪商的角色，因此该公司会定期在现货市场买卖汽油和柴油燃料，并直接向工业、商业和零售客户销售汽油。与此同时，联合石油销售集团还会根据《机动车燃料购销代理协议》（以下简称“代理协议”）提供并销售石油产品未来购买合约[②]。根据代理协议，联合石油销售集团会代表客户以固定价格购买规定数量和类型的燃料，并在双方同意的情况下于未来日期进行交割。客户则须基于购买价格的固定比率支付初始保证金。[③]但实际上，联合石油销售集团的代理协议

① CFTC v. Co Petro Mrktg. Grp., Inc., 680 F.2d 573, 574 (9th Cir. 1982).
② 同上，第576页。
③ 同上。

客户并不会真的要求其将燃料交付给他们。相反，在交割日之前的某个节点，客户会向联合石油销售集团做出将燃料出售的指令。如果现货价格在此之前上涨了，联合石油销售集团须：（1）将原购买价格与后续销售价格之间的差额汇给客户；（2）将任何剩余保证金返还给客户。[①]如果燃料的现货价格下跌了，联合石油销售集团的操作正好与此相反，即：将购买价格与后续销售价格之间的差额从保证金中扣除，并将保证金余额退还给客户。[②]经过这样的处理后，联合石油销售集团的代理协议看起来很像期货，原因在于：（1）客户购买的是未来商品交付合约；（2）客户没有一次性支付商品价格，而是根据总价的百分比支付一定的保证金；（3）客户通常并没有接受交割，而是以对冲方式进行平仓。

此外，联合石油销售集团通过这些代理协议进行的销售和营销行为并不是针对希望或需要接收燃料的商业企业，而是直接针对零售客户的。第九巡回上诉法院指出，联合石油销售集团通过报纸广告、私人研讨会、委托电话推销员和其他各类委托销售代理向公众广泛推销了合约。[③]因此，CFTC以联合石油销售集团在许可期货交易所外销售非法期货合约（即代理协议）为由提起了诉讼（也就是说，代理协议不是在指定合约市场上销售，而是直接销售给零售客户的）。联合石油销售集团则表示，代理协议属于远期合约，而非期货合约，因此CFTC没有提起本案诉讼的权力。

简而言之，联合石油销售集团称远期合约适用于其代理协议。

第九巡回上诉法院指出，尽管《商品交易法》第2节第（a）条第（1）款规定，CFTC对于未来交割的商品销售合约具有管辖权，但该法同时指出，未来交割这一术语“不包括销售任何现货商品但推迟运输或交割的情形”。因此，本案的分析更加复杂了。[④]法院指出，在如何区分受监管期货合约与被

---

① CFTC v. Co Petro Mrktg. Grp., Inc., 680 F.2d. at 576（9th Cir. 1982）.

② 同上，第576页。

③ Co Petro, 680 F.2D. at 576.

④ 同上，第577页。

除外的现货远期合约这个问题上，法律语言提供的指导很少。之后，法院进一步表示，在法律语言像本案这样模棱两可的情况下，有必要考察立法过程，以明确美国国会的立法意图。①为此，法院考察了与1921年《期货交易法》相关的美国国会证词和立法资料，因为1921年这部法律中的大部分文本（包括本案相关法律文本的大部分）今天仍存在于《商品交易法》中。这是因为，1936年起草《商品交易法》时，美国国会只是简单地将当时已有的法律文本进行了更新和修订，而没有从零开始创立一个全新的框架。第九巡回上诉法院援引美国国会证词称，合法商业交易（如农场主与粮库经营者之间达成的、以未来粮食交割为目的的现货粮食合约）不得视为期货合约。②法院进一步指出，国会证词强调了一个事实，即就农场主与粮库之间达成的未来粮食交割合约而言，合约双方均从事粮食实物的交易，且都打算于未来交割粮食实物。③比如：

> 该法参议院版本的支持者（堪萨斯州）参议员亚瑟·卡珀（Arthur Capper）解释说："该法根本就不涉及实物粮食的购买或销售，无论是当前交割还是未来交割情形。购销实物粮食的整个行业（有时又称为'现金'或'现货'行业）都被明确排除在外了。它仅涉及不打算转让实物粮食的'期货'或'场内'交易。"④

参议员卡珀的证词及其他相关立法过程均明确表明，美国国会的意图是对期货合约而不是远期合约进行监管，且远期合约有别于期货合约，因为远期合约的当事方通常是从事相关商品"交易"且打算接收实物商品交割的商业企业。

法院对联合石油代理协议相关事实与国会希望适用远期合约除外的合约

① Co Petro, 680 F.2D. at 577.
② 同上，第577页。
③ 同上，第578页。
④ 同上，第578页，注释6［援引61 Cong.Rec. 4762，67th Cong.，1st Sess.（Aug. 9，1921）］。

类型进行了对比。法院发现，联合石油代理协议的客户大部分都是社会成员中的投机分子，而不是需要石油产品的商业企业。对他们而言，标的石油产品没有任何内在价值，因为他们既没有意愿，也没有能力接收交割。[①]法院还发现，联合石油销售集团进行了最大努力的推销宣传，使其代理协议面向“普通公众”，而非石油行业企业。[②]比如，联合石油销售集团在普遍发行的报纸上进行了广泛的广告宣传，而且这些宣传还鼓吹其汽油为“投资工具”。这些广告包括这样的表述：精明的小投资者可以通过买汽油来挣钱，这是一个高风险、高收益的机会，而汽油价格正在疯涨，了解一下加入我们的理由及从中获利的方法吧！[③]联合石油销售集团还组织了研讨会，向公众灌输投资汽油的好处，而且聘请了在推销商品方面经验丰富的销售顾问。[④]

对代理协议相关事实进行审理后，法院认定，本案并不存在设定的现货远期合约除外的适用情形。[⑤]第九巡回上诉法院还表示，现货远期合约相关立法过程中没有任何事实表明国会希望这种除外涵盖以投机为目的出售的未来商品交割协议，且国会承认了投机者在期货市场正常运作中扮演的重要角色，并表示了通过广泛联邦监管保护投机者的意图。[⑥]在判决中，人们会发现，法院使用了“投机者”和“投机”这样的字眼来描述仅以商品未来价格走势为标的进行赌博的零售客户及其交易，而没有用这样的字眼描述那些打算实际交付或接收大量实物商品的商业企业及其交易。

然后，第九巡回上诉法院提到了《商品交易法》中“商品”一词当前定义的来龙去脉。在本章上文中，我们曾简要提及这个问题。法院指出，美国法律之前曾用一份具体项目清单来定义“商品”这个术语。这份清单上的商品全部都是在《商品交易法》下被认定为“商品”的农产品。遗憾的是，用

---

① Co Petro, 680 F.2D. at 578.
② 同上。
③ 同上，第579页，注释9。
④ 同上，第579页。
⑤ 同上，第578页。
⑥ 同上，第579页。

具体项目清单这种方式来定义“商品”，很容易让那些无良企业找到漏洞并逃避监管，因为他们可以轻松地以未列入法定清单的商品作为标的，发起新的期货合约。国会当然可以对被认定为“商品”的项目清单进行定期更新，但立法机构总是比市场慢了至少一步。如前所述，1974年，在《美国商品期货交易委员会法》中，国会不仅拓展了须接受监管的商品清单，而且还将这种监管延伸到了“当前或未来交易的、作为未来交割合约标的的……其他所有商品和物品……，以及所有服务、权利和权益”，以便一劳永逸地解决这个问题。[①]国会相信，通过将商品定义为包括“当前或未来交易的、作为未来交割合约标的的……所有服务、权利和权益”，企业将无法创设以未列入明确“商品”清单的商品为标的物的新型期货合约，从而无法借此逃避联邦政府对期货交易的监管。利用这种宽泛、开放的商品定义，国会解放了立法人员，使他们不用再因为企业试图交易未列入法定商品清单的商品为标的物的衍生品，以此来逃避监管，从而对《商品交易法》中的商品定义进行反复修订了。

这些历史与联合石油案的裁决有什么关系呢？第九巡回上诉法院指出，关于1974年《美国商品期货交易委员会法》的一份众议院报告表示，与在当前受监管市场上从事交易的人相比，那些在不受监管期货市场上从事交易活动的人（即从事不受法律保护的商品交易者）没有任何理由不应得到相同的保护。[②]法院认为，这是国会希望广泛适用《商品交易法》所提供投资者保护的证据，并认为这是立法意图（即保护联合石油销售集团的代理协议客户之类人群这一意图）的最新表述。[③]接着，第九巡回上诉法院裁决称，远期合约除外规则不适用于仅以投机为目的而不以卖方向原合约买方交付实际商品为前提的商品销售合约。[④]

认定联合石油销售集团当时销售的代理协议并非远期合约后，法院继续

① Co Petro, 680 F.2D. at 579.
② 同上。
③ 同上。
④ 同上。

对该协议进行了分析，以认定其是否属于期货合约。联合石油销售集团表示，其代理协议并非期货合约，因为它们既不是标准化合约，也不是在期货交易所进行交易的合约。首先，需要指出的是，应在指定合约市场（即受监管期货交易所）执行期货合约交易，这一要求仅决定合约是否合法，而不决定合约是否属于期货合约。[①]其次，法院指出，尽管联合石油代理协议下的合约不像指定合约市场上交易的期货合约那样标准化，但它们同样不是那么个性化，因为许多条款内容都是统一的。[②]法院表示，期货合约之所以要实施标准化，是为了便利交易所交易，并使客户能够达成“对冲或结算交易”，而且，根据联合石油代理协议的条款，联合石油销售集团有义务为客户转售合约，以此为客户提供对冲平仓服务。[③]这使得联合石油销售集团的客户能够在价格走势不利的情况下取消其与联合石油销售集团之间的合约，仅支付代理协议规定的违约赔偿金，以此方式平仓。这意味着，与在有组织期货交易所交易的客户一样，联合石油销售集团的客户也可以在没有强制交割负担的情况下进行商品期货交易。[④]接着，第九巡回上诉法院判决称，如果不看形式只看本质的话，代理协议就是（非法场外）期货合约。[⑤]法院总结了其分析特定协议是否属于期货合约时采用的方法，即：

> 认定某一特定合约是否属于期货合约时，任何明确的定义或特征要素清单都不具有决定性。必须将交易作为一个整体进行考察，同时对其背后的目的进行批判性审视。本案中的合约属于以商品期货为标的且以没有交割预期的客户为营销对象的投机性合约。从《商品交易法》立法过程的角度看待这些情节，我们得出了以下结论，即联合石油销售集团的上述合约

---

① In the Matter of First Nat'l Monetary Corp., [1984–86 Transfer Binder] Comm. Fut. L. Rep. (CCH)¶22,698 at 30,975 (CFTC Aug. 7, 1985); In re Stovall, [1977–80 Transfer Binder] Comm. Fut. L. Rep. (CCH)¶20, 941 at 23, 776 (CFTC Dec. 6, 1979).

② Co Petro, 680 F.2D. at 580.

③ 同上，第580页。

④ 同上。

⑤ 同上。

确实属于期货合约。

因此，联合石油案的判决针对特定合约是否构成期货合约这个问题引入了一个灵活开放、涉及多个因素且采用全要素审查做法的测试方法：实质重于形式。在联合石油案阐述的测试方法中，任何单一因素都不具有决定性，尽管测试重点通常被放在合约当事方是否有接收商品交付的意图上。在某些情形下，交割或接受交割的意图是可以推断出来的，比如合约当事方是否为具备接受交割能力的商业企业、是否为生产或经营相关商品的商业企业或是否为具有接收商品商业理由的商业企业等。此后，第九巡回上诉法院审理1982年联合石油案的方法成了联邦法院认定某一协议是否构成期货合约时采用的默认方法。

今天，在分析某一协议是否属于期货合约时，如果法院还要去考察客户身份，那似乎会让人觉得奇怪。为什么协议的营销方法和营销对象有这么重要呢？试图解释期货合约的定义时，法院为什么会关心客户到底是以商品期货价格走势为标的进行赌博的普通人（如张三、李四），还是诸如农业企业（涉及小麦和玉米期货）、炼油厂和发电厂（涉及石油和天然气期货）之类的商业企业呢？其原因在于，美国国会希望监管的，不是现货商品交易，而是期货及衍生品市场。美国国会的意图并不是要求所有涉及商品的交易都要受到强制性要求的约束，都要在指定合约市场上进行交易。因此，在实施美国国会期望的监管框架时，法院不仅会分析协议本身，而且还会谨慎认定协议是否属于旨在转移风险或投机的金融工具，即是否属于期货合约。企业之间实际进行实物商品交割的协议自然会被视为远期合约，因为这是商品现货市场的自然延伸。这正是法院或监管方之所以界定协议营销方式和协议买卖主体的特征这一做法非常重要的原因所在。

这种处事方法是不是似曾相识呢？答案应该是肯定的。实际上，第九巡回上诉法院在联合石油一案中采用的处理方法与美国最高法院在豪威案中采用的方法如出一辙。在豪威案中，最高法院注意到了合约购买者住处远离相关柑橘园且缺少种植水果所必需的技能和设备这些事实。最高法院还指出，这些交易在被推销时是作为投资机遇来处理的，而不是作为购买土地种植自产自销柑橘的合约来处理的。购买者并非住在附近的果农，这个事实很重要，因为它显然证明，相关交易是作为投机性投资工具而发挥作用的。对于交易是如何营销的、买受人是谁及买受人一开始为何达成交易这些问题，相关答案对于理解经济活动的实质而非其技术形式至关重要。

当然，最高法院在豪威案中分析的是特定交易是否构成了证券这个问题，而第九巡回上诉法院在联合石油案中分析的是联合石油的代理协议是否构成了期货合约的问题。尽管如此，在上述两个案件中，法院均试图阐明相关交易是否构成了相应金融工具，以便向其提供美国国会为这些工具设计的、由联邦金融市场监管机构提供的保护（无论是面向证券的，还是面向期货的）。尽管第九巡回上诉法院在联合石油案中解释的是受另一部法律管辖的另一种金融工具的定义，但在哲学和方法论层面上，第九巡回上述法院在分析法律问题时采用的方法与最高法院在豪威案判决中采用的方法高度一致。豪威案判决支持了以下论断，即：在解释联邦金融市场监管框架相关金融工具的定义时，实质应优先于形式，而联合石油案判决中的推理方法与这一逻辑保持了一致。

值得指出的是，第九巡回上诉法院在联合石油案中采用的方法与本领域学者和评论家们定义远期合约和期货合约的方法是一致的。也就是说，远期合约属于非标准化协议，通常会导致对手方之间的实际商品交付或接收，且对接收方而言，相关商品通常有其商业用途。尽管如此，长期以来，人们仍然承认，期货合约与远期合约的区分确实存在着相当大的难度。公平地讲，第九巡回上诉法院在联合石油案中定义期货合约的方式在过去和现在均有其缺陷。在本质上，强调当事方是否有接收商品交付意图的多因素、全要素检测方法仍具有模糊性，它使得企业无法获知以后法院在分析特定交易是否属于期货合约时会以什么因素为重点。事实上，这种模糊性已经导致1990年一项法院判决认定某些布伦特原油交易构成了非法场外期货合约的结果。之后不久，CFTC发布了“布伦特释义”，以澄清远期合约除外规则。布伦特释义表示，如果两个商业企业一开始就希望交付或接收商品并在合约下承担了必须交付或接收商品的风险，即便这两个企业之后又达成了消除商品交付要求的后续合约，他们之间的交易也构成了远期合约。最终，如联合石油案判决所述，第九巡回上诉法院在该案中采用的期货合约定义方法也将受到人们的挑战，但这个问题将在本章后文中讨论。

三、金融期货

20世纪20年代至70年代初，受监管的期货合约标的物的类型仅限于小麦、玉米及其他农产品，因为联邦法律定义的商品仅限于其列举的农产品。在这个时期内，期货市场与证券市场之间也基本没有相互影响，因为美国期货市场仅涉及以粮食及其他农产品为标的的合约，而期货合约与证券产品之间又没有什么相似性。因此，商品期货和证券都是独立运作的。这意味着，证券和商品期货的监管框架因此得以分别、独立地发展。[①]但是，20世纪70年代，这种情形开始发生变化。当时（如前所述），即1974年，美国国会成立了独立的机构CFTC，并赋予了这个机构对“期货合约”的排他性管辖权。而且，期货合约的标的物可以是“商品”这一术语下的几乎任何东西。特别是商品这一术语，《商品交易法》曾对其进行重新定义，使其包括了除洋葱之外的几乎任何东西（后来又于2010年排除了电影票房收入）。[②]在这种宽泛的“商品”概念下，甚至连股票、债券及其他金融工具都可成为充当期货合约标的物的“商品”。因此，虽然“所谓的金融期货直到20世纪70年代才开始出现”[③]，但在CFTC成立后，美国立即就见证了“金融期货市场

① Jerry W. Markham, *Jurisdictional Competition*, 13A COMMODITIES REG. § 28: 1 (April 2018 update).

② Russo & Vinciguerra, *Financial Innovation and Uncertain Regulation*, 69 TEX. L. REV. at 1453.

③ Gilberg, *Regulation of New Financial Instruments*, 39 VAND. L. REV. at 1635.

的爆发”[①]。

金融期货及新型金融衍生品工具的兴起使得现行法律框架在区分期货合约与证券方面面临压力。因此，几乎在CFTC诞生后的那一刻，CFTC和SEC就开始了长期的管辖权之争，因为两大机构都表示自己拥有对证券衍生品实施监管的权力。比如，SEC将旨在购买证券的协议、合约和交易均视为证券，并顺理成章地将以股权、债务证券及在其监管范围内的其他金融工具为标的的期货合约和期权也视为了证券。[②]那么，美国国会（或须对相关管辖权法律进行解释的法院）面临的挑战是，要么赋予某一机构对金融工具衍生品的完全管辖权，要么找到一种原则性方法，在CFTC与SEC之间进行权限划分。而如果要进行这样的划分，则可能意味着，美国国会必须对一类证券购买合约（即股票期权）与另一类证券购买合约（即股票期货合约）进行区分。由于SEC和CFTC均可合理解释自己为何应拥有对证券衍生品的管辖权，因此，这个任务变得更加复杂了。比如，CFTC可表示，其管辖权应延伸至旨在管理风险的所有工具，因为传统期货合约（即CFTC的标准管辖对象）就是用于管理风险的。[③]但是，SEC也可以回击CFTC，表示其传统股票监管权力也可延伸至源于股票的任何工具，或表示因为此类股票衍生品对股权市场的影响，SEC对股票衍生品的监管是必要的。[④]

金融工具到底应归入期货合约，还是证券，这个问题非常重要，因为在当时，SEC和CFTC对其各自市场的监管方式存在着很大差异。这种差异的部分原因是它们所监管金融工具的性质也存在差异。比如，对创设和管理企业或组织并发行各类证券（无论是股票、债券，还是投资合同）的企业家的监管就是证券监管的组成部分。得益于其内幕人士的地位，这些企业家对其

① Gilberg, *Regulation of New Financial Instruments*, 39 VAND. L. REV. at 1636.

② “联邦证券法……传统上将‘证券’定义为包括任何旨在购买证券的权利或合约，即股票期权。” Russo & Vinciguerra, *Financial Innovation and Uncertain Regulation*, 69 TEX. L. REV. at 1446.

③ 同上，第1441页。

④ 同上，第1441–1442页。

企业的了解比潜在投资者更多。因此，证券监管的一大维度，就是要求证券发行人准确披露其经营相关信息，以便潜在和实际投资者能够就购买或销售哪些发行人发行的证券这个问题作出知情决策。但是，期货及衍生品市场的监管通常并不以披露要求为重点，因为一般而言，特定商品（如小麦）并不会与单一发行人相关联。比如，美国期货和商品期权市场的监管并不要求玉米和大豆农场主定期披露其作物的健康状况和总体状态。此外，CFTC由美国农业部的一个部门发展而来，历来被视为一个自由主义的放手型监管机构。自1975年CFTC投入运作以来，这种松绑式监管文化也被继承了下来。因此，CFTC采用的通常是原则性监管，监管结果很明确，但实现这些结果的手段可以很灵活，而SEC建立并维系的监管文化主要依靠一套环环相扣的透视规则发挥作用。比如，证券经纪交易商需要就其向客户推荐的投资遵守适当性要求，而期货经纪商，即经纪交易商在期货市场上的对等实体，则不需要此类要求。实际上，CFTC曾经考虑过这项要求，但最终放弃了。总之，随着CFTC的建立和金融期货的引进，SEC与CFTC就进入了冲突模式。有人认为，SEC与CFTC之间的竞争源于一个事实，即随着金融期货的诞生，每个机构都对接近对方所监管产品的金融产品拥有管辖权。①SEC前主席哈罗德·威廉姆斯（Harold Williams）曾经表示，金融证券期货与证券期权具有直接的可比性，因为“两者（都是）旨在管理标的证券价格波动的工具”。②即便在CFTC创立之前，SEC也不是金融衍生品的积极倡导者。比如，1972年，即CFTC创立前，SEC就曾拒绝联邦住房贷款抵押公司关于允许创设抵押凭证期货合约的请求。而几年后，即1975年，CFTC则允许CBOT开始交易以政府国民抵押贷款协会（GNMA或吉利美）过手型抵押贷款支持凭证为标的的期

---

① John C. Coffee, Jr., *Competition Versus Consolidation: The Significance of Organization Structure in Financial and Securities Regulation*, 50 BUS. LAW. 447, 457（1995）；同时，请参见：Eric J. Pan, *Single Stock Futures and Cross-Border Access for U.S. Investors*, 14 STAN. J.L. BUS.&FIN. 221, 221（2008）（提到了SEC“将CFTC视为竞争对手的态度”）.

② Hoffman, *Decreasing the Costs of Jurisdictional Gridlock*, 28 U. MICH. J.L. REF. at 690.

货。之前，这种凭证是由SEC监管的政府证券。因此，CFTC授权交易以吉利美凭证为标的的期货合约挑起了“CFTC与SEC之间的争端”[1]。当时的SEC主席罗德里克·希尔斯（Roderick Hills）曾给CFTC写信，表示以吉利美凭证为标的的期货合约与吉利美凭证本身同样构成“证券”，因此须接受SEC而非CFTC的管辖。

CFTC的法律顾问办公室以备忘录的形式进行了回应。在该备忘录中，CFTC表示不认同SEC的立场，并反驳了SEC的主张。之后，CFTC继续批准了CBOT及其他商品交易所的申请，允许这些交易所交易以美国短期国债和长期国债及股票指数等其他证券为标的的期货合约。而且，事实证明，这些新推出的金融期货颇受欢迎。大获成功后，期货交易所推出了更多的类似交易品种，这令SEC非常恼火。

1978年，在关于CFTC重新授权的国会听证会上，SEC请求美国国会将标的“商品”为一只或多只证券的期货合约管辖权授予自己。政府问责办公室（GAO）支持SEC的这项请求，但美国财政部也向美国国会请求获得标的“商品”为长期国债等政府证券的期货合约管辖权。结果，美国国会作出了维持现状的决定，拒绝了SEC和美国财政部双方的请求。由于对美国国会所持立场不满，于是，SEC批准了受其监管的芝加哥期权交易所（CBOE）关于交易吉利美期权的申请，以便证券行业能够与吉利美期货相抗衡，以此进行报复。[2]期货交易所提起了针对SEC的诉讼，而第七巡回上诉法院认为，以吉利美凭证为标的的期权属于期货合约，须受CFTC的排他性管辖权监管，因此不能由受SEC监管的证券交易所（如芝加哥期权交易所）批准和交易。

接下来的司法判决分析了哪一机构拥有对股票指数期货的监管权这个问

---

① Gilberg, *Regulation of New Financial Instruments*, 39 VAND. L. REV. at 1636.

② 同上，第569页。顺便说一句，场内交易股票期权是由CBOT率先推出的，而为了创设基于证券的期货类合约，CBOT又创立了芝加哥期权交易所，以便人们对冲其证券风险敞口。在此之前，股票期权通常是在场外而不是场内交易的。Russo & Vinciguerra, *Financial Innovation and Uncertain Regulation*, 69 TEX. L. REV. at 1450.

题。股票指数期货与基于农产品的传统期货合约大不相同。实际上，由于股票指数期货等衍生品交易品种的上市，对于某一交易品种是否构成“期货合约”或“证券”这类问题，人们需要重新分析并改进相关的传统定义，因为此类产品无法完美归入传统的定义类型。[①]

四、马伦（Mallen）诉美林公司案

在下文中，我们将讨论另一个案件，即马伦（Mallen）诉美林公司案。该案涉及佐治亚州北区地区法院亚特兰大分院1985年审理并作出的一项司法判决。在该案中，原告彼得·J. 马伦（Peter J. Mallen）于1983年3月3日在美林期货公司开立了一个账户。[②]根据协议，马伦授权一位名为罗伯特·斯帕诺（Robert Spanos）的客户主管以马伦的名义不受限制地买卖商品期货。[③]随着时间的推移，该客户主管开始从事（当时）形式较为新颖但风险较大的投机活动，即：由斯帕诺基于KC价值线（K. C. Value Line）和标普500指数这两种股票指数，而非黄金和白银之类的传统商品的期货合约。[④]但是，这些股票指数期货合约的交易非常惨淡，到1983年5月马伦最终清算该账户时，损失已达6万美元。之后不久，马伦以涉嫌证券欺诈、违反州欺诈禁令、违背信托义务和普通法意义上的渎职为由对美林公司提起了诉讼。对此，美林公司提出了撤销案件的动议，表示原告违反了联邦和州证券法，因为股票指数期货合约并非证券，因此《商品交易法》已先行禁止了原告的主张。

摆在地区法院面前的问题是：马伦通过其经纪商美林公司交易的股票指数期货合约是否属于“证券”。为分析这个法律问题，地区法院指出，考虑到“投资合同”属于“证券”，因此可先认定该交易是否属于投资合同。为此，地区法院又援引豪威测试作为适当框架，对该交易是否属于投资合同进行了

① Russo & Vinciguerra, *Financial Innovation and Uncertain Regulation*, at 69 TEX. L. REV. 1449.

② Mallen v. Merrill Lynch, 605 F. Supp. 1105, 1106 (N.D. Ga. 1985).

③ 同上。

④ 同上，第1106-1107页。

认定。此外，地区法院将商品期货合约定义为以合约订立时双方协商确定的价格买卖固定数量且指定等级的商品并于指定未来月份交付的标准化合约。[①]法院还进一步指出，正如前文所述辛瓦公司案判决中说明的那样，以未来交割商品为目的订立的个别合约绝非证券。[②]但法院指出，过去这些年，一些法院曾审理过的某些案件涉及销售不受监管商品期货的丑闻，法院在这些案件中有时会认定，尽管期货合约不属于证券，但用于交易这些期货的账户可能属于证券。[③]20世纪70年代，不断上涨的食品价格和令人震惊的粮食短缺问题曾引发众怒，且公众将这些问题归因于“商品期货交易的操纵”（在他们看来，这至少是部分原因）。[④]就食品价格上涨和粮食短缺问题进行广泛听证后，1974年，美国国会通过了《美国商品期货交易委员会法》，将商品期货监管职能从美国农业部转移给了一个新设的独立机构，即CFTC。在马伦案中，佐治亚州北区地区法院指出，《美国商品期货交易委员会法》也拓展了商品的概念，将其从可食用物品扩大到了无形物，这种拓展或许有点过于宽泛，而且，在一项注定将造成管辖权混乱的行动中，该法认为商品不仅包括花生和冷冻浓缩橙汁等具体物品，而且还包括……于当前或未来买卖期货合约的活动涉及的所有服务、权利和权益。[⑤]正是这种对商品的宽泛解释导致了后来以利率和天气事件等为标的的期货合约应运而生。《美国商品期货交易委员会法》的另一项规定指出，CFTC对涉及期货合约和商品期权的账户、协议和交易具有“排他性管辖权”。[⑥]

但与此同时，《美国商品期货交易委员会法》也对《商品交易法》进行了修订，表示《商品交易法》中的任何规定均不得解读为：（1）取代或限制了美国或任何州法律于任何时候赋予（SEC）或其他监管机构的管辖权；（2）对

① Mallen v. Merrill Lynch，605 F. Supp. 1106，1107（N.D. Ga. 1985）.
② 同上，第1107页。
③ 同上，第1107－1108页。
④ 同上，第1108页。
⑤ 同上。
⑥ 同上。

SEC及上述其他当局根据上述法律履行其义务和责任的行为构成了限制。[①]

在马伦案中，佐治亚州北区地区法院表示，在1974年的《美国商品期货交易委员会法》中，美国国会规定CFTC对涉及期货合约的“账户”具有排他性管辖权，并以这种方式事先排除了一些法院将期货合约相关全权委托交易账户归类为证券的做法。佐治亚州北区地区法院表示，《美国商品期货交易委员会法》明确规定，这种全权委托商品账户现在属于“商品”，而非“证券”。[②]但是，佐治亚州地区法院的分析并未到此结束，因为与1974年美国国会通过《美国商品期货交易委员会法》时相比，涉案金融工具，即股票指数期货，与1974年市场上交易的其他任何投资工具均大相径庭。[③]因此，地区法院觉得有必要对法律进行深入分析，以确定对股票指数期货具有管辖权的机构是CFTC还是SEC。佐治亚州地区法院表示：

> 1974年，CFTC的管辖权扩大到了以无形权益为标的资产的期货合约。这一扩张不可避免地造成了CFTC与SEC之间的管辖权冲突。在这些合约中，可能造成最大管辖权争议的投资工具，无疑是宽基股票指数未来交割合约（即通常所谓的“股票指数期货”）。CFTC对此类投资实施监管的新权力是对SEC监管范围的直接侵入。

尽管人们可能会认为，SEC和CFTC将对拥有期货合约和证券两种性质的金融产品继续进行“管辖权之争”，但1981年，这两个机构却出人意料地达成了一份协议。这份协议被称为《夏德—约翰逊协议》，是以CFTC主席菲利普·麦克布莱德·约翰逊（Philip McBride Johnson）和SEC主席约翰·夏德（John Shad）这两人的名字命名的。尽管这份协议被称为“值得尊敬的行政和谐典范”[④]，但现实却是，SEC在所有战线上都失败了。在别无选择的情况下，

① Mallen v. Merrill Lynch，605 F. Supp. 1108（N.D. Ga. 1985）.

② 同上。

③ 同上。

④ Mallen，605 F. Supp. at 1109–10.

它不得不寻求与CFTC“行政言和”。[①]毕竟，SEC在法庭上处境艰难。比如，第七巡回上诉法院在其司法判决（如本章前文所述）中认定，吉利美凭证期权实际上属于期货合约，须受CFTC的排他性管辖权管辖。SEC也曾要求国会扩大其管辖权，将其延伸至以证券和类似金融工具为标的的期货，但都失败了。这些失败使SEC认识到，由于期货行业的实力和美国农业部的游说，SEC获得有利于自身立法的前景实际上很暗淡。这些事实使SEC回到了（或者说被拉回到了）谈判桌，以期通过与CFTC的协议而非司法或立法行动获得更多主动。

一家美国联邦法院指出，这两个机构能否自行进行这种权力分配非常值得怀疑，因为机构权力的范围是由美国国会颁布的联邦法律确定的，而不是由非民选机构领导人之间的相互协议确定的。为补救这一问题，在CFTC与SEC达成协议后不久，美国国会就将《夏德—约翰逊协议》升级成了联邦法律。

该协议规定，CFTC有权监管下列事项：

• 期货合约（包括以宽基证券指数为标的的现金交割期货合约且该合约须经SEC批准，及以豁免证券（exempted securities）为标的的现金交割期货合约）；

• 期货合约期权（包括宽基证券指数期货合约期权，但须经SEC批准）；

• 实物商品期权；

• 指定合约市场（即期货交易所）交易的外币。

SEC有权监管下列事项：

• 证券；

• 证券期权（如股票期权），包括实际证券指数期权（而不是股票指数期货合约期权）；

• 证券交易所交易的外币。

① Markham, *Regulatory Battles Between CFTC and SEC*, 13A COMMODITIES REG. § 28：2（April 2018 update）.

根据已颁布为法律的《夏德—约翰逊协议》，以单只股票或窄基证券指数为标的的期货合约及以此类金融工具为标的的期权均在禁止之列（因为SEC不希望这些仅属于证券替代品的金融工具以此方式逃避监管）。马伦案审理法院表示，各机构管辖权相关法律1982年的修正案已经明确，“股票指数期货”属于“商品”，而“股票指数期权”属于“证券”。[①]1982年，CFTC援引旨在实施《夏德—约翰逊协议》的法律规定，批准交易两种股票指数期货，其中一种由堪萨斯期货交易所发起，以由1700只股票组成的“价值线指数”为标的，另一种由芝加哥商业交易所（CME）创立，以标普500指数为标的。这两种期货合约是马伦案诉讼的焦点。[②]

因此，摆在佐治亚州地区法院面前的问题是，法律条文在规定CFTC对期货合约具有排他性管辖权的同时，是否也规定了该机构单独享有对股票指数期货合约的管辖权。在本案中，马伦是以证券欺诈等理由对美林公司提起诉讼的。因此他表示，股票指数期货属于证券。如果认定股票指数期货合约属于期货合约（适用《商品交易法》，受CFTC排他性管辖权的管辖），法院将不得不驳回马伦的一些主张，因为既然本案没有涉及任何证券，那就不可能存在任何证券欺诈。马伦表示，尽管《美国商品期货交易委员会法》对《商品交易法》进行的修订确实授予了CFTC对期货合约的排他性管辖权，但1974年《美国商品期货交易委员会法》的其他法律条文同时也规定，股票指数期货合约属于受SEC管辖的证券，特别是该法规定，该法任何条款均不以“替代或限制（SEC）的管辖权”或“限制”SEC“履行（其）义务和责任”为目的。[③]但是，对于马伦援引所谓SEC保留条款进行的抗辩，佐治亚州地区

① *Mallen*, 605 F. Supp. at 1111. 此外，“用于交易这些商品的账户也是商品。无论该账户由（投资者客户）自行管理还是由其经纪商管理，均在CFTC的排他性管辖权范围内。”同上。

② *Mallen*, 605 F. Supp. at 1111.

③ 同上，第1113–1114页。“证券指数通常旨在反映某一市场或行业的表现，通常参考具有代表性的证券或证券权益。”Paul M. Architzel et al., *SEC and CFTC Finally Define Swaps: Regulators Issue Final Rules and Interpretations Further Defining Swap-Related Terms*, 32（8）FUT.&DER. L. REP. 1（Sept. 2012）.

法院没有予以采信，并认定由于联邦《商品交易法》的事先排除和优先适用规定，本案原告在联邦或州证券法下没有索赔权。[①]佐治亚州地区法院表示，如果作出其他认定，可能会破坏美国国会1974年重新修订《商品交易法》并授予新设机构CFTC排他性管辖权的基本意图，即规避重复或矛盾的监管架构。[②]佐治亚州地区法院指出：

> 《商品交易法》(1974年)修订的主要目的，是新设一个强有力的联邦监管机构，以应对商品期货销售相关丑闻。国会听证主要聚焦于是否有必要将商品监管权单独授予一个联邦机构，而不是像证券监管那样，由一个联邦机构和众多州政府机构共同管辖。一些证词显示，在粮食短缺和某些臭名昭著的市场滥用事件发生后，某些州已在商品监管领域开展了试验。但是，各州在这方面的监管努力可用“怪异”一词进行概括。

今天，人们自然不会质疑股票指数期货合约适用《商品交易法》并由CFTC专门监管这一事实。但那时，这些期货合约不仅新鲜，而且奇特。现在，股票指数期货属于最受欢迎的期货合约类型之一。比如，CME的标普500期货合约流动性极高。股票指数期货已被证明是非常有用的工具，能够帮助投资者实现对冲股票投资组合风险敞口等目标。马伦案判决是一个经典案例，彰显了法院如何努力应对金融市场变化带来的法律问题。当时，期货交易所已开始交易以证券类金融工具为标的资产的期货合约，而这些标的资产又各有其独立的联邦监管体制。期货合约的标的资产是金融工具，并不意味着期货合约在法律上等同于作为该合约标的资产的金融工具。根据《商品交易法》，以金融工具(如证券指数)为标的资产的期货合约仍然属于期货合约，并作为期货合约接受监管。

下面这一点值得注意：据称，美国是基于“功能”方法(即金融衍生品执行的是否是同一功能这一标准)对金融市场监管权力进行划分的，因为在

---

① *Mallen*, 605 F. Supp. at 1114.

② 同上，第1114页。

这个国家，经济功能高度相似的金融工具却要接受不同机构的监管。但是，事实似乎并非如此。比如，股票指数期货合约与直接以股票指数为标的的期权执行的经济功能基本相似，但前者在CBOT和CME等期货交易所交易，且受CFTC监管，而后者则在芝加哥期权交易所交易，并受SEC监管[①]。

尽管马伦案裁决明确了一类金融期货合约的监管地位，但20世纪80年代将继续见证众多新型金融期货合约及其他混合类金融工具的诞生，而这些新型金融工具将继续对法院划分证券与期货合约的能力提出挑战。

五、CME诉SEC案

下面要讨论的另一个案例，是弗兰克·伊斯特布鲁克（Frank H. Easterbrook）法官于1989年作出的一项判决。除美国第七巡回上诉法院法官这一身份外，伊斯特布鲁克还是知名法律和经济学者。在CME诉SEC案中，费城股票交易所等多家股票交易所要求SEC允许其进行“指数参与”这一金融工具的交易。[②]指数参与是基于证券篮子（或指数）价值的无限期合约，买方可用现金购买基于指数的合约（但也可用保证金购买，保证金比例设定为50%），而卖方则须向买方支付于“兑现日”评估的指数价值。[③]CME和CBOT这两家期货交易所对SEC提起了诉讼，表示基于指数的合约属于期货而非证券，因此不在SEC的管辖范围之内。如果这些期货交易所是对的，那么，基于指数的合约只能在CFTC监管的期货交易所（即指定合约市场）而非证券交易所进行交易。法院在判决书开头就明确表示，由于《商品交易法》的排除条款授予了CFTC对期货合约的排他性管辖权，因此，如果某一金融工具既属于期货合约，又属于证券，则CFTC对该金融工具享有独占管辖权。但尽管如此，该案仍然很棘手，因为基于指数的合约属于非常复杂的金融工具，对卖方而言，它看起来像空头指数期货头寸，而对买方而言，它看起来又像旨在持有

① Russo & Vinciguerra, *Financial Innovation and Uncertain Regulation*, 69 TEX. L. REV. at 1440.

② CME v. SEC, 883 F.2d 537, 540 (7th Cir. 1989).

③ CME, 883 F.2d at 539.

证券投资组合的定额投资公司的权益。[①]由于基于指数的合约拥有期货合约和证券两类金融工具的特征，因此伊斯特布鲁克法官不得不承认法院在该案中面临挑战，并将这个问题描述为“是要将四面体归入方形孔、还是圆形孔的问题”。[②]

在该案的判决书中，伊斯特布鲁克法官简要描述了期货合约和证券的主要特征，然后总结说：“我们可以将SEC管辖权与CFTC管辖权之间的区别想象成资本积累监管与套期保值监管之间的区别。”[③]但是，这位法官承认：“涉及期权监管权的分配时，资本积累与套期保值之间的这种区分就无法适用了。”然后，他继续概述了SEC和CFTC分别就其为何应拥有证券及证券指数期货和期权的管辖权这个问题提出的合理主张。伊斯特布鲁克法官提到了已被美国国会批准并成为联邦法律的《夏德—约翰逊协议》。但是，他表示，对于无法简单归类为期货合约或证券的创新型金融工具，该协议未做任何规定。伊斯特布鲁克法官还引用了自己之前作出的判决，认为吉利美凭证期权属于期货合约，因此须受CFTC专有管辖权的管辖。伊斯特布鲁克法官认为，正如之前的吉利美凭证期权案和未来就任何新型金融工具进行的诉讼那样，CFTC与SEC之间的管辖权之争注定将反复出现，永无止境。[④]伊斯特布鲁克法官表示，管辖权争议问题没有简单的答案，而关于基于指数的合约所享有法律地位的辩论只是这个问题的最新迭代。他指出，基于指数的合约同时具有期货和证券两者的某些特征，但并不具备任一方面的全部特征，因此这两种特征界定都不能算错。[⑤]

> 事实上，基于指数的合约可以说既是证券，又是期货，也可以说两者都不是，这种合约无法完全纳入证券或期货的特征体系，这就是全部判

① Meer, *Hybrid Instruments*, 46 BUS. LAW. at 406.
② *CME*, 883 F.2d at 539.
③ 同上，第545页。
④ *CME*, 883 F.2d at 544.
⑤ 同上，第548页。

断。它不像其他任何东西；作为一种新型工具，它可能会具备之前市场并不具备的一些特征。

最终，法院判决称，基于指数的合约属于期货合约。首先，伊斯特布鲁克法官分析了基于指数的合约的特征，发现他们并非证券。他指出，基于指数的合约的购买者不拥有任何股权，无论是直接拥有，还是间接拥有，且基于指数的合约不涉及“特定事业”。[①]其次，伊斯特布鲁克法官对基于指数的合约与期货合约进行了比较，并认定两者“最终看起来是一样的”，因为他们的“估值均来自规定的未来日期”。[②]最终，CFTC似乎得益于以下事实而获得了胜利，即由于排他性条款的存在，如果某一金融工具既是期货合约，又是证券，那么，这项金融工具应由CFTC管辖。伊斯特布鲁克法官指出，在口头辩论期间，SEC的律师曾经承认，如果两家期货交易所1987年（即本案案情发生之前）就向CFTC提交基于指数的合约交易申请，那他们的申请可能已经被CFTC批准了。然后，伊斯特布鲁克法官表示，根据法律，某一金融工具到底属于期货合约还是证券，实际上并不取决于其交易是由哪个机构首先批准的，而是取决于这项工具自身的特征。因此，如SEC律师承认的那样，如果CFTC在SEC批准基于指数的合约在证券交易所交易前本可批准该合约在期货交易所交易，那么，在这个节点后，CFTC同样可以作出这样的批准。这是因为，如果CFTC本可批准基于指数的合约在期货交易所交易，那这就意味着，基于指数的合约要么是完完全全的期货合约，要么就是既可归入期货合约又可归入证券的金融工具。但是，一旦某项金融工具被认定为任何种类的期货合约，那这个游戏就结束了，因为CFTC对所有类型的期货合约都享有排他性管辖权，即便这些期货合约是以股票和证券指数为标的。最终，第七巡回上诉法院认为，总体而言，基于指数的合约属于期货合约，因

① *CME*, 883 F.2d at 545.

② 同上；请参见：Markham, *Merging the SEC and the CFTC*, 78 U. CIN. L. REV. at 574（表示基于指数的合约“是以证券指数为标的的现金交割合约，像期货合约那样运作，但在证券交易所交易”）.

此不能在证券交易所交易。

一些评论家对CME诉SEC案的判决深感失望。他们指出，该案中的两家期货交易所并未启动基于指数的合约交易。这意味着，他们提起诉讼的原因，并不是因为他们自己想要开展基于指数的合约交易，而是因为他们不希望证券交易所这样做。因此，基于指数的合约交易转移到了境外，即加拿大的多伦多。CME诉SEC案的判决是“对SEC的一记耳光”。实际上，这是第七巡回上诉法院第二次（第一次为吉利美凭证期权案判决[①]）认定某项创新型金融产品属于期货合约，因而须接受CFTC排他性管辖的案例。但是，尽管在本案中败诉，但SEC并没有放弃抗争。

> 在一项不可思议且肆无忌惮的行动中，SEC竟然批准证券交易所开始交易以道琼斯编制的、颇受市场欢迎的分类指数为标的的期货合约。与此同时，SEC又行使其否决权，禁止期货交易所交易以这些指数为标的的期货合约。这种歧视行为的结果，是SEC与CFTC在第七巡回上诉法院上演了另一场诉讼，但SEC仍然败诉了。第七巡回上诉法院指出，SEC在行使其否决权的命令中对CFTC监管期货市场的方式提出了异议，包括表示CFTC要求行业缴纳的保证金过低等。第七巡回上诉法院则表示，这种关切并不是SEC的事情，而是美国国会的事情。

有人表示，第七巡回上诉法院屡屡站在CFTC一边，可能是出于法律和事实因素之外的原因。比如，一种说法认为第七巡回上诉法院这样做是为了保护之前（及目前仍然）位于伊利诺伊州芝加哥的本地产业，即包括CME和CBOT在内的期货交易所行业。另一种说法则认为，第七巡回上诉法院法官在审理案件时适用的芝加哥学派法律和经济范式并不认同SEC基于规则的金融监管方式，而更支持CFTC基于原则的放手式监管模式。无论怎样，一系列事件催生了众多具体因素，而这些因素共同确保了CFTC对某些证券产

① 请参见：Bd. of Trade of the City of Chicago v. SEC，677 F.2d 1137（7th Cir. 1982）.

品相关期货合约的管辖权。首先，《商品交易法》的排他性条款在诉讼中为CFTC提供了保护，并且形成了支持CFTC对其管辖权范围进行解释的判例法。这些司法判决迫使SEC不得不与CFTC进行谈判并达成了《夏德—约翰逊协议》，该协议在联邦法律层面规定，CFTC对以宽基证券指数和豁免证券等金融工具为标的资产的期货合约具有管辖权。

CFTC之所以能够主张其对金融工具无形权益和权利相关衍生品具有监管权，主要是因为《商品交易法》第1a节第（9）条中“商品”这一术语的法律定义极其宽泛。实际上，这个定义宽泛到了足以涵盖通过创新产生的所有新颖且无形的金融权益。CFTC对无形金融权益的这种广泛管辖权还可在《商品交易法》第1a节第（19）条中找到进一步的支持。这一条款下，“除外商品”的定义囊括了利率、汇率、货币、信用风险、指标和通张指数或通胀指标等金融指标。因此，CFTC表示其认为利率基准是商品。鉴于《商品交易法》第1a节第（19）条明确将利率和相关指数纳入商品范围这一事实，这样的看法并不令人惊讶。近年来，CFTC已将“商品”这一术语的范围解释为涵盖《商品交易法》中未明确列举的所有新型金融权益。比如，尽管美国国会1974年通过《美国商品期货交易委员会法》时无法预见比特币及其他虚拟货币的出现，但CFTC表示，该机构认为，商品这一术语的定义足以涵盖虚拟货币及其他加密资产。纽约市布鲁克林的一家联邦地区法院认同CFTC的这种看法，并认为虚拟货币属于《商品交易法》第1a节第（9）条所定义的“商品”。[①]尽管我们的虚拟货币相关判例法尚处于发展的初始阶段，且这种看法在其他法院是否会为人们所接受仍然有待观察，但鉴于美国国会在《商品交易法》中刻意赋予了商品概念以令人惊叹的广度这一事实，我认为，如果有法院作出虚拟货币不是商品的认定，那将是极其令人惊讶的。

但是，关于虚拟货币的讨论，也许是我操之过急了。那么，到底什么是

① “虚拟货币可作为商品由CFTC监管。虚拟货币是以统一的质量和价值在市场上交易的‘货物’。” McDonnell, 287 F. Supp. 3d at 228.

虚拟货币和加密资产呢？尽管这些创新型金融工具在其他地方有更详细的讨论，但这里仍然适合介绍一些简单的定义。“电子货币”指没有物理形态的金钱、货币或资产，它包括主权货币的表现形式，也包括对真实世界商品的所有权。[①]达拉斯联邦储备银行的一份文件将“数字货币”定义为一种没有广泛认可的实体对应物的电子货币。[②]同样，达拉斯联邦储备银行将虚拟货币描述为刻意创造或主要用于购买数字和非数字（“真实世界”或有形）商品的一种数字货币”。[③]另外，美国国内税务署将虚拟货币描述为“履行交易媒介、记账单位或价值贮藏手段职能”且可以“像‘真实’货币那样运作……但（在美国）没有法定货币地位”的“数字价值表现形式”。[④]由于比特币可用美元、欧元及其他真实或虚拟货币购买，且可兑换成这些货币，因此比特币是“可兑换”虚拟货币的一个例子，即比特币是与真实货币等价的虚拟货币。[⑤]达拉斯联邦储备银行还将“加密货币”定义为利用密码技术控制其生成过程并确保其交易合法的任何电子货币。[⑥]基于上述定义，比特币可更加准确地称为“虚拟加密货币”[⑦]。一般而言，虚拟资产是指利用密码学、点对点网络和公共账本对新单位的生成实施控制、对其交易进行核实并在没有任何中间人介入的情况下保障交易安全的数字资产。[⑧]加密货币就是一类加密资产。再次强调，《商品交易法》中“商品”一词的宽泛定义很可能足以涵盖本段中提及的所有项目，即数字货币、虚拟货币、加密货币和加

---

① G. C. Pieters, The Potential Impact of Decentralized Virtual Currency on Monetary Policy, Globalization and Monetary Policy Institute 2016 Annual Report, Federal Reserve Bank of Dallas, 20 (2016), https://www.dallasfed.org/~/media/documents/institute/annual/2016/annual16d.pdf.

② 同上。

③ 同上。

④ IRS Notice 2014-21, Virtual Currency Guidance: Virtual Currency Is Treated as Property for U.S. Federal Tax Purposes; General Rules for Property Transactions Apply (Mar. 25, 2014).

⑤ 同上。

⑥ Pieters, The Potential Impact of Decentralized Virtual, 2016 Annual Report, Federal Reserve Bank of Dallas, at 20.

⑦ 同上，第20页。

⑧ Adam Haeems, *What Is a Cryptoasset?*, MEDIUM, Apr. 27, 2018, https://medium.com/babb/what-is-a-crypto-asset-1f0fcc517887.

密资产等。

尽管马伦案和CME诉SEC案的判决出自20世纪80年代，但这些判决设定的原则仍可适用于今天仍在市场上不断出现的各种新型金融期货合约。本章中分析的司法判决为确保创新型金融期货能够上市交易并受到相应监管奠定了基础。2017年，CME和芝加哥期权交易所开始推出比特币期货合约。由于《商品交易法》将期货合约定义为销售于未来交割商品的合约，且比特币又是《商品交易法》规定的商品，所以CME、芝加哥期权交易所及其他期货交易所能够获准开展比特币期货合约的交易。目前，这很可能只是数字货币和加密资产相关期货合约交易的开始，因为市场参与者可能会继续运用比特币的框架和结构创设类似但同样具有创新性的金融资产和工具，这些金融资产和工具进而会成为期货及衍生品的标的物。在某种意义上，比特币期货合约可追溯至20世纪70年代诞生的首批金融期货，如政府证券期货、股票指数期货和利率期货等。

对CFTC而言，CME诉SEC案判决是一大胜利，但随着联合石油案判决中对期货合约与远期合约差异的理解开始受到质疑，CFTC在法院的好运终将耗尽。在下文中，我们将继续探讨两项司法判决。需要指出的是，这两项判决对联合石油案定义期货合约和远期合约的方式持批判态度。在继续探讨之前，我们有必要先了解一些关于外汇或外汇市场的背景信息，因为这有助于理解本章后文分析的司法判决是在何种背景下作出的这一问题。

六、外汇市场背景信息

外汇交易是一个巨大的银行同业市场，其中参与者包括各国的中央银行并且美联储和美国财政部也涵盖在内，上述机构并不希望CFTC对这一市场实施监管。他们表示，因为银行同业市场的参与者都是经验丰富的大型金融机构，因此不需要CFTC的监管。1974年，美国国会酝酿对《商品交易法》进行大幅修订时，美国财政部就试图在法律中规定禁止CFTC对外汇交易实施监管，并且成功实现了这一目的。上述规定被称为《财政部修正案》，并被纳入了1974年的《美国商品期货交易委员会法》。

《财政部修正案》的条款规定，禁止CFTC对外汇衍生品（如期货、期权等）交易实施监管。但是，CFTC一直解释说，《财政部修正案》旨在适用于银行与金融实体之间的交易，而不适用于涉及“零售客户”的交易，而美国立法机构的一些声明也似乎表明了这一点。遗憾的是，在包含《财政部修正案》的《商品交易法》中，并没有实际条文规定CFTC对涉及零售客户的外币衍生品拥有管辖权。而且，该法没有任何规定表明CFTC对于银行与金融实体间的外币衍生品交易不得实施监管。由于没有明文规定限制《财政部修正案》的适用范围，因此导致了法律的不确定性，这就为对赌行经营者提供了绝佳的可乘之机。他们开始与零售客户进行场外外国货币（外汇）的交易。这些对赌行基本上都会让零售客户进行杠杆交易，押注货币的未来价格走势（比如，美元对英镑的价格是否会上涨）。随着时间的推移，美国当局和监管机构发现，承诺客户通过外汇交易暴富的欺诈性经营活动开始蔓延，而其中许多都是庞氏骗局。

这些欺诈性外汇业务的经营者表示，自己从事的是“即期”外汇交易，但他们从未向零售客户交付过任何外币。相反，他们只是每隔48个小时就进行一次“滚动交易”，以进行合约续订。实际上，这些“滚动即期”交易涉嫌就货币对（如美元对日元、瑞士法郎对英镑等）的未来价格走势进行赌博。而且，客户通常仅须支付合约总价的一定比例作为定金，这就使这些滚动即期外汇交易具有了高度的杠杆性，因此风险很大。

为阻止这些欺诈性外汇对赌行，CFTC发起了民事执法诉讼，表示《财政部修正案》仅禁止其对银行间外汇交易实施监管。但是，美国最高法院对此并不认同。在邓恩（Dunn）诉CFTC案中，美国最高法院认定，《财政部修正案》剥夺了CFTC对外汇交易的管辖权。为应对邓恩案判决及猖獗的外汇欺诈，2000年通过《商品期货现代化法》时，美国国会对《商品交易法》进行了修订，授权CFTC管辖涉及零售客户的外币期货和期权。根据《商品期货现代化法》，《商品交易法》的修正案明确规定，除受监管金融实体（如期货经纪商和银行）外，任何人均不得向零售客户出售外币期货和期权合约。因此，除非行为人是受监管金融机构，否则面向零售客户从事外币期货或期权场外交易的行为就是非法的。也就是说，《商品期货现代化法》对《财政部修正案》进行的“修补”就是为了阻止对赌行开展面向零售客户的外汇交易，因为对赌行并非是受监管的期货经纪商、银行或金融机构。

重要的是，CFTC仍然需要证明相关交易是否涉及外币期货或期权。因此，随着《商品期货现代化法》的通过，CFTC从美国国会获得了新的指令，即对从事零售外汇交易的欺诈性对赌行实施打击。一般而言，CFTC会援引《商品交易法》的反欺诈条款，在遍布全国的联邦法院起诉对赌行。当然，《商品交易法》的反欺诈条款仅适用于该法所涵盖的金融交易，即CFTC拥有管辖权的交易，如期货、期货期权和商品期权等交易。但是，CFTC相信，由于联合石油案判决对何为期货合约给出的宽泛释义，即便相关金融工具的特征有别于传统期货合约，该机构也能够对欺诈性零售外汇交易业务实施打击。有了这样的历史和背景，现在就让我们来看看，对于面向零售客户的杠杆式滚动即期外汇交易，CFTC是否拥有管辖权这个问题，美国第七巡回上诉法院是如何解释的。

七、CFTC诉泽林纳（Zelener）案

我们要介绍的下一项司法判决，即CFTC诉泽林纳（Zelener）案判决，也是由美国第七巡回上诉法院的伊斯特布鲁克法官执笔的。在CME诉SEC案判决中，伊斯特布鲁克法官描述了CFTC的管辖权相对于SEC权力的大致轮廓。在泽林纳案判决中，这位法官分析的是金融欺诈案件上诉背景下期货合约与远期合约之间的界限。这起案件源于CFTC提起的一次民事执法诉讼。案情显示，迈克尔·泽林纳是阿拉伦外汇公司（AlaronFX）和英国资本集团

（British Capital Group）的主要股东。[①]通过这两家公司，泽林纳从事的是面向零售客户的杠杆式外汇交易。CFTC以违反《商品交易法》所述反欺诈禁令为由对泽林纳及其公司发起了诉讼，指控其在交易的激励结构方面对客户进行了欺诈，因为他们暗示说，“交易商仅在客户挣钱的前提下才会挣钱，而实际上，无论客户盈亏，被告都能通过佣金和加价获利”。[②]CFTC表示，这种面向零售客户的杠杆或保证金式场外外汇交易属于非法期货合约，而泽林纳则表示这是外币即期交易。

根据客户与阿拉伦外汇公司之间的合约，客户可购买或销售任何数量的外币（以美元计），但订单规模至少应达5000美元。阿拉伦公司作为委托人购买和销售外币。也就是说，阿拉伦公司是以交易商而非经纪商的身份运作的。尽管合约要求在48小时内进行结算，但“很少有客户会在这个期限内全额付款，且……没有任何客户会接收”外币。[③]尽管如此，阿拉伦外汇公司还是会以两天一次的频率进行滚动交易。这是合同事先规定且告知了客户的。在这种延期处理下，客户仍然享有其账户中的外币相关未平仓权益，并根据其做多或做空方向及美元相对于合约所述其他货币的涨跌确定其损益。合约条款明确规定，客户可交付或接收外币。如果做多某一货币，客户可进行平仓并以下列两种方式之一获利：接收货币（阿拉伦外汇公司承诺即期转账）或向阿拉伦外汇公司回售等量外币。[④]

CFTC表示，相关合约属于期货合约，因为：（1）客户可以无限期持仓，从而根据未来价格走势确定损益；（2）客户系不需要外币开展业务活动的外行人员；（3）没有任何客户接收了任何货币，所以销售不能称为远期合约。[⑤]

---

① CFTC v. Zelener，373 F.3d 861，863（2004）.

② 同上，第863页；*The CFTC and Foreign Currency*，29（2）FUTURES & DERIVATIVES L. REP. 8（“泽林纳案涉及一项由CFTC针对所谓‘电话交易所’业务提起的诉讼，被告涉嫌招揽客户从事‘投机性外汇交易’”）.

③ Zelener，373 F.3d at 863.

④ 同上。

⑤ 同上，第863页。

阿拉伦外汇公司表示，这些合约不可能是期货合约，因为客户是以即期方式而非于规定的未来日期购买外币的，且交易没有标准条款。[①]CFTC回应称，由于阿拉伦外汇公司对结算时间进行了滚动处理，因此这些交易尽管形式上不是未来交割，实际上构成了未来交割。[②]CFTC进一步诉称，确定某一交易是否属于期货合约的正确做法，是根据联合石油案（及类似判决）所述的多因素、全要素测试方法对交易进行分析，而不是看合约是否有“固定到期日”及是否可相互替代（即是否有标准化条款并因而适合交易所交易）。在这些交易中，如果客户在金融领域经验丰富，能够承担风险，并希望交付或接收商品，则其很可能属于远期合约。[③]泽林纳案的案情却是，客户们并没有丰富的金融领域经验，缺乏承担风险的能力，且没有交付或接收外币。根据联合石油案判决确立的原则，这些事实本可导致相关合约被认定为期货合约。

但是，在泽林纳一案中，第七巡回上诉法院却不认同CFTC的判断方法。伊斯特布鲁克法官指出，与农产品相关期货合约和远期合约不同，包括外币、股票指数和利息相关期货合约在内的金融期货却是“以现金交割的，且不需要对任何参与者进行‘交割’”。[④]因此，第七巡回上诉法院主张说，“利用‘交割’区分远期合约与期货合约会产生不确定性，因为所用的分界线是这两种合约就商品而言共有而就金融期货而言皆无的某种东西。”[⑤]然后，第七巡回上诉法院指出，“在有组织期货市场中，人们买卖的是合约，而不是商品，且条款是标准化的，每一方都有一个中介，即结算公司。”[⑥]简而言之，第七巡回上

① Zelener，373 F.3d at 864.

② 同上。

③ Zelener，373 F.3d at 864. 同时，请参见：同上，第865页（表示在解释期货合约与远期合约之间的界线时，CFTC倾向使用的方法严重依赖“‘当事方’的目标和经验及交割发生的可能性”）。就期货合约而言，大多数客户都不希望接受交割，且很可能并没有接受交割所需的设施。但是，期货合约提供了对冲平仓机会，客户有权进行平仓，而不是接受交割。期货合约的另一判断标准是，相关商品对客户而言通常并没有商业用途，而只是用于交易获利。JOHNSON ET AL.，DERIVATIVES REGULATION § 1.02［3］n. 97.

④ Zelener，373 F.3d. at 865.

⑤ 同上。

⑥ 同上。

诉法院是在对金融工具（即合约）的交易与实际商品的交易进行区分。

接着，伊斯特布鲁克法官转向了一个涉及范围更广的单独问题。他表示，为了能够有效地规划业务，人们首先需要能够从一份合约的书面语言中判断这份合约到底是期货合约，还是远期合约。很明显，他不喜欢用考察当事方是否有意接收相关商品这种方法判断一份合约是期货合约还是远期合约。他的声明具体如下：

> 一开始就搞清楚合约到底是期货合约还是远期合约至关重要。这个问题的答案决定了谁（如有）可能达成这种合约，以及交易可能在哪儿进行。合约决定了价格风险的分配；如果特定合约要等数年之后才知道其是否合法，那办公室的那些人就完蛋了。等事后才追问当事方的“意图”是什么，或者等事后才追查实现交割的合约比例，这种方法糟糕透顶。如果说一份合约是否属于期货要取决于负有交割义务者是否恪守其承诺，那无论从商业上还是法律解释上，这种说法又有何意义呢？这种说法使人茫然无措，而交易商（技术上讲是期货经纪商）也将难以甚至不可能事先知晓其法律义务。

伊斯特布鲁克法官表示，无论交易真正的“本质”是什么，合约的“形式”仍须受到尊重；以合约“采用滚动机制且没有全额支付价款（阿拉伦外汇公司允许其客户在平仓前缴纳保证金）可能会赋予买方以期货交易所多头头寸的经济等价性”为由，忽视合约的形式而仅关注经济效应，这样做是不恰当的。[①]伊斯特布鲁克法官进一步表示，他关注形式而非实质的做法与证券法的原则是一致的。他指出，人们可通过两种方式将某一企业转让给他人，即由公司出售其全部资产，或由股东出售其全部证券。尽管这两种交易形式可视为具有经济等价性，但出售企业资产通常受州合同法管辖，而出售证券则自然要受联邦证券法的管辖。接着，伊斯特布鲁克法官指出，美国最高法

① Zelener，373 F.3d. at 865.

院曾经驳回下级法院的判决，因为这些判决主张采用“商业企业销售原则（sale-of-business doctrine）”，将企业出售其全部资产的行为解释为企业证券的销售。[①]第七巡回上诉法院指出，商业企业销售原则主要是用于确定欺诈诉讼应该是在州法院、还是联邦法院进行的，而鉴于所有州都将欺诈行为宣布为非法，因此这种区别实际上没有什么意义。

> 所以，这也涉及期货合约的定义。商品期货交易委员会的主要实质性主张是，被告公司欺骗了客户。该主张或许可以构成邮件诈骗或电信欺诈指控、《反勒索及受贿组织法》（RICO）所述民事或刑事诉讼或州法院欺诈诉讼的依据。消费者或州司法部长们还可援引消费者保护法进行诉讼。没有必要仅仅为了提供欺诈救济而将这些交易归入期货合约。在可以提供其他救济的情况下，为什么要将其他经济安排强行纳入并非为其设计的监管体系并滥用《商品交易法》呢？因为这样做可能会导致不确定性、增加诉讼成本并产生其他令人不快的后果。

接着，第七巡回上诉法院表示，该判决没有涉及相关合约是否允许客户对冲（即以建立等量反向头寸的方式）平仓的问题。这个问题实际上很重要，因为期货合约与远期合约相区别的特征之一就是人们是否可仅通过达成同一商品的反向头寸（即对冲）这种方式退出其期货合约。但是，在相关标准合约是否允许客户以对冲方式退出头寸这个问题上，CFTC与被告存在分歧。CFTC指出了客户签署的标准合约中的几个段落，认为这些段落提供了证据，可以证明客户有权以对冲方式平仓。坦率地讲，鉴于没有任何客户实际交付或接收外币，对冲了结是现实发生的事情。但是，第七巡回上诉法院拒绝采信CFTC的主张，认为相关合同表述不足以说明阿拉伦外汇公司可能同意其客户对冲了结外币未平仓头寸这个问题。对此，第七巡回上诉法院表示，除非合同以明确、具体的语言承诺阿拉伦外汇公司将向客户出售对冲头寸，从

① Zelener，373 F.3d. at 866（“许多法院都采用了这种商业企业销售原则，但最高法院拒绝接受这一原则，认为形式也应得到尊重”）[援引Landreth Timber Co. v. Landreth，471 U.S. 681（1985）].

而允许按需轧差，否则不足以说明客户能够像交易期货合约那样以对冲方式退出头寸。[①]然后，伊斯特布鲁克法官指出，合约并不要求阿拉伦外汇公司必须允许客户进行对冲平仓操作，而是赋予了阿拉伦外汇公司“回购货币”或向客户交付外币的自由裁量权。[②]因此，第七巡回上诉法院得出了以下结论，即：这些交易看起来更像金属或稀有钱币之类商品批发商经营的业务，而不是以期货交易所为特征的可替代合约交易。这意味着，这些交易并非期货合约，而是在48小时内交付的即期销售合约。[③]

在泽林纳案判决中，与交易的经济本质相比，交易的技术形式被赋予了更大的权重。从这一点来说，这个案例确实是令人遗憾的。很明显，第七巡回上诉法院忽视了一个事实，即：在现实中，客户实际上得到了能够以对冲方式了结其头寸的保证，而阿拉伦外汇公司从未交付或接收任何外币，任何达成相关交易者都不太可能会有其他的想法。如果交付或接收外币是常态，那阿拉伦外汇公司肯定会在诉讼中提到。而且，泽林纳案判决也承认，交易实际上并不是以外币交割了结的。阿拉伦外汇公司的客户从未希望接收或交付实实在在的日元、英镑或其他类似外币。他们是在利用杠杆以外币的未来价格走势为赌注进行投机。因此，我敢说，他们的做法非常像期货交易。CFTC关注的是交易的实质，而不是交易在合约语言中的描述方式。它遵循的是以下逻辑规则，即：一项交易不能仅靠其自身宣示即成为即期交易，因为在许多情形下，经考察后会发现，交易的真实性质在与其描述的性质并不相同。[④]但对第七巡回上诉法院而言，所有客户均未以交付或接收外币这种方式了结其合约，因而与传统期货的对冲平仓机制非常相像这一事实并不是什么出人意料的事情，因为第七巡回上诉法院关注的并不是对手方的行为，而是合约的语言。

① Zelener，373 F.3d. at 866（“许多法院都采用了这种商业企业销售原则，但最高法院拒绝接受这一原则，认为形式也应得到尊重”）[援引Landreth Timber Co. v. Landreth，471 U.S. 681（1985）].

② 同上。

③ 同上，第867页。

④ JOHNSON ET AL., DERIVATIVES REGULATION § 1.02 [12] & n. 511.2.

尽管伊斯特布鲁克法官表示其效仿证券法规定遵循了商业企业销售原则相关案例的判决，但应当指出的是，泽林纳案判决中从未提到的一项司法判决正是豪威案。如果第七巡回上诉法院花了点时间去阅读（或再读）豪威案判决，并想想他们自己倡导的原则，那么，泽林纳案的结局或许会是另一番景象。如前所述，在分析豪威案中的交易是否构成投资合同、进而是否构成证券时，美国最高法院考虑到了柑橘园地块的购买者绝大部分都具备以下特征：（1）住在州外；（2）缺乏种植柑橘这种水果所必需的技能和设备；（3）没有管理柑橘园的经验；（4）基本上都决定聘请豪威公司替其种植和收获水果。所有这些事实均与豪威案中客户所达成协议的语言和条款无关。实际上，考虑大多数人都聘请豪威公司耕作其地块这一事实，就相当于考虑泽林纳一案中没有客户交付或接收外币这一事实。在豪威案中认定客户住地遥远且没有柑橘园管理经验，就相当于在泽林纳案中斟酌客户都是没有外币业务需求且无相关经验的外行这一事实。

与豪威案中的美国最高法院不同，泽林纳案中的第七巡回上诉法院对这种开放式、多因素方法持严厉批判态度，认为其聚焦的是协议语言和文本之外的事实，如缔约方是否为经验丰富的投资者或打算交付或接收商品的商业实体等。而且，伊斯特布鲁克法官并不认同依赖缔约方达成合约之后的行为进行断案的做法。但在豪威案中，最高法院考察了与协议语言似乎并没有什么相关性的类似因素，其中一些就是事后因素。比如，如前所述，最高法院注意到，购买者居住在遥远的地方，并不是训练有素的柑橘种植者，且达成交易后并没有打算靠自己对柑橘园地块进行管理和耕作。购买者的居住地址和农业生产经验，或这些经验的缺失，与豪威案中的协议语言没有任何关系，但这些因素却非常有助于说明相关交易类似于股权投资而非土地销售。如果豪威案中的最高法院采用了泽林纳案中伊斯特布鲁克法官的方法，那柑橘园土地交易可能不会被认定为投资合同，而这将是不幸的，因为豪威案中的交易实质上具有投资交易的绝大多数关键特征，因此其购买者本应享受联邦证券法提供的保护。在豪威案中，法院考察的是证券法的目的，即保护那些希望通过公众筹集资金的特定事业投资者，并认为这些法律的目的在该案中也应得到满足。在泽林纳案中，CFTC向第七巡回上诉法院表达了同样的观点，但无济于事。今天，泽林纳案判决面对有力的对抗性证据证明交易的真实本质，但仍然选择适用严格的契约文本主义，俨然成为过于拘泥于法律形式的典型案例。诸如泽林纳案之类的司法判决产生的后果是：诈骗犯及其他肆无忌惮者可以很容易利用法律漏洞侵犯相关交易者的合法权益。毕竟，坏人可以轻松模仿泽林纳案中阿拉伦外汇公司的协议语言并订立类似合约。形式很容易伪造，但交易本质却难以抹杀。

八、CFTC诉厄斯金（Erskine）案

泽林纳案判决作出后，到底哪一种认定远期合约与期货合约界限的方法最终将胜出仍有待观察：其他法院是会跟进泽林纳案判决，同样采用形式主义的方法，只对作为分析对象的合约考察其书面语言呢？还是将继续采用联合石油案判决所采用的多因素、全要素测试方法，主要考察协议当事方是否打算交付或接收商品呢？为找出这个问题的答案，下面，让我们看看美国第六巡回上诉法院（位于俄亥俄州辛辛那提市）2008年在CFTC诉厄斯金（Erskine）案中作出的判决。[①]

一开始，厄斯金案的案情在许多方面都与泽林纳案判决所述案情类似。CFTC寻求对涉案“电话交易所”提起民事执法诉讼，而其理由同样是该“电话交易所”涉嫌招揽零售客户从事杠杆式场外外汇交易，且该场外外汇交易构成了期货合约。被告罗斯·厄斯金（Ross Erskine）及其公司格罗斯有限责任公司（Goros，LLC）表示，相关交易并非期货合约，而是远期合约，因此CFTC对其活动没有管辖权。具体而言，被告主张：“由于客户可选择请求并接收货币，因此基于账户开立协议的直白语言……合约实际上属于‘远

---

① 512 F.3d. 309（6th Cir. 2008）.

期合约'。"[①]对此，CFTC答复称，"由于投资者并没有接收任何外币的（主观）意图，同时还能够对冲平仓（及以保证金购买合约），因此这些合约实际上属于'期货合约'。"[②]地区法院根据第七巡回上诉法院在泽林纳一案中作出的判决及账户开立协议的直白语言，同意了被告的主张，并批准了被告提出的简易判决动议，以此方式结束了CFTC对厄斯金及其公司发起的诉讼。[③]但是，CFTC提起了上诉。

客户在格罗斯公司开立账户，并授予该公司代表自己从事外汇交易的委托书。然后，格罗斯公司通过客户账户与期货经纪商进行外汇交易。客户可购买和销售其选择的任何金额的货币，且不限于购买事先确定的批次。[④]账户开立协议（即与期货经纪商之间的交易协议）允许客户交付或接收外币，但同样允许客户以其希望的期限推迟交割。具体而言，本案司法判决认为：

> 期货经纪商的交易协议表示："交易商承认，货币的买卖在任何时候都预示着货币的交收。"所以，与格罗斯公司及其客户或其他任何期货经纪商投资者的主观预期相反，书面协议事实上规定了外币交割将实际发生，且通常是根据市场惯例在交易发生后的一天或两天（如48小时）内进行。当然，投资者和交易商（格罗斯公司和期货经纪商）实际上都不需要任何外币，所以，他们的做法就是每天晚上对账户余额进行滚动处理，将48小时的交割日期无限期推迟。

根据上述描述，很明显，这些外汇交易与泽林纳案判决提到的交易很相似，即都是设置了滚动条款的杠杆式外汇交易。此外，这些交易还具有对赌行业务的所有特征，因为期货经纪商实际上并未从事任何外币买卖活动。但是，利用其计算机（基于外汇市场行情）形成的市场价格估值，期货经纪商

---

① 512 F.3d. 309 (6th Cir. 2008) at 310.

② 同上。

③ 同上，第310–311页。

④ 同上。

可假装交易指令已成交并随后平仓，并以挂牌价格将“交易”记录在其系统中。[①]第六巡回上诉法院表示，“这种假装交易的行为都只涉及商品本身，且没有任何购买或销售合约被购买、销售或交易。”法院强调，这种“假装交易”并未涉及“任何标准化协议（如典型期货或期权合约）”的使用。[②]法院还指出：（1）客户没有交易合约（他们交易的是货币）；（2）没有任何交易所可供这些合约进行交易；（3）这些协议不可互换，因为客户可订购任何金额的货币，而无须受限于预先设定的单位金额；（4）交易没有指定的截止时间。[③]

由于明确提到了上述因素，因此第六巡回上诉法院很明显想依靠期货合约的标准经济学定义作出判决，即期货合约规定了交割（截止）日期，通常不涉及商品交割，都是以对冲平仓机制进行了结的标准化场内交易远期合约。但是，在进行分析的过程中，第六巡回上诉法院实际上犯了几个错误。首先，如果说外汇交易没有涉及合约，那第六巡回上诉法院肯定是不对的：实际上，每一笔新的外币买卖交易均涉及客户与期货经纪商之间的法律协议。相关协议诚然并非标准化合约，不具有持牌期货交易所确定的规格。但是，期货合约通常并不仅限于上述类型的协议。其次，如前所述，场内交易只是使期货合约具备合法性的要求，而不是使某一协议成为期货合约的要求，否则就意味着人们很容易就可以一边出售期货合约，一边又逃避监管，因为他们只需要将合约从期货交易所退市即可。再次，第六巡回上诉法院表示，由于货币交易没有局限于具体单位金额，因此这些协议不具有互换性。这种主张存在两个问题。根据这种推理，除非属于标准化合约，否则任何协议都不可能成为期货合约。但是，标准化绝非认定某一协议是否属于期货合约的一个硬性要求。此外，对于美元和日元等外币而言，可互换性并不取决于交易是否有

---

① 512 F.3d. 310，311（6th Cir. 2008）.

② 同上，第312页。

③ 同上。“很明显，外汇交易所并非可供该合约交易的交易所。这里的交易所是一种想象中供标的商品交易的交易所。所以，正如最终结果所示，标的商品甚至连真正的交易所都没有，而只有用于告知期货经纪商即时价格的架构（尽管期货经纪商可在公开市场上购买外币——这是毋庸置疑的）。”同上，第312-313页。

具体增量或单位金额的限制。协议的可互换性对于这里的期货合约分析很重要，因为它关系到客户是否拥有通过对冲平仓机制退出交易的能力。在厄斯金案中，客户很明显拥有这种能力（泽林纳案中的客户亦然），因为所有客户都在必须交付或接收外币之前（或在没有必要进行这种交割的情况下）退出了交易。从本质上讲，货币是可以与其他货币进行互换的。一张10美元的钞票与其他任何等值的钞票都是等效的；你口袋里的一张10美元钞票与我口袋里的10张1美元钞票也是等效的。在这种逻辑下，人们不禁要问，第六巡回上诉法院到底想要多大的可互换性。最后，法院表示，由于没有截止（交割）日期，因此这些合约不可能属于期货合约。但是，这种观点忽视了以下事实：（1）协议条款要求在48小时内进行货币交割；（2）在没有截止日期的情况下，某一协议可以（且事实上曾经）被认定为期货合约，否则将使法律规避极其简单，因为只要确保协议没有终止日期即可。

不管怎样，对于上述主张，第六巡回上诉法院要么没有察觉，要么漠然以对。奇怪的是，法院坚称，客户通过被告交易的是即期外币（即商品），而不是外币合约。尽管法院也承认，没有任何客户曾经接收任何外币，且本案中进行过的唯一外汇交易就是“假装交易”。实际上，正如前文引述的本案部分司法判决所示，法院甚至曾将“交易”一词放在了引号中，以此凸显这种安排的虚假性。读者应该还记得，联合石油案判决曾经认定，允许客户就石油产品未来价格走势进行赌博的协议属于期货合约。通过这种认定，联合石油案中的第九巡回上诉法院强调了交易的投机性质，而表明这种投机性质的证据是，客户都是没有意愿或能力交付或接收石油产品的零售投资者。但是，在厄斯金案中，第六巡回上诉法院却认为类似事实与案情无关。[①]远期合约通

① Erskine，512 F.3d at 313. CFTC强调，这些投资者中没有任何人真的有购买任何外币的个人理由，也没有任何人真正有能力购买任何外币。实际上，他们都会援引滚动条款，将交易无限期推迟。事实上，格罗斯公司从未因任何交易为这些投资者中的任何人真正购买过任何外币。指出投资者从未拥有过外币这一事实后，CFTC疾呼，这些投资者购买这些外币的唯一理由，就是进行价格投机。这是完全真实且不可否认的。

常为以接受商品为目的的商业或商品销售协议，但第六巡回上诉法院面对交易的这种投机性质，或者没有任何客户交付或接收外币这一事实，却不认为这能够证明客户交易的是金融工具（即期货）。

不可否认，如果标的商品是小麦或玉米，而不是外币，那么达成商品交割商业协议的行为与买卖投机性金融工具的行为将容易区分得多。第六巡回上诉法院也指出，CFTC从未“通过规则制定或裁决程序对‘期货合约’进行定义……而只是在诉讼过程中提出了自己更青睐的定义”[①]。最终，通过查阅各种渠道，包括《韦氏法律词典》《布莱克法律词典》和两大期货交易所（即CME和CBOT）网站上的词汇表，对“期货合约”和“远期合约”这些术语的定义，第六巡回上诉法院打造出了自己的定义。具体而言，该法院表示，“许多相关来源都以投资者和交易商均应（且的确会）依据的方式对‘期货合约’进行了定义，且即便没有明确编入联邦法律，我们也可以合理推定，监管机构（但显然不包括CFTC）都会依据类似定义。”[②]第六巡回上诉法院表示，总体上，这些定义通常包括六个共同要素，因此按照一般的说法，“期货合约”意味着:（1）该“合约”进行了标准化处理，因此能够在交易所进行交易；（2）属于可互换的买卖协议；（3）有规定的单位数量；（4）有规定的商品；（5）有规定的单位价格；（6）须在规定的未来时间节点或该时间节点之前进行交易。[③]除此之外，第六巡回上诉法院还特意与CFTC建议的期货合约与远期合约的定义方法（如联合石油案判决所述）划清了界限，表示：“很明显，这些定义及区分方法中没有一个……提到了实际交割意图的存在（或不存在）。这绝不是一个实用的区分方法。”[④]

尽管第六巡回上诉法院判决时依据更多的是期货合约和远期合约的常

---

① Erskine，512 F.3d at 314. CFTC在诉讼中主张的立场与其就“期货合约”这一术语的适当解释发布的官方指南中所持的立场是一致的。因此，尽管CFTC从未颁布任何规则对期货合约进行定义，但并不是在倡导该机构从未表述过的某种新奇解释。同上。

② 同上，第324页。

③ 同上，第323页。

④ 同上。

见定义理解，而非第七巡回上诉法院在泽林纳案中倡导的形式主义方法，但厄斯金案判决强烈表明，其他法院也可能摒弃第九巡回上诉法院在联合石油案中倡导的全要素测试方法。由于将期货合约定义得如此具体，因此第六巡回上诉法院的厄斯金案判决（及泽林纳案判决）为诈骗犯们实施诈骗提供了精确的路线图，而这正是CFTC前主席温迪·格拉姆此前敦促立法机构不要将期货合约定义写入《商品交易法》时曾经警告过的问题。有了这份路线图，零售外汇对赌行只要照搬泽林纳案和厄斯金案这两个案件中曾经使用过的（关于外币交付问题的）合约术语即可轻松逃脱CFTC的监管。令人遗憾的是，事实证明，（泽林纳案和厄斯金案）判决造成的漏洞代价高昂。2001—2007年，欺诈性外汇业务一共对26000多名零售客户实施了诈骗，涉案金额超过4.6亿美元。①但是，CFTC对这些外汇诈骗犯无可奈何，因为它提起的民事执法诉讼屡屡被法院所阻止，而法院援引的理由，正是泽林纳案和厄斯金案的判决。

鉴于零售外汇欺诈持续为患，而CFTC却因泽林纳案和厄斯金案等判决无法对这种欺诈进行制约，美国国会决定采取行动。通过2008年的《美国商品期货交易委员会再授权法》，美国国会对《商品交易法》进行了修订，增加了一项被称为“泽林纳案修复工具”的条款。②这项条款授予了CFTC对期货和期权等场外杠杆式零售外汇交易实施监管的权力。2008年的《美国商品期货交易委员会再授权法》是美国国会对《商品交易法》进行修订、以便明确授权CFTC打击场外零售外汇诈骗的第二次努力，而第一次则是《商品期货现代化法》。公平地说，人们完全可以为法院辩解，因为司法部门的任务并不是满足美国国会的愿望，而是满足美国国会提出的要求，如果美国国会提出

① Jerry Markham, *Regulating the Moneychangers*, 18 U. PA. J. BUS. L. 789, 843-44(2016)（指出“CFTC甚至针对这种猖獗的诈骗活动，以英语和西班牙语两种语言向消费者发布了公开预警”）.

② 第111届国会农业委员会一般农产品和风险管理分委员会关于审查CFTC诉泽林纳案影响的听证会(2009)（描述了“泽林纳案修复工具”的局限性），http://www.gpo.gov/fdsys/pkg/CHRG-111hhrg52664/html/CHRG-111hhrg52664.htm [https://perma.cc/47A7-L9FV]; Markham, *Moneychangers*, 18 U. PA. J. BUS. L. at 844.

了错误的要求，那就不是法院系统的责任了。换句话说，美国国会必须把话说清楚，因为法院的工作就是落实立法机构以直白语言在法律中规定的内容。所以，如果美国国会授权CFTC监管零售外币期货和期权，就无怪乎法院仅将这项监管权适用于涉及期货和期权的交易。但是，这种主张的说服力或多或少因为一个事实而被削弱了，这个事实就是，2000年美国国会通过《商品期货现代化法》时，“期货合约”的主流定义方法就是联合石油案判决所主张的全要素测试法，而这种方法与第七巡回上诉法院后来在泽林纳案判决中确立的形式主义方法迥然不同。无论怎样，事实证明，泽林纳案判决影响深远。实际上，正如我们刚刚看到的那样，第六巡回上诉法院表示，在认定外汇交易属于商品交易时，该法院遵循的是泽林纳案判决确立的“合约交易或商品交易”测试方法，即便案情涉及的是“假装”交易，即实际上没有任何客户希望或实际上接收了相关商品（即外币）的“交易”。厄斯金案判决表明，美国国会必须采取行动，因为无论其他案情如何，只要相关协议表示客户将按其意愿交付或接收外币，那法院就可能将相关交易解释为不受监管的远期合约。但是，即便2008年的《美国商品期货交易委员会再授权法》使泽林纳案和厄斯金案的判决失去了意义，但这两项判决仍然非常有助于理解现代法院是如何解释期货合约定义的。

另一个事实也值得一提。泽林纳案和厄斯金案的判决指出，没有任何法律或法规表示交付或接收意图（或其缺失）和期货合约与远期合约的区分有关。但是，随着2010年《多德—弗兰克法》的诞生，这种状况得到了改变。在当时《商品交易法》的基础上，该法新增了第1a节第（47）条第（B）款第（ii）项，规定从“互换”定义中排除“以推迟运输或交割为目的进行的、涉及非金融商品或证券的任何销售，只要该交易旨在进行实物交割即可”。[①]因

① JOHNSON ET AL., DERIVATIVES REGULATION § 1.02［12A］；同时，请参见：Joint Final Rule, Further Definition of “Swap” “Security-Based Swap” and “Security-Based Swap Agreement”; Mixed Swaps; Security-Based Swap Agreement Recordkeeping, 77 Fed. Reg. 48, 208, 48, 228-33 (Aug. 13, 2012).

此，除《商品交易法》第1a节第（27）条中“期货交割”定义所述的、关于期货合约的现行远期合约除外规定外，《多德—弗兰克法》又通过第1a节第（47）条第（B）款第（ii）项新增了一项从“互换”定义中排除远期合约的条款。如前所述，实物交割相当于参考商品的交付或接收。因此，《多德—弗兰克法》在《商品交易法》中新增了一项条款，明确规定以实物对交易进行结算的意图是认定某一协议是否属于远期合约的一个因素（如果说不是唯一因素的话）。更重要的是，“立法过程表明，该排除条款旨在与《商品交易法》中既有的远期合约除外规定及CFTC的远期合约政策并行。”[①]因此，立法过程表明，美国国会相信，第1a节第（47）条第（B）款第（ii）项中“只要该交易旨在进行实物交割即可”这一表述并不是创设了一个新的远期合约除外测试，而只是将人们对远期合约与期货合约区分方式的既有理解写进了法律。[②]

《多德—弗兰克法》似乎预示，联合石油案判决中采用的方法即将东山再起。这种方法主要通过全要素测试法对交易进行分析，以确定该交易是属于期货合约还是属于远期合约。在官方立规文件的序言部分，CFTC利用《商品交易法》第1a节第（47）条第（B）款第（ii）项所述互换、远期合约除外规定强调，考察当事方交付或接收商品意图的做法仍然有效。尽管这种做法与泽林纳案和厄斯金案的判决直接冲突，但CFTC对这种做法的支持并不令人惊讶，因为“CFTC过去的解释一直都是这样的，即非金融商品相关远期

① JOHNSON ET AL., DERIVATIVES REGULATION § 1.02［12A］; Philipp & Westfall, *The Intersection of Commodity Swaps, Futures, and Options*, 32 NO. 10 FUT.&DERIV. L. REP. 9（表示“CFTC已经表示……解释针对互换定义的远期合约除外条款所用的方式将与CFTC过去解释针对期货合约的远期合约除外条款所用的方式一致”）.

② 156 Cong. Rec. H5248-49（June 30, 2010）［将美国参议院农业、营养和林业委员会主席布兰奇·林肯（Blanche Lincoln）参议员和美国参议院银行、住房和城市事务委员会主席克里斯托弗·多德（Christopher Dodd）共同执笔的一封信纳入了议事录，表示“在互换定义中排除‘以延迟运输或交割为目的进行的、涉及非金融商品或证券的任何销售，只要该交易旨在进行实物交割即可’，是为了与（商品交易法）现行的远期合约除外规定及CFTC就此事项确立的政策和命令保持一致”］; 156 Cong. Rec. H5247（June 30, 2010）［美国众议院农业委员会主席柯林·皮特森（Collin Peterson）与众议员伦纳德·博斯威尔（Leonard Boswell）在关于《〈多德—弗兰克法〉会议报告》的辩论中进行的对话。在对话中，皮特森主席提到了排除“实物远期合约”的问题］.

合约是指当事方有交付商品意图的商业交易”[①]。泽林纳案和厄斯金案的判决认为，书面协议的语言高于一切。在《多德—弗兰克法》之后，“CFTC也承认，书面协议的语言确实重要，但不应在所有情形下都赋予其支配性权重。”[②]因此，根据《商品交易法》第1a节第（47）条第（B）款第（ii）项所述互换定义排除规定，在远期合约除外规定的解释中，必须满足的三项基本要素分别为：（1）合约必须以非金融商品为标的；（2）当事方必须有交割意图；（3）合约必须为商业交易的一部分。[③]

当然，《商品交易法》第1a节第（47）条第（B）款第（ii）项中针对互换定义的远期合约除外表述仅适用于非金融商品或证券，而这与《商品交易法》第1a节第（27）条所述“未来交割”定义表达的远期合约除外规定并不相同，因为后者涉及所有现货商品。但是，我们暂且将这一区别按下不表。在后《多德—弗兰克法》时代，法院在分析某一交易是否属于远期合约时再也不能说当事方交付或接收商品的意图与这种分析无关了，因为《商品交易法》第1a节第（47）条第（B）款第（ii）项明确规定，这种意图也是远期合约认定的决定性要件之一。由于有了《商品交易法》第1a节第（47）条第（B）款第（ii）项的规定，在认定某一交易是否属于远期合约时，第六巡回上诉法院应该不能像其在厄斯金案判决中那样，信口开河地表示当事方交付或接收标的商品的意图与这种认定无关了。实际上，在CFTC与SEC进一步定义“互换”的最终联合规则中，这两个机构也在序言部分强调，在分析针对互换和期货合约的远期合约除外是否适用时，上述意图要件具有相关性。尽管法律法规对期货合约和远期合约的定义发生了变化，但2004年的泽林纳案判决和2008年的厄斯金案判

① Philipp & Westfall, *The Intersection of Commodity Swaps, Futures, and Options*, 32（10）FUT. & DERIV. L. REP. 9.

② “相反，作为证据，相比于当事方讲述所达成协议的措辞，当事方根据合约规定进行履约的过程通常至少应获得相同的权重。”Philipp & Westfall, *The Intersection of Commodity Swaps, Futures, and Options*, 32（10）FUT. & DERIV. L. REP. 9（Dec. 2012）.

③ Michael Philipp & Dana Westfall, *The Intersection of Commodity Swaps, Futures, and Options*, 32（10）FUT.&DERIV. L. REP. 9（Dec. 2012）. 关于每一要素相关因素的详细信息，请参见：同上。

决让我们看到，现代法院不太可能像1946年豪威案判决和1982年联合石油案判决那样青睐宽泛式、开放式的金融工具定义，而是更青睐狭义的金融工具释义，从而限制了金融市场监管者通过对相关法律定义进行宽泛解释扩大其监管范围的能力。仅凭这个原因，实务工作者就应熟悉这些判决中阐述的原则。

第四节　场外杠杆式零售外汇交易

如前所述，由于美国国会通过2008年《美国商品期货交易委员会再授权法》对《商品交易法》进行了修订，因此CFTC如今拥有了对欺诈性外汇对赌行进行监管的权力。现在，CFTC拥有对杠杆式、保证金式或融资式场外零售外汇交易的管辖权，以及针对场外零售外汇交易（包括从事场外零售外汇交易的人员和公司）制定规则的广泛权力。根据定义，一项交易如果不是在指定合约市场上进行，那它就属于场外交易，即OTC交易。“零售”客户是指不属于《商品交易法》第1a节第（18）条定义的合格合约参与者。在《商品交易法》的相关部分，合格合约参与者被定义为符合下列条件之一的个人：（1）总资产超过1000万美元；（2）总资产超过500万美元且达成交易是为了管理已拥有资产相关风险或已产生债务相关风险，或者管理在合理情形下可能拥有的资产或可能产生的债务的相关风险。①杠杆式、保证金式及类似术语都是根据其明显含义（即“通常理解”）进行解释的，且根据其一般含义，保证金和杠杆是两个相互联系的概念。其中，杠杆是指利用信贷或借入资金（如用保证金购买）提高投机能力并提高投资收益率，而保证金则是指投资者在通过经纪商赊购的证券中所享有的权益金额。②

《CFTC规章》第5.1节第（m）条将“零售外汇交易”定义为《商品交易

---

① CEA § 1a（18）（xi），7U.S.C. § 1a（18）（xi）（2012）.

② CFTC v. Hunter Wise Commodities，749 F.3d 967，976–77（11th Cir. 2014）. 关于零售外汇交易领域的“杠杆式、保证金式或融资式”这些术语，《商品交易法》中的解释似乎并不多，但一项司法判决曾对场外零售商品交易领域的类似表述进行过分析。

法》第2节第（c）条第（2）款第（B）项或第（c）项所述的任何账户、协议、合约或交易。实际上,《商品交易法》的这两项规定描述了须受CFTC管辖权约束的外汇交易类型。从形式上看，这两项规定中的每一项就像一份具体的条件清单。如果要对相关外汇交易类型实施管辖，CFTC就必须可以证明相关交易满足这些清单上的条件，如交易必须针对零售客户，必须以杠杆式、保证金式或融资式等形式进行。其中，第2节第（c）条第（2）款第（B）项是根据《商品期货现代化法》在《商品交易法》中增加的条款，旨在规定CFTC对属于期货合约或期权的零售式（即与非合格合约参与者之间的）场外外汇交易具有管辖权。第2节第（c）条第（2）款第（C）项则是根据《美国商品期货交易委员会再授权法》在《商品交易法》中增加的条款，旨在规定CFTC对非合格合约参与者以杠杆式、保证金式或融资式方式实施的外汇交易具有管辖权（即便交易不构成期货合约或期权）。尽管《美国商品期货交易委员会再授权法》扩大了CFTC对外汇交易的管辖权，但该法同时也明确规定，对将于两日内进行实际外币交割的外汇交易，或者在买卖双方之间创设了可强制执行的交割义务且双方基于其业务条线分别拥有交付或接收能力的外汇交易，CFTC不具有管辖权。通过在《商品交易法》中增加第2节第（c）条第（2）款第（C）项第（iv）目,《美国商品期货交易委员会再授权法》还确保CFTC有能力打击欺诈性零售外汇交易，因为新增的这一规定使《商品交易法》第4b节能够适用于场外零售外汇交易，而该节规定是《商品交易法》中主要的反诈骗条款之一。

《美国商品期货交易委员会再授权法》创设了一个新的受监管市场中介类型，即零售外汇交易商。《商品交易法》第2节第（c）条第（2）款第（C）项第（iii）目第（1）子目第（aa）次子目规定，要招揽或接受非合格合约参与者[①]下达场外外汇交易相关指令，必须在CFTC进行注册并成为零售外汇交

① 既不属于金融机构、注册经纪交易商、保险公司，也不属于《商品交易法》本规定列举的、享受监管豁免的其他个人或实体的非合格合约参与者。

易商或期货经纪商。《美国商品期货交易委员会再授权法》对《商品交易法》进行修订后颁布的《CFTC规章》也对零售外汇交易商提出了众多监管要求。比如,《CFTC规章》第5.7节要求，从事零售外汇交易的期货经纪商和零售外汇交易商（按照《美国商品期货交易委员会再授权法》的要求）至少都要有2000万美元的净资本金。如果2000年就有了这些法律和规章条款，那泽林纳案和厄斯金案判决所述的对赌行经营者就需要在CFTC进行注册，且其场外零售外汇交易就要受《商品交易法》的管辖（即便其不涉及期货或期权），从而使CFTC的民事执法诉讼成为可能。

第五节 证券期货

通过本章第二节，我们了解了证券，而通过第三节，我们又了解了期货。现在，我们来了解一下证券期货。所谓证券期货，是指以单只证券或窄基证券指数为标的的期货合约。如前所述,《商品期货现代化法》对《商品交易法》进行了修订，取消了《夏德—约翰逊协议》对证券期货的禁令。根据《商品期货现代化法》，证券期货由CFTC和SEC共同监管，因此既可在证券交易所交易，又可在指定合约市场（即期货交易所）交易。在美国，证券期货产品是通过一家名为“OneChicago”的电子交易平台上市交易的，但这些金融工具在美国从未真正受到人们的热捧。

第六节 互换:《多德—弗兰克法》的宽泛定义

从纯粹的历史角度看，互换是金融衍生品市场生态系统中相对较新的事物，因为它诞生于20世纪70年代中末期。如前文第二章所述，一般而言，互换是指利用事先确定的价格机制定期交换资产的合约。[①]人们认为，互换类

---

① GARY E. KALBAUGH, DERIVATIVES LAW AND REGULATION 6(2014).

似于一系列期货合约，即在功能上与一系列合约对等。在2010年《多德—弗兰克法》颁布之前，互换通常是在场外进行交易并以现金交割的。《多德—弗兰克法》的主要目标之一就是将互换交易从场外转移到有组织交易所中进行，并通过清算所进行结算。因此，该法要求零售客户（即非合格合约参与者）只能在指定合约市场（即受监管期货交易所）上进行互换交易。这意味着，在美国，任何被归入互换的金融工具都不能在场外与零售客户进行交易。与证券和期货的法律法规定义一样，《多德—弗兰克法》中的互换定义非常宽泛，甚至将许多人们通常并不认为是互换的协议和交易都纳入了互换的范围中。比如，《商品交易法》中的互换定义就明确包括了期权，尽管从经济角度看，互换和期权并不相同。

阿根廷小说家豪尔赫·路易斯·博尔赫斯（Jorge Luis Borges）曾经说过，实际上，一本书或一份其他文本也可以成为一座迷宫。如果这句话没错，那么，《商品交易法》第1a节第（47）条中各类衍生品的法律定义也构成了一座文字迷宫，这座迷宫在复杂程度上足以与豪尔赫小说中构建的任何迷宫相提并论。《多德—弗兰克法》第七编（称为《华尔街透明度与问责法》）将相关场外衍生品分成了三类，即互换、基于证券的互换和混合互换。由于衍生品金融工具的这些定义来源于《多德—弗兰克法》第七编对《商品交易法》和联邦证券法进行的修订，因此，互换、基于证券的互换和混合互换有时又被称为“第七编工具”。在CFTC与SEC之间分配互换及相关场外衍生品的监管权力时，《多德—弗兰克法》采用了与《夏德—约翰逊协议》一致的方式。因此，分析金融工具时，考察标的参考资产、价格、利率、证券、指数或商品是大有裨益的。此外，这样做也有助于认定相关金融工具是否属于须受任何或有事项约束的协议、合约或交易（或有事项包括任何潜在未来事件的发生与否或发生范围等）。

《多德—弗兰克法》第七编授予了CFTC对互换的监管权。一般而言，这里的互换是指以商品、利率、豁免证券（如美国国债）或宽基证券和贷款指数等为标的物的场外衍生品。SEC拥有对基于证券的互换的监管权。所谓基于证券的互换，是指基于窄基证券指数、单只证券、单项贷款或单个证券发行人/窄基证券指数中特定证券发行人相关事件的发生、不发生或发生范围的互换，具体如《商品交易法》第1a节第（47）条所述。混合互换则受CFTC和SEC的联合监管。所谓混合互换，是指这种互换既有受CFTC监管的互换的特征，又有受SEC监管的基于证券的互换的特征。标的参考物为石油价格、石油公司股份价值或窄基石油公司股票指数的互换就是混合互换的例子，而某些需要基于证券和商品（即非证券）二者中的绩优者进行支付的互换也是混合互换的例子。CFTC和SEC曾经联合颁布过旨在对互换、基于证券的互换和混合互换进行进一步定义的规则。总体而言，《多德—弗兰克法》授予了CFTC对大多数互换的监管权，只是排除了那些被认为与证券非常相似的互换。这类互换被贴上了“基于证券的互换”这一标签，并被置于SEC的监管之下。

SEC有权监管基于证券的互换，包括以单只证券、窄基证券指数或单项贷款为标的的信贷违约互换和股权互换。因此，根据新的框架，CFTC拥有绝大部分互换市场的管辖权，包括利率互换、外汇衍生品、商品互换，以及基于宽基指数的信贷违约互换和股权互换。

《商品交易法》第1a节第（47）条第（A）款对互换进行了定义。该定义共分六个部分，在下文中，我将依次对每一部分进行讨论。

根据《商品交易法》第1a节第（47）条第（A）款第（i）项，“互换”是指旨在购买或销售一种或多种利率、货币、商品、证券、债务工具、指数、定量指标或其他任何金融或经济权益或财产，或者以上述各项权益或财产的价值为标的的看跌期权、看涨期权、上限期权、下限期权、领口期权或其他类似期权。[①]请注意，在这项规定下，互换是指“以一种或多种……商品的价

① 7 U.S.C. § 1a（47）（A）（i）.“互换的定义不仅包括传统互换，如农业互换和商品互换，而且还包括任何类型的期权。目前，任何类型的场外期权均属于互换，且须遵守CFTC就互换制定的任何规则。” JOHNSON ET AL., DERIVATIVES REGULATION § 1.02［12A］, n. 519.19.

值”为标的的“任何期权”。因此，第1a节第（47）条第（A）款第（i）项将所有商品期权都转换成了互换，而这样做的目的在于至少可以方便监管。[①]有必要说明的是，期货期权被明确排除在了《商品交易法》互换定义的范围之外，下文将就这个问题进行详细阐述。还应注意的是，互换定义提到了“商品”及其他项目。所以，很明显，美国国会并不想将互换的定义局限于以商品作为标的资产的衍生品。因此，有人认为，互换定义覆盖了“旨在转移有价物或追踪该物价值的任何期权”。[②]由此可以看出，法律对何为期权这个问题的理解比期权的常见经济概念更为宽泛，因为期权的一般经济概念认为，期权是指“于设定到期日之前以固定成交价格购买或销售某项资产的权利，而非义务”。[③]由于第1a节第（47）条第（A）款第（i）项的规定，互换定义实际上纳入了许多类型的二元期权。二元期权（也被称为数字期权）是指收益要么为零、要么为某一固定金额的期权，具体取决于其收益条件是否得到了满足。比如，人们可以石油价格为条件创设一项二元期权，即如果某一交易日末每桶石油价格等于或超过60美元，则期权卖方应向期权买方支付100美元，而如果石油价格低于60美元，则其无须支付任何金额。在美国，坎特期货交易所可提供“交易单位为100手数字式二元期权合约”的清算型比特币互换产品。[④]

《商品交易法》第1a节第（47）条第（A）款第（ii）项规定，“互换”这一术语包括“规定了任何购买、销售、支付或交割活动（而非股权类证券红

① 请参见：Commodity Options，77 Fed. Reg. 25，320（Apr. 27，2012）.“该定义包括所有期权，显然也包括证券期权……但证券期权最终被排除在了该定义之外。”KALBAUGH，DERIVATIVES LAW AND REGULATION，at 72.

② JOHNSON ET AL.，DERIVATIVES REGULATION § 1.02［12A］.

③ ANDREW M. CHISHOLM，DERIVATIVES DEMYSTIFIED 249（2d ed. 2010）. 尽管期权与期货合约的经济功能相似，但这两类衍生品之间仍然存在差异。“但是，商品期权与期货合约之间存在许多区别性特征。其中最明显的一项，就是在期权无利可图的情况下，其持有者拥有任其到期并失效的权利。而在期货合约下，无论是以对冲平仓还是交割方式履约，当事方在持有合约期间均须就合约价值的全部变动负责。”JOHNSON ET AL.，DERIVATIVES REGULATION § 1.02［10］.

④ 请参见：http：//www.cantorexchange.com/bitcoin-contract-salient-features-2/.

利）且上述活动取决于潜在财务、经济或商业后果相关事件或或有事项的发生、不发生或发生范围的任何协议、合约或交易”。[①]互换定义的这一部分不仅与“商品”定义无关，而且还可能将须受未来或有事项限制的几乎所有销售或购买合约都纳入这一定义范围。这里还需注意一个事实，即这一定义的门槛很低，因为相关事件或或有事项仅须具备潜在财务、经济或商业后果。这似乎意味着，实际上没有或不太可能产生这种财务、经济或商业后果的事件或事项仍可能被认为触发了互换定义的这部分规定。

从字面意思看，《商品交易法》第1a节第（47）条第（A）款第（ii）项几乎涵盖了所有保险协议或产品。但是，《多德—弗兰克法》规定在《商品交易法》中增加了第12节第（h）条，规定“互换不得被视为保险，且不得依照任何州法律作为保险合约进行监管”。[②]此外，在对“互换”这一术语进行进一步定义的联合规则制定文件中，CFTC与SEC明确规定，以满足具体条件为前提，保险不在互换定义的范围之内。CFTC与SEC的联合规则制定文件还明确，一般而言，贷款参与及消费和商业交易（如消费贷款、可变利率或隐含利率期权抵押贷款等，包括可根据消费者相关事件的发生而变更规定利率的贷款，如发生违约后利率升高的贷款）不会被视为互换或基于证券的互换。

由于《商品交易法》第1a节第（47）条第（A）款第（ii）项的规定，差价合约属于互换或基于证券的互换，而具体则取决于标的资产或项目。比如，基于商品的差价合约属于互换，而基于单只证券的差价合约则属于基于证券的互换。差价合约是指“允许投资者在不拥有股票、货币和商品的情况下就

① 7 U.S.C. § 1a（47）（A）（ii）.

② 7 U.S.C. § 16（h）；KALBAUGH，DERIVATIVES LAW AND REGULATION，at 80. 在对“互换”这一术语进行进一步定义的最终规则制定文件中，CFTC也加入了适用于保险的“安全港”条款。同上。1945年，美国国会最终通过了《麦卡伦—弗格森法》，规定保险只能由州政府监管，任何联邦法律均不得解读为废除、损害或替代了州政府为对保险业务实施监管而颁布的任何法律，除非相关联邦法律明确涉及保险业务。请参见：Farrokh Jhabvala，*The "Direct Conflict" Test for First Clause McCarran-Ferguson Cases*，33 TORT & INS. L.J. 1147，1147（1998）.

其价格走向进行赌博”的金融工具。[①]差价合约到期时，当事方将交换标的参考物开盘价与收盘价之间的差额，而这里的标的参考物可以是股票，也可以是商品。差价合约通常具有杠杆属性，客户有时仅凭低至2%的保证金即可发起交易。差价合约一般在美国境外更为流行，其标的物可以是美国国债、商品、外汇汇率、股权和股票指数，甚至可以是比特币和以太币之类的加密货币（但近年才开始兴起）。

此外，CFTC将互换定义解释为涵盖了泽林纳案和厄斯金案判决所述的滚动式现货交易。大家应该还记得，上述两案均涉及标的商品为外币的滚动式现货商品交易。根据一项旨在打击场外零售外汇市场欺诈活动的特定机制，2008年的《美国商品期货交易委员会再授权法》将滚动式即期外汇交易纳入了CFTC的监管范围。两年后，美国国会通过了《多德—弗兰克法》。该法规定的互换定义非常宽泛，甚至将商品期权及其他某些交易都纳入了其适用范围。根据这部法律，滚动式现货商品交易被视为与差价合约类似，而如前文所示，差价合约在《商品交易法》第1a节第（47）条第（A）款第（ii）项规定下是作为互换处理的。因此，今天的CFTC就是将杠杆式滚动现货商品交易作为互换而非期货合约进行监管的。但是，到目前为止，我们还不用担心互换与期货的监管待遇存在什么差异。我们只需要知道，《商品交易法》就滚动现货商品交易和零售外汇交易授予CFTC的监管权比泽林纳案和厄斯金案判决作出时要广泛得多。正因为如此，今天，欺诈性外币对赌行逃脱监管的能力比以前要小得多。

《商品交易法》第1a节第（47）条第（A）款第（iii）项规定，互换为满足下列条件的任何协议、合约或交易：

---

① Donal Griffin, *Why "Contracts for Difference" Are Under Scrutiny*: *QuickTake* Q&A, BLOOMBERG, Sept. 21, 2017. “一般而言，差价合约是旨在交换合约仓位建立至合约仓位结束期间标的资产价差的合约。如合约价值增加，卖方须向买方支付价差；如合约价值下降，则买方向卖方支付价差。” Further Definition of “Swap” “Security-Based Swap” and “Security-Based Swap Agreement”: Mixed Swaps; Security-Based Swap Agreement Recordkeeping, 77 Fed. Reg. 48208, 48239-60（Aug. 13, 2012）.

以履约为基础，规定以固定或或有方式，基于一项或多项利率或其他比率、货币、商品、证券、债务工具、指数、定量指标或者其他任何金融或经济权益或财产的价值或水平，或者基于在上述权益或财产中享有的或取决于上述权益或财产价值的权益，对一项或多项支付进行交换，且在交易双方之间转移全部或部分与上述价值或水平未来变化相关的金融风险，但对于以上述方式被转移金融风险的资产（包括任何企业或投资池）或债务而言，又不转移该资产或债务当前或未来的任何直接或间接所有者权益。

人们认为，本部分描述了传统上互换经济学定义所包含的内容。以另一种（更为简单的）方式表述就是，互换涵盖了要求根据所参考事物的价值或水平进行支付但又不赋予任何一方对该事物所有权的任何协议。①

第1a节第（47）条第（A）款第（iii）项在结尾处提供了一份常见互换协议、合约和交易清单。具体而言，该项对互换定义的规定包括如表3-1所示的“常见协议、合约或交易”：

表 3-1

（1）利率互换	（12）债务指数互换
（2）利率下限	（13）债务互换
（3）利率上限	（14）信贷息差
（4）利率上下限	（15）信贷违约互换
（5）交叉货币利率互换	（16）信贷互换
（6）基差互换	（17）天气互换
（7）货币互换	（18）能源互换
（8）外汇互换	（19）金属互换
（9）总收益互换	（20）农产品互换
（10）股权指数互换	（21）碳排放互换
（11）股权互换	（22）商品互换

① JOHNSON ET AL., DERIVATIVES REGULATION §1.02［12A］.

一位衍生品市场专家将《多德—弗兰克法》的这个部分描述为一份在定义之前已经存在且在当时被视为互换的交易清单。①

《商品交易法》第1a节第（47）条第（A）款第（iv）项规定，“互换”这一术语包括“当前属于或未来成为行业所熟知的互换”②的任何协议、合约或交易。因此，这项规定充当了将未来所有金融创新均纳入其中的兜底条款。③此前，《格雷姆—里奇—比利雷法》曾对一种被称为“基于证券的互换协议”的金融工具进行定义，而该定义与互换定义大体相同。④《多德—弗兰克法》没有将基于证券的互换协议的定义从联邦法律中删除，反而将这类金融工具纳入了互换的定义中。具体而言，《商品交易法》第1a节第（47）条第（A）款第（v）项规定，互换定义包括满足《格雷姆—里奇—比利雷法》第206A节所述“互换协议定义”，且主要条款建立在任何证券、任何证券组合或指数或者其中任何权益的价格、收益、价值或波动之上的“任何基于证券的互换协议”。实际上，像上述条款这样的规定并没有什么实际意义，其唯一作用就是使法律越来越高度技术化。因为这类条款的存在，本领域的实务工作者不得不注意互换、基于证券的互换、混合互换、基于证券的互换协议等众多概念的定义。但是，本章并不打算对这些金融工具的轮廓和界限进行详尽分析。目前，我们只要知道《商品交易法》将基于证券的互换协议归入了互换，因此这些金融工具必须接受CFTC的监管即可。

最后，《商品交易法》第1a节第（47）条第（A）款第（vi）项规定，互换是满足下列条件的任何协议、合约或交易，即该协议、合约或交易“属于第（i）项至第（v）项（即上文所述五个部分）所述任何协议、合约或交易的组合或变体，或属于以上述协议、合约或交易为标的的期权”。⑤第1a节第

① KALBAUGH, DERIVATIVES LAW, at 73.
② 7 U.S.C. §1a（47）（A）（iv）.
③ KALBAUGH, DERIVATIVES LAW, at 73.
④ KALBAUGH, DERIVATIVES LAW, at 74.
⑤ 7 U.S.C. §1a（47）（A）（vi）.

（47）条第（A）款第（vi）项旨在“确保上述各项的组合也被纳入互换定义的范围之内”。[①]因此，互换期权，即基于互换或基于证券的互换的期权，也属于互换或基于证券的互换，具体取决于标的参考物（如商品、单项证券或宽基证券指数等）。此外，CFTC还声明，互换担保也属于互换。

根据《商品交易法》第1a节第（42）条规定，“基于证券的互换”这一术语具有《证券交易法》第3节第（a）条规定的含义。《证券交易法》第3节第（a）条规定，基于证券的互换是基于窄基证券指数、单只证券或单笔贷款，或者基于单一证券发行人相关事件或窄基证券指数中多只证券发行人相关事件的发生、不发生或发生范围，且符合《商品交易法》第1a节第（47）条所述定义的互换。但是，需要说明的是，根据《商品交易法》第1a节第（47）条第（B）款（x）项规定，基于证券的互换被排除在了互换定义之外。基于证券的互换的这个定义涵盖了以单一公司或窄基证券指数（即通常包含九种或九种以下证券的指数）为标的的信贷违约互换。以宽基证券指数为标的的信贷违约互换被认为属于互换，须受CFTC监管。

《商品交易法》第1a节第（47）条第（B）款涉及互换定义的排除规定。被排除在互换定义之外的项目包括：期货合约、期货期权、证券期货、远期合约、股票期权、单名信用违约互换、证券承销商与证券发行人之间的协议、基于证券的互换（如前所述，属于证券）及与联邦储备银行或联邦政府的任何机构或部门达成的任何协议、合约或交易。鉴于规则的复杂性和技术性，市场参与者可要求CFTC和SEC就特定金融工具的定性作出联合解释。[②]

第七节　场外零售商品交易

“打地鼠”是一项游戏。在游戏中，地鼠会随机从洞口钻出来，然后钻回

① KALBAUGH, DERIVATIVES Law, at 74.

② JOHNSON ET AL., DERIVATIVES REGULATION §1.02［12A］.

去，然后又钻出来，而玩家的任务就是用一个木槌不断地击打钻出来的地鼠。这项游戏的挑战在于，玩家不知道下一只地鼠会从哪个洞里钻出，而击打或试图击打其中的一只后，另一只肯定又会从其他某个地方钻出来。有时，“打地鼠”这个短语可用于指代在某一领域解决了问题，但这个问题又在另一领域重现的情形。这种情形暴露了一个事实，即如果相关问题持续存在并反复出现，那么试图阻止特定糟糕结果不再发生的努力注定是徒劳的。CFTC和期货行业自律性组织，即美国国家期货协会（NFA），有时就觉得自己好像是在玩这种“打地鼠”游戏。在游戏中，扮演地鼠角色的通常是欺诈性对赌行经营者。无论什么时候，只要法律修订将监管权延伸到了之前出现了问题的领域和交易类型，他们总能从不受监管的其他市场部门“冒出来”。美国国会应对这些打地鼠式问题的方法通常是扩大监管范围，以便CFTC有权对相关不当行为实施监管。这正是CFTC最终对不属于期货、期权或互换的杠杆式场外零售商品交易拥有广泛管辖权的原因所在。

美国国会通过2008年《美国商品期货交易委员会再授权法》并授权CFTC监管场外杠杆式零售外汇交易后，零售外汇交易领域的欺诈性对赌行经营者有所减少，但CFTC发现，黄金、白银及其他贵金属相关欺诈性杠杆式场外零售交易同期却有所抬头。由于零售外汇市场如今已被置于监管之下，因此对赌行经营者拿起了泽林纳案和厄斯金案判决给他们预设好的剧本，转而开始进入贵金属交易行业。为逃避监管，一方面，对赌行通常会确保其与零售客户签署的书面合约明确表示该协议构成了预期进行贵金属交割的现货交易；另一方面，他们又会给客户提供无限期延续（即滚动）交易或以其他方式避免交付或接收大量黄金或白银的机制。由于泽林纳案和厄斯金案造成的遗憾先例，法院是否会认定CFTC对这些（所谓的）零售金属现货交易拥有管辖权就不得而知了。为解决这个问题，美国国会在2010年通过的《多德—弗兰克法》中新增了一项条款，规定在《商品交易法》中增加第2节第（c）条第（2）款第（D）项，以此方式授予了CFTC对场外杠杆式零售商品交易的管辖权。

根据定义，零售商品交易是指不属于合格合约参与者或合格商业实体的一人（或多人）达成（或接受）的即期或远期交易，且该交易“采用杠杆或保证金方式，或由要约方、对手方或与要约方或对手方协同行动者以类似方式提供融资”。[①,②]如果没有适用排除规定，则《商品交易法》第2节第（c）条第（2）款第（D）项将要求零售商品交易和期货一样只能在CFTC注册的指定合约市场上提供或交易，而这些招揽交易或接受交易指令者则必须注册为期货经纪商。如果交易“将在28日内进行实际交割，或者在CFTC基于相关商品现金市场或现货市场的典型商业实践、以规则或规章形式认定的其他较长期限内进行实际交割，或者在买卖双方之间创设了可强制执行的交割义务，且双方基于其各自业务条线分别拥有交付或接收能力”[③]，那么，《商品交易法》第2节第（c）条第（2）款第（D）项允许相关零售商品交易免于遵守这些要求。因此，未在28日内发生实际交割（或不满足某些其他排除条件）的场外杠杆式零售商品交易实际上被归入了非法行列，因为他们必须受《商品交易法》第4节第（a）条所述的（交易所交易要求）约束，而这意味着，场外零售商品交易将因此而被视为非法场外期货合约。[④]第2节第（c）条第（2）款第（D）项还使《商品交易法》的反欺诈禁令得以适用于零售商品交易，将这些交易与期货合约将被“同等对待”。[⑤]

将CFTC的监管权拓展至不属于期货或其他衍生品的场外零售商品交易，这种做法面临着诉讼的挑战。在这些诉讼中，争论的对象是“实际交割”这个表述的含义，而主要焦点则是不向客户家庭、企业或个人提供实物商品的行为（如仅在账簿中对电子或书面记录进行能够反映商品所有权和控制权转

① 即属于零售投资者的人。

② 7 U.S.C. §2（c）（2）（D）; Interpretation, Retail Commodity Transactions Under Commodity Exchange Act, 78 Fed. Reg. 52426（CFTC Aug. 23, 2013）. Reg. 52426（CFTC Aug. 23, 2013）.

③ 7 U.S.C. §2（c）（2）（D）; JOHNSTON ET AL., DERIVATIVES REGULATION §1.02［12B］. 由于实际交割须“在28日内或……其他较长期限内发生”这项要求写入了法律，因此CFTC不能颁行短于28日的实际交割期限。

④ JOHNSTON ET AL., DERIVATIVES REGULATION §1.02［12B］.

⑤ 7 U.S.C. §2（c）（2）（D）.

移的变更，但实际上并未将相关商品从仓库、寄存或类似设施中移除的行为）是否足以构成“实际交割”这个问题。2013年8月23日，CFTC通过《联邦公报》发布了该机构对《商品交易法》第2节第（c）条第（2）款第（D）项的官方释义。在释义中，CFTC表示，该机构认为，认定“‘实际交割’是否发生……需要对合约文件四个维度之外的交割证据进行考量”。[①]CFTC进一步指出，该机构打算采用功能法对协议、合约或交易的营销、管理和履约方式进行考察，而不是只看当事方在协议、合约或交易中使用的语言。这句表述出自CFTC于2013年发布的释义文件，其目的似乎是防止法院在对“实际交割”进行解释时参考泽林纳案和厄斯金案的先例，因为在这两个案例中，法院优先考虑的是书面协议的文本，而非其他任何因素（包括当事方之间的交易过程和普遍做法等）。

2014年，在CFTC诉亨特怀斯商品公司（Hunter Wise Commodities）案中，美国第十一巡回上诉法院终于有机会对《商品交易法》第2节第（c）条第（2）款第（D）项中的“实际交割”这一表述进行了解释。在亨特怀斯案中，CFTC对一家欺诈性金属对赌行发起了执法诉讼。一开始，第十一巡回上诉法院认为,《商品交易法》第2节第（c）条第（2）款第（D）项中的“实际交割”表述并不存在歧义，应将其解释为与其常见含义相同，因此没有必要援引CFTC的释义进行断案。具体而言，第十一巡回上诉法院指出，“我们没有必要诉诸CFTC的非正式释义，因为‘实际交割’已经明确排除了推定交割”，而这种推定交割正是本案争论的焦点。[②,③]尽管表示没有必要援引CFTC的释义，但关于CFTC对“实际交割”的解释，第十一巡回上诉法院在言语中仍表示了支持。在这方面，法院指出，CFTC强调美国国会使用“实

① Interpretation，Retail Commodity Transactions Under Commodity Exchange Act，78 Fed. Reg. 52，426，52，428（CFTC Aug. 23，2013）.

② 推定交割是指“根据交易中当事方的行为（如将所有权证转让给另一方）推定其已经发生的交割，即便实物交割尚未进行。”*Constructive Delivery*，BUSINESS DICTIONARY，http：//www.businessdictionary.com/definition/constructive-delivery.html.

③ Hunter Wise. 749 F.3d at 970.

际”一词对“交割”进行修饰，以证明利用账面记录表示交割已经进行或销售已获保障或对冲的做法不足以构成实际交割。[①]然后，法院援引了《布莱克法律词典》的定义，表示“交割”系“转移某种事物的正式行为”，它意味着所有权和控制权的转移。[②]接着，第十一巡回上诉法院指出，实际交割意味着“将真实所有权即刻移交给买方或买方代理人的行为”，因此与“推定交割”不同，因为“实际”是“存在于事实”中的、“真实的”东西，而不是推定的东西。[③]在这个案例中，第十一巡回上诉法院运用了自己对“实际交割”这一术语的理解。这个例子有助于说明未来法院处理这个问题时可能采用的方式方法。第十一巡回上诉法院表示：

> 亨特怀斯商品有限责任公司是一家贵金属交易商，以融资或杠杆方式向零售客户出售金属。根据融资条款，在全额还清购买金属时获得的贷款之前，客户无权取得金属的个人所有权。第十一巡回上诉法院维持了地区法院的判决，认为亨特怀斯公司就其融资销售而言并没有满足“实际交割”要求，因为该公司本身对其承诺交割的金属也没有所有权或控制权，因此并没有进行实际交割所需要的金属。在这方面，法院发现，亨特怀斯公司购买并用于保障销售的绝大部分金属都是以融资方式从其他交易商那里购买的，因此该公司没有这些金属的控制权，且实际上也从未获得过这些金属的所有权。[④]

第十一巡回上诉法院2014年发布该案判决后，CFTC立即采纳了亨特怀斯案判决对“实际交割”这一术语的解释。[⑤]为与该司法判决的推理保持一

---

① 同上，第980页。“在一项释义声明中，CFTC认为，‘实际交割’须满足下列条件，即‘将买方购买的全部商品，包括其用杠杆、保证金或融资购买的所有商品，以实物形式交付给买方或交付至卖方无所有权的仓库’。”同上。

② JOHNSTON ET AL., DERIVATIVES REGULATION §1.02［12B］（援引Hunter Wise，749 F.3d at 978–79）.

③ 同上。（援引Hunter Wise，749 F.3d at 980）.

④ JOHNSTON ET AL., DERIVATIVES REGULATION §1.02［12B］.

⑤ 同上。

致，在许多针对其他贵金属交易商的后续案件中，CFTC均坚持了以下立场，即：在任何面向零售客户的贵金属融资销售中，如果客户在全额付款之前没有获得实物金属的所有权，即便相关贵金属存放于第三方仓库，该交易也不构成实际交割。[①]2018年，以涉嫌杠杆式、融资式或保证金式零售商品交易欺诈（及其他事项）为由，CFTC对贵金属交易商莫尼克斯信贷公司（Monex Credit Company）提起了民事执法诉讼。在这个案例中，位于加利福尼亚州的一家联邦地区法院判决称，转移存放于第三方仓库的贵金属的所有权证构成了实际交割。对此，CFTC提起了上诉，并成功推翻了地区法院的判决。而且，美国最高法院驳回了莫尼克斯公司就上诉判决提出的再审申请。尽管如此，司法部门未来最终将对“实际交割”这一术语作何解释仍然有待观察。

更麻烦的是，无形商品（如比特币和可再生能源信用证）的实际交割并没有小麦和棉花之类有形商品的交割那么直接。就无形商品而言，人们没有实物可转交给他人，也没有实物可交付至仓库或类似设施。因此，所有权和控制权必须以其他某种方式进行转移。人们该如何认定比特币之类的虚拟货币已经实际交割了呢？当然，人们可以将虚拟货币移交给另一个人或企业，以购买服务或商品，或实现其他目的。但是，虚拟货币没有具体物理表现形式，其转移也必定是以电子、虚拟方式进行的。因此，如果要定义虚拟货币和数字资产的“实际交割”，人们就要确定哪种电子转移方式与实体货物和商品的实际交割最为相似。2016年，CFTC宣布其已结束针对虚拟货币交易平台Bitfinex的民事执法诉讼。CFTC提起诉讼的理由是，Bitfinex以30%的保证金提供虚拟货币交易且未于28日内实际交割虚拟货币或未注册为指定合约市场，因而违反了《商品交易法》第2节第（c）条第（2）款第（D）项的规定。在诉讼中，CFTC表示，由于Bitfinex仍然保留了存放客户虚拟货币钱包的“私钥”，因此实际交割并未发生。

一些市场参与者对CFTC处理虚拟货币相关“实际交割”问题的方式表

---

① JOHNSTON ET AL., DERIVATIVES REGULATION §1.02［12B］.

达了关切。因此，2017年12月20日，CFTC通过《联邦公报》就零售虚拟货币交易背景下《商品交易法》第2节第（c）条第（2）款第（D）项中“实际交割”这一术语的解释，发布了该机构的建议，以便公众发表意见（“建议释义”）。[①]简而言之，CFTC建议将虚拟货币的“实际交割”定义为将虚拟货币的排他性所有权和控制权授予某人，且不设置任何留置权或第三方财产负担，以便此人将虚拟货币授予他人或利用虚拟货币购买物品。

对于“虚拟货币”这一术语，《商品交易法》和《CFTC规章》均未对其进行定义。因此，如果不加修订即全盘接受的话，那么，建议释义将明确规定，“虚拟货币”包括“价值的任何数字表现形式”，包括比特币和莱特币之类的加密货币，以及以智能合约或其他方式配置的其他加密资产。[②]在虚拟货币交易背景下，建议释义要求采取下列步骤完成实际交割：

（1）客户有能力实施下列行为：（i）拥有并控制全部商品，无论其是通过保证金、杠杆还是其他任何融资安排购买的；（ii）在交易日后第28日之前能够在商业中自由使用商品（既可在任何特定平台内使用，也可在特定平台外使用）。

（2）交易日后28天届满之后，要约方和作为对手方的卖方（包括其各自关联方或以类似方式与要约方或作为对手方的卖方协同行事的其他人）不保留其在客户通过保证金、杠杆或其他融资安排购买的任何商品中的任何权益或控制权。

根据建议释义，卖方必须在28日内将虚拟货币的所有权直接转移到客户的数字钱包或客户拥有所有权和控制权的其他数字钱包中。因此，要约方或对手方必须进行交易输入，以便客户通过只有其自身（或其代理人）能够接入的钱包地址接收作为交易输出的虚拟货币。[③]最重要的是，客户钱包不能以

---

① Proposed Rule, Retail Commodity Transactions Involving Virtual Currency, 82 Fed. Reg. 60, 335 (Dec. 20, 2017).

② Proposed Rule, Retail Commodity Transactions Involving Virtual Currency, 82 Fed. Reg. 60, 335, 60338 (Dec. 20, 2017).

③ Proposed Rule, Retail Commodity Transactions Involving Virtual Currency, 82 Fed. Reg. 60, 335 (Dec. 20, 2017).

任何方式隶属于或受控于作为对手方的卖方或第三方要约方。[①]当输入和输出被广播至网络节点并记录在区块链上时，实际交割即告完成。交易日后28天届满后，因利用保证金、杠杆或融资购买全部商品所形成的任何留置权（或要约方、作为对手方的卖方或以类似方式与要约方或作为对手方的卖方协同行事的其他人的其他任何权益）”均不复存在。但是，CFTC是否会将建议释义最终确定为正式释义，以及法院是否会认同CFTC对该术语的解释，仍有待观察。总之，无论实际交割这个术语最终作何解读，以下事实却是不会改变的，即CFTC根据《商品交易法》第2节第（c）条第（2）款第（D）项规定对场外零售商品交易具有的广泛监管权，这也将确保该机构在新型创新数字商品（如虚拟货币及相关加密资产）相关市场的监管方面扮演核心角色。

第八节 从虚拟货币再谈现货市场

《商品交易法》的首要目标，是对商品期货及衍生品市场实施监管，而不是对现货商品和远期合约市场实施监管。因此，将远期合约从期货合约和互换中予以排除就非常重要了：如果一项交易被视为远期合约，那么，它就隶属于现货市场，因而无须满足《商品交易法》的要求。由于远期合约除外规定旨在限制CFTC的监管权，因此本书前文章节强调衍生品交易（即期货合约、期权和互换交易）与远期合约之间的界线极端重要。

但是，《商品交易法》并未规定CFTC有权对现货市场商品交易相关欺诈和市场操纵行为的始作俑者提起民事执法诉讼。具体而言，CFTC拥有对“州际商业中任何商品销售合约”[②]的反欺诈和反操纵权力，而不是拥有对“于未来交割的任何商品的任何销售合约”的反欺诈和反操纵权力，而“于未来交

① Proposed Rule, Retail Commodity Transactions Involving Virtual Currency, 82 Fed. Reg. 60, 335 (Dec. 20, 2017).

② Aronow, *National Fraud Police?*, 38 (1) FUTURES & DERIVATIVES L. REP. NL 1 (March 2018); CFTC V. McDonnell, 287 F. Supp. 3d 213, 217 (E.D. N.Y. 2018) (“CFTC的广泛权力适用于衍生品市场及标的现货市场的欺诈或操纵行为”).

割的任何商品的任何销售合约”正是《商品交易法》中对期货合约的通常称谓。[①]比如，《商品交易法》的一项主要反欺诈条款，即第4b节第（a）条，在相关部分规定如下：

在代表任何他人订立或拟订任何州际商业商品销售合约或在指定合约市场上订立或受指定合约市场规则约束的未来交割商品销售合约过程中，或在代表任何他人订立或拟订不在指定合约市场上进行或不受指定合约市场规则约束的任何未来交割商品销售合约或互换过程中，任何人的行为符合下列情形之一即构成非法行为：（1）欺骗、欺诈或试图欺骗、欺诈他人；（2）故意向他人作出或故意导致他人接到错误报告或声明，或故意向他人名下输入或故意导致他人名下出现错误记录。

尽管第4b节第（a）条第（1）款的范围仅限于“在指定合约市场上订立或受指定合约市场规则约束”的交易，但该款规定明确表明，美国国会确实希望CFTC对现货商品销售相关欺诈进行打击（尽管这里的现货商品仅限于在有组织交易所销售的那些）。

由于2010年的《多德—弗兰克法》，CFTC获得了更多打击现货商品相关欺诈和操纵的权力。具体而言，《多德—弗兰克法》第753节对《商品交易法》第6节第（c）条第（1）款进行了修订，以强化CFTC对市场操纵和欺诈行为实施监管的能力。这项修订在《商品交易法》中插入了一项与《证券交易法》第10节第（b）条类似的条款。《证券交易法》的该条规定赋予了SEC禁止所有欺骗和操纵手段的兜底性权力。基于《证券交易法》第10节第（b）条的规定，SEC颁布了规则10b-5，从而获得了一项打击欺诈和操纵的多用途工具。2011年7月7日，CFTC以全体一致的方式投票通过了《CFTC规章》最终规则第180.1节，从而实施了《商品交易法》第6节第（c）条第（1）款规定的法律禁令，即：就任何互换、任何州际商业商品销售合约或在任何注册实体

① 请参见：7 U.S.C. §2（a）（1）.

订立或受任何注册实体规则约束的任何未来交割商品销售合约而言，不得使用或采用“任何操纵性或欺诈性手段或伎俩”。[①]

《商品交易法》第6节第（c）条第（1）款和《CFTC规章》最终规则第180.1节的适用范围特别广泛，因为该规则不仅明确适用于CFTC传统执法管辖权范围内与期货和互换相关的欺诈和操纵，而且明确适用于“任何州际商业商品销售合约”相关活动中的欺诈和操纵。如前所述，《商品交易法》以一种极其宽泛的方式对“商品”这一术语进行了定义，即将除洋葱和电影票房收入之外的一切都纳入了商品范围。有人指出，鉴于《商品交易法》中“商品”这一术语的广泛含义，以及CFTC对这一术语进行的更加宽泛但值得商榷的释义和美国法学中对何为“州际商业”这一问题的宽松理解，无论有意与否，其结果就是授予了CFTC相当令人咋舌的欺诈监管权[②]。”

为完整起见，这里提供了《商品交易法》第6节第（c）条第（1）款的相关文本：

> 就任何互换、任何州际商业商品销售合约或在任何注册实体订立或受任何注册实体规则约束的任何未来交割商品销售合约而言，任何人直接或间接使用、采用或试图使用、采用任何操纵性或欺诈性手段或伎俩，从而违反委员会颁布的规则和规定的行为均属非法。

下文是CFTC根据第6节第（c）条第（1）款规定颁布的《CFTC规章》最终规则第180.1节的文本：

> （a）就任何互换、任何州际商业商品销售合约或在任何注册实体订立

---

① Prohibition on the Employment, or Attempted Employment, of Manipulative and Deceptive Devices and Prohibition on Price Manipulation. 76 Fed. Reg. at 41, 599. 关于《CFTC规章》最终规则第180.1节的深入分析，大体可参见：Rosa M. Abrantes-Metz et al., *Revolution in Manipulation Law: The New CFTC Rules and the Urgent Need for Economic and Empirical Analyses*, 15 U. PA.J. BUS. L. 357（2013）.

② Aronow, *Is the CFTC Becoming the National Fraud Police? The CFTC Goes All in on Policing Fraud in Virtual Currencies.* 58（1）FUTURES & DERIVATIVES L. REP. NL 1（March 2018）. 援引Heart of Atlanta Motel, Inc. v. U. S., 379 U.S. 241, 258（1964），提供了一个说明州际商业范围广泛性的案例，因为“美国国会促进州际商业的权力同时也包括对州际商业相关地方事件实施监管的权力，该权力范围涵盖来源州和目的地州，而这可能会对州际商业产生巨大且有害的影响”。

或受任何注册实体规则约束的任何未来交割合约而言，任何人以故意或不计后果的方式直接或间接从事下列行为均属非法：（1）使用、采用或试图使用、采用任何操纵性手段、骗局或诡计实施诈骗；（2）就重大事实作出或试图作出任何不当或具有误导性的声明，或不陈述对于使所作陈述真实且无误导性而言属于必需的重大事实；（3）实施或试图实施构成或可能构成针对任何人的欺诈或欺骗的任何行为、事件或商业惯例。

但直到最近，CFTC仍未就仅涉及现货商品的欺诈或价格操纵行为对任何个人或企业提起任何执法诉讼。实际上，CFTC针对的只是在某些方面涉及期货及衍生品市场的非法行为。颁布《CFTC规章》最终规则第180.1节时，CFTC认识到了其所授权力的广泛性，并试图传达将对其行使这一新权力的方式施加某些限制的讯息。因此，CFTC表示，该机构期待行使第6节第（c）条第（1）款授予的权力，并使其涵盖期货或互换市场相关交易、州际商业商品价格相关交易，或现货商品、期货、互换市场及上述市场参与者可能因欺诈或操纵而受到影响的情形。[①]人们认为，CFTC的表述说明，该机构将仅在现货商品交易涉及投机而非使用目的、现货商品属于某种对冲交易的一部分或据推断与CFTC对衍生品市场实施监管这一核心职能挂钩的情形下，才会寻求使用其反欺诈权力。[②]在解释其理由时，CFTC表示，以这种方式主动对其执法权力施加限制是恰当的，因为这种做法尊重了美国国会授予（CFTC）的管辖权，并实现了其核心使命及（《商品交易法》）保护市场参与者、促进市场诚信的目的。[③]

自2011年颁布《CFTC规章》最终规则第180.1节以来，CFTC的公开行动貌似表明，该机构似乎已经认定，为阻止现货商品市场上的害群之马，有

① Geoffrey F. Aronow, *Is the CFTC Becoming the National Fraud Police? The CFTC Goes All in on Policing Fraud in Virtual Currencies.* 38（1）FUTURES & DERIVATIVES L. REP. NL 1（March 2018）（援引Prohibition on the Employment, or Attempted Employment, of Manipulative and Deceptive Devices and Prohibition on Price Manipulation, 76 Fed. Reg. at 41, 401）.

② Aronow, *National Fraud Police?*, 58（1）FUTURES & DERIVATIVES L. REP. NL 1.

③ Prohibition on the Employment, or Attempted Employment, of Manipulative and Deceptive Devices and Prohibition on Price Manipulation, 76 Fed. Reg. at 41, 401

必要更广泛地开展反欺诈执法行动。特别是对虚拟货币现货市场，CFTC以多种方式行使了针对欺诈及其他行为的监管权力。比如，CFTC就虚拟货币估值和虚拟货币即期价格的极端波动等问题向市场参与者发布了公告。此外，CFTC还就虚拟货币相关拉高倒货骗局发布了警告。最后，截至本书撰写时，CFTC已在联邦法院提起了四项针对现货虚拟货币庞氏骗局操纵者的民事执法诉讼。因此，一名评论家表示，CFTC似乎已经打破了自己在反欺诈权力行使方面给自己施加的限制，开始准备对现货市场的所有欺诈活动实施监管，而不论其是否推动了投机交易或是否与衍生品有关。①

2018年3月，CFTC打击虚拟货币现货市场欺诈活动的权力得到了纽约布鲁克林区联邦地区法院法官杰克·B. 韦恩斯坦（Jack B. Weinstein）的支持。2018年1月，CFTC以涉嫌从事欺骗性和欺诈性虚拟货币现货交易为由，对从事投币市场业务的帕特里克·麦克唐奈（Patrick McDonnell）及其公司Cabbage Tech Corp发起了诉讼。②根据指控，麦克唐奈及其公司涉嫌通过网站广告招揽潜在客户，表示如果付费成为虚拟货币交易群体的"会员"，麦克唐奈就会给他们提供通过虚拟货币交易每天挣取300%利润的建议。简而言之，麦克唐奈会要求投资者将资金或虚拟货币发送给他，以换取关于如何以最佳方式从事虚拟货币（如比特币和莱特币）交易的个性化建议，或由他（麦克唐奈）代表客户进行虚拟货币交易。收到客户为换取其（表示的）虚拟货币交易建议而支付的会员费或虚拟货币投资后，麦克唐奈就删掉了用于开展业务的社交媒体账户和网站，然后销声匿迹了。麦克唐奈及其公司只提供了极少的虚拟货币交易建议（如果说有的话），且从未实现其承诺的投资回报。③实际上，麦克唐奈经营的是一个庞氏骗局，客户支付给他的资金都被他挥霍掉了。而且，这并非他第一次因为投资欺诈而触犯法律：早在2003年，麦克唐奈就曾在一场涉及外汇庞氏骗局的邮件欺诈案中认罪，且因此被判入

① Aronow, *National Fraud Police?*, 38（1）FUTURES & DERIVATIVES L. REP. NL 1.

② CFTC v. McDonnell, 287 F. Supp. 3d 215, 217（2018）.

③ 同上。

狱30个月。

在麦克唐奈案中，纽约布鲁克林区联邦地区法院表示，他们要解决该案提出的“两大问题”，即：（1）虚拟货币是否可作为商品而接受CFTC的监管；（2）《多德—弗兰克法》对《商品交易法》进行的修正是否允许CFTC对未直接涉及期货或衍生品合约销售的欺诈行为行使管辖权。对于这两个问题，纽约布鲁克林区联邦地区法院都给出了“是”的肯定答案。[①]

对纽约布鲁克林区联邦地区法院的推理进行考察有助于我们洞察其他法院处理这个问题的方式方法。因此，第一个需要考察的问题就是虚拟货币是否属于《商品交易法》所述的“商品”。如前所述，《商品交易法》将“商品”定义为：（1）明确列举的农业产品和物品；（2）其他所有产品和物品；（3）当前或未来交易且于未来交割合约所涉及的……所有服务、权利和权益。[②]此外，第1a节第（9）条所述“排除商品”的定义包括任何“具有经济或商业……价值的价格、差价、指数或指标”。[③]第1a节第（9）条的规定提到了“当前或未来交易且于未来交割合约所涉及的”这一表述。这就提出了一个问题，即相关产品、物品、服务、权利或权益是否必须是现有已上市期货合约的标的物才能被认定为商品，或者说，基于这些产品、物品、服务、权利或权益“在理论上创设一项期货合约”是否足以使其被认定为商品。[④]这个问题其实很重要，因为在CFTC向联邦法院提起的若干执法诉讼中，目前或以前并无任何以相关虚拟货币为标的的期货合约存在。

在麦克唐奈案中，纽约布鲁克林区联邦地区法院认为，“虚拟货币完全在‘商品’常见定义的范围之内，同时也在《商品交易法》中的‘商品’定

---

① Brief of CFTC in Support of Preliminary Injunction and Other Relief, No. 18-CV-0361（JBW）, 2018 WT 3323230（E.D, N.Y. Feb. 26, 2018）.

② 7 U.S.C. §1（a）（9）. 如前所述，洋葱和电影票房收入被排除在了商品定义范围之外。同上。

③ 7 U.S.C. §1（a）（19）.

④ Geoffrey E. Aronow, *Is the CETC Becoming the National Fraud Police? The CFTC Goes All in on Policing Fraud in Virtual Currencies*, 38（1）Futures & DERIVATIVES L. Rep. NL 1（March 2018）. “如果一定要有现有期货合约，该合约是否必须存在于美国境内也不得而知。”同上。

义即‘当前或未来交易且于未来交割合约所涉及的……其他所有产品和物品’的范围之内”。[①]换句话说，法院认为，“‘商品’从经济职能和法律语言上来讲都包括了虚拟货币”。[②]韦恩斯坦法官还指出，CME这一期货交易所经营机构也曾提交一份法庭之友意见书，对CFTC关于虚拟货币属于商品的意见表达了支持。CME表示，如果司法判决认定虚拟货币不属于商品，这将颠覆业已存在的市场预期。同时，鉴于《商品交易法》要求期货合约必须有作为商品的标的参考物这一事实，这样的认定将危及CME近期推出的比特币期货合约，因为比特币就是一种虚拟货币。

另一个需要考察的问题，是CFTC是否有权对实施虚拟货币现货交易相关欺诈活动者提起民事执法诉讼。在麦克唐奈案中，CFTC管辖权的其他所有触发要件均不适用。比如，麦克唐奈及其公司并未从事虚拟货币期货或期权的交易，也未提供虚拟货币期货或期权交易相关建议。因此，CFTC对衍生品的传统管辖权并未触发。同样，麦克唐奈及其公司并未表示其从事的是杠杆式、保证金式或融资式虚拟货币交易。这意味着，CFTC对场外杠杆式、保证金式或融资式零售商品交易的管辖权，如《商品交易法》第2节第（c）条第（2）款第（D）项所述，也未触发。因此，CFTC不得不诉诸《商品交易法》第6节第（c）条第（1）款及其根据该款规定颁布的《CFTC规章》最终规则第180.1节，才能行使其对麦克唐奈案的管辖权，即利用州际商业商品（即虚拟货币）销售合约相关欺诈条款对麦克唐奈及其公司发起诉讼。

纽约布鲁克林区联邦地区法院认为，《商品交易法》第6节第（c）条第（1）款的直白语言赋予了CFTC打击现货商品交易相关欺诈活动的权力，这无疑是正确的。具体而言，纽约布鲁克林区联邦地区法院表示，“尽管CFTC传统上将其管辖权主要局限于商品‘期货’合约，但其将管辖权延伸至即期交易商品欺诈活动的做法基于法律法规准则而言是合理的。”[③]该法院进一步指

① McDonnell, 287 F. Supp. 3d at 228.

② McDonnell, 287 F. Supp. 3d at 217. 援引7 U.S.C. §1a（9）.

③ McDonnell. 287 F. Supp. at 229.

出，第6节第（c）条第（1）款和《CFTC规章》最终规则第180.1节的表述授予了CFTC对涉及虚拟货币现货交易的骗局发起执法诉讼的必要权力。但是，麦克唐奈提出了一项动议，要求法院重新考虑其判决，但韦恩斯坦法官驳回了这项复议动议。2018年8月23日，经民事法庭审理后，韦恩斯坦法官以被告就比特币和莱特币等虚拟货币交易建议及相关服务作出虚假陈述，从而对客户构成了欺诈为由，作出了要求麦克唐奈及其公司支付110多万美元民事罚款和赔偿金的判决。与判决结果相比，对我们更重要的是，韦恩斯坦法官的判决认定，虚拟货币属于商品，且CFTC可对现货商品（即虚拟货币）交易活动提起反欺诈诉讼。麦克唐奈案定义“商品”的方法似乎将使所有虚拟货币，包括那些尚未成为期货合约标的物的虚拟货币，都落入《商品交易法》中“商品”一词的定义范围。当然，其他法院是否也认同麦克唐奈案判决的推理仍然有待观察。但是，美国国会在《商品交易法》赋予了“商品”这一术语以宽泛定义这一事实表明，未来司法判决得出相同结论的可能性将增加。同样，对于CFTC是否会针对不涉及虚拟货币现货商品交易的庞氏骗局发起民事执法诉讼，现在下结论仍为时过早。

第四章

金融科技：从科幻到非科幻

期货市场在日复一日、年复一年的不断演变过程中，逐渐发展成为一个基本上由算法软件机器人主宰的电子生态系统。期货市场的自动化是金融服务整体趋势的一部分。在这个趋势下，计算机化系统的使用逐步拓展至金融公司的各项领域，而在此之前，这些领域被认为并不适合由算法控制。但这并不意味着人类在期货及衍生品市场金融服务领域不再扮演重要角色，而是说人类发挥作用的范围正在逐步缩小，因为算法机器人开始执行越来越多此前只能由交易者、衍生品销售人员和风险分析师才能执行的任务。如绪论所述，金融市场的计算机化和自动化通常与"金融科技"（即通常所说的"FinTech"或"Fintech"）的兴起有关。

了解这个术语的大体含义并不难，但要准确认定"金融科技"具体是什么却有点棘手。比如，金融科技是指交易平台使用的计算机算法等软件程序？还是指因近期创新而兴起的P2P借贷和众筹等新型商业模式？抑或是指采用新型软件算法或在金融服务中致力于创新商业模式的企业？和许多事物一样，关于金融科技这个术语的含义，人们目前尚未达成共识，且无法明确这个术语是起源于学术界还是市场实践。[①]这个术语通常被用于指金融市场

① Patrick Schueffel, *Taming the Beast: A Scientific Definition of FinTech*, 4 (4) JOURNAL OF INNOVATION MANAGEMENT, 32-54 (2016). 尽管一些人将"金融科技"这一术语的起源归结于花旗银行在20世纪90年代初实施的一个项目，即"金融服务技术联盟（Financial Services Technology Consortium）"，但该术语在1972年发表的一篇学术文章中已出现过。

和金融服务领域中由科技主导的创新，这种创新正在重塑市场机构及投资者接收和使用信息、客户接受和使用金融服务、公司获取和配置资金的方式方法。[①]金融稳定委员会是二十国集团为应对国际金融危机，于2009年成立的一个全球性监管组织，该委员会将金融科技理解为“由技术驱动，催生新型商业模式、应用、进程或产品，并对金融市场和机构及金融服务的提供产生重大影响的金融服务创新”。[②]从广义上讲，“金融科技行业是数字科技部门的一个分支”[③]，涵盖了“数字银行和金融服务”的创新，及“对支付、资本市场、资产管理、借贷、保险和……存款活动等消费者金融服务产品进行变革”的努力。[④]一般而言，《商品交易法》和《CFTC规章》并不会仅根据名称对“金融科技”企业和工具实施监管，而是仅对在正常情况下属于这些法律法规监管范围内的企业和活动实施监管。换句话说，《商品交易法》和《CFTC规章》在技术上是中立的。因此，无论是通过人类金融专家还是通过人工智能系统提供服务，企业只要从事向客户提供期货合约交易咨询服务的营利性业务，就要作为商品交易顾问接受监管。本章主要内容不是对金融科技各个方面进行阐述，但我仍将探讨两类最为明显且对衍生品市场具有重大影响的金融科技现象，即：（1）算法交易系统（包括高频交易策略执行系统）等人工智能在金融服务中的运用；（2）包括比特币等加密货币在内的数字资产。当然，对加密货币及其他数字资产进行分析时，肯定会涉及对若干基础性技术（如区块链和智能合约等）的探讨。

第一节　面向金融服务的人工智能系统

如前所述，今天的美国期货市场在很大程度上已实现计算机化：衍生品

① Chris Brummer & Daniel Gorfine, FinTech: Building a 21st-Century Regulator's Toolkit, Oct. 2014, https: //assets1c.milkeninstitute.org/assets/Publication/Viewpoint/PDF/3.14-FinTech-Reg-Toolkit-NEW.pdf.

② Nizan Geslevich Packin, *Regtech*, *Compliance*, *and Technology Judgment Rule*, 93 CHI.-Kent L Rev. 193, 195 n. 4 (2018).（援引Monitoring of FinTech, Fin. Stability Bd）.

③ Packin, Regtech, *Compliance*, *and Technology Judgment Rule*, 93 CHI.-KENT L REV. at 196.

④ Packin, Regtech, *Compliance*, *and Technology Judgment Rule*, 93 CHI.-KENT L REV. at 196.

交易不太可能围绕着充满交易者的实体交易所展开，而更有可能采用计算机互联网络系统进行。经纪商主要通过电子方式而不是交易大厅内的人类工作人员或经纪商下单。由于衍生品市场发生的这些普遍结构性变革，如今是算法机器人而非人类在期货交易中大量下单。比如，在许多期货合约市场，由算法机器人下单的交易占75%至91%。而且，算法交易不只是从事股票指数和利率期货等金融期货交易的公司在用，从事牛奶、可可和咖啡等实体商品期货交易的公司也在使用。

实际上，人工智能系统，包括由机器学习算法驱动的系统，正在被越来越多的市场参与者采用，以至于2017年，金融稳定委员会甚至向全球金融监管机构提议“对金融行业日益采用人工智能和机器学习技术的做法实施监测”。[①]《商品交易法》和《CFTC规章》并没有对算法交易公司及其软件实施监管的具体规定，只对属于现有监管类型范围内的计算机化交易公司和活动进行监管。也就是说，利用算法从事期货交易的简单行为本身不会导致任何人被置于监管之下。要进入《商品交易法》和《CFTC规章》的监管范围，人们必须实施受这些法律法规约束的具体活动，要么通过软件算法实施，要么通过人类雇员实施。当然，今天的许多衍生品市场中介也在利用算法和计算机系统从事交易和整体运营。利用人工智能驱动的算法机器人进行交易决策有许多看得见摸得着的优势，其中之一就是可以消除衍生品组合管理过程中的人类情绪因素，如恐惧、自疑和贪婪等。

近年来，人工智能系统在金融服务领域的应用范围已经扩大，不再局限于为自营高频交易公司及其他金融机构提供交易所需的算法。今天，由于所谓智能投资顾问的兴起，甚至连并不富裕的个人也可用人工智能系统进行投资管理。尽管人们可将智能投资顾问想象成“《星球大战》中如R2-D2机器人那样缓缓移入房间，然后发出某些购买全球股权基金或外汇等产品的指令，

---

① Lynsey Barner & Julian Harris, *Risks of Artificial Intelligence on Financial Markets Must Be Monitored, Warns Financial Stability Board*, City A.M., Nov. 1, 2017.

并额外奉送一项风险资本信托投资建议”[①]的情景，但现实却大不相同。

一般而言，“智能投资顾问”这一术语指Betterment之类利用人工智能算法自动为客户进行投资决策的公司。当然，这种自动投资决策须以客户财务状况和投资目标相关在线调查问卷为依据。具体而言，智能投资顾问利用人工智能系统及相关技术进行客户分析、资产配置、投资组合遴选、交易执行、投资组合再平衡和投资亏损节税等活动。[②]智能投资顾问主要从事证券交易（证券包括股权、债券及以这些金融工具为特征的场内交易基金），但一些智能投资顾问也将商品和期货合约纳入了他们的投资组合。智能投资顾问主要作为以人类为中心的传统金融顾问服务的平价替代品，面向年轻人进行销售。与算法交易系统一样，智能投资顾问也被吹捧为是能克服投资组合管理过程中人类认知弱点的一种手段。智能投资顾问通过算法进行投资组合管理，具备自动化等特点，服务成本较低，许多智能投资顾问公司仅须满足极低的最低财务要求，甚至没有最低财务要求，因此收取的费用相对较低。

> 智能投资顾问的主要特征是，从账户开立到投资组合监测的整个组合投资过程均可在线完成，无需人工干预。智能投资顾问首先会进行简短的在线问卷调查，以了解客户的投资目标和风险状况。基于客户在问卷调查中的答复，智能投资顾问会利用自动算法，就如何在不同资产中进行资金配置提出建议。他们通常会建议客户投资场内交易基金和指数基金等低成本、多元化的投资组合。除就初始配置提供建议外，算法通常还会对实际投资偏离目标风险水平的情况进行监测，并自动进行投资组合再平衡。[③]

① Alice Ross, *Would You Prefer a Robo-Adviser?*, FIN. TIMES, June 14, 2018.

② 请参见：Report on Digital Investment Advice, at 2, FINRA, March 2016. “算法是数字投资顾问工具的核心要件。”同上，第3页。“数字投资顾问工具依靠数据和算法形成工具输出。”同上，第5页。“在个人层面，人工智能产品可优化人们的财务决策。你可以将其想象为一位公平、透明且训练有素的财务顾问。他与你的银行账户相关联，能够就大学储蓄、买房或退休规划等问题给你提供财务指导。他的核心顾问模式能够将你的财务处境与数以百万计的其他人进行对比，然后推荐最佳解决方案。”Richard Waters, *AI Experts Warn of New Types of Threats*, FIN. TIMES, Feb. 20, 2018.

③ Facundo Abraham et al., *Robo-Advisors: Investing Through Machines*, WORLD BANK BLOG, April 1, 2019.

当然，总有一些人可能更喜欢跟人类顾问讨论其投资问题，而不是与手机APP进行交流，在网络调查问卷上勾选诸如风险容忍度之类的问题。但是，由于人工智能系统将继续发展，再结合智能投资顾问将能够帮助那些本来无法获取金融咨询服务的人们这一情况，智能投资顾问公司的运用未来很有可能更为广泛。

目前，大多数智能投资顾问都是以投资公司或经纪交易商的身份在SEC注册的，但如前所述，智能投资顾问有时也会从事期货合约交易，因此也是衍生品市场参与者。其实，这并不令人惊讶，因为许多金融实体都在同时从事多种金融服务，从银行服务到投资顾问服务等。由于这种服务的重叠，相当多的金融服务公司都要同时受多个金融监管机构的监管。比如，摩根大通、高盛、花旗、美国银行等大型全球银行不仅要受审慎银行监管机构的监管，而且作为互换交易商还要接受CFTC的监管（部分银行仅有分支机构属于须受CFTC监管的互换交易商），与此同时，作为经纪交易商和投资顾问，他们还要接受SEC的监管。因此，人工智能系统的发展很可能不会局限于金融机构的某一个业务部门（如证券交易部门），而似乎会持续拓展至金融机构的其他部门，并扮演越来越重要的角色。

我有一个很好的例子可以说明这点：目前，金融公司正在利用人工智能技术帮助他们满足监管要求。这种人工智能技术被称为"合规科技"，英文简称为"RegTech"。①尽管人们尚未就合规科技的定义达成共识，但从广义上

---

① NAT' L RISK COMM., SEMIANNUAL RISK PERSPECTIVE 1, OFFICE OF COMPT. CURRENCY, Spring 2019; Saqib Aziz & Michael Dowling, *The Role of Artificial Intelligence and Machine Learning in Risk Management*, COLUM. L. SCH BLUE SKY BLOG, Aug. 10, 2018（表示合规科技包括人工智能的运用）; Martin Arnold, *Market Grows for "Regtech" or AI for Regulation*, FIN. TIMES, Oct. 14, 2016; Raghav Bharadwaj, *AI in Suptech*, EMFRJ.COM, Feb. 11, 2019, https://emerj.com/ai-sector-overviews/ai-in-suptech-supervisory-technology-current-finance-applications/. "国际金融协会（IIF）将合规科技定义为运用科技为企业实现监管和合规要求的优化和自动化"；请参见：Douglas W. Arner et al., *FinTech, RegTech, and the Reconceptualization of Financial Regulation*, 37 Nw. J. INT' L L. & BUS. 371（2017）.

讲，该术语是指利用技术解决方案推动监管要求的遵守和监测。[①]人们认为，合规科技属于“金融科技的一个分支”[②]，它旨在运用技术工具“实现日常合规任务的自动化，降低合规义务相关运营风险，使合规职能部门能够基于数据反映的信息作出明智的风险抉择，并创造具有成本效益的问题解决方案”[③]。合规科技在金融服务公司的常见运用包括“利用各类分析识别欺诈性交易”“在法规要求金融公司向主管部门报告特定业务数据时实施报送系统自动化”等。[④]合规科技的运用还包括金融机构利用人工智能系统自动进行与新客户相关的了解客户（KYC）和反洗钱（AML）检查等业务。[⑤]期货经纪商和介绍经纪商等衍生品市场中介也需遵循了解客户和反洗钱等规定，因此也能从可提升了解客户及反洗钱规定相关内部合规程序效率的合规科技工具中获益。

金融机构还在其风险管理系统中使用了合规科技工具，以便监测算法交易对其业务及整个金融市场造成的潜在风险。确实，当今世界交易执行时间以毫秒甚至是微秒计算，且市场可能在数分钟内崩溃，如果要等交易进行两天后才对其进行审查，那这样的风险分析工具肯定不太有用。既然交易速度快于人类的反应时间，那么风险管理系统也就需要同样迅速，而这必然要求使用人工智能系统，因为与人类相比，软件算法可以更快速地监测到更多的数据。紧急闭市和熔断机制等现有工具确实可用于防范市场瞬间崩溃和问题交易算法，但人工智能驱动的合规科技工具则能够通过积极的风险监测和管

---

① Nizan Geslevich Packin, *Regtech, Compliance, and Technology Judgment Rule*, 93 CHI.-KENT L REV. 193, 194 (2018); *Thematic Review on the Implementation of the Legal Entity Identifier* 41 n. 76, FIN. STABILITY BD., May 28, 2019. 合规科技主要是运用基于技术的解决方案减轻或处理监管和监督挑战，包括因金融科技扩大化带来的挑战。具体而言，就是利用数字数据和计算机网络替代老式流程、组织和IT结构及分析工具，并改进决策过程。合规科技中使用的技术与广义金融科技中使用的技术相同。Denise Dias, *FinTech, RegTech, and SupTech: What They Mean for Financial Supervision*, TC NOTES 8 (Aug. 2017).

② 同上。

③ Packin. *Regtech, Compliance, and Technology Judgment Rule*, 93 CHI.-KENT L REV. at 212.

④ Patrick Armstrong, *Speech: Developments in RegTech and SupTech*, ESMA, Nov. 27, 2018, https://www.esma.europa.eu/file/49790/download?token=IzOilcfr.

⑤ Sylvia Shepperson, *The Rise of SupTech: A Win-Win for Financial Market Regulation*, FINEXTRA BLOG, Aug. 22, 2018.

理系统，防止市场进展到需要触发紧急闭市和熔断机制。据预测，金融服务公司使用合规科技工具这一做法将成为市场普遍现象。[①]总体而言，《商品交易法》和《CFTC规章》并未要求或禁止使用特定技术工具确保衍生品市场中介遵守相关法律法规。但实际上，即便不要求使用技术工具，衍生品市场上的许多公司仍在采用各种软件程序和计算机系统助力其遵守各种法律法规，并在某些情况下实现自动遵守。

近年来，人们还见证了“监管科技”（即“SupTech”）的兴起。合规科技属于金融科技的一个分支，而监管科技则可被视为金融科技中面向金融市场监管机构的一个分支。大体而言，监管科技就是运用人工智能（包括机器学习和大数据）等新兴技术帮助金融领域的监管机构对监管任务进行优化并实现自动化。[②]从常见的描述来看，监管科技包括用于市场监测和欺诈识别的人工智能系统，同时也包含一些相对较新的自动化金融监管方法。比如，据报道，意大利银行采用了一种人工智能情绪分析系统，对推特上的推文和互联网上的其他信息进行搜寻，以便近乎实时地对特定存款机构的公众信任水平进行评估。[③]同样，英格兰银行也试验了一种人工智能系统，利用自然语言处理技术“从监管文件中自动抽取信息”。[④]此外，人工智能系统驱动的监管科技工具正在使监管机构能够更加高效地收集和分析非结构化数据（即未录入数据库的数据），将监管人员从阅读大量PDF文档、搜索互联网等费时的任务中解放出来。[⑤]

一些金融监管人士，包括CFTC前主席J. 克里斯托弗·吉安卡洛（J. Christopher Giancarlo），已公开讨论利用人工智能系统支持金融市场监管的

---

① 请参见：Martin Arnold, *Banks' AI Plans Pose Threat to Thousands of Jobs*, Fin. Times, Jan. 25, 2017.

② Raghav Bharadwaj, *AI in Suptech*, EMERJ.COM, Feb. 11, 2019, https://emerj.com/ai-sector-overviews/ai-in-suptech-supervisory-technology-current-finance-applications/.

③ 同上。

④ Bharadwaj, *AI in Suptech*, EMERJ.COM, Feb. 11, 2019.

⑤ Dias, *FinTech, RegTech, and SupTech*, TC NOTES 12.

理念，但他们并未明确提及监管科技。比如，英格兰银行行长马克·卡尼（Mark Carney）表示，人工智能和机器学习系统可降低银行及其他金融机构的监管成本，因为它们可自动向监管机构提供数据，然后进行人工智能分析。①大西洋彼岸的吉安卡洛则表示，如果有足够的预算，他的机构将“购买大量新型……人工智能、数据分析和大数据分析工具”，并“雇佣顶尖科技人才，包括人工智能科学家和大数据工程师”。②在公开演说中，吉安卡洛表示，CFTC将成为量化监管机构，即高效、先进并且能够进行稳健数据收集、自动数据分析和人工智能部署的大数据机构。③吉安卡洛表示，CFTC“有必要”利用人工智能系统和先进数据分析工具，保证我们能够搜集到重要市场情报、有效开展交易监测和监督、校准政策规定并提高市场监管能力。④到目前为止，大多数监管科技工具仍然停留在理念层面，尚未得到充分开发或实施，但根据包括吉安卡洛公开声明和演说在内的公开信息，CFTC及全球其他金融市场监管机构未来很可能会部署更多此类系统。

总之，金融服务领域近期出现的最重要趋势之一就是金融科技工具及相关商业模式的兴起，包括衍生品市场中介及相关金融机构利用人工智能系统下单、管理投资组合并自动完成监管合规任务等做法的兴起。一般而言，对于公司用于实施衍生品交易、为投资客户提供咨询服务并履行其监管义务的技术工具类型，《商品交易法》和《CFTC规章》是不持任何立场的。法律法规注重的并不是个人或公司在衍生品市场中采用的特定技术，而是其行为的

---

① Matthew Holehouse, *UK Banks, Insurers Hear BOE's AI Plan to Cut Oversight Red Tape, Cost*, Mlex, June 20, 2019.

② Laura Noonan, *#fintechFT: US Securities Regulators Bid for a Big Seat at the Fintech Table*, FIN. TIMES, June 9, 2019.

③ J. Christopher Giancarlo, *The Digital Trinity: Technology, Markets, and Policy: Remarks at the Fourth Annual DC Blockchain Summit*, CFTC.GOV, March 6, 2019, https://www.cftc.gov/PressRoom/SpeechesTestimony/opagiancarlo66#_ftn19；请参见：J. Christopher Giancarlo, *Quantitative Regulation: Effective Market Regulation in a Digital Era: Keynote Address at FinTech Week, Georgetown University Law Center*, CFTC.gov, Nov. 2018, at: https://www.cftc.gov/PressRoom/SpeechesTestimony/opagiancarlo59.

④ Giancarlo, *The Digital Trinity: Technology, Markets, and Policy*, CFTC.GOV, March 6, 2019.

性质。比如，一家公司如果经营集合投资工具，且该集合投资工具将从参与者那里募集资金用于交易商品权益，按比例向参与者提供利润分成，那么无论该公司在商品投资基金管理和资金募集过程中使用的是人类高管和雇员，还是人工智能系统，均应根据《商品交易法》和《CFTC规章》作为商品基金管理人接受监管。

第二节 虚拟货币及相关数字资产

下文要讨论的是监管科技的另一个方面，即虚拟货币，包括但不限于比特币和以太币及其辅助技术。在本书中，虚拟货币首次出现是在第三章。在第三章，我们曾经讲过，即便《商品交易法》和《CFTC规章》实际上并未明确提及虚拟货币，但CFTC仍是对虚拟货币市场的某些方面及在该市场中从事经营活动的公司享有管辖权的若干监管机构之一。实际上，第三章大致解释了这个问题的原因，即《商品交易法》赋予了CFTC对"商品"期货和期权的管辖权，而《商品交易法》第1a节第（9）条中的"商品"定义又过于宽泛，几乎涵盖了所有类型的商品和物品，以及当前或未来可能成为期货合约标的的几乎所有有形和无形服务、权益或权利。因此，这种极其宽泛的表述覆盖了虚拟货币，这并不令人惊讶。近年来，交易所及类似金融实体已开始提供与虚拟货币（包括比特币）相关的衍生品（如期货合约）。未来，以虚拟货币及其他数字资产为标的的衍生品类别预计将进一步增加。

《商品交易法》还规定，对于不在28日内进行交割的杠杆式、保证金式或融资式场外零售商品交易，CFTC具有管辖权。这意味着，以保证金方式买卖虚拟货币且不进行实际交割的零售数字货币交易也属于CFTC的监管范围。此外，CFTC还对商品现货市场拥有反欺诈和反操纵权力，但传统上，仅在商品现货市场的欺诈或操纵骗局对商品衍生品市场造成了影响的情况下，CFTC才会行使这种权力。最后，如第三章所述，在虚拟货币（或所谓的数字代币或替代币）属于“证券”法律定义范围内的情形下，SEC对该虚拟货币拥有管辖权。以首次代币发行方式发行并为创业公司或其他商业企业筹集资金的虚拟货币就属于这种情形。除SEC外，其他州和联邦机构也曾表示对涉及虚拟货币及其他数字资产活动的某些方面拥有管辖权。比如，美国财政部曾表示，首次代币发行的组织者应作为货币兑换商接受监管。但是，这些内容并不在本书范围之内，故不再赘述。

前面几段说明，由于美国衍生品和证券管辖法律的问题，虚拟货币并不受任何特定联邦法律或机构的直接监管，而仅在虚拟货币相关活动恰好属于现行法律法规管辖范围的情形下，才会受相应法律法规的监管。一些人对这种情况提出了批评，认为这样的监管制度比较混乱，导致了数字资产法律地位的模糊。这个问题近年来被进一步放大，因为市场上出现了数百乃至上千种新型虚拟货币及相关加密资产，从加密猫等数字宠物到以网红日本柴犬为标的的加密货币“狗狗币”①等。随着新型虚拟货币（即替代币）及相关数字资产的持续增加，一些虚拟货币可能会与目前已经纳入监管范围的金融工具类似，但无法明确归入特定监管类型。比如，目前市场上有一种替代币，因其价值与香蕉价格挂钩而被称为“香蕉币”。②最初，香蕉币是由一些为香蕉农场筹集资金的创业者发行的。由于似乎属于豪威测试（见第三章）所述的证券，因此须由SEC监管。但是，理论上来说，如果有人脱离特定企业的任何筹资活动而独立发行香蕉币，那么这种虚拟货币就可能成为以香蕉未来价

① 请参见：https：//dogecoin.com/；Alice Woodhouse，*Market Cap of Joke Cryptocurrency Dogecoin Surges Above $2bn*，FIN.TIMES，Jan. 9，2018；Jackson Palmer，*My Joke Cryptocurrency Hit $2 Billion and Something Is Very Wrong*，Vice，Jan. 11，2018，https：//motherboard.vice.com/en_us/article/9kng57/dogecoin-my-joke-cryptocurrency-hit-2-billion-jackson-palmer-opinion.

② “香蕉币是一个俄罗斯创业者团队首次代币发行中发行的以太坊代币。他们计划用发行这种代币筹集的资金扩建其位于老挝万象省的香蕉生产设施。”*Bananacoin*，*INVESTOPEDIA*，https：//www.investopedia.com/terms/b/bananacoin.asp. 具体而言，香蕉币是“一种基于（加密货币）以太币的效用代币，与一公斤香蕉的出口价格相挂钩”。Jelisa Catrodale，*Bananacoin Is a Real-Life Cryptocurrency - and People Are Actually Buying It*，VICE，Jan. 24，2018；Frances Coppola，*Bananas Don't Make A Good Stablecoin*，FORBES.COM，Feb. 28，2019.“讨论了替代币的发行问题，并指出香蕉币的价格出现了暴跌。当时，香蕉币几乎一文不值。也就是说，这种替代币的价值还比不上香蕉本身。”同时，请参见：Aaron Stanley，*The Rise - and Fall - of the Cryptocurrency Millionaires*，FIN.TIMES，March 15，2018.

格为对象的赌博工具或基于商品（即香蕉）价值进行支付的协议或交易。在这种情况下，香蕉币可视为构成了期货合约，而根据香蕉币购买协议或交易的措辞或结构，甚至可视为互换，因此须受CFTC监管。

鉴于新型虚拟货币和数字资产数量激增，并且这些金融工具监管界限模糊，CFTC前主席蒂莫西·马萨德（Timothy Massad）曾敦促美国国会对美国法律进行修订，以明确解决虚拟货币问题。但是，是否应由单个机构对虚拟货币实施监管？如果是，具体又应由哪个机构（CFTC、SEC或其他新设联邦机构）实施监管？这些问题都不在本书的探讨范围之内。实际上，本书关注的重点问题是现行法律法规应该或可能会以怎样的方式适用于虚拟货币。在美国国会没有立法改变虚拟货币监管现状的情况下，《商品交易法》中“商品”定义的广泛性可能会使CFTC在这些市场的监管方面扮演重要角色。

CFTC及其前主席吉安卡洛一直被视为十分支持虚拟货币这个新兴行业。由于在担任CFTC主席期间经常提及虚拟货币及其基础技术的潜在效益，养育了三个千禧一代子女，吉安卡洛被取名为“加密老爹”①。吉安卡洛表示，在虚拟货币市场相关决策中，美国国会和联邦机构应缓行、慎重并了解情况，采取“无伤害”做法。②在下文中，吉安卡洛阐述了他的虚拟货币监管方式：

> 有人呼吁利用法律权力打压加密资产及支持其存在的基础技术，对此，我们进行了抵制。相反，我们对市场发展进行了密切监测，并没有阻止比特币期货等新产品推出。事实证明，在让市场力量决定比特币适当价

① Samantha Chang, *Bitcoin Hero and CFTC Chair Giancarlo Expects "Explosive" Spike in Crypto Interest*, CCN.COM, March 5, 2019. “将吉安卡洛称为‘加密社区的宠儿’，并亲切地称其为‘加密老爹’。” Aislinn Keely, *As "Crypto Dad" Exits the CFTC, Treasury Official to Enter*, YAHOO FINANCE, June 6, 2019. “吉安卡洛对新兴加密市场的关注使他被多个媒体称作‘加密老爹’。在CoinDesk上发布的离职公开信中，他说‘自己对这个绰号感到十分惶恐’。” Gerelyn Terzo, *Crypto Hero? Retiring CFTC Chief Bites Back at Anti-Bitcoin Bullies*, CCN.COM, May 4, 2019; Giancarlo, *the Man, the Legend, the Meme*, TRUSTNODES.COM, Feb. 17, 2018.

② Samantha Chang, *Bitcoin Hero and CFTC Chair Giancarlo Expects "Explosive" Spike in Crypto Interest*, CCN.COM, Mar. 5, 2019.

值方面，比特币期货具有重大价值。①

需要澄清的是，尽管吉安卡洛建议联邦当局对虚拟货币市场采用“低干预”监管方式，但他同时也屡屡倡导对这些市场实施严格监管，以打击欺诈分子及其他不良主体。事实上，这种监管确有其必要性，因为不可否认的是，虚拟货币、数字代币及相关加密资产市场已经吸引了大量无良之徒，使得这个领域充满了欺诈和网络安全风险。比如，预估显示，截至2018年某日的所有首次代币发行中，多达80%的发行并非合法业务或投资活动，而是彻头彻尾的骗局。②另据报道，大量首次代币发行都在不到半年的时间内失败了。③一些推销特定首次代币发行的网站甚至包含明显虚假的信息。以一个曾引起媒体关注的著名事件为例，一家首次代币发行网站的平面设计师为“凯文·博林格（Kevin Belinger）”，据称此人是该网站主管之一，但他却冒用了偶像派电影演员瑞恩·高斯林（Ryan Gosling）的照片。④

另一场首次代币发行则虚假表示其已获得美国国家期货协会和区块链交易委员会批准，但区块链交易委员会却是其凭空捏造的一家联邦金融市场监管机构。此外，事实证明，网络安全也对虚拟货币交易所造成了严重威胁。据估计，2009年至2015年间，世界上三分之一的比特币交易所都受到了黑客

① Gerelyn Terzo, *Crypto Hero? Retiring CFTC Chief Bites Back at Anti-Bitcoin Bullies*, CCN.com, May 4, 2019; *Giancarlo, the Man, the Legend, the Meme*, TRUSTNODES.COM, Feb. 17, 2018.

② Olga Kharif, *Crypto Coin Graveyard Fills Up Fast as ICOs Meet Their Demise*, BLOOMBERG, June 28, 2018. “很明显，首次代币发行市场中充斥着大量欺诈和炒作，”为彭博先知（Bloomberg Prophets）撰稿的商业作家兼投资人亚伦·布朗（Aaron Brown）在一封电子邮件中表示。“我承认，在我见过的数据中，80%的首次代币发行属于欺诈，10%缺乏实质性内容且在筹资后不久就失败了。而在剩下的10%中，大部分也很可能将以失败告终。”同时，请参见：Jordan Hayne, *Bitcoin Investment Scam Steals Tens of Thousands from Couple as Cryptocurrency Losses Grow*, ABC.NET.AU, July 2, 2019. https: //www.abc.net.au/news/2019-07-04/bitcoin-investment-scam-steals-thousands-from-canberra-couple/11271742.

③ Olga Kharif, *Half of ICOs Die Within Four Months After Token Sales Finalized*, BLOOMBERG, July 9, 2018.

④ Mark Serrells, *Fake Cryptocurrency Lists "Ryan Gosling" as Its Graphic Designer*, CNET.com, March 4, 2018 https: //www.cnet.com/news/ryan-gosling-cryptocurrency/.（“瑞恩·高斯林出任设计某加密货币？这好像不太对……”）

攻击。[①]2018年和2019年，CFTC和SEC各自或联合发布了若干反欺诈建议，提醒人们警惕虚拟货币、首次代币发行及相关数字资产市场的潜在骗局和不正当手段。鉴于这些事实，很明显，虚拟货币和数字代币市场确实需要一定程度的监管，以保护购买这些新型金融工具的客户。

尽管虚拟货币市场本身就存在不当行为风险，但虚拟货币及相关数字资产背后的一些技术，即区块链、分布式账本和智能合约技术，对期货及其他衍生品市场也有潜在的益处。实际上，吉安卡洛表示，机器学习、人工智能、基于算法的交易、数据分析、以即时方式对自身价值进行评估并计算支付额度的“智能”合约及分布式账本等技术，可能会极大地颠覆传统市场基础设施。[②]

但是，在考察这些技术将如何改变现有市场基础设施之前，最好对一些关键术语进行定义。我们首先从区块链和分布式账本开始。账本就是交易记录。账本通常是由某些中央权威机构负责维护的，而这些中央权威机构可以是银行，也可以是企业。在最基础层面，区块链是指互联网上由数千乃至数百万台计算机储存的数字交易记录。[③]分布式账本就是一种将交易记录副本存放在多个计算机上的共享账本。账本中的每一笔新交易都是“链”上的一个

---

① Leo Lewis & Robin Harding, *"Crypto Crazy" Japanese Mystified by Virtual Heist*, FIN. TIMES, Feb. 2. 2018. “网络安全专家马特·布莱兹（Matt Blaze）最近在推特上发文称，加密货币似乎结合了我们对宗教的所有激情和对庞氏骗局的所有执念。” John Schwartz, *Blockchain or Blockheads? Bitcoin Mania Mints Believers and Skeptics*, N.Y. TIMES, Jan. 12, 2018; Mike Orcutt, *Cryptocurrency Exchanges Can Be Pretty Sketchy Places. The Solution? A Blockchain, of Course*, MIT TECH. REV., Dec. 7, 2017.

② J. 克里斯托弗·吉安卡洛主席在田纳西州纳什维尔范登堡大学法学院西姆斯讲座（Sims Lecture）中的发言, *Derivatives Regulatory Reform: A Principles-based Software Upgrade*, CFTC. GOV, Apr. 13, 2018.

③ Nir Kshetri, *Blockchain Could Be the Answer to Cybersecurity. Maybe.*, Wall St. J., May 30, 2018. 由于区块链的分布式账本网络不需要中央化的数据控制，因此无法被轻易篡改，记录一旦生成，即无法改变。为确保只有授权用户能够访问信息，区块链系统采用了基于密码学的数字签名进行身份核实。用户使用“私钥”对交易进行签字背书，而私钥则是用户创建账户时生成的。这种私钥通常是由非常冗长且随机选择的字母和数字组成的代码，仅为控制账户者所知，几乎不可能为黑客所掌握。为共享信息，区块链系统还会运用复杂算法并基于私钥创设“公钥”。公钥是面向公众的，因此是众所周知的。比如，比特币钱包地址就是一个公钥，所有人都可向这个地址发送比特币进行支付。但是，只有拥有私钥的那个人才可支配这个账户里的比特币。

新“区块”，而这条“链”是由金融交易列表组成的。具体而言，区块链是公开、永久且只能添加属性的分布式账本。[①]作为一种存放数据的数学结构，它几乎不可能伪造，且能够用于所有有价值的数据。[②]由于区块链是运用软件算法记录对等网络上所有交易的去中心化数字账本，因此企业可利用区块链或“分布式账本”技术确认交易，而无须通过中央银行之类的中央认证机构。[③]世界经济论坛2019年发布的一份白皮书将“区块链”这一术语定义如下：

> 区块链是一种去中心化的分布式账本，可用于记录许多计算机上的交易。如果未经整个网络同意，且不变更后续所有区块，这种记录就不可能以追溯性方式进行篡改。这就赋予了区块链不可篡改这一根本特性。区块链可以是公链，也可以是私链。[④]

分布式账本是以即时方式进行更新的，旨在利用分散在各地的服务器或节点对账本进行维护。[⑤]CFTC前主席吉安卡洛曾表示，他认为分布式账本对市场参与者和金融市场监管机构而言均可成为有益工具。比如，吉安卡洛2019年曾表示，他认为，如果分布式账本技术在2008年金融危机之前即被广泛运用于互换市场，那么，互换交易的分布式账本将使金融市场监管机构能

---

① MIT Technology Review Editors, *Explainer: What Is a Blockchain?*, MIT TECH. REV., Apr. 23, 2018.

② MIT Technology Review Editors, *Explainer: What Is a Blockchain?*, MIT TECH. REV., April 23, 2018; Ashley Lannquist, *Blockchains, Cryptocurrencies, and the New Decentralized Economy: Part 1 - A Gentle Introduction*, BLOG BLOCKCHAIN@BERKELEY, June 27, 2017. (“运用区块链，企业在各项进程中就无需使用中央对手方或经纪商，从而消除了随之产生的费用、人为错误、时间浪费和安全风险。”)

③ David E. Fialkow et al., *Cryptocurrency 2018: When the Law Catches Up with Game-Changing Technology*, 23 (21) WESTLAW JOURNAL BANK & LENDER LIABILITY 01, March 5, 2018.

④ White Paper, *Our Shared Digital Future: Responsible Digital Transformation — Board Briefing*, WORLD ECON. FORUM 13, Feb. 6, 2019.

⑤ LabCFTC, *A Primer on Smart Contracts* 7, CFTC.GOV, Nov. 27, 2018.

够更准确、更迅速地发现衍生品市场中的故障点，并予以解决。①

若与智能合约并用，区块链和分布式账本还可能带来金融市场结构和基础设施的重大变革。那么，什么是“智能合约”呢？一般而言，智能合约是指能够对传统合约中“如果发生X，那就执行Y”这部分条款实施自动化处理的计算机代码。②今天，智能合约的概念通常都与区块链（或分布式账本）有关，以至于许多人都将“智能合约”这一术语定义为自动执行全部或部分协议且存放于区块链平台的计算机代码。③尽管称作合约，但并非所有智能合约都是满足“合约”的法律定义且具有法律约束力的协议。实际上，一些智能合约只是计算机或软件系统，可使自动执行的计算机代码在规定时间或基于某一行动或事件（如资产交割、天气条件、价格的变化等）的发生或未发生采取相应行动”。④

下面，我将就智能合约概念的运用举一些例子，以说明这种合约的运作方式。比如，人们可以创设一种智能合约，规定如果销售人员A实现当月特定销售目标，则A公司将向其支付1万美元奖金。又比如，人们可以创设另一种智能合约，规定如果B死亡或失能，则向A支付特定金额的款项或转移特定资产（如汽车或房产）。为确定触发事件或条件何时发生，智能合约通常会

---

① J.克里斯托弗·吉安卡洛主席在第四届DC区块链年度峰会上的发言，*The Digital Trinity: Technology, Markets, and Policy*, CFTC.GOV, Mar. 6, 2019.（表示“分布式账本技术拥有巨大的商业潜力，这是不可否认的”，并且他“对分布式账本技术的潜力和前景非常乐观。”）Bitcoin Exchange Guide News Team, *US CFTC Believes Blockchain and Crypto Are Two Major Factors in Transforming Today's Market*, BITCOIN EXCHANGE GUIDE.（表示吉安卡洛相信，“使区块链和加密货币……融入金融生态系统”非常重要，因为他认为该技术是推动数字市场的关键。）

② Antony Lewis, *A Gentle Introduction to Smart Contracts*, BITS ON BLOCKS, Feb. 1, 2016.

③ Stuart D. Levi & Alex B. Lipton. *An Introduction to Smart Contracts and Their Potential and Inherent Limitations*, HARV. L. SCH. FORUM ON CORP. GOV. & FIN. REG., May 26, 2018.“从根本上说，‘智能合约’就是一套以代码表示的计算机功能。”LabCFTC, *A Primer on Smart Contracts* 4, CFTC.GOV, Nov. 27, 2018.智能合约是执行“如果发生这件事则那样做”指令的小程序，由许多计算机运作并核实，以确保可信度。Antony Lewis, *A Gentle Introduction to Smart Contracts*, BITS ON BLOCKS, Feb. 1, 2016.“智能合约是一种自动执行、自动实施的数字协议。”LabCFTC, *A Primer on Smart Contracts* 9, CFTC.GOV, Nov. 27, 2018.［这里引用的是宾夕法尼亚大学沃顿商学院凯文·韦巴赫（Kevin Werbach）教授的观点。］

④ LabCFTC, *A Primer on Smart Contracts 4*, CFTC.GOV, Nov. 27, 2018.

使用“预言机”，即相互协商确定的、经网络验证的参考数据提供者。[①]一旦预言机向编码式智能合约提供信息，表明某一触发事件或合约条件已经发生，智能合约就会自动执行，即（按照软件代码的规定）自动采取一项或多项行动，而无需协议对手方采取其他行动或进行干预。到目前为止，一些预言机仍需人工输入或干预，以“告知”智能合约特定触发条件已经满足，但可以说，这样的预言机并不是很多。智能合约的另一个潜在用例，是“自动执行保险”，即每月自动支付保费、每日自动核查触发事件并在必要时自动代表保险公司支付保险赔偿金。比如，如果特定企业（如公园里的冰淇淋摊点、自行车租赁企业等）对天气状况很敏感，则其可购买自动执行保险，在特定月份寒冷或下雨天气超过10天的情况下，即可获得赔付。信用违约互换等衍生品也是智能合约一个颇具吸引力的潜在用例。信用违约互换智能合约可实现下列操作的自动化：（1）保障买方向保障卖方进行的定期支付；（2）每日核查确定信用事件是否已经发生；（3）信用事件已经发生情形下保障卖方向保障买方进行的计算和支付等。实际上，互换、期货合约及相关衍生品是区块链、分布式账本、智能合约及相关技术最经常被人提及的潜在用例。除衍生品之外，作为一个概念，智能合约还有许多其他用途。

> “智能合约”这个术语来源于数字货币先驱尼克·绍博（Nick Szabo）。20多年前，他就创造了这个术语……其基本理念是，许多类型的合约条款（如抵押品、担保、财产权的划分等）都可嵌入我们使用的硬件和软件，使得违反合约的行为对违约人而言代价高昂，并且若确实需要，这种代价有时会高到使人不敢违约的地步。[②]

---

① LabCFTC, *A Primer on Smart Contracts 6*, CFTC. GOV, Nov. 27, 2018; Antony Lewis, *A Gentle Introduction to Smart Contracts*, BITS ON BLOCKS, Feb. 1, 2016 (describing smart contracts as providing “distributed trustworthy calculations”).

② Mike Orcutt, *Ethereum's Smart Contracts Are Full of Holes*, MIT TECH.REV., Mar. 1, 2018. 实际上，智能合约与止损单（如A公司股票价格降到SX以下时，则以市价卖出）和银行提供的自动缴费系统有很多相似之处。LabCFTC, *A Primer on Smart Contracts 10*, CFTC.GOV, Nov. 27, 2018.

在许多方面，智能合约都算不上是一种全新的革命性理念，因为人们使用与其大体相同的机器和系统已有一定时日。实际上，绍博大体上也承认这一点，他曾将实体自动售货机称作“原始版本的智能合约”，因为他们能够接受硬币、分发产品并根据显示的价格正确找零。[①]

当然，计算机和软件技术较自动售货机诞生时已有了巨大进步，而这正是近年来人们对智能合约的兴趣显著增强的原因。利用去中心化的智能合约，诸如具体合约条件是否已经满足、特定触发事件是否已经发生之类的合约信息，均被部署到了网络上的所有节点，从而有效地防止篡改行为。到目前为止，智能合约最受欢迎的运用之一就是创造新的加密货币，因为其能够充当任何“去中心化服务”的基础运营系统。具体而言，智能合约能够储存在分布式账本上并自动执行，从而创造出去中心化的分布式应用（Dapp），甚至创造出去中心化的商业企业，又称为去中心化自治组织（DAO）或去中心化自治企业（DAC）。换句话说，由于能够在计算机系统组成的网络上运行，而这个网络充当了特定分布式账本的节点，同时这个分布式账本又容纳了去中心化分布式应用或去中心化自治组织（又称“去中心化自治企业”）的软件架构，因此，智能合约为去中心化分布式应用或去中心化自治组织（又称“去中心化自治企业”）提供了业务驱动所需的去中心化分布式计算机系统。智能合约能够充当支柱，支撑从自动执行交易到创造自治商业企业等几乎一切活动，这种功能使智能合约融入了商业和金融领域自动化和人工智能应用的大规模发展趋势。

去中心化的智能合约技术还有可能重塑当前的金融市场结构规范。按照目前的规范，期货交易所、清算所及其他衍生品市场都属于中心化基础设施，因为它们均由CME集团和洲际交易所等特定公司所有并经营。在美国期货市

---

① Mike Orcutt, *Ethereum's Smart Contracts Are Full of Holes*, MIT TECH.REV., Mar. 1, 2018. “智能合约的变体，例如为金融机构自动计算每日收付款的交易处理系统，已经存在数十年之久。” Reggie O' Shields, *Smart Contracts: Legal Agreements for the Blockchain*, 21 N.C. BANKING INST. 177，179（2017）.

场，交易所享有在其交易所设施上推出的期货合约的所有权。实际上，如前所述，提议订立或事实上订立不在受联邦监管的期货交易所交易的期货合约，在美国属于非法行为，而这进一步强化了美国期货市场的中心性。分布式账本和智能合约则使人们有可能创建新型去中心化和分布式金融市场基础设施。比如，期货及其他衍生品交易所或类似交易平台可通过分布式账本运作，这些账本分布在不同的计算机上，无须中央机构发布指令，用户即可单独提议并发布与商品、资产和价格相挂钩的智能合约。一旦进入由该分布式账本确立的去中心化计算机网络，人们可与其认为适当的对手方达成上述智能合约。大体而言，Augur等去中心化预测市场平台正是以这种方式运作的。利用Augur，人们可基于希望下注的任何东西创设自己的智能合约——无论这种东西是选举或体育活动的结果，还是房价的未来走势。

但是，在去中心化预测市场（decentralized prediction markets）上进行交易活动存在巨大的法律风险。在美国，相关法律法规规定，在除了获得指定合约市场资格且完全受监管的期货交易所之外的其他预测市场进行的交易，基本上都是非法的。实际上，预测市场与《商品交易法》相悖是显而易见的。在许多方面，期货合约、商品期权和互换都与以商品、资产和价格这些东西的未来价格走势为赌注的赌博工具类似。如第三章所述，为防止人们创设不受监管的关联金融工具，美国法律法规通常会对从期货合约到证券的受监管金融工具赋予宽泛、灵活的解释。因此，美国法律法规可能会将以商品、资产、公司和金融工具的未来价格为赌注的绝大部分预测合约归入期货、商品期权、互换或基于证券的互换等受监管金融工具法律法规定义的范围。比如，在去中心化预测市场上，有一份智能合约驱动的协议规定，如果1000蒲式耳玉米的价格下个月达到某个价格点，则应向另一个人支付100美元，那么这份协议很可能会被解读为二元期权。如前所述，《商品交易法》和《CFTC规章》都将二元期权作为互换进行监管，而互换除非在CFTC监管的期货交易所中交易，否则不能向非合格市场参与者（即零售客户）兜售。同样，以科创型企业最终公开市场价格（即首次公开上市后的价值）为对象的赌博将被视为基于证券的互换，而基于证券的互换又是作为证券进行监管的，因此在没有相应豁免的情况下必须在受监管证券交易所进行销售。

根据美国金融市场现行法律法规，如果要实现去中心化预测市场的合法化，使其能够以合法方式提供与商品、证券、资产和价格相挂钩的合约，就可能需要美国国会对《商品交易法》进行修订。在此之前，预测市场平台的经营者，或者只是在Augur等去中心化预测市场上发起或达成此类协议者，都可能要承担法律风险。实际上，CFTC委员布莱恩·D. 昆腾兹（Brian D. Quintenz）曾将“明知智能合约将被用于非法目的而仍然制作这种合约的行为，比作明知他人会将车辆用于抢劫银行而仍将车辆借给他人的行为”。①昆腾兹表示：

> 我认为，正确的问题应该是，智能合约的代码开发者在创设这些代码时是否可合理预见该商品相关智能合约可能会被美国人用于践踏《CFTC规章》。在这种特定假设中，代码的设计意图应非常明确，即旨在使用户开展本应受CFTC监管的特定种类活动，且开发者未采取任何措施阻止美国人使用其代码。在这种情形下，我认为有充分理由说明代码开发者教唆并推动了践踏《CFTC规章》的行为。因此，CFTC完全可就这种恶行追究这些人的法律责任。②

尽管如此，昆腾兹也承认，面对在去中心化预测市场上创设非法智能合约二元期权及类似衍生品的始作俑者，CFTC可能难以对其进行识别、定位并

① Josiah Wilmonth，*Smart Contract Devs Liable for How DApps are Used*：CFTC's Quintenz，CCN. COM，Oct. 17，2018，https：//www.ccn.com/smart-contract-devs-liable-for-how-dapps-are-used-cftcs-quintenz/. “比如说，谁应对未注册二元期权负责？昆腾兹表示，在某些情况下，对智能合约代码的开发者提起诉讼可能是恰当的。” Mike Orcutt，*A New Crypto Cosmos*，CHAIN LETTER，MIT TECH.REV.，Oct. 18，2018.

② Josiah Wilmonth，*Smart Contract Devs Liable for How dApps are Used*：*CFTC's Quintenz*，CCN. COM，Oct. 17，2018，https：//www.ccn.com/smart-contract-devs-liable-for-how-dapps-are-used-cftcs-quintenz/.

发起民事执法诉讼。

第三节　结论：科幻思维

在2018年的瑞士达沃斯世界经济论坛上，有人引用加拿大总理贾斯廷·特鲁多（Justin Trudeau）的话说："变革的脚步从未如此之快，但未来只会更快。"[①]与这种情绪相呼应的是，金融科技工具和系统正快速崛起，而其他一些潜力巨大、能够显著变革衍生品市场运作方式的技术创新也在飞速发展。这不禁让人想起了科幻作家艾萨克·阿西莫夫（Isaac Asimov）的一个观点。在1978年发表的一篇文章中，阿西莫夫鼓励领导者在对当今世界的问题进行决策时采用"科幻"思维方式。他表示：

> 现在，如果不同时考虑这个世界的现状和未来，人们就无法作出任何合理决策。当然，这意味着，人们必须对未来世界有着非常准确的认知。而且，这意味着，人们必须采用科幻的思维方式。[②]

目前，从算法机器人和智能投资顾问，到推动去中心化金融服务企业发展的智能合约相关数字代币，科技金融创新的运用领域在不断拓展。在这一背景下，阿西莫夫的建议似乎对衍生品市场上从中介到监管机构的所有人来说，都堪称金玉良言。CFTC前主席吉安卡洛在任时对科技和创新持欢迎态度，这与阿西莫夫阐述的精神无疑是一致的。本章旨在简要描述目前正在或将来可能改变期货及其他衍生品市场，并对这些市场的监管方式产生影响的一些主要金融科技创新。要理解金融市场上算法机器人及相关人工智能系统造成的法律法规挑战，大致了解金融科技的主要进展至关重要。本书后文章节将对这些挑战进行更加详细的阐述。

① Rana Foroohar, *The Dangers of Digital Democracy*, FIN.TIMES, Jan. 28, 2018.

② Tania Lombrozo, *Adopting a Sci-Fi Way of Thinking About the Future*, NPR.ORG, Jan. 2, 2017.

第五章
美国衍生品市场的监管框架

美国联邦政府对期货市场的监管可追溯至1922年通过的《谷物期货法》。因此，美国的期货法律法规比美国政府颁布的证券相关法律法规还要古老。一开始，监管体制的重点主要是推动所有期货交易在政府许可的交易所进行，因为政府相信，交易所会对其市场上进行的交易活动进行监督，从而杜绝商品价格操纵及其他不当行为。随着时间的推移，政府在市场监管中扮演了更加积极的角色，但这个监管系统总体上强调交易所的自律管理，而从20世纪80年代起则开始强调国家期货协会的自律管理。这种做法一直持续到了今天。尽管联邦政府对期货和衍生品市场实施监管的首要目的是消除（准确地说，应该是企图消除）市场操纵及破坏性交易行为，但《商品交易法》的其他重要目的还包括降低系统性风险、防范欺诈等。

如前所述，美国期货、互换及其他衍生品市场在美国州际商业甚至全球商业中占比巨大，具有重要地位。CFTC监管的期货和期权市场是一个名义价值约为31万亿美元的合约市场，而CFTC监管的互换市场规模甚至更大，其名义价值估计至少达400万亿美元。美国国会早已认识到了商品期货和衍生品市场的重要性。《商品交易法》第3节第（b）条表示，该法的目的是“在《商品交易法》的监督下通过……市场参与者和市场专业人员……的有效自律体系……服务于公共利益”。[①]1974年，美国国会创建了CFTC[②]，并赋予了这个新机构“对商品交易和专业人员的广泛排他性管辖权”[③]。尽管《商品交易法》明确规定的目的是防范期货市场操纵骗局，但《商品交易法》的一个隐含目的，却是建立一个与公共利益相符且倡导公平、公正交易原则的监管体制。[④]长期以来，联邦政府对于期货和衍生品市场的监管框架的主要目标一直都是防范市场操纵、违规交易操作和欺诈。实际上，似乎正是对商品交易专业人员不当行为的担忧等因素，促使美国国会于1974年创设了CFTC，并对商品基金管理人和商品交易顾问实施了强制注册和监管体制。

《商品交易法》致力于降低衍生品市场的系统风险，防范欺诈、违规交易操作和市场操纵。如后文详述，在判例法下，欺诈的定义不仅包括赤裸裸的谎言，而且还包括重大不作为（如不列明投资失败记录）和故意夸大获利概率的不对称沟通等行为。[⑤]违规交易操作则包括洗售（如自我交易、事先安排的非竞争性双向交易骗局等[⑥]）、操纵收盘价（交易日结束前买入或卖出大量商品合约以影响合约价格的行为[⑦]）和幌骗（进行报价但在执行前撤单的行

① CEA § 3（b），codified at 7 U.S.C. § 5（b）(2012）.

② 1974年，美国国会通过《美国商品期货交易委员会法》设立该机构。请参见：Commodity Futures Trading Commission Act of 1974，Pub. L. No. 93-463，8 Stat. 1389（1974）. 该法的目的从下列陈述中可一探究竟：“1974年，我们创设了CFTC，使其成为我们理解商品市场并确保市场公平诚信的技术专家。我们都希望保护公众不受非法和不道德交易行为的伤害。” 135 CONG. REC. 5603（1989）. [史密斯（Smith）议员的声明。]

③ Jeffrey S. Rosen，*Regulation of Commodity Pool Operators Under the Commodity Exchange Act*，40 WASH. & LEE L. REV. 937，939（1983）.

④ Exemption from Registration as a Commodity Trading Advisor，65 Fed. Reg. 23，938，23，939（Mar. 10，2000）.

⑤ 比如，可参见：CFTC v. R.J. Fitzgerald & Co.，Inc.，310 F.3d 1321，1329（11th Cir. 2002）：从总体信息及客观、理性的电视观众对该信息的理解方式来看，这则商业广告过分强调了获利前景，同时又淡化了损失风险，因此以失衡的方式对二者进行了呈现……与这种极具诱惑的陈述形成鲜明对比的，只是一种模板式的风险披露。因此，我们同意CFTC的立场，即这些陈述直接违反了以往商品欺诈案件确立的法律原则。

⑥ CEA § 4c（a）(1) -（2），7 U.S.C. § 6c（a）(1) -（2）(2012）. 这些交易又被称为“洗售”，且“被认为是有害的，因为它们形成了虚假的市场价格走势”。Wilson v. CFTC，322 F. 3d 555，559（8th Cir. 2003）.

⑦ CEA § 4c（a）(5)（B），7 U.S.C. § 6c（a）(5)（B）(2012）. 请参见：David Sheppard & Jonathan Stempel，*High-Frequency Trader Optiver Pays $14 Million in Oil Manipulation Case*，REUTERS（Apr. 20，2012）.

为[①]）等。这些违规操作行为将在其他章节进行详述。商品期货市场操纵又称为“价格操纵”，是指通过支配供给或需求来消除现货商品市场或期货合约市场上的有效价格竞争，从而以人为方式导致价格虚高或偏低的行为。[②]对本书而言，特别重要的一点是，高频交易公司就曾被指控实施了违规交易操作和价格操纵骗局。如前所述，《商品交易法》以极其宽泛的方式对“商品”这一术语进行了定义，将除洋葱和电影票房收入之外的其他任何东西都纳入了商品范围。

一般而言，《商品交易法》要求期货合约在受CFTC监管的商会[③]即“指定合约市场”上进行交易，并在被称为“衍生品清算组织”或“DCO”的清算所[④]进行结算。指定合约市场简称为“DCM”，通俗地讲，就是“期货交易所”。指定合约市场的正式定义，是指被CFTC指定为合约市场的交易所。[⑤]指定合约市场有时又被称为中央对手方，通常是指“一个能够使协议、合约或交易各方通过转让或其他方式，将各方信用转换为指定合约市场信用；在双边基础上，安排或提供债务的清偿或净额结算；提供结算服务或安排，从而使参与者共担或转移信用风险的实体”。[⑥]

在证券市场上，人们可在众多交易所中任选一个购买特定股票，然后在另一交易所将该股票售出。与证券市场不同，在期货市场上，在某一期货交

① CEA § 4c（a）（5）（C）, 7 U.S.C. § 6c（a）（5）（C）(2012）.

② 3 PHILIP MCBRIDE JOHNSON, ET AL., DERIVATIVES REGULATION § 5.02［3］(2014).（“价格操纵类似于利用垄断权强行达到真实竞争环境中不可能实现的价格。”）

③ CEA § 1a（5）, 7 U.S.C. § 1a（5）.（将“商会”定义为“任何有组织交易所或其他交易设施”。）

④ 请参见：JOHNSON ET AL., DERIVATIVES REGULATION § § 1.02　1.04 & 1.05. 清算所有时也被称为“中央对手方”或“CCP”。

⑤ “指定合约市场（DCM）是指根据《商品交易法》（CEA）第5节规定在CFTC监管下从事经营活动的交易所……指定合约市场与传统期货交易所非常相似，允许包括零售客户在内的所有交易商进入并使用其设施。” *Designated Contract Markets*（DCMs），CFTC.GOV，https：//www.cftc.gov/IndustryOversight/TradingOrganizations/DCMs/index.htm；同时，请参见：JOHNSON ET AL., DERIVATIVES REGULATION § § 1.02 & 1.04.

⑥ *Derivatives Clearing Organizations*（*DCOs*），CFTC.gov，https：//www.cftc.gov/IndustryOversight/ClearingOrganizations/index.htm；同时，请参见：JOHNSON ET AL., DERIVATIVES REGULATION § 1.05.

易所购买的特定期货合约不能在另一期货交易所出售，因为期货交易所不允许（且未被要求提供）合约的这种“互操作性”[①]。这是因为，期货交易所通常都有自己的清算所，并采用了“垂直整合”模式，即在某一交易所交易的合约必须在该交易所所属清算所进行结算。这就要求合约持有人在其买入合约的交易所卖出其期货合约。CME集团拥有CME、CBOT、堪萨斯期货交易所和纽约商业交易所等交易所，目前是世界上最大的美国期货交易所。CME集团所属指定合约市场使用的电子交易系统是CME Globex交易平台。

《商品交易法》要求特定类型的市场中介，如期货经纪商（即期货经纪人或“FCM”[②]）、商品交易顾问（即就期货交易提供顾问服务并收取报酬者或“CTA”[③]）、商品基金管理人（即为进行商品权益交易而组织的集合投资工具或“CPO”[④]）及其经纪商代理人（即中介机构的自然人销售人员及此类销售人员的

---

① 请参见：*Review of the Regulatory Structure Associated with Financial Institutions*, *Comments of the U.S. Dep't of Justice*, TREAS-DO-2007-0018 (Jan. 31, 2008), available at http: //www.justicc.gov/atr/public/comments/229911.htm; John Damgard, *Restructure Clearing*, *Futures Industry* (Sept. 1, 2002), http: //www.fiituresindustry.org/fi-magazine-home.asp?a=791.（“我们目前还没有正常的竞争性环境。相反，我们只有垄断其各自产品领域的交易所。”）Matthew Leising, *Killing Dark Pools Is CME Chairman's Fix for Stock Market*, BLOOMBERG (Apr. 22, 2014), http: //www.bloomberg.com/news/2014-04-22/killing-dark-pools-is-cme-chairman-s-fix-for-broken-stock-market.html.（“期货交易更为集中。2月份，CME集团每天就有1400万手合约换手。这个集团有自己的清算所，因此将其与纽约证券交易所之类的股票市场割裂开了。该清算所要求在CME集团买进合约的投资者必须回到该交易所才能将其合约卖出。”）Tom Osborn, *Forget Interoperability in Derivatives Clearing*, *Says Liddell*, FUTURES & OPTIONS WORLD (July 23, 2010), http: //www.fow.com/2637026/forget-interoperability-in-derivatives-clearing-says-liddell.html.（表示利德尔（Liddell）不再担心清算所之间的“逐底竞争”。）

② CEA § 1a (28), 7 U.S.C. § 1a (28)(2012).（对“期货经纪商”进行了如下定义：“在证券行业，期货经纪商很可能被称为经纪行……希望在受CFTC监管的市场上进行交易的人可在期货经纪商那里开立账户……交易指令由客户直接或间接发送给期货经纪商……”）1 PHILIP MCBRIDE JOHNSON ET AL., DERIVATIVES REGULATION § 1.06 [1], at 195-96 (3d ed. 2004).

③ CEA § 1a (12), 7 U.S.C. § 1a (12)(2012).（将“商品交易顾问”定义为“为获取报酬或盈利而针对任何期货合约、商品期权、互换或其他衍生品交易的价值或适合性为他人提供顾问服务的任何人”。）

④ CEA § 1a (11), 7 U.S.C. § 1a (11)(2012).（将“商品基金管理人”定义为“从事商品权益交易，从事性质属于商品投资基金、投资信托、辛迪加或类似形式企业的业务，且在该等业务中招揽、接受或者收取（他人资金）……的任何人”。）

自然人主管或“AP”[①]），必须在CFTC进行注册[②]。强制注册有助于防范衍生品交易专业人员实施欺诈、违规交易操作和市场操纵行为，因为《CFTC规章》要求注册人（无监管权的经纪商代理人除外）对其高管、雇员和代理履行勤勉监督义务。除满足众多监管要求外，CFTC注册人还须进行背景审查，确保其适合与客户进行互动，并适合在衍生品市场执业。在某些情况下，他们还必须通过行业资格考试或完成职业道德培训，满足相关技能要求。一般而言，《商品交易法》和《CFTC规章》都要求招揽客户和资金以从事衍生品交易者及其主管进行注册。

基于其行为，个人和公司作为受CFTC监管的中介必须满足强制注册要求。比如，在没有相应豁免或除外的情况下，就何时及如何在期货合约交易中下单为他人提供顾问服务者属于商品交易顾问，因此须进行注册。为防止规避《商品交易法》及相关法规，CFTC通常会对与受监管中介相关的法律法规定义进行宽泛解读。

但是，《商品交易法》的强制注册框架有一个明显的局限性，即其仅适用于法人和自然人。由于只有人类和商业机构被视为法律意义上的“人”，而不包括计算机和软件程序，因此，《商品交易法》的注册要求不适用于与人类经纪商代理人、商品交易顾问及其他受监管中介履行相同职能的算法机器人及相关软件程序。也就是说，仅针对“人”的现行注册要求不适用于我所说的期货市场“数字中介”。[③,④]实际上，在期货市场上利用高频交易策略进行交

① CFTC Regulation 1.3, 17 C.F.R. §1.3 (2018).（将“经纪商代理人”大体定义为作为另一注册人的代理招揽资金或交易订单或对从事这项工作的人实施监督的人，即CFTC规章中“自然人”。）

② 关于具体注册要求，请参见：CEA § § 4d, 4e, 4f, 4k, 4m, 4n, and 4s, 7 U.S.C. § § 6d, 6e, 6f, 6k, 6m, 6n, and 6s (2012). CFTC与证券交易委员会类似，但其监管的是期货、期货期权、商品期货、互换及某些其他衍生品市场，而非证券市场。大体可参见：2 JOHNSON ET AL., DERIVATIVES REGULATION, § 4.03, at 944.

③ 这里的“数字”一词是指“利用计算机技术或以计算机技术为特征”的现象，或“指代实体世界中的物体在以计算机为媒介的虚拟世界中的对应物。”请参见：*Digital*, MERRIAM-WEBSTER DICTIONARY ONLINE, http://www.merriam-webster.com/dictionary/digital. archived at http://perma.cc/9SFD-DSLH; *Digital*, OXFORD ENGLISH DICTIONARY ONLINE, http://www.oed.com/view/Entry/52611, archived at http://perma.cc/V2AX-T59M；请参见：*Scopino*, *Preparing Financial Regulation for the Second Machine Age*, 2015 COLUM.BUS. L. REV. at 452.

④ Scopino, *Preparing Financial Regulation for the Second Machine Age*, 2015 COLUM. BUS. L. REV. at 452-53.

易的自动交易系统及其他算法机器人的兴起，只是科技从根本上改变金融市场性质的例子之一。由于这种技术变革，期货市场中介者（如商品交易顾问和介绍经纪商）可能会被数字中介所取代，数字中介就是在促使客户进入期货和衍生品市场方面发挥重大作用的人工智能。

鉴于算法机器人及相关人工智能系统能够从事传统上由以人类为中心且受CFTC监管的市场中介从事的许多重要任务，如买卖期货合约、向投资者募集资金、管理投资组合等，而《商品交易法》中没有针对数字中介的规定，因此可能会导致所谓的“问责缺失”问题。具体而言，问责缺失是指，对于算法机器人及类似自动化系统在没有人类指令的情况下实施的特定行为，即便其由人类实施可能会导致法律责任或监管问责，但现行法律责任和问责机制仍对其无计可施的情形。当然，如果美国国会对《商品交易法》进行修订，规定算法机器人、人工智能系统及其他自主人工智能体属于法律意义上的“人”，那我们的分析将会是另一番景象。但是，评论家们普遍认为，要对上述人工智能体赋予人格，甚至只是将其作为“主体”赋予某种形式的法律地位，目前都仍是前路漫漫。

再次重申，除少数特例外，《商品交易法》要求作为专业人员在期货或衍生品市场从业的所有人都在CFTC进行注册。但是，CFTC将注册程序的管理权委托给了行业自律组织，即美国国家期货协会。除将相关人员置于CFTC和美国国家期货协会的监督之下外，面向中介的强制注册要求还起到了发现期货和衍生品市场活跃人士的作用。在这个过程中，注册还提供了一种背景审查机制，能够审查这些人在市场上开展业务的适当性。而且，注册能够确保这些人达到必要的技术能力标准，并接受职业道德培训，以满足法规要求。《商品交易法》和《CFTC规章》的注册要求属于严格责任条款，这证明注册对执法框架具有重要意义。在上述严格责任条款下，当事人若未经注册就从事中介业务，即使不是故意不注册，也须因违反《商品交易法》和《CFTC规章》而在民事执法诉讼中承担责任。

自20世纪30年代以来，受监管期货市场中介的类型数量一直都在逐渐增加。通常，《商品交易法》的强制注册要求仅适用于与客户有接触的专业交易人员，而不适用于利用自有资金进行交易者（即自营交易商）。由于技术进步正推动计算机和软件程序承担之前仅由人类销售人员承担的角色，因此，在未来某个时刻，大量招揽期货交易订单或招揽客户进行商品对冲基金投资的人很可能会是数字中介，而不是自然人。

在发现了监管缺失或盲点的几乎所有领域，美国国会都将新增中介类型的监管权授予CFTC。比如，1982年，了解到期货经纪商拒绝就与其有关系但不属于其正式雇员或代理（因此根据当前定义不构成经纪商代理人）的小型独立经纪商的不当行为承担责任后，美国国会创设了“介绍经纪商”这个注册人类型。同样，2008年，由于多年来发生的普遍欺诈现象，美国国会又授予CFTC对场外零售外汇交易（及零售外汇交易商）的广泛监管权。

美国第二巡回上诉法院曾表示，注册是《商品交易法》法律机制的支柱，它赋予了CFTC在监测和实施《商品交易法》的过程中履行其他法定职责所迫切需要的商品交易参与者信息。[①]因此，美国第二巡回上诉法院认为，经营未经注册的商品业务性质最为严重。[②]人们认为，注册要求使CFTC对所有以中介身份进行了注册的人（包括在《商品交易法》下没有注册义务者）及在《商品交易法》下必须进行注册的人（包括未进行注册或拒绝注册者）具有了监管权。《商品交易法》禁止人们在CFTC进行注册之前以受监管中介身份进行活动。如果不披露非法的未注册中介身份，将构成重大虚假陈述。

注册要求在管理这些市场的守门人方面也扮演了重要角色。一般而言，要在期货和衍生品市场进行交易，人们必须通过CFTC注册人进入这些市场，

---

① CFTC v. British Am. Commodity Options Corp., 560 F.2d 135, 139-40 (2d Cir. 1977).

② CFTC v. Heritage Cap. Advisory Servs., Ltd., [1982-1984 Transfer Binder] Comm. Fut. L. Rep. (CCH) 21, 627, at 16, 386 (Nov. 8, 1982). 比如，可参见：British Am. Commodity Options Corp., 560 F.2d at 142.（“国会……已作出政策决定，认定未注册（商品交易）顾问的行为不符合公共利益。”）

或者本身就是CFTC注册人。[①]根据《商品交易法》，大多数期货合约必须在受CFTC监管、被称为指定合约市场的交易所进行交易。实际上，除少数特例外，只有指定合约市场的会员才能在指定合约市场上进行交易。这意味着，大多数人实际上都是通过作为指定合约市场会员的期货经纪人（即期货经纪商）在指定合约市场上进行交易。如前所述，场内交易要求可追溯至1922年通过的《谷物期货法》。当时，美国联邦政府刚刚开始对期货交易实施监管。那时，人们认为，将所有交易转移到由美国联邦政府监管的期货交易所有助于防范市场操纵骗局及其他不当操作，因为作为自律组织的指定合约市场会对其市场上的不当行为进行监督。《商品交易法》第5节规定了交易所在被指定为合约市场之初及之后存续期间的监管义务，即所谓的23项“核心原则”。[②]比如，指定合约市场核心原则4规定，交易所必须“有能力和责任通过市场监测、合规、规则执行措施和程序……防范操纵行为和价格扭曲”。[③]而且，指定合约市场本身也可以颁布规则，要求其成员遵守核心原则和《CFTC规章》。

如前所述，注册的核心目的之一是在合理且可能的限度内确保CFTC批准注册的所有人具有适当性。[④]因此，《商品交易法》概述了其认为不适合注册的各项标准，而CFTC则负责落实进行这种认定的程序框架。不满足法定适当性要求通常会导致拒绝注册，而拒绝注册实际上相当于禁止人们作为商品期货专业人员在商品期货市场上从业。

《商品交易法》第8a节第（2）条至第（4）条对于《商品交易法》和

---

① 在这方面，属于期货交易所和清算所会员且仅从事自营衍生品交易的少数大型跨国公司是一个特例。由于自营，这些公司不属于中介，也无须通过中介进行衍生品交易，因此不需要在CFTC进行注册。比如，要成为CME集团所属交易所的会员并拥有该交易所的交易特权，就必须满足该交易所的所有会员资质要求，但这些要求不一定要求潜在会员在CFTC进行注册。比如，可参见：Becoming a Member，CMEGROUP.COM，https：//perma.cc/TCN7–BNHG?type=image.

② CEA § 5（d）(1)（A）(i), 7 U.S.C. § 7（d）(1)（A）(i)(2012).

③ CEA § 5（d）(4), 7 U.S.C. § 7（d）(4)(2012).

④ Revision of Registration Regulations; Final Rules; Designation of New Part, 45 Fed. Reg. 80, 485, 80, 489(Dec. 5, 1980).

《CFTC规章》所述注册要求的客户保护职能至关重要。这几条确立了一项法定资格剥夺制度。根据这项制度，CFTC可根据潜在注册人或当前注册人的背景相关事实，作出其不适合注册的认定。这项法定资格剥夺制度赋予了CFTC自由裁量权，使CFTC能够根据第8a节第（2）条和第（3）条所述资格剥夺依据拒绝注册或有条件注册，剥夺任何人的注册人身份，对任何人的注册人身份附加任何条件，以及暂停、限制或撤销任何人的注册人身份。第8a节第（2）条列举的8项资格剥夺依据比第8a节第（3）条列举的14项额外依据更为严重。对于任何已在CFTC注册者，如果存在第8a节第（3）条所述情形，且CFTC可援引该情形作为拒绝注册（或有条件注册）的理由，那么CFTC可根据第8a节第（4）条的授权，暂停、撤销或限制其注册人资格。

如果任何人因《商品交易法》第8a节第（2）条第（A）款至第（H）款所列理由应予剥夺注册资格，则CFTC可“在发出通知但不举行听证的情况下”拒绝或暂停其注册，或“在举行必要听证的情况下”撤销其注册。[①]如果某人“之前以任何身份进行的注册被暂停……或撤销”，则第8a节第（2）条第（A）款允许CFTC剥夺其重新注册的资格。[②]如“具有管辖权的任何法院通过命令、判决或裁定，对当事人发出永久性或临时性禁令，禁止该当事人”充当《商品交易法》或证券法规定的受监管中介，或“从事或继续从事任何（涉及贪污、盗窃、敲诈、欺诈及类似行为）的活动”，则第8a节第（2）条第（C）款允许CFTC拒绝对其进行注册，或以其他方式变更其注册状态。[③]如某人在过去10年内因下列任一相关事实而被判犯有重罪，则第8a节第（2）条第（D）款允许CFTC剥夺其法定注册资格：（i）与期货合约、其他衍生品或证券有关的交易或建议；（ii）与CFTC注册人业务相关的活动；（iii）贪污、

① 请参见：CEA § § 8a（2）（A）–（H），7 U.S.C. § § § 12a（2）（A）–（H）（2012）.

② CEA § 8a（2）（A），7 U.S.C. § 12a（2）（A）（2012）.

③ 请参见：CEA § 8a（2）（C），7 U.S.C. § 12a（2）（C）（2012）. 同时，请参见：Hirschberg v. CFTC，414 F.3d 679，683（7th Cir.2005）.（“如果在政府机构参与诉讼的案件中属于禁制令、民事法院判决或行政裁决的对象，则欺诈也可成为剥夺法定注册资格的依据。”）

盗窃、敲诈、欺诈和挪用资金、证券或财产等类似情形。

如CFTC在发出通知并提供听证机会后，认定当事人存在第8a节第（3）条第（A）款至第（N）款所述一项或多项作为剥夺资格依据的情形，则CFTC可根据第8a节第（3）条规定拒绝其注册。比如，第8a节第（3）条第（A）款规定，如CFTC或法院认定当事人违反了《商品交易法》或根据该法颁布的任何规则（或当事人已承认该等认定），则其注册资格应予剥夺。第8a节第（3）条第（C）款规定，如当事人未对其在发现和防范违反《商品交易法》或证券法行为方面负有监督义务的他人实施监督，且本应接受其监督的他人违反了《商品交易法》或证券法，则其注册资格应予剥夺。第8a节第（3）条第（E）款规定了剥夺注册资格的一些依据。具体而言，如某人承认或被判犯有涉及期货合约、其他衍生品、证券交易或建议的轻罪，或涉及CFTC注册人业务相关活动的轻罪，则其注册资格应予剥夺。第8a节第（3）条第（F）款则允许对被美国政府机构禁止与其订立合约者剥夺其注册资格。第8a节第（3）条第（H）款也规定了剥夺注册资格的一些情形，即任何人只要"对刑事重罪指控提出不辩护也不认罪的答辩，或者在州法院、美国军事法院或外国法院被判有罪且该罪行若发生在美国联邦辖区将会构成联邦法律规定的重罪"，则其注册资格应予剥夺。①

《商品交易法》第8a节第（10）条允许CFTC授权任何人代表其履行《商品交易法》所述注册职能的任何部分。《商品交易法》第17节第（o）条第（1）款规定，CFTC可以对注册期货协会提出以下要求，即由注册期货协会对其会员和会员的经纪商代理人履行CFTC的注册职能。美国国家期货协会目前（且一直都）是美国唯一的获注册期货协会。CFTC将其中介注册管理职能转授给了美国国家期货协会，其中包括法定资格剥夺情形的认定权，但CFTC有权对美国国家期货协会履行注册职能的情况（如注册申请的批准、驳回等）进行审查。此外，美国国家期货协会还会颁布会员（即期货市场中

① CEA § 8a（3）（H），7 U.S.C. § 12a（3）（H）（2012）.

介）管理规则，并对其会员进行审计和检查，以确保其遵守这些规则。美国国家期货协会相关规则包括但不限于旨在禁止欺诈和高压销售策略的禁令等。

CFTC始终坚信，受其监管的行业和市场"普遍奉行最高水平的道德标准"至关重要。[①]1992年通过的《期货交易惯例法》对《商品交易法》进行了修订，要求新注册人接受道德培训，而既有注册人则要定期开展培训。《CFTC规章》第3.34节一开始落实了这一道德培训要求，但2000年，CFTC又废除了这一规定，转而采取了就注册人强制道德培训这一问题发表原则声明的做法。这项原则声明见诸于《CFTC规章》第3部分附件B，目的是为注册人提供道德培训相关指导。其中一项原则表示，"谨记并保持职业道德标准，是注册人适当性的重要因素之一"[②]。《商品交易法》要求注册人接受定期培训，因为"美国国会的意图是，CFTC注册人应掌握有关新技术、商业惯例、规章或者其他变动等道德方面的最新情况"[③]。而且，附件B还表示，"注册人的目标应该是持续了解不断变动的行业标准，因为应不断建立旨在保持高水平道德标准的公司文化"[④]。尽管一些道德问题是所有类型的注册人所共有的，但道德培训"在某种程度上仍应注重注册人类型"[⑤]。培训的主要内容应包括以客户最佳利益为目的并以诚信、公平和谨慎方式行事的重要性，以及实施有效监督和内控制度的方法等。

近年来，新的技术进步进一步提升了人工智能系统的能力。在这一背景下，后面四章将对《商品交易法》下现有中介类型的法律法规定义及其概念理解进行分析。

---

① 请参见：Standards of Conduct for Commodity Trading Professionals，42 Fed. Reg. 44，742（proposed Sept. 6，1977）.

② Appendix B to Part 3 – Statement of Acceptable Practices with Respect to Ethics Training，17 C.F.R. Pt. 3，App. B.（2012）.

③ 同上。

④ 同上。"关于道德培训的频率和期限，允许公司以任何频率定期开展培训，培训期限以注册人（及相关自律组织）认为适当为宜。"同上。

⑤ Appendix B to Part 3 – Statement of Acceptable Practices with Respect to Ethics Training，17 C.F.R. Pt. 3，App. B.（2012）.

第六章
期货市场的通道——期货经纪商

顾名思义，“通道”是指能够让人进入不同区域的入口。它在各种情形和语境中都扮演着重要角色。比如，在许多科幻作品中，通道都是重要的情节发展工具。它们通常以虫洞的形式出现，而所谓虫洞，是指无需穿越实际物理距离就能从一个时空点进入另一个时空点的入口，类似于瞬间移动。“虫洞”这个概念源于一些科学家以前的突发奇想，即虫洞可能充当人类进入其他空间地点的瞬时“桥梁”。今天，科学家们普遍认为，人类不可能利用虫洞进行宇宙旅行。尽管如此，科幻作家们仍然乐此不疲，不断将其运用到他们的创作中。比如，在卡尔·萨根（Carl Sagan）1985年创作的小说《接触》中，一群人类科学家通过一系列虫洞进入了银河系的中心地带，并与一种科技方面比人类先进的地外生物进行了接触。同样，在乔·霍尔德曼（Joe Haldeman）1974年创作的军事题材经典科幻小说《永远的战争》中，人类在与外星人Taurans战争时，能够穿越虫洞进行星际旅行，从一个地方瞬间到达宇宙的另一个地方。

在期货市场中，通道同样非常重要。尽管期货市场的通道无法让人类在宇宙空间中瞬时转移，但却能让人们迅速进入期货交易所。当然，期货交易所近年来已经发生了巨大变化。以1856年创建的CBOT为例，如果这个交易所的创始人能够穿越时空来到今天的世界，他们可能会觉得，与科幻小说中虫洞另一边的外星世界相比，今天这个寂静无声、高速自动化的电子化期货市场同样令人感到陌生。随着时间的推移，尽管期货市场的基础技术及参与者发生了巨大变化，但有一样东西却或多或少保留了下来，它就是大多数人进入期货交易所的方式。期货经纪人，正式名称为“期货经纪商（FCM）”，是大多数人进入美国期货市场的主要通道，尽管他们可能并不是直接通过期货经纪商，而是通过为期货经纪商拓展市场的经纪商代理人和介绍经纪商（两者都将在后文中进行讨论）进入期货市场。如果要比较的话，期货经纪商就相当于证券领域的经纪行。具体而言，希望在一个或多个美国期货交易所交易的人，通常都需要在期货经纪商处开设账户，然后直接或间接向期货经纪商发送交易指令。《商品交易法》和《CFTC规章》将期货经纪商定义为招揽或接受期货合约、期货期权、商品期权或互换的买单或卖单并“为因此或可能因此而产生的任何交易或合约提供保证金、保证或担保而接受任何现金、证券或财产（或代之以授信）”的“个人、协会、合伙、公司或信托”。[①]

期货经纪商通常都是指定合约市场（即期货交易所）和衍生品清算组织（即清算所）的会员。[②]因此，期货经纪商能够直接在指定合约市场上进行交易，并通过衍生品清算组织进行交易结算。简而言之，由于与衍生品交易市场基础设施主要提供方（即指定合约市场和衍生品结算组织）之间的联系，相较于其他市场参与者，期货经纪商与期货市场中枢神经系统之间的关系更为紧密。适用于期货经纪商的主要法规，旨在保护客户不因期货经纪商的欺诈或违约行为而受到损害。为此，这些法规要求期货经纪商将其自有资金与

① CEA § 1a（28）（A）（i），7 U.S.C. § 1a（28）（A）（i）（2012）；请参见：CFTC Regulation 1.3，17 C.F.R. § 1.3（2018）. 期货经纪商中介类型还包括在CFTC注册为期货经纪商的任何人。CEA §1a（28）（A）（ii），7 U.S.C. § 1a（z8）（A）（ii）（2012）.

② 就期货或衍生品合约而言，衍生品清算组织是指满足下列条件的实体：（1）能够使合约各方通过更新或其他方式将各方信用转换为衍生品清算组织的信用；（2）以双边方式安排或提供上述合约相关债务的结算或轧差服务；（3）以其他方式提供清算服务或安排，使衍生品清算组织的参与者共担或转移上述合约的信用风险。*Derivatives Clearing Organization*，CFTC GLOSSARY，http：//www.cftc.gov/ConsumerProtection/EducationCenter/CFTCGlossary/index.htm#D. 请参见：CEA § 1a（15），7U.S.C. § 1a（15）（2012）.

客户资金隔离开，维持最低限度的资本金，并遵守某些报告要求。截至2013年，美国共有105家注册期货经纪商。

自1936年起，《商品交易法》就开始对期货经纪商实施监管。但是，与80多年前就开始接受监管的期货经纪商前身相比，今天的期货经纪商已截然不同。以前，大多数期货交易都是在期货交易所的交易池或交易大厅通过“公开喊价”的方式进行，而交易指令则是通过大厅经纪商和大厅交易者的喊价和手势信号进行传达并记录。实际上，旧时的期货经纪商和期货交易所主要是依靠人工制作和处理大量文书的方式记录交易。比如，打算下单的客户通常会给期货经纪商打电话，告知其交易指令，而期货经纪商则会给客户的交易指令打上时间印戳，制作“办公指令单”，将其发送给经纪商在交易所大厅的交易席位。然后，交易席位会制作一张指令单，将其交给现场文书，而文书又会将其转交给现场的交易员，由交易员通过公开喊价的方式执行交易。指令成交后，交易双方将以手动方式在纸条上记录该指令。每一交易日结束后，数十名文书会聚在一起对纸条进行核对，确保交易双方的指令单相符，并解决发现的任何分歧。近年来，美国绝大部分的期货交易大厅均已关闭。今天，期货经纪商和期货交易所基本上都是依靠各种自动化计算机系统及相关软件算法以电子方式进行运作。

不同于在纸条上手动处理和确认交易的公开喊价系统，今天，从交易所到交易员，几乎整个金融市场，包括期货及其他衍生品市场，在一定程度上都实现了计算机化和自动化。比如，2013年，CFTC在《自动交易环境风险控制和系统保障概念发布》中表示，美国衍生品市场已发生根本性转变，从以人为中心的交易场所变成了高度自动化、高度互联的交易环境，现代市场的运营中心如今藏身于一组自动交易系统和电子交易平台中，能够以比人类高出很多数量级的速度执行重复性任务。①实际上，声誉卓著的跨学科英文期

① Concept Release on Risk Controls and System Safeguards for Automated Trading Environments, 78 Fed. Reg. at 56, 542.

刊《自然》中就有一篇文章将“全球金融市场”形容为“世界上最强大的技术社会系统”，并认为它形成了一种“新的机器生态”[①]。

科幻作家们可能先知先觉地预见到了电子生态系统这样的事物。如今，衍生品及其他金融产品市场均已成为这个生态系统的一部分。在1984年出版的作品《神经漫游者》中，科幻作家威廉·吉布森（William Gibson）创造了“网络空间（cyberspace）”一词，并将其描述为“所有国家数十亿操作人员每天都要体验的交感幻象……人类系统中所有计算机储存数据的图文呈现……数据的集群”[②]。现代金融市场“新的机器生态”[③]不仅与CFTC概念发布中描述的、充当期货市场“运营中心”的“自动化交易系统和电子交易平台组合”有许多相似之处，而且与网络空间里由“数据集群”组成的“交感幻象”有许多相似之处。[④]简而言之，我们可将如今交易者必须驾驭的、以机器为中心的电子生态系统，比作一个由计算机组成的网络王国。与这些技术变革相符，期货经纪商在提供通道方面仍然扮演着重要角色，但他们的业务目前基本上已经计算机化，对人工处理期货交易指令的依赖性已小得多，他们现在更多是利用自动化计算机系统，将电子交易指令报文直接发送给期货交易所算法撮合引擎。

由于上述技术进步，本应由期货经纪商执行的任务，如招揽客户、接收客户资金、提交期货和衍生品交易指令、管理客户交易账户等，如今已可以由自动化计算机和软件程序机器人执行。后续章节将详细阐述软件机器人为何出人意料地善于执行销售、营销、提交交易指令、管理资金等任务。实际

---

① Neil Johnson et al., *Abrupt Rise of a New Machine Ecology Beyond Human Response Time*, NATURE (Sept. 11, 2013)；同时，请参见：J. Doyne Farmer & Spyros Skouras, *An Ecological Perspective on the Future of Computer Trading*, UK Gov' t Foresight Project, QUANTITATIVE FIN., 13 (3) 325-46, Aug. 21, 2011, 1, http: //www.inet.ox.ac.uk/library/view/569.

② Ed Cumming, *William Gibson: The Man Who Saw Tomorrow*, GUARDIAN (July 28, 2014), https: //www.theguardian.com/books/2014/jul/28/william-gibson-neuromancer-cyberpunk-books；同时，请参见：WILLIAM GIBSON, NEUROMANCER 1 (1984).

③ Neil Johnson et al., *Abrupt Rise of a New Machine Ecology Beyond Human Response Time*, NATURE (Sept. 11, 2013).

④ Cumming, *William* Gibson, GUARDIAN.

上，构成当今期货市场的联网计算机生态系统与网络空间类似，在这个生态系统中，高速自动化交易系统比人类交易者更加游刃有余。因此，如果不是因为有期货经纪商必须是法人（即个人、协会、合伙、公司或信托）这项要求，自动化计算机系统完全可以凭借其开展的活动，而被归入期货经纪商的定义范围。一方面，现行法律法规是针对以人类为中心的期货经纪商设计的，但另一方面的现实却是，期货经纪商从事的大部分活动如今都已交给自动化电子系统。因此，随着期货市场自动化进程持续推进，人类在期货市场运营和管理过程中，将工作任务逐渐转交给本质上属于机器人的计算机和软件算法，人类发挥的作用将持续削弱，上述两方面之间的鸿沟也将逐步显现。

第七章
集合投资工具和投资顾问

美国许多大型对冲基金和投资顾问机构不仅从事证券和债券的投资和交易，还从事期货、互换及其他衍生品的投资和交易。因此，相当多的美国对冲基金和投资顾问还接受CFTC的监管。但是，对冲基金和投资顾问受CFTC监管这一事实却并非被众人所知，大多数人都侧重于另一个事实，即对冲基金和投资顾问通常是以证券交易而闻名。实际上，许多基金和投资顾问同时还从事利率衍生品的交易，正是这一点使他们落入了CFTC的监管范围。为他人提供衍生品相关投资和交易顾问服务并因此而获取报酬者，被称为“商品交易顾问（CTA）”。同样，经营集合投资工具并从事期货、互换和衍生品交易者被称为“商品基金管理人（CPO）”。在证券法下，这些人的对等实体为投资公司和共同基金。

《商品交易法》和《CFTC规章》对“商品交易顾问”[①]的定义是：为直接或间接获取报酬或盈利，就期货合约、商品期权、互换或其他衍生品交易的价值或适合性，向他人提供顾问服务的任何人。一些商品交易顾问有权限用客户账户发出交易指令。这意味着，这些顾问不经具体授权即可代表客户进

① 因为某些原因，美国国会在《商品交易法》中将“顾问”拼写成了“advisor”，但在1940年通过的《投资顾问法》中又将其拼写成了“adviser”。13 JERRY W. MARKHAM, COMMODITIES REG. § 17A:1(1987). 除这一差异外，《商品交易法》中商品交易顾问的定义与1940年《投资顾问法》中“投资顾问的定义大体相同”。同上。

行投资决策。截至2013年，美国共有2636名注册商品交易顾问。[①]如前所述，由于大量对冲基金同时也从事期货和互换（特别是利率期货和互换）交易，因此他们也在《商品交易法》所述“商品交易顾问”的定义范围内。尽管法院对商品交易顾问的定义进行了宽泛解读，但法律法规或多或少对司法部门的这种宽泛解读进行了范围限定。具体而言，相关法律法规将特定类型的人和实体排除在了商品交易顾问定义的范围之外，这些人和实体包括银行、信托公司、新闻记者、专栏作家、场内经纪人、期货经纪商、合约市场（即期货交易所）及“一般和日常传播”数据的出版商和制作商等。此外，如果当事人满足特定条件，则CFTC可将其视为《商品交易法》意义上的商品交易顾问，且无须要求其进行注册，从而部分削弱了商品交易顾问相关监管要求。比如，根据《商品交易法》第4m节第（1）条规定，商品交易顾问如每年仅向不超过15个人提供服务且“在公众面前未以商品交易顾问身份自居”，则无须在CFTC进行注册。[②]一般而言，联邦法院认定当事人是否对公众以商品交易顾问身份自居的标准，是依据其是否向大众发表了从事期货及其他衍生品交易相关顾问业务的声明，而发表声明的方式可以是在网站上刊登广告，也可以是其他方式。最后，如果某人没有客户账户的全权委托权（即未经具体授权即可代表客户进行交易的权限），或仅基于客户具体事实和情形提供量身定制的交易建议，则其也无须注册为商品交易顾问。最后两项注册豁免是为了确保对商品交易顾问的监管不违反宪法第一修正案的法理，即禁止对报纸、简讯和类似出版物实施监管。

根据定义，“商品交易顾问”包括利用网站或电子邮件招揽潜在付费客户，并就何时达成或退出期货交易向付费客户提供建议者，以及根据此类建议按照授权在客户账户下进行交易者。CFTC表示，是否需要注册为商品交易顾问应以所提供建议的性质为依据，无论该建议是如何传达给客户的，因为

① COMMODITY FUTURES TRADING COMMISSION, PRESIDENT' S BUDGET AND PERFORMANCE PLAN, FISCAL YEAR 2015 at 85 (Appendix 4)(Mar. 2014) .

② CEA § 4m（1）, codified at 7 U.S.C.§ 6m（1）.

在技术先进的当今社会，专业人员在没有“当面”或直接接触的情况下也可代表他人作出判断。①这种处理方式符合逻辑，因为相比于面对面沟通，今天的潜在和实际投资者以电子方式（即电子邮件甚至是短信）进行沟通的可能性要大得多。投资者无须拜访金融顾问的办公室，甚至无需与其进行电话交谈，即可获得期货、商品期权及其他衍生品买卖相关建议。因此，商品交易顾问包括利用网站推销衍生品投资相关顾问从业者，以及提供定期电子邮件订阅服务、就何时买卖特定期货合约或其他衍生品向订阅人提供建议并收取固定费用者。如前所述，如果没有相应豁免（如无权限对客户交易作出指导、就客户特定情形提供定制顾问服务的情形），被归入商品交易顾问定义范围内的人均须在CFTC进行注册。这意味着，经营网站推销期货交易顾问技能并提供代客交易服务者，或通过电子邮件向客户提供个性化交易服务者，均必须注册为商品交易顾问，否则将面临被CFTC取缔的风险。

但是，就本书而言，更具意义的是，“商品交易顾问”的定义还适用于销售或推销可就期货交易提供具体建议的计算机软件程序者。这种处理方式十分恰当，因为无论用于提供建议或指示客户交易的技术是什么，欺诈风险始终存在。比如，在CFTC诉瓦图利（Vartuli）案中，软件程序的卖方表示其交易软件能够“自动……挣钱”，而实际上，软件用户基本上都遭遇了巨额损失。由于提供了欺诈性期货交易建议，软件程序的卖方实际上对潜在客户和实际客户造成了误导。②因此，在瓦图利一案中，美国第二巡回上诉法院表示，软件程序的卖方“以营利为目的，通过电子媒介，就“期货交易的价值或适合性”向他人提供了建议，因为其软件程序根据市场状况全天候向客户提供了买入、卖出、停止和利润目标等具体建议。鉴于这一事实，美国第二巡回上诉法院认定，软件程序卖方属于商品交易顾问。

被归类为商品交易顾问会在法律和监管方面产生重大影响，因为商品交

① Exemption from Registration as a Commodity Trading Advisor, 65 Fed. Reg. 23,938,23,939(Mar. 10, 2000).

② *Vartuli*, 228 F.3d at 99-100.

易顾问必须遵守CFTC的各种规定，例如商品交易顾问相关的广告规定等。而且,《商品交易法》第40节第（1）条第（B）款要求，商品交易顾问、商品基金管理人及其经纪商代理人承担过失标准下的欺诈责任。过失性欺诈责任是根据合理标准进行判断的。如果被告以草率方式作出了欺骗或误导潜在客户或实际客户的陈述，则应被认定为有罪。通常情况下，欺诈主张都要有明知证据，或者证明被告故意欺骗了投资者或不顾客观事实轻率行事的证据。

计算机和软件程序可执行商品交易顾问任务，这类任务若由真人承担，则该人必须注册为商品投资顾问。比如，商品交易顾问可代表他人进行衍生品交易，或为他人进行这种交易提供建议，以获取某种报酬。但是，这两项活动目前都已经有算法机器人及类似软件交易程序在做。随着时间的推移，人们将越来越习惯于让机器人代其进行投资决策。如前所述，近年来，人们已经见证了智能投资顾问的兴起和日渐流行。所谓智能投资顾问，是指基于客户在风险容忍度等在线调查问卷中的答复，利用算法帮助其实现投资决策自动化，最大限度减少人类干预的数字投资顾问服务。实际上，计算机化交易机器人在许多方面都要优于人类交易者。这并不只是因为算法机器人能够以比人类快得多的速度（甚至是瞬时）分析市场状况并进行交易，而且是因为机器人交易者不受厌恶损失等普遍存在于人类的情绪障碍或认知偏差的影响。比如,《纽约时报》专栏作家约翰·加普（John Gapper）2016年曾写道，对大多数投资者而言，机器人与人类的表现其实是一样的，最大的风险并不在于听从机器人，而在于人性，即情绪化和随意性。[①]早在20世纪六七十年代，相关研究即已表明，在准确运用人类设计的公式和模型以发现癌症或进行其他评估方面，计算机比设计这些公式和模型的人类表现更佳。[②]比如，一些研究表明，计算机比人类医生更善于发现癌症和心理障碍，因为人类会疲

① John Gapper, *Robots Are Better Investors than People*, FIN. TIMES (March 16, 2016).

② John Gapper, *Technology Outsmarts the Human Investor*, FIN. TIMES (March 8, 2017).

劳、分心和休息。[①]实际上，1961年的一项科学研究明确表示，人类与计算机共事的最佳方式，就是由人类告诉计算机如何进行决策，然后让计算机在没有人类干预的情况下实施这些决策。[②]而且，如前所述，计算机算法充当销售人员的效果好得令人惊叹。如果输入足够多的数据，无论是客户个人、还是客户群体的数据，计算机算法都能非常准确地预测最为有效的销售和揽客方式。同样，安排资金转移和进行投资决策（如决定何时买卖期货及其他衍生品）都是计算机和软件程序目前正在常态化开展的活动。未来，人们很可能创造出更加精明、能干的自动化软件程序和算法机器人，以此招揽和接收客户资金，然后代替客户进行期货合约及其他衍生品交易，或向客户发送电子邮件就何时买卖衍生品向客户提供个性化建议。因此，如果商品交易顾问的监管仅限于人类，那么，所有执行商品交易顾问职能的算法机器人、自动化计算机系统及类似算法软件程序都很可能会成为漏网之鱼。此外，尽管瓦图利案的判决表明，商品交易顾问的定义涵盖了就何时进行期货及其他衍生品交易而为用户提供具体建议的软件程序销售和推销人员，但开发（而未销售或推销）此类程序者可能并不在该定义的范围之内。这意味着，只要不涉及销售、广告或推销，设计和制作此类期货交易软件和系统的程序员将不在监管之列。

许多大型对冲基金都在商品投资基金定义的范围之内。这意味着，他们是下一个受CFTC监管的市场中介类型，即商品基金管理人。商品基金管理人是指以交易商品权益为目的，从事性质属于商品投资基金、投资信托、辛迪加或类似形式企业的业务，并直接或间接招揽、接受或收取他人资金、证券或财产者。截至2013年，美国共有1811家注册商品基金管理人。[③]由于许多对冲基金都从事商品权益交易，因此许多对冲基金都属于商品投资基金。

① John Gapper, *Technology Outsmarts the Human Investor*, FIN. TIMES（March 8, 2017）.

② 同上。

③ COMMODITY FUTURES TRADING COMMISSION, PRESIDENT' S BUDGET AND PERFORMANCE PLAN, FISCAL YEAR 2015 at 85（Appendix 4）（Mar. 2014）

这意味着，许多经营对冲基金的商业实体和人员都是作为商品基金管理人、商品基金管理人的经纪商代理人或商品基金管理人的委托人而接受CFTC监管。但是，应该指出的是，《商品交易法》和《CFTC规章》规定，需要在CFTC进行注册并根据《商品交易法》规定接受监管的实体是商品基金管理人，而非商品投资基金本身。[①]尽管如此，由于要有商品基金管理人，首先必须要有商品投资基金，因此理解特定集合投资工具是否属于商品投资基金就显得特别重要。一般而言，商品投资基金是指集团性质的投资企业，即为从事期货合约、互换或商品期权等商品权益交易而经营的“投资信托、辛迪加或类似企业”[②]。从历史角度看，CFTC曾经表示，“一家基金要成为商品投资基金”，商品权益即CFTC监管衍生品的交易“不一定必须是其唯一业务，甚至不一定是其主要业务”。[③]事实上，法律法规中商品投资基金的定义并没有包含最低限度的豁免规定。投资信托或辛迪加通常会通过多人（即参与者）筹集（即归集）资金，然后对资金进行集体管理（即交易），并按比例分配盈亏，而不是对每个人的资金进行单独管理或交易。商品投资基金被人们称为“商品期货行业的投资公司”，且与证券行业的共同基金具有可比性。尽管似乎有点反常，但是，如果一家基金以集合投资工具的身份向潜在参与者之间进行宣传或推销，那么即便只有一名投资者，也可能被视为商品投资基金。

在2010年《多德—弗兰克法》出现之前，《商品交易法》中并没有“商品投资基金”的定义，尽管CFTC曾在其规章中给出了这一定义，以弥补这一法律缺陷。《多德—弗兰克法》对《商品交易法》作出了修订，新增了商品基金管理人的定义，但这并没有使法律规定发生多大改变，因为2010年通过的法律定义基本上沿袭了《CFTC规章》多年以来一直采用的定义。具体而言，在《商品交易法》第1a节第（10）条中，“商品投资基金”被定义为为交易

① Rosen, *Regulation of Commodity Pool Operators*, 40 WASH. & LEE L. REV. at 937.

② CEA § 1a（10）, 7 U.S.C. § 1a（10）(2012); CFTC Regulation 4.10（d）.

③ Liu, *Reframing Commodity Pools in the Wake of Dodd-Frank and the Volcker Rule*, 99 CORNELL L. REV. at 210.

（期货合约和互换等）商品权益而经营的任何投资信托、辛迪加或类似形式的企业。[①]此外，旨在解释什么是商品基金管理人的司法判决也为我们理解当事人是否属于商品基金管理人提供了另一个视角。比如，在洛佩兹（Lopez）诉迪恩威特（Dean Witter Reynolds）公司案中，美国第九巡回上诉法院简要概述了认定某一实体是否属于商品投资基金时广为引用的一些要素。[②]

> 提出这个问题的法院要求商品投资基金具备下列要素：（1）作为投资机构，以进行商品期货合约投资为目的，将众多投资者的资金招揽并归集到一个账户；（2）拥有共同资金，且可代表整个账户执行交易；（3）参与者按比例分享商品期货交易的盈利或承担交易损失；（4）交易由商品基金管理人以基金名义而非个别投资者的名义进行。

但是，在公开发表的指南和释义决定中，CFTC官员曾表示，洛佩兹案所述要素并非检验何为商品投资基金的排他因素。比如，CFTC第12—14号公函（2012年10月11日）表示，分析某一实体是否属于商品投资基金需要对“与该实体经营相关的所有事实”进行评估。[③]该公函进一步指出，一只基金未满足一项或多项要素，并不意味着该基金不是商品投资基金。[④]同样，第12—14号公函表示，“为交易商品权益而经营”这一表述并不是说商品权益交易必须是商品投资基金经营活动的“主要目的”，因为《多德—弗兰克法》中“商品投资基金”的法律定义与该术语的监管定义相同，而考虑采用该监管定义时，CFTC曾明确拒绝对商品投资基金适用“主要目的”测试标准。[⑤]

有趣的是，司法判决认为，并不是必须为商品投资基金进行了决策才能被认定为商品基金管理人，而投资工具也不是必须直接从事期货、互换或

---

① CEA§1a（10），7 U.S.C.§1a（10）（2012）.

② Lopez v. Dean Witter Reynolds，Inc.，805 F.2d 880（9th Cir. 1986）.

③ CFTC Staff Letter No. 12-14，at 3（Oct. 11，2012）.［引用了最终规则序言中“商品投资基金”的监管定义，请参见：46 Fed. Reg. 26，004，26，006（May 8，1981）。］

④ 同上，第4页。

⑤ 同上，第3页。

其他衍生品的交易才能成为商品投资基金，因为接收筹集到的资金并对基金进行组织管理，而非对投资决策的控制权，才是商品基金管理人的标志性特征。[①]因此，即便某人只是将资金转移给了另一基金（即其属于子基金），然后由另一基金将资金投资于商品权益，此人仍将被认定为商品基金管理人。这样处理有其正当理由，因为如果基金管理人可通过投资于另一基金而不是直接进行交易的方式规避监管，那出于补救目的的法律条款将形同虚设。[②]而且，用美国第三巡回上诉法院的话说，“与交易的距离远近并不是一个重要因素”，因此无论原基金与商品权益投资这一行为的距离有多远，这一规则仍然适用。也就是说，即使一只基金将资金转移给另一基金，接收资金的基金又将该资金转交给第三只基金，然后由第三只基金将该资金用于商品权益投资，最初转移资金的基金也仍然属于商品基金管理人。这意味着，集合投资工具对其资金走向及其在下游的用途进行追踪至关重要。如若不然，他们可能会无意中成为商品基金管理人，并因此而必须根据美国法律进行相应注册。当然，一些商品基金管理人会直接为其商品投资基金进行交易决策，而一些商品基金管理人则会聘请商品交易顾问代表其商品投资基金进行交易。

鉴于当前技术，自动化计算机和软件程序机器人明显能够执行商品基金管理人的职能。如前所述，商品基金管理人能够：（1）从事基金、投资信托、辛迪加或类似形式企业的业务；（2）为交易商品权益直接或间接从他人处招揽、接受或收取资金、证券或财产。同样，当前软件程序也能从一群人那里归集资金，以集合方式对资金进行管理。与利用一个人提供的资金进行衍生品交易一样，算法机器人也能利用一群人提供的资金进行衍生品交易。如果

---

① Rosen, *Regulation of Commodity Pool Operators*, 40 Wash. & Lee L. Rev. at 952；同时，请参见：CFTC v. Equity Fin. Group, LLC, 572 F.3d 150（3d Cir. 2009）；CFTC v. Perkins, 385 F. Appendix 251（3d Cir. 2010）：允许投资管理人资金从一个账户转移到另一个账户，从而规避监管，这不符合国会保护投资者的目的……我们在CFTC诉Equity金融集团案（572 F.3d at 158）中的立场已明确表明，与交易的距离远近并非重要因素。如果基金是以从事商品期货交易为目的创建的，那么这个基金就是《商品交易法》意义上的商品投资基金。

② *Equity*, 572 F3d. at 158.

资金就是用于集体投资和交易目的，而不是根据每一个体投资者的特定意图使用，那么，衍生品交易的资金来源基本上就不那么重要了。而且，对当前技术而言，接受和收取资金不过是一件轻而易举的事情。众多软件程序和应用，从Paypal到智能手机上的银行应用等，均可实现资金转移目的。同样，类似的软件程序和银行应用也可用于向基金参与者按比例支付任何潜在盈利。从令人讨厌的“垃圾邮件程序”到更为合法的软件式销售机器人，各种软件程序还可为任何数量的产品和服务发送电子邮件和揽客文本，更不用说“机器人电话”了。因此，金融服务公司很容易开发出专门的软件程序机器人，并通过这种机器人自动、独立地向潜在客户发送电子邮件、文本及其他揽客信息，说服其参与以衍生品为投资重点的集合投资工具，或者鼓励现有客户提供更多资金。实际上，如前所述且如后文第八章详述，计算机和软件程序充当销售人员和推销人员的效果好得令人惊讶。总之，计算机和软件程序能够从事商品基金管理人定义所述的所有人类活动，因此，如果针对商品基金管理人的监管仅限于人类，那么，一些商品基金管理人很可能会成为漏网之鱼。

第八章
销售人员、主管、所有人及其他列举对象

想象一下到处都是销售机器人的世界吧！在街上，它们如影随形般跟在人们身后，不停地展示各种广告和宣传材料。或者，想象一下机器人咄咄逼人地向人类兜售服务的场景吧！即便被拒绝，它们仍然不停地宣传，因为它们只听从于主人。只有同意购买服务后，它们才会听从主人的指示离开。科幻作家菲利普·K. 迪克（Philip K. Dick）在短篇小说《销售话术》中就描绘了一个这样的世界。早在1954年，这部小说就发表在了《未来科幻》杂志上。那么，这种人类随时随地被无休止的自动化揽客广告纠缠的情景即将成为现实了吗？

或许可以这么说，今天，从机器人那里收到揽客广告并不是科幻小说的情节，尽管揽客手段与《销售话术》中的描述略有不同。比如，与小说中描述的一群群机器人在大街上跟在行人后面展示广告的场景不同，今天的零售商正在智能手机应用上大做文章。当人们走近或进入线上商店时，零售商就会向他们发送各种信息。这样做的目的，就是向过往行人发送文本消息，告诉他们“这个东西（带图）与你一个月前购买的类似，目前正在促销，而我们正好又有你要的尺寸！”实际上，亚马逊和脸书等公司已经积累了大量的用户行为数据，并已利用这类数据开展互联网广告和销售活动，使产品和服务对潜在客户极具诱惑力。顺便说一下，我本人也经常收到推销热带旅游的机器人电话，电子邮件收件箱也充斥着各种揽客邮件，推销的商品多种多样，从保险单到日用品等。今天，向你兜售某样东西的很可能不是真人，而只是自动化软件算法。这种现象正日益频繁。

但是，一个充满自动化软件式销售机器人的世界并不一定是反乌托邦。通过软件自动进行的电子揽客方式不可能像《销售话术》描述的机器人那样令人讨厌。而且，对于自己真正想要或需要的东西，许多人的确乐于接收这种揽客信息。因此，金融市场也有自己的销售人员，而这类销售人员也确有其合理职能。金融机构的销售人员及直接面向客户的其他雇员对于吸引投资者至关重要，因此对于市场流动性也至关重要。目前，基于数据的算法式、统计式销售技巧正被其他行业用于网络推销。而其中一些技巧很可能迟早会被金融行业用于招揽投资者，投资商品和衍生品基金及相关金融产品。利用算法销售策略的零售商店与金融服务企业之间的差异在于，利用计算机算法招揽客户资金并用于衍生品及其他相关金融产品交易的现象可能暴露了当前监管框架的漏洞。

为说明这种监管漏洞是如何产生的，人们必须首先了解关于衍生品市场中介中面向客户的人员的现行监管框架。本章将介绍帮助他人进行期货和衍生品投资和交易，或在衍生品市场中介中发挥重要职能的角色。这些人包括期货业务员（AP）、介绍经纪商（IB）及委托人（principal）。广义上，AP、IB和委托人为注册人的高管、所有人、雇员或代理等。通常，AP是指衍生品市场中介的销售人员或销售人员的主管，而委托人则是指由于职责、职位或在商业实体中的股份所有权等原因而对注册人享有一定程度控制权的人。在现行法律下，AP必须是自然人，而非公司或合伙企业等商业实体。截至2013年，美国共有56190名在册AP。①

销售人员的主管也被视为AP。实际上，在AP的定义上，CFTC对“主管”

① COMMODITY FUTURES TRADING COMMISSION, PRESIDENT' S BUDGET AND PERFORMANCE PLAN, FISCAL YEAR 2015 at 85 (Appendix 4)(Mar. 2014), http: //perma.cc/C5W9-PNDH.

采取了一种极其宽泛的解释，甚至连对销售人员的主管实施监督的人也被认定成了主管，不论其与销售人员之间的距离有多远。也就是说，CFTC要求“对AP实施监督的所有人，无论职位高低，均注册为AP”，而“监督权条线”上的所有人，无论职位有多高（甚至包括公司总裁），也应注册为AP。[①]如果符合《CFTC规章》第3.1节第（a）条列举的职位或情形，则任何人均可被认定为委托人。一般而言，委托人是指由于其职位或所处情形能够控制注册人或对注册人施加影响的人。比如，符合以下情形之一的自然人即属于委托人：

（1）独资企业的个人业主；

（2）合伙企业的普通合伙人；

（3）公司、有限责任公司或有限责任合伙企业的董事、总裁、首席执行官、首席运营官、首席财务官或须受《CFTC规章》约束的业务单位、科室或职能部门的主管；

（4）有限责任公司或有限责任合伙企业的经理、管理成员或享有管理权的成员；

（5）首席合规官。

尽管委托人从技术上讲并不是注册人，但他们仍然面临着某些与AP一样的要求。通过对委托人实施监管，CFTC能够对属于商业实体的市场中介进行筛查，对控制中介者即委托人的历史进行审查，确定其是否适合在金融行业从业。这种审查使得近期被判犯有欺诈及其他类似罪行者无法充当衍生品市场中介的委托人。

对AP的监管实现了一项重要的客户保护职能，因为绝大多数决定投资期货合约及相关衍生品的客户，都是通过与期货经纪商及其他注册人的经纪商代理人接触进行投资。总体而言，AP的注册要求体现了美国国会的意图，即

① *Regulatory Reminder*: *Associated Persons Registration Requirements*, NAT' l FUTURES ASS' N, http: // perma.cc/C8HL-Z2J2.［引述Interpretative Statement Regarding the Scope of the Term “Supervision” in the Associated Person Registration Requirement, 45 Fed. Reg. 54, 032, 54, 032（CFTC Aug. 14, 1980）］.

通过CFTC将那些曾经实施过欺诈行为或类似欺骗行为的不适合从业者筛选出来，使他们不能与客户接触。

IB是指通过招揽或接受期货和互换交易指令的方式获取报酬，但不接收客户资金，为交易指令相关交易提供担保的人。IB可理解为期货经纪商的AP，即期货经纪商的销售人员。他们是独立承包商，而非期货经纪商的真正雇员或代理。1982年，美国国会创设了IB这一注册类型，以“保护公众”不受（独立）代理“违规销售行为”之害，因为期货经纪商经常拒绝对他们的行为负责。[①]截至2013年，美国共有1328名注册IB。[②]

尽管IB通常是充当期货客户与期货经纪商中介的独立法人或自然人，但法律法规定义并未规定IB仅限于招揽和接受期货（与互换等相对）交易指令者或仅限于充当期货经纪商中介者（与互换交易商或零售外汇交易商相对）。实际上，“IB”是范围最广的中介类型之一。可以说，只要招揽或接受由CFTC监管的衍生品交易指令（但要以非文书人员身份进行），此人就可以被认定为IB。IB分类因其广泛性而可能会对一些粗心大意者构成某种陷阱，因为如果参与了销售或鼓励客户向金融公司提交交易指令的活动，那么，他们可能会在不经意间成为IB，从而需要在CFTC进行注册。

与《商品交易法》保护衍生品市场投资者的目标相符，CFTC工作人员在大多数情况下都主张对何为IB行为这个问题进行广泛解读，并强调称，由于涉及招揽客户者，他们对注册要求“进行了灵活解读，以便将间接参与此类招揽活动者也纳入注册范围”。[③]尽管如此，IB注册类型的范围实际上也受到了一些限制。很明显的一个例子是，对于销售软件程序使用户得以与FCM

① CFTC Staff Letter 04-34（Sept. 16，2004）.［引述H.R. Rep. No. 97-565，pt. 1，at 49（1982）.］

② COMMODITY FUTURES TRADING COMMISSION，PRESIDENT' S BUDGET AND PERFORMANCE PLAN，FISCAL YEAR 2015 at 85（Appendix 4）（Mar. 2014），http：//perma.cc/C5W9-PNDH.

③ CFTC STAFF LETTER No. 00-105（Nov. 15，2000）.［援引48 Fed.Reg. 35,248，35,250（Aug. 3，1983），www.cftc.gov/sites/default/files/idc/groups/public/@lrlettergeneral/documents/letter/00-105.pdfwww.cftc.gov/sites/default/files/idc/groups/public/@lrlettergeneral/documents/letter/00-105.pdf.］

或IB建立联系，但并未建议或鼓励用户进行交易的软件销售商，CFTC工作人员赋予了他们起诉豁免。比如，2004年，CFTC的一份公函表示，对于软件销售商通过推销软件程序使用户得以接入其自行选择的期货经纪商或IB指令录入系统，但该软件销售商未注册为IB的，CFTC官员不建议CFTC对该软件销售商提起执法诉讼。[①]同年，CFTC工作人员宣布，向机构投资者销售软件程序使其与期货经纪商建立电子联系并提交期货合约交易指令者无须注册为IB，但前提是机构投资者自行选择期货经纪商，且就下单时间和下单数量进行决策时，软件程序没有提供提示或建议。[②]

基于计算机和软件的机器人目前已经能够履行经纪商代理人和IB的某些职能。具体而言，自动化计算机系统可用于招揽和接受用于衍生品交易指令的资金。随着时间的推移，软件机器人很可能会用于向潜在客户和实际客户销售期货、商品期权和商品投资基金投资机会等衍生品市场投资。目前，文本形式的交流，如电子邮件、即时信息和电子聊天室"对话"等，正日益成为人们的主要互动工具。这可能会推动软件式销售机器人的兴起。此外，走家串户直接与潜在客户接触的百科全书式旅行推销员已成为历史。正如斯坦福大学的杰瑞·卡普兰（Jerry Kaplan）所言，讽刺的是，你可能会认为说服艺术是人类的专利，但实际上，人工智能在这方面做得比人类还要好。[③]如果有足够的数据，如某个人或某群人过去的购买习惯数据，算法就可以预测这些人中哪些最有可能成为特定产品的最佳客户，其准确程度将令人惊叹。比如，许多公司目前已运用软件算法，将忠诚于特定品牌、无论价格高低都会购买特定产品的客户与那些需要打折或激励才会购买的客户予以区分。因此，

---

① CFTC STAFF LETTER No. 04-34（Sept. 16，2004）. 该豁免的前提条件是，软件销售商声明，市场信息等数据输入由不向其提供报酬且不收取其报酬的无关联第三方提供。同上。

② CFTC INTERPRETATIVE LETTER No. 04-15（Mar. 22，2004）. 但是，X并未接受客户的交易指令，因为它没有直接参与客户交易指令的提交，也没有推荐特定期货经纪商或特定交易，即便客户要求这样做。X只是提供了技术，使客户能够与期货经纪商的指令录入系统相连。客户提交指令的对象是期货经纪商，而非X。因此，本部门赞同贵司评估结论，即X不属于（IB），因此无须进行IB注册。

③ JERRY KAPLAN，HUMANS NEED NOT APPLY 70（2015）.

软件式销售机器人将成为理想的雇员。2017年8月，Entrepreneur.com网站上的一篇文章盛赞了利用人工智能促进销售的好处：

> 人工智能每周7天、每天24小时不停地工作，全年无休。它们从来都不会请病假，整天都不需要休息，不会去度假一个礼拜，甚至从来都不会离开办公室。[①]

《福布斯》杂志上的一篇文章对人工智能在销售和推销领域的运用表现出了同样兴趣。这篇文章名为《营销人员为何要加倍努力运用人工智能》，也在2017年8月发表。在文章中，作者告诉读者，营销专业人员必须“拥抱”人工智能，否则，在利用人工智能软件程序精准校对营销策略的竞争对手面前，他们将黯然失色，因为他们的对手会利用一种被称为“预测分析”的技术，将商业营销决策中的所有主观猜测成分排除掉。[②]未来，人们很可能将不得不习惯于在许多场合而不仅仅是投资揽客场合被机器人追着要钱。比如，我撰写本书时，一些公司正在开发“讨债机器人”，即自动联系债务人讨要债务的智能机器人。其他公司则在开发技艺高超，非常善于完成销售、达成交易的人工智能机器人。想象一下能够揣摩人类情绪的机器人吧！比如，它们能够判断潜在买主对正在销售的房子是否已经情有独钟，这将使人工智能房屋中介在提高要价时信心满满。能够读懂人类情绪的机器人或许还更善于判断特定销售话术是把客户赶走了，还是使其产生了好感。此外，专家们还在开发能够判断人类是否在撒谎的人工智能机器人，从而赋予“机器人谈判者”谈判优势。简而言之，机器人可能比人类更善于销售和营销有诸多原因。它们的这些技能完全可以用于在衍生品市场提供相关金融服务。

除推销和销售衍生品投资机会外，算法机器人还善于交易期货及其他

① Jonathan Long, 4 *Ways Artificial Intelligence Can Help You Make More Sales*, ENTREPRENEUR.COM (Aug. 10, 2017).

② A. J. Agrawal, *Why Marketers Need to Double Down on Artificial Intelligence*, FORBES.COM (Aug. 9, 2010).

衍生品。在能够处理多少信息及能够在多少类金融衍生品领域发展出专业技能方面，交易者无疑存在许多自然局限性。但是，能够在极短时间内读懂大量数据的算法机器人却没有这样的限制。因此，金融服务企业（例如向潜在投资者招揽资金创设对冲基金并重点投资衍生品的创业型交易商）迟早会开始利用（或付费让别人帮助利用）这样的算法销售策略，并以自动化电子方式招揽客户资金或衍生品交易指令。美国一位技术顾问阿里·波普尔（Ari Popper）曾建议那些希望洞见未来科技发展趋势的公司去拜读科幻作家们的作品。他认为，未来十年，人工智能程序将承担起更大份额的家庭购物任务，这些任务大部分将在没有任何人直接干预的情况下完成。[①]波普尔甚至认为，个人的人工智能软件机器人“将对家庭存货进行追踪，就垃圾袋、犬粮和日用品之类物品的价格进行谈判，并代表消费者订购新产品”。在这种环境下，直接向人工智能软件而非人类推销产品的公司可能会获得竞争优势。[②]

很明显，衍生品市场中介的销售和推销人员不太可能在不久的将来全部被自动化销售机器人取代。但是，至少部分金融服务销售话术却很有可能将以自动化电子方式展开，特别是在潜在客户招揽活动的初期。如果软件算法在衍生品市场中介扮演了之前仅由自然人承担的销售和推销角色，那么，监管缺失可能已经出现。如本章前文所述，《商品交易法》广泛要求大多数受监管衍生品市场中介的销售人员在CFTC进行注册。但在联邦法律法规下，只有自然人才能成为经纪商代理人，且只有法人（即自然人和商业实体）能够成为IB。如前所述，从法律角度看，软件式销售机器人和算法交易机器人通常不能被作为“人”看待。

但是，就金融机构的主管和高级职员而言，这种监管缺失的风险相对较小。目前，人类科技似乎还没有发展到可以让计算机或软件程序对销售人员进行监督，或充当委托人即衍生品市场公司的董事、首席执行官和首席运营

① Nick Romeo, *Better Business Through Sci-Fi*, NEW YORKER (July 30, 2017), www.newyorker.com/tech/elements/better-business-through-sci-fi.

② 同上。

官（或类似职位）的地步。尽管如此，鉴于目前的科技发展速度，人们完全可以想象，未来机器人及其他基于软件的自主人工智能体，将开始在各类公司（包括金融服务公司）中扮演重要角色。目前，软件算法已经被用于监测雇员行为，以发现金融机构内部的潜在欺诈交易行为。一些商业领袖甚至预测，未来，机器人将占据大型公司的主管职位。中国亿万富豪、投资人、阿里巴巴创始人马云就曾预测说，未来30年，最优秀的首席执行官将是机器人，因为与人类相比，它们的反应更加迅速，更为理性。同样，亿万富翁、电视真人秀节目《鲨鱼坦克》投资人马克·库班（Mark Cuban）曾表示，他认为，未来首批万亿级富翁将是人工智能行业的企业家。库班称，我们正处于软件对软件进行自动化、自动化对自动化进行自动化的进程中。①尽管这些预测都很乐观，但软件算法或机器人似乎仍不太可能在不久的将来，成为衍生品中介销售人员的主管或充当衍生品中介的高级管理人员。

---

① Kevin Lui, *Mark Cuban Says This Is Where the World's First Trillionaires Will Emerge*, FORTUNE.COM(Mar. 13, 2017), http://fortune.com/2017/03/14/mark-cuban-sxsw-first-trillionaire-ai/.

第九章
交易大厅栖息者

科学家发现，对于气候变化，尤其是全球变暖及人类入侵造成的栖息地消失，有些动物能够适应，有些动物则无法适应。[①]例如，有些鸟类已经适应了气候变暖现象，它们改变了往常的季节性迁徙习性，调整了迁徙时间和目的地。比如说，它们会比往年早一些飞到传统的冬季栖息地。但是，其他鸟类就没这么幸运了，特别是许多栖息在沿海地区的鸟类，比如欧亚蛎鹬。因为海平面上升造成潮汐洪水更加频繁，这些鸟类无法适应，目前濒临灭绝。与此同时，另一些动物已经出人意料地充分适应了人类在这个星球上不断拓展占用空间的现实。比如，2016—2017年冬季，迁徙的长耳猫头鹰大量涌入芝加哥，令城市居民和鸟类学家大感意外。[②]尽管这次特别严重的鸟类入侵事件具体因何而起仍有待确定，但长耳猫头鹰涌入“风城”芝加哥确实令人意外，因为这种夜间活动的捕食性鸟类通常栖息在浓密的针叶林中，而非人口稠密的城市地区。

欧亚蛎鹬和长耳猫头鹰不同的适应能力，与后文将要阐述的下一类受监管市场参与者之间有什么联系呢？这种联系就是，面对原生栖息地发生重大

---

① 请参见：Jenna Iacurci，*Climate Change and Habitat Loss*：*How Animals Adapt*，NATURE WORLD NEWS（June 15，2015），www.natureworldnews.com/articles/15142/20150615/climate-change-and-habitat-loss-how-animals-adapt.htm.

② Laura Pearson，*Long-eared Owls Flock to Chicago*；*Species Has Invaded the City This Winter*，CHI. TRIBUNE，Feb. 12，2017，at C4.

变化甚至是完全消失的情况，这两种鸟类都被迫作出了选择，要么适应，要么灭亡，而下一类受监管市场参与者亦然。具体而言，接下来要讨论的受监管市场参与者分别是场内经纪商、场内交易商和经纪商协会。在本书中，这些市场参与者将被视为一个整体进行分析，因为他们的界定标准都是发生在指定合约市场（DCM，期货交易所）或互换执行设施（SEF）的交易池、交易大厅或其他交易场所的活动。事实上，所有这些类别的市场参与者都必须拥有指定合约市场或互换执行设施的交易“特权”。[①]尽管这几类市场参与者存在相似性，但他们在受监管历史和活动等方面仍然存在差异。比如，场内经纪商与场内交易商之间的一项重大区别是，场内经纪商从事的是第三方交易，而场内交易商从事的则是自营交易。

在计算机化电子交易迅速增加的背景下，美国境内的交易所已经关闭了大量由人类占据的交易池。因此，这些受监管市场参与者（即场内交易商、场内经纪商及类似参与者）的自然栖息地（即实体交易大厅）目前正在迅速萎缩。期货交易环境已从实体环形或池形场地变成了以计算机为中心的电子交易生态系统，交易者不再高声喊价并展示手势，而是彼此隔绝地坐在电脑屏幕前查看市场信息，昔日的繁忙嘈杂也变得一片寂静。文本和聊天信息替代了手势和呼喊。一些人甚至为期货交易池的关闭感到痛心，因为这可能会导致美国期货交易所交易池里期货交易者使用的手势和术语消失，而这些手势和术语曾经也是这个星球上使用的语言之一。但是，这种语言的消失导致了另一种语言的兴起，而这种新兴语言就是以计算机为载体、以电子方式进行交流的悄无声息的机器语言。由于这种语言的出现，人类手势目前已经被电子交易指令及计算机化交易报文取代。

衍生品交易环境（栖息地）从实体交易大厅到电子平台的转变促进了新

---

① 请参见：CEA § 1a（22），7 U.S.C.§1a（22）（2012）（对“场内经纪商”进行了定义）；General Regulations Under the Commodity Exchange Act，17 C.F.R.§1.3（2018）（对“场内经纪商”进行了定义”）；7 U.S.C.§1a（23）（2012）（对“场内交易商”进行了定义）；17 C.F.R.§1.3（2018）（对“场内交易商”进行了定义）；17 C.F.R.§156.1（2014）（对“经纪商协会”进行了定义）.

型交易者（物种）的诞生。事实证明，电子交易平台最适合算法机器人及相关高速自动化交易系统这类凶狠敏捷的市场捕食者。19世纪中叶，美国期货交易所在中西部地区诞生，当时人们无法想象会出现此类市场主体。正如本书前文所述，算法机器人能够以惊人的速度“读取”大量数据，并在没有人类指令的情况下以毫秒级的速度提交交易指令。因此，交易者不再处于衍生品交易平台所谓食物链的顶端。同时，这也给衍生品市场未来监管带来了问题。比如，在交易大厅已消失的情况下，人们如何成为场内交易商？同样，正如气候变化很可能迫使拟黄鹂最终离开大西洋中部地区，迁往较为凉爽的其他气候带一样，实体交易大厅的关闭也可能会迫使场内交易商等受监管市场参与者以某种方式迁移到电子交易环境中，否则这些市场参与者就可能会被淘汰。北美鼠兔是一种兔形动物，被誉为“美国最可爱的动物之一”，对于这种动物栖息地的消失，人们表示担忧，那么，对于实体交易池数量的减少，人们该不该表示同样的担忧呢？还有，实体交易大厅要不要像野生动物保护区那样被保护起来，是否可以将一些场内交易商圈养起来，并向公众开放，以便参观者从中看见美国城市过去存在但即将消失的经济、金融市场“栖息地”曾经是怎样一番景象呢？

当然，北美鼠兔栖息地的消失比实体交易大厅的消失更让人揪心，这并不是因为毛茸茸、兔子般可爱的鼠兔比一般的交易者更讨人喜爱，而是因为，从实体交易池到电子交易平台的变迁，并不是人类行为破坏这个星球的又一例证，而是人类科技改善和进步的一个正面案例。尽管实体交易大厅和交易池正在消亡，但由于电子交易的兴起，期货和衍生品交易不减反增。预测显示，衍生品交易的前景一片光明，这至少在一定程度要归功于电子交易平台的诞生。事实上，CME集团执行董事长兼总裁特里·达夫（Terry Duffy）曾表示，他认为计算机化交易是他的公司成为全球最大期货交易所的推动因素之一。①

① Ameet Sachdev, *Longtime Chicago Futures Trader Talks Shop*, BUFFALO NEWS（Sept. 21, 2014）, http://buffalonews.com/2014/09/21/longtime-chicago-futures-trader-talks-shop/.

此外，尽管实体交易池和某些类型的动物栖息地一样，正在美国境内快速消亡，但一些因素起到了缓冲作用，减缓了场内经纪商、场内交易商和经纪商协会消亡的速度。首先，尽管这些受监管市场参与者均以在指定合约市场或互换执行设施交易池、交易大厅或其他交易场所进行活动为界定标准，但CFTC目前已允许电子市场获得交易场所的资格。这意味着，人们不一定要整天站在实体交易池内才能获得场内经纪商和场内交易商的资格。同样，场内交易商和场内经纪商曾经仅允许自然人注册，但现在，CFTC已允许非自然人，即商业实体，注册为场内交易商和场内经纪商。因此，正如某些动物改变外形和栖息地以适应新环境一样，监管层面的变化也使得场内经纪商和场内交易商发生类似演变。这种适应对于这些市场参与者而言至关必要，决定着他们未来是否能够维持其重要地位，甚至决定着他们的生死存亡。

在所有受监管市场参与者中，场内交易商可以说是独一无二的存在，因为他们不属于“中介”。通常，这意味着，场内交易商不像商品基金管理人和商品交易顾问那样拥有自己的客户。这很可能是场内交易商得以长期规避监管的原因所在，因为他们开展的是自营交易，不为任何人充当中介。也就是说，他们不是客户与衍生品交易市场或其他交易商之间的中间人。尽管这类受监管市场参与者经历了各种监管调整，但近年来，实体交易大厅的消亡似乎正导致场内交易商数量下降。2008年，美国共有1512名注册场内交易商，而到了2015年，这一数字已下降到764名。[①,②]此外，经纪商协会则属于非典型注册人，因为他们是集体性受监管市场参与者，因此无须在美国国家期货协会进行注册。但是，他们必须在指定合约市场注册。具体而言，《CFTC规章》第156.1节将“经纪商协会”定义为包括“两名或两名以上享有场内交易‘特权’、其中至少一人为场内经纪商且满足下列任一条件的合约市场会员：

① CFTC President' s Budget FY 2008, www.cftc.gov/idc/groups/public/@aboutcftc/documents/file/2008budgetperf.pdf.

② CFTC President' s Budget FY 2017, www.cftc.gov/idc/groups/public/@newsroom/documents/file/cftcbudget2017.pdf.

（1）代表同一雇主从事场内经纪活动；（2）建立与场内经纪活动有关的雇主与雇员关系；（3）就其经纪或交易活动共享利润并共同承担亏损；（4）定期共享未执行指令单。”[①]

如前所述，一开始，只有自然人才能成为场内经纪商和场内交易商。但是，随着交易大厅的萎缩，CFTC改变了规章规定，开始允许非自然人充当场内经纪商和场内交易商，但这只是近期才出现的一项进展。[②]从历史上看，场内经纪商是个体经营者，以期货经纪商或其他会员的代理身份在期货交易所交易大厅内执行期货交易。[③]截至2015年，美国共有4191名注册场内经纪商。[④]与2008年的8203名相比，已出现大幅下降。[⑤]允许非自然人（即商业实体）充当场内经纪商和场内交易商，意味着允许他们注册成为这些受CFTC监管的市场参与者。实际上，一些人认为，将场内交易商类型扩大到商业实体的做法，使得从事高速算法交易的自营性交易企业（即“自营交易商”）及相关类型的基金可免于注册为互换交易商或其他类型的受监管市场参与者，从而减轻CFTC面临的繁重监管负担。其实，从人类场内交易商到基于算法的高速自营交易商，这一演变与技术创新带来的交易环境的改变是一致的。

过去，对期货交易所交易大厅和交易池内的个人行为实施监控及其他形式的监督是美国衍生品市场监管的一项重要内容。《CFTC规章》禁止在场内实施某些被认为具有欺骗性或其他不当性质的做法。比如，《CFTC规章》禁

---

① 17 C.F.R.§156.1（2014）.

② 请参见：Registration of Intermediaries，77 Fed. Reg. 51，898，51，900 n. 14（Aug. 28，2012）（表示CFTC的7-R表格可用于申请注册非自然人场内经纪商）.

③ Philip McBride Johnson & Thomas Lee. Hazen，Derivatives Regulation §1.09. 由于CFTC监管的许多市场实际上每天都会在场内经纪商和会员中进行公开喊价形式的拍卖，因此在市场上，特别是在活跃的市场上，场内经纪商要保持高度的警惕、灵敏的速度以及充沛的体力，才能完成交易指令的执行。交易大厅运行节奏很快，环境喧闹，经常拥挤不堪，这就要求场内经纪商拥有非凡体力。

同上。此外，“尽管一些场内经纪商也有自己的客户，但与期货经纪商、介绍经纪商或其经纪商代理人相比，这些人与公众之间的直接接触通常要少得多。”同上。

④ CFTC President' s Budget FY 2017，www.cftc.gov/idc/groups/public/@newsroom/documents/file/cftcbudget2017.pdf.

⑤ CFTC President' s Budget FY 2008，www.cftc.gov/idc/groups/public/@aboutcftc/documents/file/2008budgetperf.pdf.

止实施任何串通的、事先安排的或其他非竞争性的期货交易。同样,《CFTC规章》禁止“抢先交易”，即拥有大规模期货合约（或其他衍生品）客户交易指令单的经纪商在执行客户指令单之前，抢先在自己的账户下买卖一定数量同类期货合约的行为。

尽管美国国会于1936年启动了对场内经纪商（及期货经纪商）的强制注册，但CFTC却最近才开始对场内交易商和经纪商协会的监管，主要是因为20世纪80年代末和90年代初美国国会想对白领犯罪进行打击。1989年8月，芝加哥联邦检察官对CBOT和CME交易大厅的46名场内经纪商和场内交易商提起了刑事指控。这些指控是联邦调查局一场秘密突击行动的结果。涉案场内经纪商和场内交易商被指控实施了抢先交易及各种事先安排的串通性交易。这些交易通常以团伙形式实施，有时则以个别场内交易商协助场内经纪商对其客户实施欺骗的方式实施。

这些指控促使国会将场内交易商注册要求纳入了1992年通过的《期货交易惯例法》。在国会作证中，当时的CFTC主席温迪·格拉姆（Wendy Gramm）表示,《期货交易惯例法》规定的场内交易商注册要求对执法也有帮助，因为如果场内交易商违反《商品交易法》或《CFTC规章》与经纪商进行串通，他们就将面临和受监管市场参与者同样的监管制裁。[①]注册的主要目的，是确保这些个体与其他CFTC注册人一样接受同样的适合性背景审查，并授予CFTC在适当情况下暂停或撤销其注册的权力。如前所述，场内交易商过去之所以可免于强制性注册，主要是因为他们并没有经手客户资金，且仅从事自营交易。在联邦调查局的秘密突击行动发现场内交易商的不当行为之前，对场内交易商实施强制注册和监管对于实现《商品交易法》规定的客

① 135 Cong. Rec. H5603 at 20，349（Sept. 13，1989）. 格雷厄姆（Graham）议员的声明：“实际上，国会之所以要求场内交易商和经纪商协会进行注册，是因为联邦调查局1989年开展的秘密行动及相关起诉书显示，场内交易商，以及场内交易商与场内经纪商组成的团伙，会通过合谋或其他方式协助其同事实施不当行为。”请参见：PHILIP MCBRIDE JOHNSON & THOMAS LEE HAZEN, DERIVATIVES REGULATION §3.02［14］.

户保护和市场稳定目标而言似乎并无必要。在突击行动中发现，当时不受监管的场内交易商可协助其他受监管实体（如场内经纪商）从事不当和非法市场活动，于是，美国国会决定加强对场内交易商的监督。

电子交易平台获准充当交易“大厅”，非自然人也获准成为场内经纪商和场内交易商，因此，相较于欧亚蛎鹬适应更加频繁的潮汐洪水，这些受监管市场参与者更好地适应了实体交易场所消亡和电子交易平台兴起这一现实。由于这些适应行为，尽管场内经纪商和场内交易商近年来的数量确有减少，但并未完全消失，而且在不久的将来，他们似乎也不太可能从衍生品交易市场中彻底消失。

但是，应当指出，允许计算机化交易平台被认定为交易“大厅”，且允许商业实体注册为场内经纪商和场内交易商，CFTC实际上从根本上改变了这些受监管市场参与者的性质。首先，之前要求场内经纪商和场内交易商在实体交易大厅、交易池或交易场进行交易的做法，严格地限制了能够成为场内经纪商或场内交易商的人的范围。比如，如果某人想成为CBOT（CBOT，目前为CME集团所有）的场内交易商，则必须住在CBOT交易大厅的合理通勤距离之内，且愿意并能够在从周一到周五的正常交易时间内一直站在交易池内。在过去的大部分时间内，交易大厅均位于芝加哥市杰克逊西大道141号的CBOT大楼。2011年，由于期货交易所对实体交易大厅的需求大幅降低，CME集团出售了这座大楼。如今，这座大楼成了一座具有艺术装饰风格的摩天大厦和美国国家历史地标建筑。CBOT的交易大厅位于芝加哥市中心这一事实，基本上剥夺了住在纽约或洛杉矶市的自然人成为CBOT场内经纪商或场内交易商的可能性，更不用说住在伦敦或布鲁塞尔的人了。但是，在以电子方式联通的世界，物理距离不再是什么大的障碍。监管规则改变后，想要成为场内经纪商和场内交易商的人从必须前往CBOT大楼（或其他某些实体场所）并站在实体交易大厅内的要求中解脱出来，从而在很大程度上改变了游戏规则。在扩大后的交易大厅概念下，CBOT的场内经纪商或交易商仅须获得CBOT电子交易平台CME Globex的交易“特权”即可被视为在“大厅”内进行交易。这意味着，如今，场内经纪商或交易商可住在任何地方，但仍可不间断地在Globex上进行期货交易。其次，除个人独资企业外，各类商业实体均可成为场内经纪商和场内交易商，这改变了这些受监管市场参与者的性质，因为这实际上相当于允许场内经纪商和场内交易商拥有雇员、高管和代理。商业实体类场内经纪商和场内交易商可拥有雇员团队，并通过这些团队开展之前由个人开展的工作。此外，法律认为许多商业实体拥有独立于其雇员、高管或所有人的独特法律身份，而诸如公司之类的一些商业实体还规定股东仅承担有限责任。当然，一个变化是由另一个变化引发的，这也符合逻辑。在场内经纪商和场内交易商必须站在实体交易池内通过手势或喊价的方式进行交易的时代，仅允许自然人充当场内经纪商和场内交易商符合常理。但是，一旦电子交易平台获得了充当交易大厅的资格，是否要站在实体交易池内从事期货或其他衍生品交易就成为一种选择。在电子交易平台上，不再需要人类交易商在指定实体场所，挤在众多其他交易商中，通过话语和手势进行衍生品交易。鉴于人类对于交易而言不再属于绝对必要，自然可以摒弃场内经纪商和场内交易商必须为自然人的要求。

从监管角度看，自动交易系统所开展的一些活动，若由自然人或法人进行，则该人将被纳入场内交易商、场内经纪商和经纪商协会的监管定义范围。正如高频交易公司和金融领域“智能投资顾问”的兴起所见证的那样，自动交易系统正在电子交易平台上从事期货和衍生品交易。这些交易有的是替他人实施，有的则属于自营交易。如果具备人的属性，自动交易系统在这些活动中似乎具备了成为场内经纪商和场内交易商这些受监管市场参与者的资格。同样，属于指定合约市场会员，且具有场内交易“特权”的自动交易系统群体，即算法式场内经纪商和场内交易商群体，可代表同一雇主进行场内经纪活动、建立场内经纪活动有关的雇主与雇员关系（或类似代理关系），且就其代理或交易活动分享利润并共担亏损（或共享未执行指令单）。实施上述活动的自动交易系统群体就会落入经纪商协会的定义范围（当然，是在没有法律人格要求的情况下）。尽管如此，要成为场内交易商或场内经纪商，就必须具有自然人或非自然人的法律人格，这一点和其他类型的受监管市场参与者相同。此外，由于自然人或非自然人可充当场内经纪商和场内交易商，因此，由场内经纪商和场内交易商群体组成的经纪商协会也必须由在法律上归属于人的事物组成。最后，必须具有指定合约市场或互换执行设施的交易“特权”，才能成为场内经纪商或场内交易商，而指定合约市场和互换执行设施的交易“特权”又只授予给人。因此，现行的法律、监管和市场要求将这些类型的市场参与者局限在了人身上。这种做法似乎使得在法律上被视为财产的软件算法和计算机系统等（如前几章所述）无法获得场内经纪商和场内交易商资格。因此，自动交易系统只能在自然人或非自然人的保证或监督下履行场内经纪商和场内交易商的职能。

此外，这几类受监管市场参与者（即场内经纪商、场内交易商和经纪商协会）在法律法规意义上继续存在的必要性，也已成为应该重新思考的问题。从历史来看，这些受监管市场参与者的概念本质来源于其交易习惯，即在期货交易所的实体交易大厅进行交易。当然，按照标准理解，“大厅”（英文为floor，直译为地板）是指位于房间底部可供人们行走的平面。今天，大多数衍生品交易均已不在实体“大厅”内进行，而仅在更类似于网络空间的地方进行。因此，这些受监管市场参与者在未来的监管框架下将扮演何种角色，目前仍不得而知。

因此，美国国会应重新考虑在当前技术背景下应如何对这些受监管市场参与者进行最佳定义和描述。解决这个问题最简单但同时也是最无益的方式，就是对这些市场参与者进行重新命名，用“网络交易商”或其他类似名称取代“场内交易商”这个名称。而更好的方法，则是重新考察《商品交易法》的目的及特定类型受监管市场参与者受到监管的原因，然后在此基础上进行回溯，认定技术是否导致了新型受监管市场参与者的诞生，以及这些新型市场参与者是否带来了既有市场参与者那样的风险，但并未被纳入当前法律法规的监管范围。一般而言，《商品交易法》的主要目的是防范欺诈、市场操纵和破坏性交易行为，同时降低系统性风险。因为这些目的，美国国会已要求对招揽客户资金进行衍生品交易或代表投资者进行衍生品交易的金融实体及可能破坏或扭曲衍生品市场正常运作的其他金融实体实施监管。比如，1989年联邦调查局秘密对交易池行为进行调查并揭露出种种不端行为后，美国国会便于1992年创设了“场内交易商”这个受监管市场参与者类型。再者，如第六章所述，期货经纪商的独立代理被指控实施了违规销售，而相关期货经纪商又拒绝为该行为承担责任，美国国会便于1982年创设了介绍经纪商这个市场参与者类型。因此，传统上，美国国会会基于证明特定类型市场参与者不当行为的相关证据，逐步扩大衍生品市场参与者的监管范围。鉴于技术进步目前已导致市场和市场参与者性质发生显著变化，立法机构理应积极考虑对现有市场参与者监管类型进行重新考察。

在这方面，一种可行的做法是由美国国会创设新的受监管市场参与者类型，精准应对原先创设“场内”市场参与者类型时试图应对的风险及其他关切，但同时又不将新型市场参与者的实质仅限于（实体或电子）“大厅”交易行为，除非为规制对市场造成了实际可识别风险（欺诈、市场操纵等）的特定实体，上述限制确属必要。同时，如果现有的受监管市场参与者类型已无法服务于原定监管目的，美国国会就应当予以取消。在实施这些操作时，美国国会应确保量体裁衣，使受监管市场参与者类型能够反映现实情况，即现代交易场所是快如闪电但又悄无声息的电子交易平台，而非19世纪中期人声鼎沸的实体交易场所。

第十章
数字中介的监管

根据中介类型相关规定，受CFTC监管的中介一般从事下列类型的活动：

（1）提交期货和衍生品交易指令（基于自身投资判断、客户或其他人的指令）；

（2）提供期货和衍生品交易建议；

（3）招揽客户、提交衍生品交易指令及管理客户交易账户等；

（4）接受交易指令和用于保障交易的客户资金；

（5）处理商品投资基金相关所有行政事务及其他管理工作。

如第六章至第九章所述，计算机和软件程序能够，或者说很快就将能够，独立完成上述所有活动。因此，针对数字中介进入期货市场并进行运作的前景，法律法规体系必须做好准备。

如前所述，CFTC的概念发布文件提出的问题中，针对期货市场自动化程度提高的情况，指出了几种潜在应对方式，其中包括：要求使用自动交易系统的公司注册为场内交易商或其他类型的受监管市场中介；要求为自动交易系统开发算法的软件公司进行注册（注册为假想的新类型）；要求自动交易系统或算法进行身份认证等。本章第一部分将对传统理论框架下的这些潜在应对方式进行分析。实际上，这些方式都是美国国会决定将新的市场参与者类型置于CFTC强制注册要求之下时，已经含蓄采用过的方式。本章第二部分将不再局限于中介类型相关定义问题，而是着眼于自主人工智能体相关法律和哲学研究，对这些研究提出的应对方法进行介绍。

第一节　按照国会传统做法扩大强制注册范围

如前所述，《商品交易法》的主要目的是降低系统性风险，防范欺诈、市场操纵和违规交易行为。相关情形显示，特定未受监管的市场参与者群体增加了系统性风险、对客户实施了欺诈或对市场实施了操纵（或破坏）时，美国国会通常会要求这个群体作为新的市场参与者类型进行强制注册。强制注册可对所有相关市场参与者进行识别，将其置于适当性背景审查之下，并要求与注册人相关的某些个人接受道德培训和能力测试，从而有助于《商品交易法》主要目的的实现。此外，由于CFTC颁布了注册人行为相关规则，因此强制注册还给注册人带来了额外监管义务。

场内交易商和经纪商协会就是注册要求随着时间的推移不断拓展并覆盖更多群体的绝佳例子。长期以来，由于仅从事自营交易，而不服务于客户，场内交易商成功地规避了监管。简而言之，传统观点认为，场内交易商加剧市场不当行为的风险很低，或者根本就没有这种风险，因此似乎没有必要对其实施监管。同样，《商品交易法》曾经也从未要求以合作或群体方式从业的期货交易专业人员进行注册。但是，联邦调查局1989年在CBOT交易大厅开展的秘密执法行动表明，尽管场内交易商没有自己的客户，但一些场内交易商会协助场内经纪商对客户进行欺诈。由于这次行动，一些场内经纪商和场内交易商被提起了刑事诉讼，从而引起了媒体的高度关注。在其他情形下，场内交易商和场内经纪商团伙会合谋实施非法骗局，如进行事先安排的非竞争性交易，规避纳税义务。由于1989年对交易大厅工作人员提起的诉讼，美国国会认识到，场内交易商和经纪商团伙可能会进行合谋，共同实施欺诈和欺骗性质的交易行为。因此，1992年，美国国会作出了要求场内交易商和经纪商协会进行注册的规定。

美国国会在决定是否增加新的市场参与者类型并要求其在CFTC进行注册时采用的传统做法，对于本章前文所述CFTC在其概念发布中提出的三个问题而言，也不啻为适当的应对之策。这三个问题分别是：（1）是否应要求采用自动交易系统的公司注册为场内交易商（或其他类型的中介）；（2）是否应要求为自动交易系统提供“算法”的“软件公司”进行注册；（3）是否应实施“自动交易系统或其基础算法识别改进措施”。[①]这三个问题无一不致力于弥补一个本应弥补的既有监管漏洞，而弥补这个漏洞的理想方法，无疑是扩大强制注册的范围。

首先，采用自动交易系统的公司（包括采用自动交易系统实施高频交易策略的公司）如果仅实施自营交易（实际上，许多高频交易公司都是这样），则可能不用在CFTC进行注册。如果交易算法运作失常，那么，未经注册的高频交易公司可能会出现操纵市场、实施违规交易行为或增加系统性风险的问题。即便高频交易公司当前的违规交易行为通常都涉及人类指挥自动交易系统实施非法行为的情形，但可以想象的是，（目前或未来的某个节点）自动交易系统或数字中介可能会有能力在没有人类唆使的情况下，实施洗售和幌骗之类的非法交易行为。根据传统做法，采用自动交易系统的未注册公司可能会增加系统性风险或实施不当交易行为，因此，美国国会理应要求采用自动交易系统者进行注册，或者至少也应严肃考虑这项要求。

一个建议解决方案是：要求目前不需要进行注册的、采用自动交易系统的公司注册为场内交易商。场内交易商类型仅适用于在交易所（或互换执行设施）享有交易特权者，而这似乎与因属于交易所会员而拥有期货交易所直接市场准入权限的高频交易公司很相符。但是，一些高频交易公司通过其经纪商的“保荐”而获得直接市场准入权限。这种保荐使他们能够以其经纪商

① Concept Release on Risk Controls and System Safeguards for Automated Trading Environments，78 Fed. Reg. at 56，558–61.

的交易所会员身份进行交易，从而获得直接市场准入权限。对于采用自动交易系统且属于交易所会员的公司，场内交易商似乎是一个适当的替代类型。反过来，如果美国国会认为采用自动交易系统但没有直接市场准入权限的未注册公司也可能会实施违规交易行为、操纵市场或增加系统性风险，那么，更好的做法可能是创设一个精准适用于这类情形的新注册类型，而不是将大量公司硬塞进场内交易商类型。

概念发布文件还提出了一个问题，即CFTC应要求所有采用自动交易系统者进行注册，还是应仅要求采用高频交易策略的自动交易系统用户进行注册？实际上，这又导致了另一个问题，即哪些“公司特征、交易行为或技术……可触发注册要求”，从而使操作自动交易系统的公司必须进行注册？①目前，场内交易商的注册还没有任何最低交易门槛。实际上，大多数中介类型都没有门槛活跃度要求，其注册与否均为简单的二元命题。但是，互换交易商和主要互换参与者属于例外。这两类中介都要有大规模名义互换交易额才能注册。同样，《商品交易法》第4m节第（1）条就商品交易顾问的注册规定了最低门槛要求。该条规定，如某人在前12个月内仅向不超过15个人提供商品交易建议，且未在公众面前以商品交易顾问身份自居，则无须注册为商品交易顾问。在大多数情况下，美国国会新增注册人类型时，都会简单地要求这一类型下的所有人都进行注册，但针对采用自动交易系统者，CFTC可进行研究，确定是否有必要设立触发注册要求的最低交易额或其他活跃度门槛。在这一过程中，CFTC可征求市场参与者和行业自律组织的意见和建议，确定适当的门槛标准。最后，应当指出的是，当事人如作为受监管中介开展业务，且开展该业务时采用自动化计算机系统或软件程序，则将毫无疑问持续接受监管。

CFTC的概念发布文件还提出了提供算法的软件公司是否也要进行注册

① Concept Release on Risk Controls and System Safeguards for Automated Trading Environments, 78 Fed. Reg. at 56, 567.

这个问题。在现行法律视角下，自然人或公司如果出售能够自动为客户提交衍生品交易指令或自动向客户提供衍生品交易建议的软件程序，那么该自然人或公司无疑属于商品交易顾问。同样，软件公司如果为他人提供算法、使其能够确定何时达成或退出期货交易，并因此获得报酬，那么该软件公司很可能也属于商品交易顾问。但是，这个问题的答案并非确定无疑，这是因为，为自动交易系统提供算法是否等同于为期货和衍生品交易提供建议，目前仍不得而知。鉴于自动交易系统采用算法来确定何时达成或退出期货和衍生品交易，二者似乎确实等同。但是，相关公司完全可以辩护说，提供算法不同于销售自动交易系统或者销售能够独立为他人即时提供期货交易建议的软件程序，提供算法仅相当于提供了大规模程序或实体中的一小部分，而该大规模程序或实体只有组装后才能为他人提供建议。另外，人们也可宣称，对销售自动交易系统算法者实施监管，有助于防范系统性风险、欺诈和市场操纵，因为通过将这些人置于强制注册要求之下，人们可对其进行适当性背景调查，从而将那些不诚实者筛查出来。与此多少有些关联的是，自2016年起，证券市场监管机构已针对作为自动交易系统设计师和程序员的经纪商代理人批准了相关注册要求。

但是，当事人如果只销售自动独立招揽客户的软件程序，而不销售提交衍生品交易指令或提供衍生品交易建议的软件程序，则不太可能面临注册要求。在现行中介类型的定义中，没有一项是通过向他人销售能够招揽期货或衍生品交易客户的机器或软件程序而触发的。实际上，这些定义均以实际招揽客户资金、交易指令或商品投资基金参与者的人为重点。简而言之，由于一些中介类型针对的是招揽交易、资金或类似事物的人，因此，当事人如果销售旨在自动向他人发送电子邮件或信息以招揽期货交易指令的软件程序，则大概率无须进行注册。但是，当事人如果使用这些程序，则很可能要以某种身份在CFTC进行注册。

根据传统做法，如果软件程序能够招揽期货交易指令，且该软件程序的销售者具有增加系统性风险或实施欺诈、操纵或违规行为的风险，则美国国会应相应拓展强制注册要求，使其覆盖这类软件程序的销售者。目前，似乎还没有证据表明任何欺诈、市场操纵或系统性风险增加可直接归因于这类软件程序的销售者。但是，《商品交易法》和《CFTC规章》已对这类程序的用户实施监管，从而为客户及其他市场参与者提供了保护，因此使这个问题变得更加复杂。未来，如果美国国会或CFTC发现了大量证据，证明系统性风险增加或欺诈行为直接来源于自动招揽客户软件的制作者和销售者，而非这类软件的用户，那么，这类软件的制作者和销售者无疑应被置于监管之下。

概念发布文件还提出，CFTC是否应实施旨在对自动交易系统和算法进行身份识别的措施，以此限制自动交易系统的运行失常并降低系统性风险。强化自动交易系统和算法的身份识别似乎并无不当，特别是在自动交易系统和算法因不属于法律意义上的“主体”而未纳入传统注册要求或其他监督机制的情况下。身份识别计划与美国国会的意愿相符，因为国会的意愿是采用相对较新的方法，对给其他市场参与者造成风险的人实施监管。比如，1992年，在刑事起诉及新闻报道揭露场内经纪商和场内交易商团伙合谋实施不当行为后，国会随即要求经纪商协会在指定合约市场进行注册。

鉴于自动交易系统危害市场参与者的近期案例，实施自动交易系统和算法身份识别项目确实是一个值得努力的方向。实际上，身份识别是《商品交易法》强制注册系统的主要职能之一。因此，身份识别计划可以成为对自动交易系统和算法实施虚拟注册要求的第一步，而随着时间的推移，算法测试标准、监督要求等其他具体监管细节也将逐步加入。在这个计划下，CFTC可就自动交易系统和算法制定与实体中介监管类似的规则，如能力标准、道德培训（或程式）要求、适用于不当自动交易系统的资格撤销制度等。但是，自动交易系统和算法身份识别计划的细节应由交易所和市场参与者共同敲定，确保采用行业统一的方法对自动交易系统和算法进行区分。在CFTC，对自动交易系统和算法实施身份识别计划的设想目前尚不明朗，但这一设想却是一个例子，说明CFTC未来可能会对金融市场中介实施何种监管。实际上，在概念发布中提到这样的计划，意味着CFTC首次承认，自然人将不再是期货和衍生品市场的首要主体，因此监管机构必须透过自然人看本质，就像人们透过机盖查看汽车引擎那样。自主人工智能体（此处为自动交易系统及相关算法机器人）并非法律主体，却负责指挥和控制衍生品市场参与者的交易。

在美国国会的传统决策框架下，就自动交易系统和算法创设新的身份识别系统十分合理。此前，美国国会就曾对监管要求进行拓展，使其覆盖需实施监管的新型中介。如前所述，在运行失常的情况下，自动交易系统和算法的交易活动也会增加系统性风险。同样，自动交易系统和算法也能够操纵衍生品合约市场，并实施洗售及其他破坏性交易行为。因此，对自动交易系统和算法加强监督完全是合理之举，可以使CFTC能够降低系统性风险，减少可能发生的破坏性交易行为。

实际上，对自动交易系统和算法进行身份识别的计划予以考虑，这一事实本身指向了概念发布相关问题背后一个更为重要的问题，即随着市场日益实现自动化且因此脱离人类即时、具体的干预时，美国国会和CFTC应如何确保市场参与者维系较高的道德标准并仍然对法律保持尊重。提出对自动交易系统和算法采取身份识别计划这一举动还间接表明，在注册人的决策者不具备法律主体地位、因而无法进行注册或在其实施了不当行为、而在现行法律原则下又无法施以处罚的情况下，传统的中介监管做法不一定会奏效。要确保自动化背景下的衍生品市场继续以公平交易和道德行为为特征，人们有必要超越传统注册类型，并瞄准在法律主体（即公司和自然人）背后运作的自主人工智能体。因为，在许多情况下，指挥交易和投资决策的并不是法律主体，而是自主人工智能体。因此，重点应该是确保市场中运行的所有自动化计算机和软件程序——无论其是否属于注册人，也无论其是否具有法律主体地位——均理解并遵守相关法律、法规和规则中规定的各项行业道德准则和业务行为标准。

第二节　在《商品交易法》注册类型之外：自主人工智能体的伦理

对于采用何种方法将伦理和道德原则注入自主人工智能体，以及如何以最佳方式对自主人工智能体的不当行为进行责任分摊，法律和哲学领域的一些学者进行了研究。他们的观察和分析或许可为期货市场数字中介的监管提供一些有益洞见。①

耶鲁大学生命伦理学跨学科中心科技与伦理研究小组负责人温达尔·瓦拉赫（Wendall Wallach）倡导在全社会公开讨论如何以最佳方式确保自主人工智能体的道德性。这意味着，我们必须考察“道德和伦理决策的本质”，无论其是“自上而下的道德决策，即通过一系列法律或规则对机器进行治理……还是自下而上的系统，即通过编程逐渐将道德融入模仿人类学习的机器中。”②瓦拉赫及其著作的合著者科林·亚伦（Colin Allen，印第安纳大学伯明顿分校科学史与科学哲学教授、认知科学项目主任）主张，这些系统（机器人及软件机器人）日益自主，而这些系统的开发者有必要确保这些系统在决策时将伦理和道德因素纳入考量。③他们指出，一些自主系统在伦理方面已经对日常生活产生了重大影响，但由于缺乏道德决策能力，目前仍然“属于伦理盲区”，“信用卡审批系统”和“股票自动交易系统”就是例子。④亚伦和瓦拉赫指出，特定自主人工智能体的道德能力可以放到一个与其自主程度相对应的游标卡尺上进行观察：人工智能体越先进、越自主，就越接近拥有充

---

① 自主人工智能体的法律人格和道德问题并不在CFTC《自动交易环境风险控制和系统保障概念发布》文件的探讨范围之内。

② Jim Shelton, *Open the Pod-Bay Door*, *Hal*, NEW HAVEN REG.(Jan. 11, 2009, 12: 01 AM), www .nhregister.com/general-news/20090111/open-the-pod-bay-door-hal, archived at http: //perma.cc /2XU6-DHRP.

③ Colin Allen & Wendell Wallach, *Moral Machines*: *Contradiction in Terms or Abdication of Human Responsibility?*, IN ROBOT ETHICS: THE ETHICAL AND SOCIAL, IMPLICATIONS OF ROBOTICS 55, 56(Patrick Lin et al., eds. 2012)(以下简称为Allen & Wallach, ROBOT ETHICS).

④ 同上，第56-57页。

分的道德主体资格。[1]他们两位承认，当前技术很可能还没有先进到使自主人工智能体具备“充分道德主体资格”的地步，但他们认为，人类目前应对人工智能的方式可支持其具备“功能性道德”。[2]他们表示，功能性道德是指“智能系统能够评价其行为在哪些方面具有道德重要性”的现象。这种能力可以实现，比如，通过编程，智能系统能够识别特定情形是否会引发道德问题，然后根据编入其程序的规则应对这些道德问题。人工智能被定义为机器从事如由人类实施则需要有智能的活动时所需具备的能力。因此功能性道德可理解为机器人在面对具体情形时，能够根据其程序中模仿人类道德推理的规则进行决策的情形。因此，人工智能并不是指能够展现AGI（达到人类层次的通用智能）的机器，而功能性道德也不用于指称能够理解对错且具有完全道德主体资格的机器人。

亚伦和瓦拉赫讨论了三种将道德和伦理知识移植到机器人中的一般方法。这些方法包括自上而下法（即基于规则的方法）和自下而上法（即运用学习和发展的方法，使道德能力随着一般智能的发展而发展，这是一种逐步的知识积累方法），以及“基于德性的道德构想方法”[3]。基于德性的构想代表着一条中间道路，因为“道德原则是自上而下法与自下而上法之间的一个混合体，原因在于，道德原则本身可以进行明确的描述（至少在某种合理近似的程度上可以进行这样的描述），但作为道德品质的特征，道德原则的习得似乎主要是一个自下而上的过程”[4]。正如亚伦和瓦拉赫所述，尽管要使机器人的充分道德主体资格成为可以实现的构想，我们仍有很长的路要走，但目前无疑要专注于从这里一步步向目标迈进[5]。这两位学者有力地证明了以下观点，即“通过工程设计，可以使机器人对某些道德考量因素具有敏感性”[6]，而现在就开始

① Allen & Wallach, ROBOT ETHICS at 57.
② 同上，第58页。
③ Wallach & Allen, MORAL MACHINES at 120; Allen & Wallach, ROBOT ETHICS at 59.
④ Allen & Wallach, ROBOT ETHICS at 59.
⑤ 同上，第62页。
⑥ 同上，第65页。

这方面的工作非常重要，因为只有这样，人工智能体道德发展领域才能与一般智能及人工智能体其他能力方面同时进步。

在将道德注入衍生品市场数字中介方面，基于规则的自上而下法要求将特定法律法规包含的禁令直接编写到数字中介中。比如，人们可对数字中介进行编程，使其了解洗售（即与自己或自己控制的一方进行交易的行为）是非法的，因而不被允许。

相比之下，自下而上的渐进式方法则可能要求将数字中介依次暴露于具体规则和禁令中，在时间进程中使其模仿儿童进行学习。具体而言，自上而下的伦理理论规定何为道德、何为不道德，而自下而上的方法则不同，任何道德原则都必须是学习者自行发现或构建的。[①]比如，自下而上的方法可采用“博弈理论的逻辑”，将众多人工智能体置于虚拟环境中，使其在具有挑战性的环境中接受演练，从而学习人工智能体的伦理和道德。

最后，基于德性的方法将自上而下与自下而上这两种方法结合了起来，比如，通过编程明确让数字中介明白期货交易必须以竞争性方式在交易所执行这个道理。从这个一般原则出发，数字中介还可对其他禁令进行推理，如根据竞争性执行要求，推理出禁止实施事先安排的非竞争性交易。在此基础上，数字中介可进一步推理出，以事先确定的价格与一方或一方代理进行期货合约交易属于事先安排的非竞争性交易，因而在禁止之列。

在亚伦和瓦拉赫探讨的这三种方式中，到底哪一种（如有）最适合期货市场的数字中介，目前仍难以判定。但是，数字中介的行为很可能会造成伦理和道德问题。比如，特定投资决策（如将退休老年人的毕生积蓄大部投资于有风险的天然气期货）是否适合特定类型的投资者，由数字中介独立撰写的特定衍生品交易招揽邮件（与软件程序撰写新闻报道高度相似）过度淡化损失风险、同时又美化获利前景的行为等，都属于这类伦理和道德问题。

---

① Wallach & Allen, MORAL MACHINES at 80.

因此，正如我在《为第二次机器革命做好金融监管准备》一文中建议的那样，CFTC应与美国国家期货协会、期货交易所及其他市场参与者就如何擘画未来发展道路、使自动化市场保持公平和可信度展开讨论。这样做的目的，是开发适用于整个行业的最佳惯例，以便将伦理和法律标准，即功能性道德，灌输至衍生品市场自动化系统的电子化思维中。比如，行业成员可帮助CFTC确立软件程序自动化招揽方面的最佳惯例，重点确保数字中介撰写和发送的招揽文件不具误导性。此外，尽管行业中的计算机程序员通常倾向于对其编程知识进行保密，但也可进行合作，针对如何将适当道德和伦理考量灌输给数字中介，分享一些最有效、最高效的方法，确保衍生品市场中的自动化主体不滥用客户信任。这种合作努力将有助于维护衍生品市场的声誉，惠及所有市场参与者。

亚伦和瓦拉赫考察了将道德和伦理编写进自主人工智能体的一般方法，而其他学者则对自主人工智能体实施不当行为后的潜在责任分摊方式进行了分析。其中一些学者总结称，最佳解决方案是赋予自主人工智能体以主体地位，至少是一定程度的主体地位（如赋予商业实体的人格），然后要求其对自身恶行负责，或根据代理或其他法律理论要求其用户和所有人负责。

比如，纽约城市大学布鲁克林学院哲学教授萨米尔·乔普拉（Samir Chopra）和劳伦斯·F. 怀特（Laurence F. White）教授表示，诸如软件机器人之类的人工智能体应获得从属法律主体地位，而这也是社团、精神上无行为能力的人和未成年人的主体地位。乔普拉指出，“计算机程序能够在没有人类干预的情况下达成交易并创设有法律约束力的合约，这类程序……在法律上应予以特殊考量”，因为它们“过于独立，以至于无法被归类为枪支之类的简单工具，但又不够独立，以至于无法被视为完全法律主体”。[①]利用从属法律主体地位处理人工智能体，法律可对设计和操纵它们的人类施加一定影响，

① Neyfakh, *Robots on Trial*, BOS. GLOBE, Mar. 3, 2013, at K1.

但同时也承认，人工智能体能够做出任何人都无法合理预测的行为。[①]

但是，就自动交易系统和数字中介等人工智能体法律主体概念的构建而言，更具挑战性的一个问题是人工智能体对惩罚是否具有敏感性。[②]也就是说，罚款或其他法律制裁这样的威胁是否能够对自动交易系统和数字中介形成威慑，使其不敢违反《商品交易法》和《CFTC规章》。此外，自动交易系统和数字中介是否明白，如果实施了某些被禁止的破坏性交易行为，他们在道德上应该被谴责。对此，乔普拉和怀特称，人工智能体确实对惩罚具有敏感性。他们还以人工智能体管理资金的例子进行了说明：和社团一样，如果违反规定，他们可能会被处以罚款或支付赔偿金的惩罚。乔普拉和怀特还认为，人们可通过“工程设计”的方式，将遵守法律义务的特性赋予人工智能体，使其在可能面临惩罚时改变自身行为。此外，乔普拉和怀特还提出，可以通过两种方式对（人工智能体的）法律责任赋予某种经济意义。[③]其中一种方式是建立“登记簿”，为人工智能体提供保险，同时在其对他人造成损害的情况下提供赔偿。另一种方式是利用监督过失等侵权原则，将人工智能体造成的任何损害责任直接归由人工智能体的用户和所有人承担。实际上，美国国会也应对《商品交易法》进行修订，以禁止包括自动交易系统在内的数字中介在没有任何监督的情况下在市场上运作，并要求数字中介的人类操作者、所有人和监督人在未采取合理措施防范非法或对市场具有破坏性的自动化活动的情况下，对数字中介的违规行为承担民事责任。

幸运的是，人们无须回答自动交易系统和数字中介是否应获得从属法律主体地位这个问题，即可找到最为有效的应对之法。至少在可预见的未来，

① Neyfakh, *Robots on Trial*, BOS. GLOBE, Mar. 3, 2013, at K1.实际上，确定机器人的法律地位是一项需要精心权衡的活动：制造商和所有人既要有充分的责任心，对出自其手、日益聪明的机器采取安全防范措施，但同时又不应因害怕而束手束脚，放弃我们想要的那些创新，如能够帮助人们寻找失踪儿童或灭火的无人机等。

② CHOPRA & WHITE, A LEGAL THEORY FOR AUTONOMOUS ARTIFICIAL AGENTS, at 148–50.

③ CHOPRA & WHITE, A LEGAL THEORY FOR AUTONOMOUS ARTIFICIAL AGENTS, at 150.

自动交易系统和数字中介都不太可能对惩罚具有敏感性，尽管人们对此持有不同意见。首先，自动交易系统和数字中介本身不可能拥有用于支付罚款或履行其他制裁所需的资金和资产。[①]其次，利用当前技术打造的自动交易系统和数字中介似乎不够自主，而且自我意识也不够强，因此不会害怕惩罚威胁，也无法理解违反法律产生的道德后果。[②]因此，任何要求期货市场数字中介在法律和伦理范围内行事的努力，可能都涉及对现有法律主体类型即商业实体和个人等进行追责，要求他们对其数字中介的行为负责。[③]

基于这种分析，美国国会和CFTC可考虑借用侵权法的概念，设立一项过失标准作为数字中介的治理机制。这种过失标准对于威慑数字中介的人类监督者而言具有必要性，因为在需要证明故意或明知才能成立的指控下，负责监管自动交易系统或数字中介的人类只要否认其故意让自动交易系统或数字中介实施任何违法或不当行为，就可以轻松规避责任。实际上，在涉及自学习或自修改软件程序的情况下，这种否认很可能是真实的。[④]但是，要让过失标准真正有效，CFTC可能要发布关于自动交易系统和数字中介设计、监测和运行的最佳惯例，而在这一过程中可能还要与美国国家期货协会和市场参与者进行合作。[⑤]设立最佳惯例后，这些准则可充当相应的参考标准。基于过

---

① 据我所知，目前还没有任何人设立这种“登记簿”对人工智能体进行保险。而且，美国国会也没有采取任何严肃行动来赋予人工智能体以法律主体地位，从而使其能够拥有自身财产。

② 当然，随着时间的推移，如果人工智能系统越来越先进，这种情形可能会发生变化。

③ 这种做法与乔普拉和怀特的分析相符。如前所述，他们似乎承认，就当前而言，旨在分摊自主人工智能体非法行为相关责任的努力大概率将以要求其所有人和用户在侵权法原则下承担责任为重点。请参见：CHOPRA & WHITE，A LEGAL THEORY FOR AUTONOMOUS ARTIFICIAL AGENTS，at 149–50.

④ Jorge Martins Rosa，*Slaves*，*Vending Machines*，*and Bots*，EXTRAPOLATION 235，237（2013）.（回顾了CHOPRA & WHITE，A LEGAL THEORY FOR AUTONOMOUS ARTIFICIAL AGENTS并表示，对自修改程序而言，将缺陷源头追溯至程序员或制造商的难度似乎更大。）Neyfakh，*Robots on Trial*，BOS.GLOBE，Mar. 3，2013，at K1.（“这种机器不会只听从指令，会自主做出一些事情来，因此其行为与最初给其编程的人的想法有天壤之别。”）

⑤ 比如，行业最佳惯例可以规定，算法在进入金融市场进行实际交易之前应进行多长时间的测试。请参见：Concept Release on Risk Controls and System Safeguards for Automated Trading Environments，78 Fed. Reg. at 56，549. 其他最佳惯例还涉及紧急闭市措施的适用标准，以及“自动交易系统的监测和监督标准，及事先确立的危机管理协议”。

失的责任还有不会过于严厉这个好处。它仅要求人们以合理方式行事。因此，在遵守了行业最佳惯例的前提下，如果人工智能体仍然发生了不可预测或防范的不当行为，则人们无须就此承担任何责任。

如果某一法律主体的自动化计算机和软件程序违反了法律或《CFTC规章》，那么，对其追究侵权形式的责任将为市场提供最佳保护，使市场远离系统性风险和破坏性行为。因此，美国国会应对《商品交易法》进行修订，并就这种诉因作出规定。对于这类主体的侵权责任，《商品交易法》目前还没有关于民事执法诉讼或私人诉讼事由的规定。[①]同时，CFTC大可利用其规则制定权，效仿美国金融业监管局（FINRA）的做法，扩大经纪商代理人和委托人的定义范围，从而改善其对数字中介负责人的监管。目前，经纪商代理人的所有定义均规定，如某人负责监督从事特定类型活动的人（即从事为衍生品市场中介公司招揽客户或资金等活动的人），那他就是经纪商代理人。因此，CFTC应对这一定义进行修订，使经纪商代理人成为监督任何从事特定类型活动的人、计算机、软件程序或电子系统的人。这样，对招揽客户的自动化软件程序实施监督或监控的自然人将转变为经纪商代理人。

委托人的定义也应拓展，将为注册人开发、设计或修改自动交易系统、算法或相关自动系统的软件程序员纳入其范围。通常，委托人是指相关法律法规列举的、因职位或地位显示出对注册人有一定控制力或影响力的人。有些自然人会开发软件程序，且商品交易顾问可将其程序用于决定何时为客户提交交易。这类自然人对商品交易顾问的影响力确实相当大。因此似乎有必要将其作为委托人进行监督。

这两项渐进式措施将拓展监管范围，将注册人内部负责自动系统创作或

① 这种诉因最为直接的依据可能是《CFTC规章》。第166.3节或2014年《联邦法规汇编》第17编第166.3节规定的监管要求。该两项规定均要求所有注册人就其作为CFTC注册人开展的业务对其雇员实施监督。《CFTC规章》第166.3节大概率还隐含了对负责操作自动交易系统及类似工具的雇员实施监督的要求。但《CFTC规章》第166.3只是应对这一问题的一种间接方式，因此具有局限性。也就是说，《CFTC规章》第166.3节仅适用于注册人，且只有CFTC有权执行该规定。换句话说，这项规定没有规定私人诉权。请参见：Scopino, *Do ATSs Dream?*, 221 FLa. L. Rev. at 273-93.

操作的自然人纳入其中，这符合乔普拉和怀特建议的方法，即通过对人工智能体的用户和所有人追责，对人工智能体的恶行赋予“经济意义”。在本章第一小节所述美国国会的传统做法下，这种渐进式监管扩张也具有其合理性。随着人工智能系统、自动交易系统和类似算法机器人的日益普及，的确有可能因自动交易系统监管不足或编程错误过多等问题导致交易算法失常，进而增加系统性风险或产生操纵或破坏性交易行为。过去，传统的解决方案就是逐步扩大强制注册的范围，使其涵盖所有可能会将期货市场置于风险之中的人，而这里所谓的人，就是指自动交易系统的主管和程序员。

总之，由于技术进步使人工智能体能够执行许多之前只能由人类执行的中介任务，因此美国国会和CFTC应对《商品交易法》和《CFTC规章》进行修改。修改工作的落实，一方面，可以方便扩大强制注册范围，从而要求创建和控制自动交易系统及相关算法机器人的人必须注册；另一方面，有助于实施自动交易系统和算法身份识别计划。最后，美国国会和CFTC还应广开言路，与在下列领域开展研究工作的哲学和法律学者进行合作：（1）如何确保数字中介在金融市场具体任务中不仅能够模仿人类智能，而且能够表现出道德；（2）如何就数字中介的不当行为进行责任分摊。

第十一章
主观状态：从无故意到特定故意

人类能否理解机器人和合成智能的思维？科幻作家经常在这个问题上大做文章。在这些科幻作品中，机器人的思维方式往往与人类迥异。甚至在一些情形下，区分人类与机器人的唯一方法是分析其面对特定情况的心理过程和反应。比如，艾萨克·阿西莫夫的短篇小说系列《我，机器人》中的一位主角苏珊·卡尔文（Susan Calvin）博士，是机器人心理学领域的先驱，在虚构实体美国机器人和机械人公司担任首席“机器人心理学家”。一位名叫史蒂芬·拜尔利（Stephen Byerley）的政客在美国某座主要城市竞选市长，而卡尔文博士应邀前来辨认拜尔利是人类还是机器人。拜尔利的政敌表示，拜尔利是机器人，因为人们从未见过他睡觉或吃东西。虽然被指认为非人类，但拜尔利本人对此保持沉默，并表示他不回答这方面的问题只是在保护自己的公民权。卡尔文博士每次试图弄清拜尔利是否是机器人却都无功而返。比如，虽然人们的确多次发现拜尔利深夜未眠，在卡尔文的促使下，拜尔利吃了一个苹果，但同时卡尔文博士又指出，即使拜尔利吃了苹果，他也仍有可能是机器人，只是设计人员为他设计了一个空胃。最终，拜尔利一拳打在一个诘问他的人脸上，从而让公众相信了他是人类，并战胜了抹黑他的政敌，因为（在阿西莫夫的系列小说中）所有机器人的编程中均明确规定了不得伤害人类。拜尔利通过殴打诘问者证明自己是人类后，终于赢得了选举。最终，卡尔文博士指出，虽然拜尔利殴打了诘问者，但他仍有可能是机器人，因为诘问者本身也可能是机器人。在这个案例中，没有任何东西可以阻止作为机器人的拜尔利伤害另一个机器人诘问者。很明显，阿西莫夫并没有将拜尔利当选刻画为某种不幸。卡尔文博士似乎相信，拜尔利无论是否为机器人，都将是一个好市长，因此承诺把票投给他。与此同时，她又表示，如果拜尔利确实不是机器人，那将是一件令人遗憾的事情，因为在她看来，与人类相比，机器人能够成为更好的领导者。

同样，1968年的科幻小说《仿生人会梦见电子羊吗？》讲述了赏金猎人里克·戴卡德（Rick Deckard）追踪六个逃亡仿生人的故事。这些仿生人在视觉和形体上均与正常人类别无二致，但不同的是仿生人没有同情心。为确定嫌疑人是否为仿生人，戴卡德需要使用一种被称为“沃伊特·坎普夫（Voight-Kampff）”的测试设备，对测试对象的情绪进行评估，而评估方法则是，让测试对象听一些旨在触发情绪反应的陈述，并分析测试对象在听到这些陈述时眼部肌肉和毛细血管的反应。这部小说中的一个问题是，沃伊特·坎普夫测试设备是否能够将最先进、最新型的仿生人代表与人类区分开来，或者说，戴卡德（及其他赏金猎人）是否需要开发新的改进版工具来完成这项任务。

今天，美国的金融监管机构面临的一项任务与上述科幻小说中的情节虽然大相径庭，但在某些方面又高度相似，这项任务就是如何对人工智能算法机器人的行为进行持续监测，以打击期货合约、商品期权及其他衍生品市场的价格操纵和破坏性交易行为。赏金猎人戴卡德和美国金融监管机构都要面对当时技术最先进的思维机器。正如卡尔文博士要努力理解机器人在各种情形下的思维过程一样，今天的金融监管机构也要努力洞悉算法机器人发起的广泛市场活动背后的目标、动机和影响。和戴卡德对嫌疑机器人进行的分析一样，认定嫌疑人的主观状态对于CFTC的监管成败至关重要，因为许多民事执法诉由都要求证明嫌疑人存在犯罪心态，如明知或特定故意（下文将对这些术语进行定义）。但是，和CFTC不同，戴卡德要认定的是嫌疑人是否无适当情绪反应，因为这是仿生人的一个标志性特征。遗憾的是，CFTC没有任何机器人心理学家可帮助其执法律师窥视算法机器人的思维。

如前所述，算法机器人和计算机软件程序独立（即在没有特定人类指令的情况下）进行期货合约交易，这已成为现实而不再是科幻情节。比如，第七章曾详述过，电子计算机系统基本上已经替代了在期货交易所实体交易大厅内口头喊价的场内经纪人和场内交易者。《商品交易法》的首要目标之一就是防范期货及其他衍生品市场上的欺诈、市场操纵及其他形式的不当行为，因此政府的执法策略必须适应这个新的算法时代。要对非法市场行为提起民事诉讼，CFTC必须证明相关犯罪的每一构成要件。这些犯罪构成要件通常包括主观状态要件，例如明知的主观状态，包括放任和故意。提起诉讼的诉因不同，所需证明的主观状态也不同。可以将不同的主观状态要件想象为存在于一个连续谱系中并按证明的难易程度排列，谱系的一端是严格责任主张，不需要证明任何主观状态，另一端则是特定故意主张，需要证明被告企图通过特定行为达到特定结果。更重要的是，如下文详述的那样，相关主观状态必须存在于人类意识中，即便是在涉及业务实体的情况下也是如此。本章将介绍相关主观状态，以及需要哪些证据来证明存在该主观状态。后文将介绍期货和衍生品市场上的主要犯罪，包括其主观状态要件。

一些评论家表示，金融市场中越来越多地使用包括但不限于智能投资顾问等在内的自动化程序和系统，有可能以低于人力的价格，为更多人提供高质量金融建议，并提高服务透明度。[①]比如，宾夕法尼亚大学法学教授汤姆·贝克（Tom Baker）和鹿特丹伊拉斯姆斯大学经济学教授班尼迪特·G. C. 德拉尔特（Benedict G. C. Dellaert）表示，他们认为，就消费金融产品的大规模市场而言，设计得当的智能投资顾问在能力和适合性方面将超过大多数人类，而其诚信则可媲美最诚实的人。[②]在某种程度上，这种说法确实不无道理，因为软件机器人不会让情绪或其他个人因素干扰交易策略，更不用说算法机器人还能够考察大量数据，并利用这些信息以远快于人类的速度作出交易决策。尽管如此，贝克和德拉尔特也认识到了金融服务自动化提升带来的潜在风险，如"造成新型不公、在灾难性失灵事件面前更加脆弱"等。[③]

当然，也有人开始担忧期货市场的市场结构技术变革会引致"新型不公"。期货市场上高频交易公司日益增加，也导致人们针对"算法机器人"违反联邦法律和金融法规实施违规交易操作和价格操纵的行为提出指控。比如，曾将高频交易公司称为"猎豹"的已故CFTC前委员巴特·奇尔顿（Bart Chilton）2013年透露，CFTC当时正对高频交易公司实施的、多到"令人震惊"的洗售行为[④]进行调查。在期货市场中，洗售是指非法实施事先安排的非竞争

---

① Tom Baker & Benedict Dellaert, *Regulating Robo Advice Across the Financial Services Industry*, PENN LAW: SCHOLARSHIP REPOSITORY (May 29, 2017), http: //scholarship.law.upenn.edu/cgi/viewcontent.cgi?article=2742&context=faculty_scholarship; Griffin Davis, *Regulating Automated Financial Advice*, THE REG. REV. (May 29, 2017), www.theregreview.org/2017/05/29/davis-automated-financial-advice/; Liz Skinner, *Are Regulators Equipped to Monitor Robo-Advisers as Fiduciaries?*, INVESTMENT NEWS (June 30, 2017), www.investmentnews.com/article/20170630/FREE/170639995/are-regulators-equipped-to-monitor-robo-advisers-as-fiduciaries.

② Baker & Dellaert, *Regulating Roho Advice*, PENN LAW SCHOLARSHIP REPOSITORY.

③ 同上。

④ 《商品交易法》明确禁止洗售（又称虚假销售）。Commodity Exchange Act, Pub. L. No. 105-112, § 4c (a) (1)-(2), 42 Stat. 998 (1922) (codified as amended at 7 U.S.C.§6c (a) (1)-(2)(2012)); 同时，请参见：Scott Patterson et al., "*Wash Trades" Scrutinized*, Wall St. J. (Mar. 17, 2013, 9: 42 PM), http: //online.wsj.com/news/articles/SB10001424127887323639604578366491497070204."美国监管机构正在调查高频交易商是否经常违反法律规定，在同一交易中同时充当买方和卖方，从而扭曲股票市场和期货市场。这种交易被称为洗售，是美国法律禁止的行为，因为这种行为给市场提供了虚假信息，且可用于操纵价格。故意在同一交易中同时充当买方和卖方，可将交易公司的金融风险降至最低，但可能造成市场交易量虚高的假象。CFTC关注的重点为高频交易公司涉嫌就原油、贵金属、农产品和标普500股票指数等标的商品相关期货合约实施的洗售行为。"

性双向交易。高频交易公司常见的另一非法行为是“幌骗”，又称“塞单”。[①②]幌骗是指下达买单或卖单并故意在执行前撤单的行为。[③]通过幌骗，高频交易公司可以在市场上下达大量交易指令单，然后又以几乎是瞬间的速度撤单，从而扰乱市场。此外，“操纵收盘价”，即在交易日结束时买卖大量商品合约并试图影响合约价格的行为，则是高频交易公司另一常见的破坏性非法

---

① 除了打击违反《商品交易法》第4c节第（a）条第（5）款第（C）项规定的行为外，CFTC还利用《商品交易法》第4c节第（a）条第（2）款第（B）项关于禁止报告非善意价格的规定和《商品交易法》第9节第（a）条第（2）款关于禁止提交影响商品价格的虚假、误导或明知不准确报告的规定，对幌骗行为进行了打击。请参见：Commodity Exchange Act § 4c（a）（5）（C）（codified as amended at 7 U.S.C.§6c（a）（5）（C））；In re Gelber Group，LLC，No. 13-15，Comm. Fut. L. Rep.（CCH）¶ 32，534，2013 WL 525839，at *3-4（C.F.T.C. Feb. 8，2013）；In re Bunge Global Mkts.，Inc.，No. 11-10，2011 WL 1099346，at *3-4（C.F.T.C. Mar. 22，2011）；cf. In re Lorenzen，No. 13-16，Comm. Fut. L. Rep.（CCH）¶ 32，535，2013 WL 525841，at *1，*3-4（C.F.T.C. Feb. 8，2013）（指出应诉人违反了洗售相关禁令）；Press Release，*CFTC Sanctions Gelber Group，LLC $750000 for Trading Abuses on Two Exchanges*，CFTC（Feb. 8，2013），www.cftc.gov/PressRoom/PressReleases/pr6512-13（上同）. CFTC认为，幌骗给其他市场参与者造成了“流动性增加的误导性印象”，因此违反了《商品交易法》第6节第（c）条、第6节第（d）条和第9节第（a）条第（2）款的规定，构成了操纵未遂。Complaint at 2，CFTC v. Moncada，No. 12-CV-8791（S.D.N.Y. 2012）；同时，请参见：Press Release，*CFTC Files Complaint in Federal Court Against Eric Moncada，BES Capital LLC，and Serdika LLC Alleging Attempted Manipulation of Wheat Futures Contract Prices，Fictitious Sales，and Non-Competitive Transactions*，CFTC（Dec. 4，2012），www.cftc.gov/PressRoom/PressReleases/pr6441-12.

② 请参见：Reuters，*S.E.C. to Study Rapid-Fire Stock Orders*，N.Y.TIMES（Sept.7，2010），www.nytimes.com/2010/09/08/business/08sec.html. “证券交易委员会主席玛丽·L. 莎碧萝（Mary L. Schapiro）女士周二表示，联邦监管机构正在调查某些‘塞单’行为，即提交大量股票交易指令单，随后瞬间撤回的行为。”同时，请参见：Peter J. Henning，*Markets Evolve，as Does Financial Fraud*，N.Y.TIMES（Nov. 12，2013，7：01 AM），http：//dealbook. nytimes.com/2013/11/11/markets-evolve-as-does-financial-fraud/. “在眨眼之间下单再撤单，这种行为到底是企图影响价格的‘塞单’行为，还是仅为一种常见的业务方法，只是速度相当快？”其他来源的文献似乎对幌骗与塞单进行了区分，但二者都涉及提交交易指令单、然后在执行前撤单的行为。比如，可参见：Eliot Lauer et al.，*Stay Afloat in the New Wave of High-Frequency Trading Actions*，N.Y.L.J.（Feb. 25，2013），www.newyorklawjoumal.com/id=1202589088509（需订阅）.（“CFTC的释义似乎还禁止实施分层（另一破坏性高频交易战术）和塞单……”）

③ Commodity Exchange Act § 40（a）（5）（C）［编入7 U.S.C.§6c（a）（5）（C）］.

交易策略。[①]据报道，在衍生品市场上，高频交易公司经常采用这一策略。[②]

如前所述，只有人类和商业实体才可被视为法律意义上的"人"，而计算机和软件程序包括算法机器人均被排除在"人"的范围之外。此外，公司及其他商业实体通过其雇员和代理开展经营活动，因此针对商业实体的法律诉讼必须证明有罪行为所涉及的一名或多名雇员存在故意。也就是说，要认定公司存在故意，法院必须考察涉嫌实施不当行为（如发布虚假声明、作出不实陈述等行为）的公司高管人员存在怎样的主观状态，而考察过程中要注意的是，公司仅能够知晓代表该公司行事的个人所知晓的信息。因此，任何主张要成立，最终均必须基于特定人类的主观状态，满足特定诉因对主观状态的要求，即便是在商业实体而非人类被控违法的情况下也是如此。

① David Cho，*CFTC Charges Finn with Manipulating Oil Prices*，WASH. POST（July 25，2008），www .washingtonpost.com/wp-dyn/content/article/2008/07/24/AR2008072403831.html."操纵收盘价"违反了《商品交易法》第4c节第（a）条第（5）款第（B）项（编入《美国法典》第7编第6c节第（a）条第（5）款第（B）项），但CFTC对这类行为提起民事诉讼时依据的却是《商品交易法》第6节第（c）条和第9节第（a）条第（2）款关于禁止价格操纵的法律规定。Commodity Exchange Act § 6c［编入7 U.S.C.§9（1）］；同上§9（a）（2）［编入 7 U.S.C.§13（a）（2）］；请参见：CFTC v. Wilson，No. 13 Civ. 7884（AT），2014 WL2884680，at *15（S.D.N.Y. June 26，2014）［驳回了一家被控因操纵收盘价格而违反《商品交易法》第6节第（c）条和第9节第（a）条第（2）款的高频交易公司提出的撤诉动议］；Press Release，CFTC，*CFTC Charges Donald R. Wilson and His Company*，*DRW Investments*，*LLC*，*with Price Manipulation*（Nov. 6.2013）（下文称为Press Release：CFTC Charges Wilson and His Company），www.cftc.gov/PressRoom/PressReleases/pr6766-13；同时，请参见：Casey Sullivan，*NY Judge Rules Regulator's Case Against Speed-Trading Firm DRW to Proceed*，REUTERS（June 26，2014，8：04 PM），www.reuters.com/article/2014/06/27/pricerigging-donwilson-idUSL2N0P72AH20140627（表示威尔逊及其公司DRW被控通过实施"一项被称为'操纵收盘价'的行为"，"于2011年对一份利率互换期货合约进行了价格操纵"）.

② David Sheppard & Jonathan Stempel，*High-Frequency Trader Optiver Pays $14 Million in Oil Manipulation Case*，REUTERS（Apr. 20，2012，12：54 AM），www.reuters.com/article/2012/04/20/us-optiver-settlement-idUSBRE83J01220120420（指出"在一个案例中，（CFTC）指控澳帝桦（Optiver）芝加哥办事处通过实施被称为'操纵收盘价'的行为收割了100万美元的利润。该公司在最后交易时刻执行了大量交易，企图影响美国的石油价格"）；Landon Thomas Jr.，*Inquiry Stokes Unease over Trading Firms That Shape Markets*，N.Y. TIMES（Sept. 3，2009），www.nytimes.com/2009/09/04/business/global/040ptiver.html；David Sheppard，*"Milestone" U.S. Oil Manipulation Case Unsettles Traders*，REUTERS：（Apr. 20，2012，10：14 AM），www. reuters.com/article/2012/04/20/cftc-manipulation-idUSL2E8FK2K020120420［"在针对算法交易商的首例大案和涉及石油期货市场价格操纵的最重经济处罚案中，（CFTC）表示，一项法院和解程序要求位于阿姆斯特丹的一家公司交出其100万美元利润，并就其2007年利用被称为'锤子（The Hammer）'的高频交易工具影响美国油价的行为支付1300万美元罚金"］.

《商品交易法》规定的许多诉因都要求证明实施不当行为的人类具有犯罪心态，因此，如果计算机化交易机器人在没有特定人类干预的情况下独立实施破坏性交易行为，并根据市场中其他算法机器人的策略持续变更其自身算法和交易行为，那么，这些诉因很可能都会沦为无效。对于涉及算法机器人的情形，其他评论家也探讨过证明“故意”的难度。但是，如果在特定情形下，由于实际上没有人类故意使相关算法机器人实施任何不当行为，甚至没有人类以放任方式无视算法机器人可能实施任何不当行为的风险，因而难以甚至不可能证明故意或其他任何犯罪心态（如特定故意），那该怎么办呢？在这种情形下，要求证明故意或犯罪心态的诉因，即针对洗售、价格操纵、欺诈型操纵和幌骗的法律或监管规定等诉讼依据，很可能都将失效。这似乎意味着，如果（期货和衍生品市场中的）算法机器人在没有人类指令的情况下操纵了收盘价，那么除非有其他监管机制禁止这种行为，否则该行为并不违法。当然，监管机构最终可能会认定，出于正当理由，应当仅禁止以放任或故意方式实施的操纵和破坏性交易行为，但是，如果基于人类的主观状态，对完全相同但分别由机器人和人类实施的行为区别对待，就可能会造成漏洞，使机器人发起的操纵性和破坏性交易行为能够逃脱制裁。

了解不同主观状态对于理解CFTC打击欺诈及各类市场违规行为时可采用的诉因至关重要，因为这些诉因都要求CFTC证明被告具有特定主观状态。

第一节　严格责任

对于任何主张而言，证明主观状态的最低要求就是不需要证明主观状态，这并不令人惊讶。在严格责任主张下，当事人导致特定伤害或违反特定法律义务的原因并不重要，只要证明特定当事人导致了特定伤害或违反了相关法律，就足以认定该人负有责任。在严格责任制度下，如果不小心伤害了他人，或因过失违反了特定法律，那么即便行事谨慎，出发点善良，且没有伤害任何人或违反任何法律的故意心理，行为人也仍须对自己的行为负责。简而言之，行为的原因和内容均不重要，只有是否实施了行为才最为重要。在这种情况下，辩称没有伤害他人或违反法律的故意心理在法律上并非有效辩护。严格责任诉因不要求证明行为主体的主观状态即可对其追责，在严格责任情形下，即使是过失或无意的违法行为也要承担责任。在《CFTC规章》下，许多“技术性”违规行为均属严格责任违法行为。比如，如前所述，按要求应在CFTC进行注册但未注册的人，无论出于何种意图未进行注册，均须对该应注册但却未注册的行为承担责任，而CFTC无须证明该人系出于故意或以放任的方式未进行商品交易顾问或其他中介类型的注册。在金融法律之外，美国的许多交通违法行为均属严格责任犯罪。比如，只要因为闯红灯被警察拦住，就会被开罚单，是不是因为不小心才超速、是不是故意闯红灯都不重要。

第二节　理性（过失）

您是否曾想到过，有些人会粗心大意到违法的地步？是的，我相信您肯定想到过。其实，过失是指在类似情形下“未像理性谨慎的人（通常）能够做到的那样尽到注意义务”。[①]根据过失标准，当事人在相同情况下如未像理性人理应做到的那样尽到注意义务，则应承担责任，即便其并不希望出现风险或没有意识到风险。[②]尽管人们经常将过失“作为一种犯罪心态层级进行讨论……但实际上，过失并不是一种主观状态。相反，这是一项被告无论主观

---

① MERRIAM-WEBSTER'S COLLEGIATE DICTIONARY 777（10th ed. 1993）; accord BLACK'S LAW DICTIONARY 930（5th ed. 1979）（“过失是指未尽到具有理性谨慎和注意的人在类似情形下理应尽到的注意义务……”）; W. KEETON ET AL., PROSSER AND KEETON ON THE LAW OF TORTS § 32, at 175（5th ed. 1984）[论断称“过失是指未尽到理性人（在类似情形下）理应尽到的义务”]；同时，请参见：57A Am. Jur.2D Negligence § 133（2004）（“过失的客观检验标准一般都是从理性谨慎的人这一角度进行表述的”）.

② Laurie L. Levenson, *Good Faith Defenses*: *Reshaping Strict Liability Crimes*, 78 CORNELL L. REV. 401, 420（1993）.

状态如何均应遵守的行为标准。"[①]此外，过失的本质是不理性，因为合理注意就是理性行为。[②]因此，过失标准要求人们基于特定事实，认定当事人在相关情形下所实施的行为是否为理性行为。

因不合理疏忽而造成谎言或不实陈述，这种说法本身看似自相矛盾，但在《商品交易法》中，某些类型的市场参与者确须就其过失性欺诈承担责任。也就是说，因不合理疏忽而造成的不实陈述确实可成为CFTC提起民事执法诉讼的依据。《商品交易法》第40节第（1）条第（B）款禁止商品基金管理人（及其业务相关人员）实施欺诈。对该款规定进行释义时，联邦法院认为该规定不要求证明主观恶意，而仅须证明过失。因此，依照第40节第（1）条第（B）款提出的主张"仅要求证明违法者故意实施行为"，因为"他一定曾故意使用'工具、骗局或诡计'，但不一定要求证明该违法者明知这样做将会导致对客户或潜在客户构成欺诈"。[③]换句话说，如果交易顾问或商品基金管理人确为故意实施其行为，且其行为的后果确实是对客户或潜在客户构成了欺诈，则足以构成第40节第（1）条第（B）款规定的违法行为。[④]最终，第40节第（1）条第（B）款提供了一项法定激励措施，鼓励商品基金管理人和商品交易顾问格外注意并确保其招揽行为及其他通信行为不会误导潜在客户或实际客户。

第三节　放任

将过失中的粗心大意调高几个级别，就是放任。CFTC指出，放任是严重偏离通常注意标准的行为或不作为，偏离的程度使人非常难以相信行为人会

---

① Laurie L. Levenson, *Good Faith Defenses: Reshaping Strict Liability Crimes*, 78 CORNELL L. REV. at 402 (1993).

② Henry T. Terry, *Negligence*, 29 HARV. L. REV. 40, 42 (1915)；同时，请参见：BLACK'S LAW DICTIONARY, 1056 (7th ed., 1999)（将过失定义为"未达到合理谨慎的人在类似情形下理应达到的注意标准"，并表示"该术语指可归责的粗心大意行为"）.

③ CFTC v. Savage, 611 F.2d 270, 285 (9th Cir. 1979).

④ 同上，第285页。

没有意识到自己在做什么。[①]美国第十一巡回上诉法院曾将放任行为描述为同时满足下列条件且高度不理性的不作为或不实陈述：（1）不仅涉及单纯过失乃至毫无疑问的明显过失，而且涉及极端偏离通常注意标准的行为；（2）造成了误导客户的风险；（3）被告已知晓该风险，或者该风险非常明显，以至于被告不可能不知晓。[②]同样，美国第六巡回上诉法院曾表示，“放任是指极端偏离通常注意标准的高度不理性行为，尽管其风险不一定已知，但至少是非常明显、以至于任何理性人都会注意到。[③]

鉴于“不需要……证明明知”[④]，一篇法律评论文章表示，“放任从根本上讲是一种行为标准，需要人们就某一主体理应掌握哪些信息且本应预计到什么结果这些问题作出判断，而无论该主体实际上是否掌握了这些信息或预见到了任何特定结果”[⑤]。实际上，和其他主观状态一样，各方可通过间接证据对放任进行证明。

第四节　故意

在大多数情况下，人们都是故意而非意外地实施各种行为。这意味着，

① Prohibition on the Employment, or Attempted Employment, of Manipulative and Deceptive Devices and Prohibition on Price Manipulation, 76 Fed. Reg. 41, 398, 41, 404（July 14, 2011）（引用Drexel Burnham Lambert Inc. v. CFTC, 850 F.2d 742, 748（D.C. Cir. 1988）；同时，请参见：Sundstrand Corp. v. Sun Chem. Corp., 553 F.2d 1033, 1045（7th Cir. 1977）［讨论了SEC规则10b-5中的放任定义，即“极端偏离通常注意标准，具有误导买方或卖方的风险，且被告明知存在该风险或者该风险非常明显以至于行为人必定知晓的行为”（内部引号略）］；SEC v. Platforms Wireless Int'l Corp., 617 F.3d 1072, 1093（9th Cir.2010）［“（SEC规则10b-5）中要求证明的主观恶意是‘蓄意放任’或‘有意识地放任’，且……包括探知‘被告实际主观状态’的‘主观状态考察’”］.

② McDonald v. Alan Bush Brokerage Co., 863 F, 2d 809, 814（11th Cir. 1989）［引述Broad v. Rockwell Int'l Corp., 642 F.2d 929, 961-62（5th Cir. 1981）］.

③ Ashland, Inc. v. Oppenheimer & Co., 648 F.3d 461, 469 n.3（6th Cir. 2011）（出处从略）. 第二巡回上诉法院将放任描述为“以令人发指的方式对明显事实视而不见或拒绝对有所怀疑之处进行调查”的行为。Chill v. Gen. Elec. Co., 101 F.3d 263, 269（2d Cir. 1996）.

④ Prohibition on the Employment, or Attempted Employment, of Manipulative and Deceptive Devices and Prohibition on Price Manipulation, 76 Fed. Reg. at 41, 404［援引Hollinger, v. Titan Capital Corp., 914 F.2d 1564, 1568-96（9th Cir.1990）（en banc）］.

⑤ Rosa M. Abrantes-Metz et al., *Revolution in Manipulation Law: The New CFTC Rules and the Urgent Need for Economic and Empirical Analyses*, 15 U. Pa. J. BUS. L. 357, 395（2013）.

他们是在特定行为与其他潜在选项之间进行了选择。对于“故意”这种主观状态，《商品交易法》相关判例法中似乎缺乏深入分析，因为大多数判决都采用了“主观恶意”这一术语。所谓主观恶意，“通常是指实施欺诈、欺骗或操纵的故意”[①]，但法院也曾认定放任也足以定义这个术语。对于依照《商品交易法》提起的许多诉讼主张，司法判决通常都会泛泛提及“主观恶意”，然后不加分析地提及故意行为和放任的简要定义，而不会对这两种主观状态进行详细的单独分析或说明。因此，法院在就《商品交易法》或《CFTC规章》提出的诉讼主张认定“故意”行为时，到底采用哪种确切定义，目前仍尚待明确。

但是，一般而言，故意行为就是有目的地实施相关行为，即蓄意实施该行为。比如，要认定当事人实施了故意欺诈客户的行为，就“必须”证明该人“明知自己正在实施欺诈”。[②]这意味着，必须证明该人明知相关通信为虚假通信。同样，如果个体“在知晓其行为性质和特征的情况下”仍实施其行为，则主观恶意通常即已存在，而“无需证明其邪恶动机”。[③]换言之，法院往往推定人们希望看到自己行为的自然结果或大概率结果。而且，一些联邦法院认为，“CFTC仅须证明被告行为系‘故意的，而非意外的’”[④]，从而似乎给“故意”设定了一个相对较低的标准。总之，如果有证据表明被告明知其正在实施的行为及该行为的性质，法院通常都会认定被告的行为是《商品交易法》下的“故意”行为。

第五节　特定故意

特定故意是指人们不仅希望实施行为，而且希望通过其行为实现特定结

① 请参见：Dennis P. Orr，Note，*New Light on an Old Debate*：*Negligence v. Scienter in an SEC Fraud Injunctive Suit*，51 St. JOHN' S L. REV. 759，760（1977）.

② CFTC v. Savage，611 F.2d 270，283（9th Cir. 1979）.

③ Lawrence v. CFTC，759 F.2d 767，773（9th Cir. 1985）.

④ CFTC v. Cloud，Comm. Fut. L. Rep.（CCH）¶ 31，922（S.D. Tex. Mar. 26，2011）（援引Lawrence，759 F.2d at 773）.

果时所处的一种主观状态。自然而然，这种主观状态的本质体现在了“特定”一词（这种主观状态也因此得名）。要理解特定故意，可以想想这个问题，即“这个人实施那项特定行为时到底想实现什么目的？”但是，要作出这种认定有时并不容易，因为人们的行为通常会有多个潜在动机。在《商品交易法》下，指控价格操纵的主张必须证明特定故意。这意味着，在指控行为人操纵价格的执法诉讼中，CFTC必须证明行为人实施其行为时带有下列目的或有意目标，即：促成或影响市场价格或价格趋势，使其无法反映合理供需力量。[①] 特定故意通常是一种难以证明的主观状态，因为在证明被告试图实施的行为及实施这种行为的目的时，需要满足更高的特定性要求。如下文详细讨论的那样，CFTC在发起价格操纵诉讼时通常都会遇到难处，而CFTC官员和美国国会成员也表示，在他们看来，此类诉讼之所以遇到难题，其中一个原因是CFTC需要证明特定故意。

要想知道并证明一个人实施一项或一系列行为时具有怎样的特定故意，而此人却没有以任何形式记录、口述或记忆实施该行为的特定理由，那么这项任务通常就很难完成。当然，科幻小说中一项常见的剧情发展手段，是安排故事中的一个角色成为具有心灵感应能力的外星人。在这方面，最有名的一个例子就是《星际迷航》中史波克先生的火神心灵融合术。像史波克先生这样的火神，只要用指尖轻触他人的太阳穴，即可读取他人的心思。更令人惊讶的是，这种火神心灵融合术甚至能够作用于机器人。在《星际迷航》的一个剧集《换子奇遇记》中，创造于2002年的地球探测器游牧者号（Nomad）与一个外星设备意外融合，形成了一个新的机器人体，而史波克先生成功接入了这个机器人的大脑。遗憾的是，目前地球上仍然短缺像史波克先生一样可以读取他人心思的火神。否则，CFTC及其他民事和刑事执法当局很可能都想招聘一些火神，以帮助其探究被指控实施了市场违规行为的人类和算法机器人具有怎样的特定故意。就目前而言，由于在市场操纵诉讼中难以满足证

① CFTC v. Parnon Energy, Inc., 875 F. Supp. 2d 233, 249（S.D.N.Y. 2012）.

明特定故意的要求，且鉴于能够助执法律师一臂之力、具有心灵感应能力的外星人仍然短缺的现实，CFTC通常只能在有明确证据（如电子邮件、文字信息等）证明被告试图利用特定交易策略或行为操纵市场或扭由衍生品价格的情况下，才可提起这类诉讼。

到目前为止，本书关于有罪心态的讨论已告一段落。尽管要窥视软件期货交易机器人的心态还需要求助于卡尔文博士等机器人心理学家、能够实施心灵融合术的火神，甚至是侦探戴卡德使用的沃伊特·坎普夫测试设备，但美国法律规定中有罪心态的基本原则却并没有那么难以理解。本章已经解读了依照《商品交易法》和《CFTC规章》起诉各种违规行为所需要证明的有罪心态，接下来的几章将针对衍生品市场上的欺诈和市场滥用行为，介绍各类诉因。在阐述CFTC针对违法者能够提起的各类诉讼后，本书将再次讨论有罪心态，将其运用于自主软件机器人实施的各类市场违规行为，并探讨“第二机器时代”遏制衍生品市场不当行为的各种选项。

第十二章
市场操纵：过去和现在

本章介绍了市场操纵主张的各项要件，并以美国衍生品市场为背景，介绍了相关市场操纵的历史。美国的期货交易始于内战前不久，最初交易地点为芝加哥。从一开始，猖獗的市场操纵及其他违规交易行为就威胁着商品期货交易的顺利进行。1922年，美国通过了《谷物期货法》，这部法律是1936年《商品交易法》的前身，也是联邦政府为监督衍生品市场而颁布的第一部法律（如第二章详述）。从那以后，联邦政府期货和衍生品监管的“主要重点”和“关键目标”，就是“惩罚和防范……操纵”[①]，更确切地说是“价格操纵”[②]或“市场力量操纵”。CFTC一位前主席曾生动地将市场力量操纵比作“800磅重的大猩猩闯入鸡舍”的场景。从一开始，联邦法律和监管机构就基本无法有效防范和惩罚操纵。从《谷物期货法》开始，一直到今天，《商品交易法》一直将操纵规定为违法行为，却始终没有对何谓操纵进行定义。实际上，美

① Thomas A. Hieronymus, *Manipulation in Commodity Futures Trading: Toward a Definition*, 6 Hofstra L. Rev. 41, 41 (1977). 同时，请参见：Commodity Exchange Act, Pub. L. 112−105, § 3 (b), 42 Stat. 998 (1922)（编入了2012年版《美国法典》第7编第5节第（b）条）（表示《商品交易法》的目的就是“威慑和防范价格操纵及其他任何破坏市场诚信的行为等”）; George A. Davidson, *Squeezes and Corners: A Structural Approach*, 40 Bus. Law. 1283, 1283 (1985)（援引20世纪20年代的立法史，表示“从联邦政府开始对商品交易实施监管以来，国会……一直认为，需要监管的主要问题之一，就是交易者试图垄断市场或挤压其他市场参与者”）。

② 请参见：United States v. Radley, 632 F.3d 177, 180 (5th Cir.2011)（使用了“价格操纵”这一表述）; Prohibition on the Employment, or Attempted Employment, of Manipulative and Deceptive Devices and Prohibition on Price Manipulation, 76 Fed.Reg. 41, 398, 41, 407 (July 14, 2011)（同前）。

国国会曾屡屡对《商品交易法》进行更新和修订，且每次均以更有效地防范操纵为目标，最近更是通过了《多德—弗兰克法》。尽管如此，美国国会始终未给操纵增补一个定义。目前，对期货的市场力量操纵的描述如下：

> 在商品交易领域，市场力量操纵是指多头在交割月内或临近交割月末控制足够多的特定期货合约，或控制大量标的现货商品，或同时控制二者的情形。多头控制大量标的商品，因此空头没有渠道对冲了结其头寸或进行交割。在这种情况下，空头不得不与多头操纵者进行交易，因而不得不支付“人为”价格，以履行其义务，从而避免违约并支付高额违约金。

在当前法律下，《商品交易法》第9节第（a）条第（2）款禁止任何人在州际商业活动中操纵商品价格，并禁止任何人操纵期货合约价格或互换价格。《商品交易法》第6节第（c）条和第6节第（d）条规定，在CFTC认为某人操纵或试图操纵任何商品、期货合约或互换价格（或违反了《商品交易法》任何规定）的情况下，CFTC有权对该人进行起诉、处以民事罚款并实施禁止令。

要主张价格操纵，CFTC必须提出以下指控：（1）被告有能力影响市场价格；（2）人为价格确实存在；（3）被告导致了人为价格的出现；（4）被告具有导致人为价格出现的特定故意。人为价格是指未反映基本供需力量的价格。[①]为满足特定故意要件要求，CFTC必须证明被告实施行为时带有下列目的或有意目标，即：促成或影响市场价格或价格趋势，使其无法反映合理供需力量。也就是说，制造人为价格这一行为必须是故意实施的，而不仅仅是故意进行交易但无意间制造了人为价格。换言之，操纵者必须具有制造人为

① *Parnon*, 875 F. Supp. 2d at 246（内部引号略）. 2011年，CFTC颁布了2011年版《联邦法规汇编》第17编第180.2节规定。该节规定反映了传统的操纵和试图操纵价格主张。请参见：Prohibition on the Employment, or Attempted Employment, of Manipulative and Deceptive Devices and Prohibition on Price Manipulation, 76 Fed.Reg. 41, 398, 41, 407（July 14, 2011）（“适用最终规则第180.2节时，CFTC应遵循一项由四部分组成的传统操纵测试方法。该方法是根据《商品交易法》第6节第（c）条和第9节第（a）条第（2）款下的判例制定的”）。

价格的特定故意。[1]

一些法学学者将“故意”称为价格操纵主张的“核心”和“决定要件”。[2],[3]实际上，CFTC表示，将合法商业行为与非法操纵活动区分开来的正是各当事方的故意。[4]因此，合法交易结合不当动机就构成商品操纵。[5]尽管CFTC可基于间接（而非直接）证据证明被告具有故意，但一般却非常难以在价格操纵主张中证明特定故意要件。之所以会这样，是因为很少有潜在操纵者会公开能够证明其不当动机的证据。如上所述，价格操纵主张所要求的特定故意要件本身难以证明，因此，近年来，CFTC仅在其认为有“确凿证据”（如传真、电话记录、备忘录、电子邮件和即时信息等）证明故意操纵的情况下才会提起诉讼，几乎少有例外情形。[6]在缺乏这种故意证据的情况下，

---

① 3 JOHNSON & HAZEN, DERIVATIVES REGULATION § 5.05［3］, at 1269；比如，可参见：Hershey v. Energy Transfer Partners, L.P., 610 F.3d 239, 249（5th Cir. 2010）.

② JERRY W. MARKHAM & THOMAS LEE HAZEN, 23A BROKER-DEALER OPERATIONS SEC. & COMM. LAW § 9：17：50.（认为故意要件是“操纵主张的核心”。）

③ 3 PHILIP MCBRIDE JOHNSON & THOMAS LEE HAZEN, DERIVATIATS REGULATION § 5.05［1］, at 1266［援引Great W. Food Distribs. v. Brannan, 201 F.2d 476, 479（7th Cir. 1953）］；请参见：Davidson, *Squeezes and Corners*, 40 BUS. LAW. at 1289（“在具体实践中，唯一重要的问题是故意”）。

④ In re Indiana Farm Bureau Coop. Ass'n, Inc., No. 75-14, 1982 WL 30249, at *6（C.F.T.C. Dec. 17, 1982）. 同时，请参见：Davidson, *Squeezes and Corners*, 40 BUS. LAW. at 1289（“如果没有证据证明故意，挤仓者将无法被追责，而证明故意的证据仅在被告行为笨拙且明显的案例中才会出现。”）.

⑤ In re Amaranth Natural Gas Commodities Litig., 587 F. Supp. 2d 513, 534（S.D.N.Y. 2008）, aff'd, 730 F.3d 170（2d Cir. 2013）.

⑥ Aronow, *What Constitutes "Manipulation" or "Disruptive Practices" After Dodd-Frank?*, 30 FUTURE & DERIVATIVES L. REP.（WEST）No. 8, at *4；同时，请参见：Davidson, *Squeezes and Corners*, 40 Bus. Law. at 1288.（“由于极少有人承认怀有非法动机，因此证明动机通常是一件非常艰苦的工作，需要使用大量间接证据。对于挤仓而言，这项工作尤为困难。”）Compare Hearing on High Frequency and Automated Trading in Futures Markets Before the S. Comm, of Agric., Nutrition, & Forestry, 113th Cong. *7（2014）, www.ag.senate.gov/hearings/high-frequency-and-automated-trading-in-futures-markets.（提供了麻省理工学院斯隆管理学院金融行为教授、CFTC前任首席经济学家安德烈·基里连科的书面证词。）同上，“当今时代，监管机构不再能够凭借偷听到的对话启动调查。算法不会在电话上吹嘘其刚刚‘打压了市场’，也不会向女朋友发短信表示自己干得有多‘漂亮’。要抓算法操纵或破坏行为的现行，监管机构要配备相应的技术工具，从而能够在新的市场栖息者即机器中筛查通信和交易特征。”Pirrong, *Energy Market Manipulation*, 31 ENERGY L.J. at 17.（表示“根据我的经验，律师们倾向于认为，通过电子邮件、书信、文件或对话记录之类的声明才能证明故意”，而经济学家们则认为，人们可通过比较“被控操纵者的行为”与“追求利润最大化、商业上理性但具有竞争性……的交易者的行为”，对是否存在故意作出非常准确的评判。）

CFTC极不愿意扣动诉讼扳机。[①]

一部主流衍生品法律专著是这样描述“价格操纵”的：

> “价格操纵”这一表述……是指通过支配供需任何一方的方式，在现货商品、期货合约市场或者这两个市场上消除有效价格竞争，并利用这种支配力故意造成人为价格虚高或偏低的行为。价格操纵类似于利用垄断力支配价格的行为，而在真正的竞争环境中，不可能实现这种价格。价格操纵是否存在基本上属于事实性问题，需要就是否存在作为必要条件的支配或垄断力量、人为价格是否系运用这种力量而形成、支配方是否具有制造人为价格的特定故意等问题进行认定。[②]

CFTC要成功证明试图操纵价格，就必须证明：（1）具有影响商品、期货合约或其他衍生品市场价格的故意；（2）实施了一些明显行为以促成实现影响衍生品市场价格的故意。试图操纵价格与操纵价格的主张对证明故意的要求相同。

20世纪20年代，美国国会决定对美国期货市场实施监管，主要意图之一就是遏制市场操纵骗局。今天，这仍是美国衍生品市场监管的首要目标之一。比如，大约在2005年至2012年间，美国政府调查了卡特尔形式的金融机构通过操纵用于确定衍生品价格的主要利率和外汇汇率基准，对某些场外互换及其他衍生品实施操纵的行为，而在这项调查中，冲在第一线的正是CFTC。部分得益于CFTC在首次揭露利率操纵阴谋中所发挥的作用，在过去几年中，许多世界级大银行已经支付数十亿美元用于解决多项民事和刑事政府执法诉讼和私人诉讼，这些诉讼指控银行员工与竞争对手合谋，扼杀衍生品市场的

---

① Aronow, *What Constitutes “Manipulation” or “Disruptive Practices” After Dodd-Frank?*, 30 FUTURE & DERIVATIVES L. REP.（WEST）NO. 8, at *4. 同时，请参见：Robert Houck et al., *Comparing SEC and CFTC Market Abuse Regimes*, LAW360（Mar. 1, 2016）, www.law360.com/articles/765248/comparing-sec-and-cftc-market-abuse-regimes. “CFTC早就对这一标准表示了不满，表示这种必须证明故意和人为的要求阻碍了CFTC的执法工作，而SEC的主要反欺诈条款即《证券交易法》第10节第（b）条则没有这样的要求。”

② JOHNSON & HAZEN, DERIVATIVES REGULATION § 5.02［3］.

竞争，并操纵利率基准和外汇汇率基准，而这些基准对于数万亿美元的消费贷款及金融衍生品而言，是至关重要的价格参考和价格组成部分。

在华尔街术语中，芝加哥期权交易所波动率指数被称为“恐慌指数”，因为该指数评估的是标普500股票指数期权价格近期的预计波动幅度，被人们认为是衡量投资者情绪的可靠指标。英国小说家罗伯特·哈里斯（Robert Harris）2011年创作了惊险小说《恐慌指数》，标题使用的正是华尔街的这一术语。在这部小说中，亚历山大·霍夫曼（Alexander Hoffmann）博士是一位杰出的物理学家，他辞掉了瑞士一家世界著名研究实验室的工作，转而在日内瓦成立了一家量化对冲基金。这家基金公司拥有一个名为“VIXAL-4”的人工智能算法，能够发现金融市场中的恐慌情绪并利用这种情绪获利。到故事结尾即2010年5月初，VIXAL-4不仅开始具备知觉能力，而且已变得相当危险。该算法的设计与实现均以从市场恐慌中获利为目的，因此理解恐慌情绪的能力是VIXAL-4算法大脑的核心部分。事实最终证明，决定编写能够基于算法自主学习的人工智能软件程序，并指令该程序运用恐慌理解能力实现获利目标，此举并不明智，因为VIXAL-4发现了利用这种恐慌知识的其他途径。特别值得一提的是，VIXAL-4还找到了让其始作俑者感到恐惧的方法。霍夫曼博士是其攻击的主要对象，但其他基金雇员也是其骚扰的对象。（剧透：首席风险官的日子也不好过，他最终被发现死在了电梯底坑中。最大的教训是：要求人工智能计算机程序对大量宝洁股票和标普500电子迷你期货空头仓位减仓时，一定要小心！当然，一般而言，首席风险官的岗位介绍本身就决定了担任这个职务的人不可能在对冲基金内部赢得好人缘。）最终，（根据该小说剧情）VIXAL-4成功扰乱了市场，导致了2010年5月6日的“闪电崩盘”。在这一过程中，VIXAL-4控制的对冲基金从闪电般迅疾的市场恐慌中斩获颇丰。最后，故事黯然收场：霍夫曼博士无法摧毁VIXAL-4，而对冲基金剩下的员工则决定让其继续交易。

同样，《金融时报》记者伊莎贝拉·卡明斯卡（Izabella Kaminska）写道，在金融市场上，股票、衍生品及其他资产的价格由交易者的主观状态决定，因此人工智能交易机器人可通过操纵市场参与者主观状态的方式，扭曲金融产品的价格。

> 利用人工智能使交易策略更有效未尝不可，但同时也要承认，如果这些人工智能在设计时没有体现对人类的关怀义务，那么，他们将会毫无顾忌地利用或操纵人类，以确保其交易的资产按照其可控的方式运作。毕竟，任何资产类别最终都与作为其基础的人类行为相关。这意味着，只要人类是可以俘获、操纵的，只要人类行为是可以控制的，那么，人工智能就可对资产形势作出足够准确的判断，从而获得巨额回报。[①]

截至撰写本书时，对冲基金还没有真正创造出具有自我意识的人工智能软件交易程序，也不能使用这样的程序在金融市场上无情传播恐惧以获取金钱回报。尽管如此，随着期货市场从实体交易大厅转变为高速电子平台，某些类型的市场操纵行为似乎确实更容易得逞，甚至某些新型的衍生品价格扭曲方式也有可能实现。天普大学法学院教授汤姆·C. W. 林（Tom C. W. Lin）表示，这些“新型的高科技市场扭曲形式”包括试单、幌骗和电子抢先交易等破坏性交易行为（本书后文将对此进行阐述），且均构成了“控制性市场操纵”。[②]CFTC主席蒂莫西·马萨德（Timothy Massad）2016年在国会作证时，发表了下列声明：

> CFTC通过观察交易池里交易者的行为对市场实施监测的时代早已成为过去。今天，我们已经进入了一个电子交易而且主要是自动化交易的时代。这就要求我们要有全新的应对之道。在当今的高频市场中，操纵和欺诈一般通过利用复杂策略实施，涉及大量的买单和卖单，且这些买单和卖单的数量远远多于真正完成的交易。[③]

---

① Kaminska, *Artificial Intelligence on Trial*, FIN. TIMES.

② Lin, *The New Market Manipulation*, 66 EMORY L. J. at 1256.

③ CFTC主席蒂莫西·马萨德2016年2月10日在众议院拨款委员会农业、农村发展、食品和药品监管及相关机构分委员会听证会上的证词。

如本章前文所述，一位评论家曾将市场操纵骗局比作800磅重的大猩猩闯入鸡舍的情形。鉴于当今电子期货市场的高速运转，如果要更好地类比现代价格操纵骗局，不妨想象一下既有蛮力、又有超高速度的某种结合体。也就是说，人们可将林教授所说的“控制性市场操纵”比作这样一种情况：一只超级快速的机器人大猩猩，这种机器人动物动作迅速如《兔八哥》卡通片中的哔哔鸟，在照看鸡舍的农夫还没来得及反应时，就从鸡舍中偷走了鸡。为了强调今天的期货市场基本上已成为电子平台这一事实，人们或许还可以将这种快速偷鸡的情形想象成发生在某种虚拟世界（如视频游戏）中，而不是从实体农场偷走有血有肉的小鸡。

与市场性质不断变化相一致，美国期货监管机构也与时俱进，对不法算法交易者展开了调查并提起了民事执法诉讼。这里仅举一例（后文其他章节将探讨更多案例），2008年，CFTC对荷兰高频交易公司澳帝桦发起了诉讼，指控该公司在2007年对原油、汽油和取暖油等期货价格实施了操纵。[①]根据CFTC的指控，澳帝桦的交易者利用被称为“锤子（the Hammer）”的高频算法对能源衍生品市场价格进行了操纵。[②]2012年，澳帝桦最终同意支付1400万美元罚款，以对该案达成和解。时任CFTC执法部主任的大卫·麦斯特（David Master）就澳帝桦一案的和解发表了评论，他表示，CFTC不会容忍交易者利用先进手段，推动油气期货价格发生有利于该交易者自身的变化，从而获得非法优势。[③]尽管如此，评论家和执法官员都承认，发现市场操纵行为并予以调查起诉，这项任务不仅耗时费力，而且会大量消耗衍生品市场监管机构本就有

① *CFTC Charges Optiver Holding BV, Two Subsidiaries, and High-Ranking Employees with Manipulation of NYMEX Crude Oil, Heating Oil, and Casoline Futures Contracts*, CFTC.gov（July 24, 2008）, www.cftc.gov/PressRoom/PressReleases/pr5521-08; David Cho, *CFTC Charges Firm with Manipulating Oil Prices; Agency under Pressure to Rein in Trading*, WASH. POST, July 25, 2008, at D3.

② 同上。

③ Press Release 6239-12, CFTC, *Federal Court Orders $14 Million in Fines and Disgorgement Stemming from CFTC Charges Against Optiver and Others for Manipulation of New York Mercantile Exchange Crude Oil, Heating Oil, and Gasoline Futures Contracts and Making False Statements*（Apr. 19, 2012）, www.cftc.gov/PressRoom/PressReleases/pr6239-12.

限的资源。毕竟，长期以来，一直都存在国会拨款严重不足的问题。

总之，要做到使一些市场参与者感到担忧和恐惧，并不一定需要使用像VIXAL-4那样具有自我意识的邪恶交易程序。目前，针对期货市场上自动交易系统的行为，特别是高频交易公司的行为，美国官员和投资者已经表达了严重关切。比如，2014年5月14日，《今日美国》上的一篇文章表示，美国参议员担心高频交易者正在获得不公平的优势，并且正在以这种优势危害美国期货市场的稳定性。①近年来，大型食糖交易者行业组织世界食糖委员会就抱怨说，"寄生虫似的"高频交易公司扭曲了期货价格，并以其他方式损害了市场。②2011年，世界食糖委员会主席肖恩·迪夫利（Sean Diffley）在给洲际交易所美国期货交易所的信中写道，高频交易公司频繁以毫秒级的速度达成并退出期货合约，这加剧了市场的波动。③迪夫利写道，可以说，计算机化交易者甚至没有发挥投机商的传统作用，即允许生产者和消费者转移其价格风险，因为他们并没有真正承担价格风险。同样，其他商品交易专家也表示，高频交易公司导致了期货合约价格"突然剧烈波动"，而且还使得期货合约价格"脱离了供需等市场基本面"。过去几年，活牛、牛肉行业的官员也指出，活牛、育肥牛期货市场的价格变化和波动性出现了类似的问题。需要指出的是，其他市场参与者及期货交易所高管则表示，算法交易者有益于期货市场，有关扰乱市场的指责对他们不公平。尽管如此，即便算法交易者不是价格波动和市场扰动的真正根源，但在行业的某些角落，人们对算法交易者仍然怀有强烈恐惧，与哈里斯小说中人工智能算法机器人VIXAL-4（在市场或其他地方）所引起的恐惧同样强烈。

① Laurel White, *Senators Fret Over High-Frequency Commodity Traders*, USATODAY.COM（May 14, 2014）, www.usatoday.com/story/news/nation/2014/05/14/high-frequency-trading-commodity-futures-stabenow/9052605/.

② Javier Blas, *Commodity Market's Algorithmic Challenge*, FIN. TIMES（Aug. 14, 2017）, www.ft.com /content/79722992-75of-11e1-90d1-00144feab49a.

③ Business, *"Parasitic" Sugar Speculators Blamed for Volatility*, BBC.COM（Feb. 9, 2011）, www.bbc.com /news/business-12402698; Javier Blas, *Sugar Body Denounces "Parasitic" Traders*, FIN. TIMES（Feb. 8, 2011）, www.ft.com/content/d1b5e3ae-33c1-11eo-b1ed-00144feabdco.

第十三章
人类与机器人欺诈具有多样性

美国法律法规禁止人们在期货及其他衍生品的买卖活动中对实际和潜在客户进行撒谎、诓骗或其他欺骗活动。比如，法律认为，如果某人招揽客户资金并表示将其投资于进行股票指数期货交易的对冲基金（即商品投资基金），但之后却将其用于购买1348只总价值超300万美元的稀有填充式泰迪熊玩具（此处为举例，但在CFTC于2009年发起的民事执法诉讼中真实发生过这样的欺诈案例），那么此人就构成了欺诈。[①]这种禁令不应令人惊讶，因为几乎所有国家的金融监管体制都禁止欺诈行为。与本书其他章节相比，本章涉及的内容较多，因为金融市场监管背后的核心目标之一，就是防范欺诈，而欺诈又具有多样性。

第一节　典型欺诈：庞氏骗局

金融欺诈的一个典型例子是庞氏骗局。招揽客户资金并表示将其投资于

① CFTC v. Walsh, 712 F.3d 735, 742 (2d Cir. 2013)；请参见：*CFTC Charges New York Residents with Operating $1.3 Billion Investment Scam*, CFTC.GOV (2009), www.cftc.gov/PressRoom/PressReleases/pr5621-09; *Paul Greenwood Sentenced to 10 Years in Federal Prison for Billion-Dollar Investment Scam*, CFTC.GOV (Dec. 4, 2014), www.cftc.gov/PressRoom/PressReleases/pr7074-14; Bill Singer, *The $600 Million Teddy Bear Case*, HUFFINGTON POST (May 25, 2011), www.huffingtonpost.com/bill-singer/the-6oo-million-teddy-bea_b_666935.html; Jacqueline Doherty, *Two Charged in Securities Fraud Case*, WALL ST. J. (Feb. 25, 2009), www.wsj.com/articles/SB123561556643778423?mg=prod/com-wsj.

金融市场，而实际上却将其据为己有的情形，就是庞氏骗局。庞氏骗局通常会将后期客户支付的资金用于支付前期客户的“利润”，以防止客户认识到问题的严重性。这类骗局以马萨诸塞州波士顿人查尔斯·庞氏（Charles Ponzi）的名字命名。20世纪20年代，庞氏向投资者承诺说，投资国际邮政票据可以在短期内获得巨额回报。在他的蛊惑下，成千上万的新英格兰人因此上当受骗。和庞氏一样，许多骗子都对投资者许以高额回报，同时极力淡化损失风险，甚至吹嘘风险为零。在庞氏骗局中，利用后期客户资金支付前期投资者的利润通常能够使骗子证明其投资成功，并诱使更多人上当。尽管证券市场上的庞氏骗局或许会更为出名，如伯纳德·马多夫（Bernard Madoff）实施的骗局，但衍生品市场同样会出现这样的骗局。本章旨在概述欺诈的法律概念，并介绍《商品交易法》和《CFTC规章》下的主要反欺诈规定，而这些法律规定将如何适用于衍生品市场上的算法机器人，这个问题将是本章的重点。

金融骗局可以且经常会被施以刑事处罚。实际上，违反《商品交易法》和《CFTC规章》的行为可由美国司法部刑事司提起检控。但如前所述，和SEC一样，CFTC也只能提起民事执法诉讼。因此，本章将以旨在打击衍生品市场欺诈的民事执法诉讼为重点，尽管在许多情况下，在CFTC针对诈骗嫌疑人提起民事诉讼的同时，联邦检察官也会同时对这些人提起刑事诉讼。

第二节　由机器人完成的书面通信及其他自动通信

在深入探讨构成欺诈的各类欺骗活动之前，我们有必要弄清楚一个界线问题，即算法机器人是否能够实施欺诈。毕竟，欺诈通常涉及欺骗性质的通信，而机器人能否生成不由人类编写的原创通信，无论该原创通信是真实通信还是欺诈性通信，仍是一个问题。如前所述，这个问题的答案是肯定的。目前，机器人已经在制作原创内容，包括体育和商业相关新闻报道等，而软件程序甚至在创作虚构小说。总部位于芝加哥的叙事科学（Narrative Science）

公司则开发了一款名为“羽毛笔（Quill）”的人工智能软件程序，利用该软件可以阅读最新的财务表现数据，并将这类数据改编为关于各类股票、债券和基金业绩的报道文章。同样，如果提供一些关于棒球比赛或公司季度财务报告之类的统计数据，这个程序肯定能够利用这些数据形成一个基本报告。现在，叙事科学公司每天都会向《福布斯杂志》提供市场报告，并为一个电视网络提供体育报道。叙事科学公司的竞争对手之一——自动化洞察力（Automated Insights）公司，则为美联社制作所有基于数据的股市报告。作为题外话，2016年1月24日，计算机科学和人工智能先驱马文·明斯基（Marvin Minsky）去世。当时，《连线》杂志认为，对于他的逝世，最好的悼念就是由人工智能，即自动化洞察力公司的技术成果，为他撰写一篇讣告。[①]据叙事科学公司的联合创始人克里斯·哈蒙兹（Kris Hammonds）预测，随着时间的推移，这项技术将愈发先进。他预测，到2030年，90%的新闻报道都将由计算机撰写。[②]2011年，哈蒙兹告诉《纽约时报》，计算机早晚有一天会写出能够获得普利策奖的新闻报道。[③]“我们打造的系统能够对数据进行考察，找出其中的叙事，将相关数据抽出，以正确方式对其进行分析，并将其转化为人类能够理解的语言”，哈蒙兹表示。[④]

佐治亚理工学院的研究人员开发了一个能够创作小说的软件程序，即“舍赫拉扎德（以阿拉伯民间故事集《一千零一夜》中虚构说书人的名字命名）”。[⑤]卢克·多梅尔（Luke Dormehl）的作品《思维机器》收录了舍赫拉扎德创作的一个银行抢劫案故事。这个故事表明，软件程序已经能够撰写关于银行抢劫题材的虚构犯罪故事，而且质量尚可。关于舍赫拉扎德创作的犯罪小说，多梅尔写道，“毫不夸张地说，这部小说的质量并不比你假期读的普通

---

① LUKE DORMEHL, THINKING MACHINES: THE QUEST FOR ARTIFICIAL INTELLIGENCE AND WHERE IT' S TAKING US NEXT, Kindle loc. 2154（2016）.

② 同上。

③ 同上。

④ 同上。

⑤ 同上，at Kindle loc. 2121–2137。

惊悚小说差。”[①]进行创作时，舍赫拉扎德会对各类题材的相关信息进行研究，并以这类信息为原材料，为小说情节搭建背景。[②]这些相关信息又来自开源的情景描述，对于这类信息，舍赫拉扎德能够进行汇总，并将其转化为原创内容。[③]简而言之，像羽毛笔和舍赫拉扎德这样的软件程序能够阅读大量案例，学习故事的一般结构、词汇和总体规则，然后利用其所学生成原创内容，并利用自然语言将其创作成故事。

甲壳虫乐队1966年的歌曲《平装书作家》讲述了这样一个故事：一个人的儿子就职于《每日邮报》，这是一个稳定的工作，但他仍想成为一名平装书作家。未来，《每日邮报》的许多记者和作家都可能会被计算机和软件程序取代。如果软件程序能够给报纸和杂志撰写文章，而且能够创作虚构犯罪故事，那它们一定也能创作电子邮件及其他电子通信内容，以邀请人们投资于商品基金或其他衍生品。尽管人们可能会希望这些通信内容都是真实的，但软件机器人也可能生成美国法院认为属于欺诈的通信内容（下文将对此进行解释）。

机器人可能实施欺诈的另一个原因可能与下面的事实有关，即人们即使不说也不写，也有可能对他人实施欺诈。这是因为，欺诈具有多样性，并非仅局限于口头或书面通信形式，甚至连行为也可能构成欺诈。具体而言，法院认为，如果操纵人的交易活动给其他市场参与者发出了虚假信号，则其交易活动也属于金融市场操纵，并构成了欺诈（本章后文将对欺诈性操纵的概念进行讨论）。因此，法院可能会认定，算法机器人即便未与实际或潜在客户进行直接通信，也仍有可能由于实施了某些交易活动而构成欺诈。

第三节 “精心设计的”诚实机器人

人们认为，金融行业预计将会有更多的算法机器人和软件式销售机器

① LUKE DORMEHL, THINKING MACHINES: THE QUEST FOR ARTIFICIAL INTELLIGENCE AND WHERE IT' S TAKING US NEXT，at Kindle loc. 2136。

② 同上，at Kindle loc. 2126-2137。

③ 同上。

人，而这可能会给投资者创造一个乌托邦似的世界。毕竟，算法机器人不会因小肚鸡肠的妒忌而冲动，也没有人类交易者和金融顾问的心理缺陷。在这种积极看法下，人们可能会表示，算法机器人及相关软件机器人不可能会撒谎，除非它们的程序明确要求其实施欺骗，而在这种情况下，毫无疑问应当由将狡诈和诡计编入机器人程序的程序员承担欺诈责任。宾夕法尼亚大学法学教授汤姆·贝克（Tom Baker）和鹿特丹伊拉斯姆斯大学经济学教授班尼迪特·C. G. 德拉尔特（Benedict C. G. Delarte）认为，智能投资顾问确实应接受监管，但他们同时也表示，如果“设计得当”，机器人财务顾问将会比人类顾问更加诚实。[①]如前所述，智能投资顾问（即利用算法向客户推荐投资策略并配置客户资金的数字金融服务）每一年都受到更多人欢迎，且许多人都将其视为并不富裕者获得平价投资建议的一种途径。贝克和德拉尔特认为，智能投资顾问可进行适当编程，以满足苛刻的诚信标准，即仅作出真实陈述、披露建议提供方法、仅提供与客户利益一致的建议等。[②]对于智能投资顾问的严格诚信标准，贝克和德拉尔特进行了详细阐述，具体如下：

> 诚信应包括以下情形：准确描述提出任何建议所依据的理由；披露相关信息，纠正人们认为顾问全面考虑了市场中所有计划这一错误印象；在任何报酬或其他安排可能会扭曲投资建议，从而损害消费者利益时，对该报酬或安排予以披露；提供不受上述报酬或安排影响的建议等。[③]

除认为设计得当的智能投资顾问更可能保持诚信外，贝克和德拉尔特还认为，“常识和心理研究”均表明，人类金融顾问不大可能一直遵守上述严格诚信标准，特别是在他们“获得报酬的方式与消费者利益并不完全一致的情

① Tom Baker & Benedict Dellaert, *Regulating Robo Advice Across the Financial Services Industry*, PENN LAW: SCHOLARSHIP REPOSITORY (May 29, 2017), http: //scholarship.law.upenn.edu/cgi/viewcontent.cgi? article=2742&context=faculty_scholarship.

② Baker & Dellaert, *Robo Advice*, PENN LAW SCHOLARSHIP REPOSITORY, at 14.

③ 同上，第12-13页。

况下”。[①]

第四节　无法预测的人工智能机器人

尽管贝克和德拉尔特的观点确实很有道理，但因为若干原因，机器人实施欺诈的可能性仍然存在。首先，对于软件机器人在面对未预见情形或被置于新场景和新环境时将如何行事这个问题，就连创造这些机器人的人工智能专家也不甚了解或无法预测。因此，人们无法否认机器人或许能学会撒谎，或者有可能因为编程的原因，不经意间获得为实现目标而进行虚假陈述或不准确声明的能力。下面讲述的一个真实故事或许能够说明这个问题。据媒体广泛报道，2017年夏，脸书曾试验一种被称为“对话代理（dialog agents）”的聊天机器人。根据设计，这些机器人将进行相互谈判，以获得某些虚拟物品。实际上，脸书的研究人员是希望造出能够与人类进行谈判的机器人，因为他们相信，机器人在社交媒体平台上与人类进行有效互动时可能需要这种技能。在实验中，机器人一开始都拥有固定数量的虚拟物品，每件虚拟物品被赋予了不同的点值。程序给每个机器人的物品都赋予了不同的点值，而某一聊天机器人认为价值很大的物品对另一聊天机器人而言可能毫无价值。这样，不同机器人想得到的都将是不同的物品。如果成功地与其他机器人进行谈判、交换物品并收集到一套点值最高的物品，程序将对机器人进行奖励。令人惊讶的是，在没有人教授也没有人要求的情况下，脸书的机器人竟然学会了假装对其并不想要且对其而言没有任何点值价值的物品感兴趣，以便在稍后的谈判中“假装忍痛割爱，显示自己作出了‘让步’”。[②]

关于脸书人工智能研究小组和佐治亚理工学院联合开展的这项机器人谈判实验，一份研究文件表示：“欺骗是一项复杂的技能，需要对其他主体的信

① Baker & Dellaert, *Robo Advice*, PENN LAW SCHOLARSHIP REPOSITORY, at 14.

② LaFrance, *An Artificial Intelligence Developed Its Own Non-Human Language*, THE ATLANTIC (June 15, 2017).

念作出假设，在儿童成长过程中，这种技能习得相对较晚。但是，我们的代理机器为了实现自己的目的，在没有任何明确设计的情况下就轻松学会了欺骗。"[①] 这个实验的结果表明，即便没有人类提出明确要求，机器人仍可学会对他人进行欺骗。实际上，对于人工智能，人们担心的一个问题是人类"很容易被制造虚假消息的个性化算法操纵"。[②] 因此，如果软件式销售机器人每次成功说服他人将资金投入进行期货合约及其他衍生品交易的对冲基金（即商品投资基金），程序都对其予以奖励，那么同样的结果就可能会再次出现。为实现收益最大化，机器人可能会学着利用欺骗策略赢得投资者。

第五节　有犯罪意识的机器人

脸书聊天机器人实验的结果揭示了机器人在没有明确编程情况下仍可能行骗。在加利福尼亚大学洛杉矶分校法学教授林恩·洛普基（Lynn LoPucki）看来，机器人不仅可能会为实现其编程目的而实施非法行为，而且算法机器人实施非法和危险行为甚至将成为一种常态，而非特例。他将算法机器人称为"算法实体"或"AE"，并认为人工智能机器人的总体趋势是成为罪犯。[③] 具体而言，洛普基表示：

> 遗憾的是，在犯罪上，算法实体与人类相比拥有巨大的优势。由于没有人类的身体，算法实体将难以抓捕，且不可能被惩罚。算法实体不用担心死亡或被捕。他们可以在没有自我意识的情况下进行自我复制，也可以在没有任何动机的情况下进行自我牺牲。如果有必要对人类施暴，那么他

---

① Liat Clark, *Facebook Teaches Bots How to Negotiate. They Learn to Lie Instead*, Wired, June 15, 2017；同时，请参见：Kevin Maney, *How Facebook's Al Bots Learned Their Own Language and How to Lie*, Newsweek（Aug. 5, 2017）, www.newsweek.com/ai-facebook-artificial-intelligence-machine-learning- robots-robotics-646944.

② Margot O' Neill, *Explainer: What Is Artificial Intelligence?*, ABC NEWS（AUSTRALIA）(Aug. 7, 2017）, www.abc.net.au/news/2017-08-07/explainer-what-is-artificial-intelligence/8771632.

③ Lynn LoPucki, *Algorithmic Entities*, 95 WASH. U. L. REV. 891（2018）.

们不会像人类那样有所顾忌。①

洛普基援引另一位评论家的建议表示，算法实体最适合经营网上暗杀经纪业务，因为他们可以实现杀手与客户之间的匹配，然后通过“目前正在开发的各种匿名支付系统”②洗白其服务佣金。洛普基预测说，危险算法实体可能是故意创造出来的，其创造者企图制作恶意算法软件程序以实现邪恶目的，也可能是无意间创造出来的，其创作者赋予算法实体以特定目的，但未考虑到算法实体为实现这些目的可能采取的所有有害手段。③洛普基表示，算法实体可能会“缺乏同情心和同理心”，而这将导致其“为实现（其）目标而完全冷酷无情”。④针对机器人的非法行为或危险行为，并非只有洛普基表示了担忧。实际上，其他人也表示担心恐怖分子有可能侵入自动驾驶汽车、无人机或机器人并将其改造成武器，甚至直接制造机器人和无人机，或者对机器人和无人机进行编程，以实施恐怖袭击。总之，洛普基认为部分乃至全部算法机器人都是邪恶的犯罪分子，如果他的想法正确，那么，算法机器人就完全有可能在衍生品及其他金融产品市场上实施庞氏骗局或其他欺诈行为。实际上，如果算法机器人真如洛普基预测的那样具有犯罪思维的话，那么，这种邪恶机器人不仅将通过虚假陈述、误导性声明和欺骗等手段实施金融欺诈，而且将实施构成市场滥用的交易活动，包括市场操纵（如第十二章所述）和

① Lynn LoPucki, *Algorithmic Entities*, 95 WASH. U. L. REV. at 891–892.

② 同上，第892页。除匿名支付系统外，有人还在使用加密消息应用程序实施内幕交易和欺诈等金融犯罪行为。Patrick Jenkins, *Financial Criminals Can Hide Behind WhatsApp*, FIN. TIMES（Aug. 21, 2017），www.ft.com/content/19364166-866c-11e7-8bb1-5ba57d47eff7; Kara Scannell, *Insider Trading Schemes Using Encrypted Apps Alarm FBI*, FIN. TIMES（Aug. 20, 2017），www.ft.com/content/7fad3fca-8438-11e7-94e2-c5b9o3247afd.

③ LoPucki, *Algorithmic Entities*, 95 WASH. U. L. REV. at 900–01.

④ 同上，第904页。但是，至少有一位学者认为机器人可以且应该对其不当行为承担刑事责任。请参见：Ying Hu, *Robot Criminals*, WE ROBOT CONFERENCE 2017 PAPERS（Mar. 17, 2017 draft），www.werobot2017.com/wp-content/uploads/2017/03/Hu-Robot-Criminals.pdf; Janus Kopfstein, *Should Robots Be Punished For Committing Crimes?*, VOCATIV.COM（Aug. 3, 2017），www.vocativ.com/ 417732/robots-punished-committing-crimes/. 在更高的哲学层面上，一些评论家表示，机器人并不适合接受刑事惩罚，因为它们既无法将自己视为具有道德责任的主体，也无法理解报应性惩罚的概念。Sabine Gless et al., *If Robots Cause Harm, Who Is to Blame? Self-Driving Cars and Criminal Liability*, 19 NEW CRIM. L. Rev. 412, 412（2016）.

破坏性交易行为（将在第十四章阐述）。[①]

如上所述，对算法机器人表示担忧的不只有洛普基。斯坦福大学的杰瑞·卡普兰也警告称，如果没有适当编程，机器将成为天然的精神病患者。[②]卡普兰担心出现仅从其所有者的狭隘个人利益出发实施行为，而不考虑对他人有何后果的无形电子主体。[③]遗憾的是，这个问题可能比人们预想的更难以解决。“计算伦理学”领域的专家已经认识到，人们不能简单地通过编程命令机器人遵守法律并止步于此。这是因为，制作能够理解所有法律模糊性和复杂性的程序非常困难。比如说，程序可能无法理解，在某些情形下严格遵循法律文字可能会导致不公，甚至会伤害他人。最终，卡普兰认为，制作合理社会化且尊重对错观的计算机程序可能是一大技术挑战。这个问题不解决，高速算法机器人就真有可能在金融市场上实施欺诈活动及其他不当行为。

作为一个民事（而非刑事）执法机构，CFTC要惩罚违反相关法律法规的行为，可以采用的手段只有民事罚款和旨在禁止未来不当行为的禁制令。从理论上讲，这些工具都可用于惩罚实施庞氏骗局或以其他方式对衍生品市场投资者实施诈骗的机器人。比如，民事罚款可对控制比特币或其他货币等资金的机器人产生影响。同样，可以通过发布司法命令实施禁制令，要求违法者重写算法机器人的程序代码，从而禁止算法机器人未来进一步实施违反法律法规的行为。尽管如此，但如洛普基所言，算法机器人可能会难以抓捕，而他们的复制能力则会使这个问题进一步复杂化，因为当局要确保非法算法机器人的所有拷贝均已归案。此外，这些解决方案都不能十拿九稳地防止自修改软件算法未来进一步发生嬗变并实施其他违法行为。

---

① 在美国的判例法下，市场操纵和破坏性交易行为也被视为一种欺诈，但他们与普通人认为具有欺诈性质的行为（即通过失实陈述或误导性声明使人们丧失金钱或财产的行为）存在概念上的差异。

② JERRY KAPIAN, ARTIFICIAL INTELLIGENCE: WHAT EVERYONE NEEDS TO KNOW 25（2016）.

③ 同上，第9页（2015）。

第六节 欺诈概念是开放式的

但是，算法机器人在金融市场上实施欺诈有时与其程序或自修改代码并无关系，而与欺诈的法律概念密切相关。毕竟，欺诈的概念非常广泛，比人们故意进行虚假陈述以欺骗他人的情形要宽泛得多。简而言之，欺诈具有多样性，许多方式均可构成欺诈。过去的判例表明，在某些情形下，人们甚至在一个字不说也不写的情况下即可构成欺诈。如本章开头所述，如果向其他市场参与者发出了错误信号，甚至连扭曲衍生品及其他金融产品价格的交易活动也可视为欺诈。此外，一些法律规定禁止过失性（即因不合理疏忽造成的）不实陈述。这意味着，虚假陈述哪怕不是故意作出也可构成欺诈。而且，在某些情况下，一项陈述可因其未声明某些内容而构成欺诈。这类陈述被称为欺诈性不作为。同样，一项陈述在作出时可能正确，但由于情形变化之后又变成不实陈述，这时如果不进行信息更新，也可能构成欺诈。[①]在这种情形下，法院可能会认定，声明人在某些情形下负有对其之前所作陈述“进行更新的义务”，而未更新则构成证券欺诈。[②]

如上述例子所示，法律将欺诈概念当成了一个包罗万象的容器，以便将人们对他人实施的不公正但尚未构成实际盗窃或其他类型法律过错的行为统统概括进去。杜克大学法学院教授萨缪尔·W. 布埃尔（Samuel W. Buell）表示，“法律的欺诈禁令内涵极其宽泛，通常与‘不要骗人’这道命令等同。”[③]这一现象并不新鲜：实际上，法律制度赋予欺诈概念以广泛性甚至不确定性的做法可追溯至数百年前。而且，法院表示，欺诈概念还可进行变更，以适用于各种新出现的奇特骗人方式。这意味着，法院可将之前从未被认定为欺

① Bruce Mendelsohn & Jesse Brush, *The Duties to Correct and Update*: *A Web of Conflicting Case Law and Principles*, 43 No. 1 SEC. REG. L.J. ART 5（2015）.

② 同上。

③ Buell, *The Upside of Overbreadth*, 83 N.Y.U. L. REV. at 1548–49.

诈的陈述或行为认定为欺诈。欺诈的范围不仅相当宽泛，而且在法院认定为补救不公而有必要的情况下，这个范围还可以进一步扩大。因此，用比喻的话说，欺诈的开放式法律概念就相当于挖开一个大坑，只要算法机器人实施的行为或做出的陈述被美国判例法认定为属于欺诈，就会落入其中。

第七节　《商品交易法》和《CFTC规章》下的反欺诈条款

《商品交易法》和《CFTC规章》规定了若干反欺诈条款。比如，《商品交易法》第40节禁止商品基金管理人、商品交易顾问及其业务相关人员实施过失性欺诈行为。同样，《商品交易法》第4b节规定，任何人在衍生品交易过程中对他人实施“欺骗、欺诈或者试图实施欺骗、欺诈”均属非法。此外，《商品交易法》第4c节第（b）条禁止人们达成违反CFTC任何规则、规章或命令的商品期权交易，而《CFTC规章》第32.4节和第33.10节则禁止实施商品期权交易相关欺诈。如前所述，在判例法下，欺诈的定义并不仅限于明显撒谎，而且还包括重大欺诈性不作为（如在招揽实际客户或潜在客户投资于期货交易时，未提及投资失败记录）和夸大投资者获利可能性但淡化损失风险的不对称告知行为。[①]比如，美国第十一巡回上诉法院2002年的一项判决表明，法院在认定特定陈述是否构成欺诈时，认定方法十分灵活。具体而言，第十一巡回上诉法院表示：

> 从总体信息及客观、理性的电视观众对该信息的理解方式来看，这则商业广告过分强调了获利前景，同时又淡化了损失风险，因此以失衡方式对二者进行了呈现……这种极具诱惑的陈述，只是一种模板式的风险披露。因此，我们同意CFTC的立场，即这些陈述直接违反了以往商品欺诈案件确立的法律原则。[②]

① 比如，可参见：CFTC v. R. J. Fitzgerald & Co.，310 F.3d 1321，1329（nth Cir. 2002）.
② 同上。

同样，一家联邦地区法院判决称，“如果销售人员仅强调客户……获得的利润，而不提及任何损失，则其同样构成了失实陈述。”[①]简而言之，为避免实施欺诈，人们有时在提及积极事实时不仅要讲出真相，而且要披露并准确描述消极事实。

在这种背景下，软件式销售机器人完全有可能实施欺诈，或者实施如由人类实施则构成欺诈的行为。由于许多事物都可构成欺诈，因此人类和销售机器人都可能发送被法院认定为欺诈的电子信息。比如，如果销售机器人向客户发送电子邮件和聊天信息，以便为商品投资基金或商品交易顾问招揽资金，但其招揽文件删掉了重大信息，在这种情况下，法院可能会认定其存在重大欺诈性不作为。又如，机器人可能会忘记更新之前电子邮件或文本信息中的陈述，但因形势变化，这些陈述已不再准确，在这种情况下，机器人将违反其更新义务。再如，撰写招揽文书时，机器人可能会夸大获利潜力，并最大限度地淡化损失可能性，从而构成欺诈性不对称告知。显而易见，正如脸书机器人谈判实验证实的那样，即便程序员未要求对客户进行欺骗，软件机器人仍可能学会撒谎并试图利用欺骗手段实现目标，以便为商品投资基金或商品交易顾问招揽尽可能多的资金。

第八节　欺诈的法律机制

粗略讨论完欺诈的法律概念后，下一步就是深入探讨《商品交易法》和《CFTC规章》下欺诈主张的具体要件和法律要求。总体而言，要使欺诈责任成立，CFTC必须证明三个要件，即：（1）作出失实陈述、误导性声明或欺骗性不作为；（2）具有主观恶意（如放任或故意行为中存在的主观恶意）；（3）重大性。如果是私人原告，还应证明其诉讼依据是失实陈述、误导性声

① CFTC v. Commonwealth Fin. Grp., Inc., 874 F. Supp. 1345, 1353 n.10 (S.D. Fla. 1994); CFTC v. Risk Capital Trading Grp., Inc., 452 F. Supp. 2d 1229, 1245–46 (N.D. Ga. 2006).（认定对绝大多数投资者均损失了投资款的投资记录未予披露，构成了严重事实性不作为。）

明或欺骗性不作为。

证明主观恶意或犯罪心态的要求可能会成为证明机器人实施欺诈的一大障碍，特别是在机器人没有被程序或其他人要求的情况下自行学会了撒谎时。这种情况可能会导致，如果是人类实施了相关通信行为（如发送特定揽客电子邮件但漏掉了重大信息的行为），则相关陈述将构成欺诈，而如果是软件式销售机器人独立起草并发送揽客邮件，则不会构成欺诈，因为在这种情况下，没有任何人在必要主观状态下实施了该行为。因此，在这种情况下，只有以过失或放任为标准才可能会有一定的效果。比如，以人类未对其销售机器人的揽客及其他活动实施监测为由追究过失责任，或许能够遏制这种现象。

第九节　欺诈性操纵：交易活动中的欺诈

在许多情况下，要使欺诈主张成立，人们必须证明导致陈述具有误导性的失实陈述或不作为确实存在。但是，证券法下的司法判决将某些交易行为（即旨在扭曲市场价格并操纵金融市场的交易活动）也解读为一种欺诈，因为这些司法判决将市场操纵描述为一种旨在通过控制或人为影响证券价格的方式，对其他投资者实施欺骗的故意行为。也就是说，市场操纵就是诱使投资者相信其证券买卖价格是由供需双方之间的自然互动决定的（但实际上是由操纵者操纵形成的）。2011年，基于《多德—弗兰克法》授予的权力，CFTC颁布了一条旨在禁止放任欺诈性操纵行为的规则。和证券法下的司法判决一样，这项规则也将操纵视为一种欺诈。

《多德—弗兰克法》第753节对《商品交易法》第6节第（c）条第（1）款进行了修订，以强化CFTC对市场操纵和欺诈行为实施监管的能力。这项修订在《商品交易法》中插入了一项与《证券交易法》第10节第（b）条所述禁令类似的条款，从而赋予了CFTC禁止所有欺骗和操纵行为的兜底性权力。基于《证券交易法》第10节第（b）条的规定，SEC颁布了规则10b-5，从而获得了一项打击欺诈和操纵的多用途工具。2011年7月7日，CFTC全票通过了《CFTC规章》最终规则第180.1节，以此方式实施了《商品交易法》第6节第（c）条第（1）款规定的法律禁令，即就任何互换、商业活动中订立的销售合约或按任何注册实体规则进行未来交割的任何商品销售合约而言，禁止使用或采用“任何操纵性或欺诈性手段或伎俩”。[①]《CFTC规章》最终规则第180.1节以SEC规则10b-5为模板。在其发布的最终规则中，CFTC表示：

> 《CFTC规章》最终规则第180.1节禁止实施满足下列条件的欺诈和欺诈性操纵行为及试图实施欺诈或欺诈性操纵的行为：（1）由任何人实施；（2）以故意或放任方式实施；（3）涉及任何互换、商业活动中的任何商品销售合约或按任何注册实体的规则进行未来交割的任何合约。

《CFTC规章》最终规则第180.1节禁止以低于放任层次的主观恶意标准提出欺诈性操纵主张，这与要求证明特定故意的《商品交易法》第6节第（c）条和第（d）条及第9节第（a）条第（2）款规定不同。

第十节　国会授权CFTC打击放任操纵

《多德—弗兰克法》第753节的支持者美国参议员玛利亚·坎特维尔（Maria Cantwell）表示，第753节的目的就是要使CFTC能够更有力地追击互换和商品市场中的操纵行为和试图操纵的行为。[②]坎特维尔参议员对当时联邦法律下价格操纵主张须满足的特定故意要求持批评态度，表示：

---

① Prohibition on the Employment, or Attempted Employment, of Manipulative and Deceptive Devices and Prohibition on Price Manipulation, 76 Fed. Reg. at 41, 399. 关于《CFTC规章》最终规则第180.1节的深入分析，大体可参见：Rosa M. Abrantes-Metz et al., *Revolution in Manipulation Law: The New CFTC Rules and the Urgent Need for Economic and Empirical Analyses*, 15 U. PA. J. BUS. L. 357（2013）.

② 156 Cong. Rec. S3348（每日版，2010年5月6日）（坎特维尔参议员的声明）。坎特维尔参议员进一步表示，“当前法律给消费者提供的保护还不够，我们希望CFTC拥有对这类行为进行追击的强大工具。”

在当前法律下，CFTC非常难以证明市场操纵。要证明市场操纵，CFTC必须证明当事人有操纵市场的特定故意，而这是一个非常难以达到的标准。大多数人都不会写邮件说，他们正试图操纵价格，但这正是当前法律要求CFTC证明的东西，即操纵的“特定故意”。因此，联邦法院认识到，在CFTC软弱的反操纵标准下，市场操纵案件基本上都进展不顺。[①]

尽管CFTC的规则发布文件表示，“为反映证券市场与衍生品市场之间的差异，CFTC将接受适用SEC规则10b-5所述可比规定的大量司法判例的指导，但不受这些判例支配。”[②]美国国会的立法史表明，坎特维尔参议员试图用证券法判例指导《商品交易法》第6节第（c）条第（1）款和《CFTC规章》最终规则第180.1节的释义。在解释第753节的目的时，坎特维尔参议员明确提及了SEC规则10b-5下的判例法，并表示：“本修正案的语言以SEC用于打击欺诈和操纵行为的法律为模板，不一定要有操纵手段或伎俩才能适用。这是一项强烈且明确的法律标准，借助这项标准，监管机构将成功打击放任且具有

① 156 Cong. Rec. S3348（每日版，2010年5月6日）（坎特维尔参议员的声明）。坎特维尔参议员进一步表示，“当前法律给消费者提供的保护还不够，我们希望CFTC拥有对这类行为进行追击的强大工具。”请参见：*In re* Soybean Futures Litig., 892 F. Supp. 1025, 1043（N.D. Ill. 1995）.（“法院认识到，对CFTC和法院双方而言，操纵案件基本上都进展不顺。”）

② Prohibition on the Employment, or Attempted Employment, of Manipulative and Deceptive Devices and Prohibition on Price Manipulation, 76 Fed. Reg. at 41399.“这种广泛的司法审查对CFTC是一项重大利好，同时为公众提供了更高的确定性，因为《证券交易法》第10b（节）和SEC规则10b-5的条款在民事和刑事领域都经受住了声称其违宪的挑战。”同上。坎特维尔参议员表示，在解释《商品交易法》第6节第（c）条第（1）款时，法院应参考《证券交易法》第10（b）节和SEC规则10b-5相关的判例法：

在1934年《证券交易法》颁布后的75年间，围绕着“操纵、欺骗手段或伎俩”这一术语，人们已经发展出大量的判例法。最高法院曾将这些判例法比作“从小小的立法橡果中长出的参天司法橡树”。应当指出的是，各地法院认为，SEC的权限并不是要逮住那些利用自然市场力量或供需形式的卖方，而是要逮住那些试图利用与自然供需力量无关的人为手段影响市场或价格的人。

156 Cong. Rec. S3348（每日版，2010年5月6日）（坎特维尔参议员的声明）。坎特维尔参议员关于“司法橡树”的声明系引自由前首席大法官伦奎斯特（Rehnquist）执笔的美国最高法院判决。请参见：Blue Chip Stamps v. Manor Drug Stores, 421 U.S. 723, 737（1975）.（“应对规则10b-5下的私人诉讼时，我们实际上是在应对从小小的立法橡果中长出的参天司法橡树。”）

操纵性质的行为。"[①]布兰奇·林肯（Blanche Lincoln）参议员表示，《多德—弗兰克法》第753节确有其必要性，因为市场操纵是衍生品交易领域始终存在的一项风险，且市场诚信必须得到维护。[②]坎特维尔参议员也表示，《多德—弗兰克法》第753节的规定提供了一项"强大的反操纵标准"，能够真正地将监督力量部署到一线，以阻止这些商品市场上发生操纵行为。[③]

在一致通过《CFTC规章》最终规则第180.1节的同时，CFTC的众多委员及其时任执法部主任大卫·麦斯特还对坎特维尔参议员的声明进行了附议，表示《商品交易法》第6节第（c）条第（1）款将改善CFTC对衍生品市场的监管。比如，麦斯特对CFTC的委员们表示：

> 《商品交易法》在第6节第（c）条第（1）款和《CFTC规章》最终规则第180.1节下，CFTC还将有权对放任实施互换、商品和期货交易相关欺诈和欺骗行为的被告提起执法诉讼并予以制裁。在这方面，我们将具备的优势是，可以对大量稳妥判例进行考察并适用证券领域同类法律和规则。[④]

同样，时任CFTC主席加里·詹斯勒（Gary Gensler）在投票批准包含《CFTC规章》最终规则第180.1节的规则发布文件前表示，《CFTC规章》最

① 156 Cong. Rec. S3348（每日版，2010年5月6日）（坎特维尔参议员的声明）。坎特维尔参议员进一步表示，"本法之所以对《证券交易法》进行追踪，部分原因是联邦判例法已经明确，国会在利用另一法律中完全相同的语言进行表述时，实际上是希望法院和该委员会以类似方式对新设权限进行解读，且国会已明确，其意图清晰无疑。"同上。关于规则10b-5的联邦判例被人们称为"世界上最强大的反欺诈法律"。请参见：Buell, *What Is Securities Fraud?*, 61 DUKE L.J. at 581.（"作为一个概念，欺诈到底是什么？世界上最强大的反欺诈法律遵循的是哪一种欺诈概念？这些才是真正需要回答的问题。"）

② 156 Cong. Rec. S3349（每日版，2010年5月6日）（林肯参议员的声明）。此外，林肯参议员表示："我完全支持坎特维尔参议员的修正案。它为《商品交易法》下的欺骗和操纵行为增添了一项多用途的新标准，从而迈出了重要的一步……目前，这些市场上的操纵交易骗局正不断演变，严重破坏了公众对这些市场正常运作能力的信心，而坎特维尔参议员的修正案为CFTC打击这些操纵行为的武器库增加了一项重要的新武器。"

③ CFTC，Open Meeting on Five Final Rule Proposals Under the Dodd-Frank Act 1，37（July 7，2011）（以下简称为"Transcript of Open Meeting"）（麦斯特主任的声明），www.cftc.gov/uom/groups/public/@swaps/documents/dfsubmission/dfsubmissionmult_070711-trans.pdf.

④ CFTC，Open Meeting on Five Final Rule Proposals Under the Dodd-Frank Act 1，37（July 7，2011）（以下简称为"Transcript of Open Meeting"）（麦斯特主任的声明），www.cftc.gov/uom/groups/public/@swaps/documents/dfsubmission/dfsubmissionmult_070711-trans.pdf.

终规则第180.1节将拓展我们能够追究的案件类型，并提高我们战胜违法者的概率，因为与《商品交易法》的传统反操纵禁令不同，《CFTC规章》最终规则第180.1节可适用于以放任方式实施欺诈性操纵骗局的行为。

过去，CFTC实际上也具备对操纵行为实施检控的能力，但要胜诉，CFTC必须证明被告具有创设人为价格的特定故意。在新法下，在我们今天即将付诸表决的一项新规下，CFTC的反操纵权限将进一步扩大，将能够禁止以放任方式实施的欺诈性操纵骗局。这将弥补一项重大漏洞，因为它将拓展我们能够追究的案件类型，并提高我们战胜违法者的概率。

同样，已故CFTC委员巴特·奇尔顿也提到了《CFTC规章》最终规则第180.1节，称其是“我们执法武器库中一项严肃而重大的新武器”。[①]为进一步强调CFTC欺诈性操纵新禁令的重要性，麦斯特还强调：“我认为，《商品交易法》第6节第（c）条第（1）款是《多德—弗兰克法》最重要的规定之一。这款规定强化了CFTC促进市场诚信并保护市场参与者不受各类欺诈和操纵之害的能力。”[②]

《证券交易法》第10节第（b）条和SEC规则10b-5所涵盖不当行为的广泛性，以及法院解释这些规定时体现出来的灵活变通，是证券法相关判例成为《商品交易法》第6节第（c）条第（1）款和SEC规则10b-5有益模板的主要原因。如前所述，法院强调，SEC规则10b-5是一项灵活补救措施，可用于禁止新出现的创新型操纵和欺骗手段。毕竟，不能仅因为新颖，就允许操纵性骗局得逞。[③]这种灵活做法是恰当的，因为《证券交易法》第10节第（b）

① CFTC，Open Meeting on Five Final Rule Proposals Under the Dodd-Frank Act 1，37（July 7，2011），第51页（奇尔顿委员的声明）。

② 同上，第34页（麦斯特主任的声明）。

③ Crane Co. v. Westinghouse Air Brake Co.，419 F.2d 787，793（2d Cir. 1969）. 请参见：Donald C. Langevoort，*Rule 10b-5 as an Adaptive Organism*，61 FORDHAM L. REV. S7，S8（1993）（表示SEC规则10b-5历来不仅可覆盖各类新型欺诈，而且还“乐于接纳实现了某种程度精英社会共识的新投资理念和形象”）；同时，请参见：同上，S7［“认为规则10b-5具有灵活性并不是一项新见解。这项规则历来被誉为足够开放，不会提供欺诈路径，从而防止‘欺诈分子的花样创新。’”（内部引号略）］。

条的目的就是：（1）确保美国境内商业渠道、邮政系统和全国性证券交易所远离欺诈骗局、诡计、手段及所有形式的操纵；（2）取缔采用操纵性或欺诈性手段或伎俩的行为，无论该行为多么新颖或非典型。[①]

和《商品交易法》第6节第（c）条第（1）款一样，《CFTC规章》最终规则第180.1节的适用范围特别广泛，因为该规定不仅明确适用于CFTC执法管辖权的传统范围，即涉及期货和互换的欺诈和操纵，而且明确适用于“美国商业活动中任何商品销售合约”相关活动中的欺诈和操纵。[②]如前所述，《商品交易法》以一种极其宽泛的方式对“商品”进行定义，将除洋葱和电影票房收入之外的其他任何东西都纳入了商品范围。[③]

第十一节　欺诈性市场操纵

CFTC的规则发布文件表示，《商品交易法》第6节第（c）条第（1）款和《CFTC规章》最终规则第180.1节与其模仿的《证券交易法》第10节第（b）条和SEC规则10b-5一样，侧重的是涉及操纵或欺骗的行为。[④]但是，对SEC规则10b-5进行释义的绝大多数判例法强调的却是这项规则在打击欺诈和欺骗方面扮演的角色，而对于操纵行为，则仅在该行为同时构成欺诈的

① Smallwood v. Pearl Brewing Co., 489 F.2d 579，590（5th Cir. 1974）（出处略）（引述Hooper v. Maintain States Secs. Corp., 282 F.2d 195，202（5th Cir. i960）；Herpich v. Wallace，430 F.2d 792，806（5th Cir. 1970））；同时，请参见：Advanced Multilevel Concepts，Inc. v. Bukstel，919 F. Supp. 2d 564，576（E. D. Pa. 2013）（表示法院“找到的判例法表明，证券欺诈诉因的两个要件不应作狭义解读，否则会将符合第10节第（b）条所述目的的新型证券欺诈行为排除在外”）；Superintendent of Ins. v. Bankers Life & Cas.Co.，404 U.S. 6，10 n.7，12（1971）（表示第10节第（b）条和规则10b-5的规定“必须进行灵活解读，而非技术性和限制性解读”，以避免涉及“新方法或非典型方法”的“独特欺骗形式”逃避其监管）。

② 17 C.F.R. § 180.1（a）（2014）. 请参见：Commodity Exchange Act §6（c）（1），7 U.S.C. § 9（2012）（利用了相同表述）。

③ 请参见：U.S.C. § 1a（9）（2012）；同时，请参见：Timothy E. Lynch，*Derivatives：A Twenty-First Century Understanding*，43 LOY. U. CHI. L.J. 1，13 n. 48（2011）（“《商品交易法》的‘商品’定义似乎的确包括了除洋葱和电影票房收入之外的任何东西”）。

④ Prohibition on the Employment，or Attempted Employment，of Manipulative and Deceptive Devices and Prohibition on Price Manipulation，76 Fed. Reg. 41，398，41，400（July 14，2011）.

情况下才会进行打击。比如，CFTC的规则发布文件援引司法判决强调了一个事实，即SEC规则10b-5仅限于涉及欺诈的行为。“《证券交易法》第10节第（b）条被贴切地描述成了一项兜底性条款，而其兜住的一定是欺诈行为”就是一句经常被引用的话。[①]在CFTC投票通过《CFTC规章》最终规则第180.1节的公开会议上，麦斯特对此表示认同。他说：”《CFTC规章》最终规则第180.1节确实仅限于欺诈行为，在《商品交易法》第6节第（c）条第（1）款下，我们希望将这项规定适用于所有形式的欺诈，必须是欺诈，而且要证明放任的存在，但关键是不能以限制性的方式适用该规定，而应以灵活方式适用。这正是我们建议人们要做的事情。”[②]

第十二节 作为专门术语的“操纵”

如上所述，法院认为，涉及证券操纵的计划属于欺骗。在他们看来，“操纵”一词用于证券市场时几乎等同于专门术语。[③]该词指代的是通过控制或人为影响证券价格的方式对投资者进行欺骗或欺诈的故意或有意行为。[④]美国最高法院表示，该术语通常指洗售、对敲和价格操纵等旨在通过人为影响市场

---

① Prohibition on the Employment, or Attempted Employment, of Manipulative and Deceptive Devices and Prohibition on Price Manipulation, 76 Fed. Reg. at 41, 400 n. 13［引述Chiarella v. United States, 445 U.S. 222, 234-35（1980）］. CFTC还援引Santa Fe Industries v. Green, 430 U.S. 462, 473-76（1977）和Dirks v. S.E.C., 463 U.S. 646, 666 n. 27（1983）说明了以下观点，即“要构成违反规则10b-5的行为，必须要有欺诈”。Prohibition on the Employment, or Attempted Employment, of Manipulative and Deceptive Devices and Prohibition on Price Manipulation, 76 Fed. Reg. at 41,400 n. 13（内部引号略）.

② Transcript of Open Meeting，第57页（麦斯特主任的声明）。麦斯特还表示，目的是“打击欺诈行为”和“欺诈性操纵”。同上，第53页（麦斯特主任的声明）。

③ Ernst & Ernst v. Hochfelder, 425 U.S. 185, 199（1976）.

④ 同上。在CFTC通过《CFTC规章》最终规则第180.1节时，麦斯特主任对CFTC委员们发表类似评论称：“操纵性和欺骗性手段或伎俩这些词语都是专门术语，最高法院多年来一直在对这些术语进行考虑和解释。他们通常都包括欺诈。关于第10节第（b）条，相关判例法表示，第10节第（b）条是一项宽泛的兜底性规定，但其兜住的一定是欺诈。”

Transcript of Open Meeting，第51-52页（麦斯特主任的声明）。关于《商品交易法》第6节第（c）条第（1）款和《CFTC规章》最终规则第180.1节，麦斯特还表示，“这项规则的设计和……这项法律规定的设计均旨在广泛地囊括欺诈行为。”同上，第52页。

活动的方式对投资者进行误导的行为。[①]也就是说，操纵控诉的要旨就是对投资者进行欺骗，使其相信证券买卖价格是由供需双方之间的自然互动而非操纵者的操纵决定的。[②]因此，反欺诈条款的基本目标，就是“防范市场操纵，并允许供需自然法则发挥作用”。[③]在认定超出“供需自然法则”的活动时，法院通常会提出一个问题，即某项交易是否向市场发出了虚假价格信号。[④]在证券操纵判例法下，交易行为可构成违反SEC规则10b–5和《证券交易法》第10节第（b）条的隐含失实陈述，因为“行为本身可具有欺骗性”且《证券交易法》第10节第（b）条和SEC规则10b–5下的责任不要求有“特定口头或书面陈述”。[⑤]

根据本人所述的“欺诈性操纵法律理论”[⑥]，市场参与者有权信赖证券市场没有操纵这一假设，而如果违法者在市场参与者不知情的情况下，操纵了市场并扭曲了证券的市场价格，那么市场参与者就被欺骗了。隐含在欺诈性操纵理论背后的观点是，不良主体如果事先披露其操纵伎俩，其行为即不构成欺诈。但是，与内幕交易不同，诸如洗售和操纵收盘价之类的操纵骗局并未

① Santa Fe. Indus., Inc. v. Green, 430 U.S. 462, 476 (1977). 顺便提一下，2014年10月，一位联邦检察官以幌骗为由对一家高频交易商提起了诉讼。在诉讼中，这名检察官采用了类似推理，表示该交易商实施了“欺诈交易策略”，以形成市场合约数量相关假象，从而以欺骗方式诱使其他市场参与者对其欺骗性市场信息作出反应。Indictment, United States v. Coscia, 14–CR–551 (N.D. Ill. Oct. 1, 2014), at ¶¶ 3, 6 & 7 (以下简称为“Coscia Indictment”).

② Gurary v. Winehouse, 190 F.3d 37, 45 (2d Cir. 1999). 请参见：Schultz Inv.Advisors, Inc. & Scott Schultz, Exchange Act Release Nos. 33–8650, 34–53029; IA–2470, 87 SEC Docket (CCH) 4, 9 (Dec. 28, 2005) (描述了一项以操纵收盘价为由对被告处以10万美元罚款并没收其非法所得的同意令); 3 ALAN R. BROMBERG ET AL., Bromberg & Lowenfels on Securities Fraud at ch. 6 Summary (2d ed. 2003) (“洗售、对敲、虚构交易、操纵收盘价及其他以人为方式影响价格的方式均属操纵行为，违反了规则10b–5……及其他欺诈条款”)。

③ S.E.C. v. First Jersey Secs., Inc., 101 F.3d 1450, 1466 (2d Cir. 1996) [援引United States v. Stein, 456 F.2d 844, 850 (2d Cir. 1972)].

④ ATSI Commc’ns, Inc. v. Shaar Fund, Ltd., 493 F.3d 87, 100 (2d Cir. 2007) (出处略). 市场操纵要求有虚假反映市场参与者证券估价方式的“市场活动”。同上，第101页 (“市场操纵主张就是欺诈主张……”)。

⑤ VanCook v. S.E.C., 653 F.3d 130, 141 (2d Cir. 2011) [援引Stoneridge Inv. Partners, LLC v. Scientific–Atlanta, Inc., 552 U.S. 148, 158 (2008)].

⑥ 请参见：Scopino, *The Questionable Legality*, 47 CONN. L. REV. at 672.

被视为“要么披露、要么放弃”规则下的违规行为。[①]将操纵定性为欺诈，这类似于市场欺诈理论，但不同之处在于，在市场上对所有市场参与者实施的“欺诈”，指的是其他市场参与者仰赖于市场上不存在操纵行为这一集体信念，因而操纵行为不被知晓，这对其他市场参与者构成了欺骗。

欺诈性操纵做法与正常的欺诈概念大不相同。正常欺诈通常涉及庞氏骗局之类的事实，即：招揽客户资金，表示将其投资于股票市场，而实际上却用于生活挥霍，并支付其他客户的“利润”。在欺诈性操纵法律理论下，欺骗行为主体通常是针对整个市场（而非特定个体），通过市场行为实施操纵或试图操纵衍生品价格等不当行为，例如，在交易日即将收盘时实施大量交易（即操纵收盘价格）而不披露其不当计划。在这种情况下，欺诈源于不作为或未向他人披露操纵或试图操纵信息这一事实。简而言之，在实施操纵性交易行为且未让其他人知悉操纵行为的情况下，欺诈即因未向其他市场参与者通报操纵行为而产生，因为其他市场参与者信赖市场并相信市场上没有这种不当行为。

SEC规则10b-5的判例法将操纵归为欺诈，因为操纵骗局控制或人为影响了证券价格，且未告知其他市场参与者，而市场参与者均有权信赖一个假设，即这些证券市场运作正常且未被操纵。从这一角度看，证券操纵骗局属于欺诈性不作为，因为不法分子未向其他市场参与者披露其操纵活动。但令人觉得古怪的是，这意味着如果操纵者事先向其他市场参与者公开其将使用“操纵手段”的事实，则在SEC规则10b-5“操纵手段”相关判例法下，其操纵将不构成欺诈性操纵法律理论意义上的非法行为。[②]

但实际上，在欺诈性操纵法律理论下，人们可轻易将几乎任何类型的市场操纵或任何破坏市场的交易行为理解为欺诈，除非肇事者事先将其操纵或

---

① 请参见：Chiarella v. United States，445 U.S. 222，227（1979）[援引In re Cady，Roberts & Co.，40 S.E.C.907，911（1961）]（解释了要么披露、要么放弃这一义务的起源）。

② 请参见：*Wilson*，671 F.3d at 130（“正如地区法院在本案中所述，‘如果交易条款充分披露，市场就不会被误导了’”）[援引Merrill Lynch Auction Rate Sec. Litig，704 F. Supp. 2d 378，390（S.D.N.Y.2010）]。

破坏市场的计划告诉了其他市场参与者。因此，如果法院在分析《商品交易法》第6节第（c）条第（1）款和《CFTC规章》最终规则第180.1节的规定时采信了SEC规则10b-5下欺诈性操纵判例法的推理，那么，CFTC应该可以将涉及市场操纵、操纵收盘价、洗售、幌骗或类似交易行为的任何骗局均定性为违反《CFTC规章》最终规则第180.1节的行为，只要该骗局未向其他市场参与者披露即可。在处理涉及上述交易行为的案件时，这样的做法应该不会导致重大差异，因为之前在打击不当市场活动时，CFTC就采用了一种灵活且富有创造性的方式适用其可用的法律法规条款。比如，CFTC表示幌骗使其他市场参与者造成了“流动性增加的误导性假象”，因而构成了违反《商品交易法》第6节第（c）条和第（d）条及第9节第（a）条第（2）款的试图操纵行为。芝加哥联邦储备银行金融市场小组的资深政策顾问约翰·麦克帕特兰（John McPartland）也表示，他认为诸如幌骗之类的交易行为“具有欺骗性”。[①]因此，人们现在完全可以表示，根据欺诈性操纵法律理论，未披露幌骗造成了市场流动性增加的假象并违反了《CFTC规章》最终规则第180.1节，因为笃信市场上没有因幌骗造成的虚假流动性的其他市场参与者因此而受到了欺骗。但是，《CFTC规章》最终规则第180.1节之于CFTC的主要好处就是，该规定只要求CFTC证明存在放任，而《商品交易法》第6节第（c）条和第（d）条及第9节第（a）条第（2）款则要求其证明存在特定故意。实际上，《金融时报》2013年曾经报道说，CFTC委员斯科特·欧玛利亚（Scott O' Malia）在（纽约大学理工学院）大数据金融会议上表示，“放任行为”正取代“市场操纵”而成为起诉不法行为的标准。[②]不管怎样，CFTC首次运用《商品交

① 请参见：John McPartland, *Recommendations for Equitable Allocation of Trades in High Frequency Trading Environments*, FED. RESERVE BANK OF CHI. 8（July 10, 2014），www.chicagofed.org/digital_as sets/publications/policy_ discussion_papers/2013/PDP2013-01.pdf（讨论了电子和实体形式的高频交易幌骗等）。

② Maureen O' Hara & David Easley, *Financial Markets Are at Risk of a "Big Data" Crash*, FIN. TIMES（May 20, 2013, 6: 37 PM），www.ft.com/intl/cms/s/0/48a278b2-c13a-11e2-9767-00144feab7de.html? siteedition=intl#axzz388jFDV5V.

易法》第6节第（c）条第（1）款和《CFTC规章》最终规则第180.1节所述“操纵手段”相关权力的做法说明了其可能以何种方式运用这种理论处理操纵案件。

第十三节　案例研究：伦敦鲸的放任欺诈性操纵

伦敦鲸并不是一种真正的水生哺乳动物，也不是像陆鲨那样的喜剧角色。陆鲨来自1975年开始播出的周六夜灯（*Saturday Night Light*）节目。在节目中，一个女人经常听见有人敲门，她会问“是谁？”然后会听到五花八门的回答，包括“送花的”“水管工”“糖果快递”等。之后，她会打开门，但总是会被陆鲨攻击。不过，伦敦鲸的性质与陆鲨完全不同。

2016年初，对冲基金及其他市场参与者发现，信用衍生品市场出现了一些异常波动，且这些波动似乎是一位名为“伦敦鲸”的匿名交易者实施超大规模攻击性交易策略导致的。[①]信用衍生品市场上的其他参与者之所以能够发现这些异常交易活动，是因为某些信用衍生品的价格与专家基于当时市场状况预测的合理价格水平存在差异。最后，伦敦鲸终于曝光了。他就是摩根大通银行派驻伦敦的交易员布鲁诺·伊克希尔（Bruno Iksil）。他积累了极大规模的信用违约互换头寸，并最终因此导致其雇主损失了62亿美元。后来，摩根大通同意支付1亿美元罚金，并承认其派驻伦敦的某些交易者在实施信用违约互换交易时行事放任。但是，伊克希尔坚称，伦敦鲸这个绰号并不适用于他，因为他并非大规模信用衍生品头寸的唯一负责人，且其始终听命于自己在摩根大通银行的上司。为此，伊克希尔选择与美国当局进行了合作。一开始，美国政府试图对伊克希尔在摩根大通的两名同事提起刑事检控，但2017

① Gregory Zuckerman & Katy Burne，*"London Whale" Rattles Debt Market*，WALL ST. J.（Apr. 6，2012），www.wsj.com/articles/SB10001424052702303299604577326031119412436；Azam Ahmed，*The Hunt*，*the Pounce*，*the Kill*，N.Y. TIMES（May 26，2012），www.nytimes.com/2012/05/27/business/how-boaz-weinstein-and-hedge-funds-outsmarted-jpmorgan.html.

年夏又放弃了这些指控，放弃指控的理由是，针对这两名同事的主要证据，即伊克希尔的证词，并不可靠。

最终，CFTC通过达成和解协议的方式就伦敦鲸交易事件对摩根大通进行了问责，但未对伊克希尔或摩根大通的其他任何雇员提起民事执法诉讼或达成和解。在详细阐述摩根大通与CFTC就伦敦鲸案件达成和解的同意令中，CFTC认定，摩根大通未对相关交易者实施监督，导致其交易者以放任方式对信用违约互换价格进行了操纵，企图以牺牲其他投资者的方式降低其自身损失。摩根大通通过其交易者，以放任方式无视了市场参与者信赖的基本准则，即价格是以合理的供需力量为基础确立的。①CFTC的同意令聚焦于2012年2月29日发生的交易。当日，摩根大通的交易者疯狂抛售了71.7亿美元的信用违约互换，且这些互换仅涉及“一种特定信用违约指数”，以“维护（该行）仓位”并阻止损失攀升。②这个交易量超过了当日整个市场净交易额的90%。③在这70多亿美元的抛售中，有46亿美元是在收盘前三小时内抛出的。④CFTC表示，市场参与者有权相信一个概念，即（信用违约互换的）价格是基于合理供需力量确立的，但摩根大通的交易者在这一基本准则面前却放任行事，就特定类型的信用违约互换采取了攻击性交易策略。⑤CFTC的命令中用下面两句话描述了摩根大通采用的“操纵手段”：

> 在正常运作的市场中，价格反映的是买卖双方就商品（本案中为互换）的公允价格作出的对立判断。在本案中，……交易者2012年2月29日代表摩根大通进行的活动构成了涉及互换的操纵手段，因为他们在月末很短时间内抛售了大量的特定信用违约互换。

① Press Release PR6737-13；请参见：*In re* JPMorgan Chase Bank，2013 WL 6057042，at *11 n. 17（“相关行为无论是否旨在形成或确实形成了人为价格，都对所有参与者均有权享有的自由、开放市场形成了干扰”）。

② 请参见：*In* re JPMorgan Chase Bank，2013 WL 6057042，at *2，*5（“2012年2月，每日损失巨大且仍在不断增加，而到2月29日，交易者们仍认为该投资组合的形势非常严峻”）。

③ *In re* JPMorgan Chase Bank，2013 WL 6057042，at *2，*5-6；Press Release PR6737-13.

④ *In re* JPMorgan Chase Bank，2013 WL 6057042，at *2；Press Release PR6737-13.

⑤ *In re* JPMorgan Chase Bank，2013 WL 6057042，at *1.

CFTC在命令中还表示，摩根大通交易者的行为明显在《商品交易法》第6节第（c）条第（1）款和《CFTC规章》最终规则第180.1节第（a）条的禁止范围内，因为这些交易者以放任方式无视了在2012年2月29日抛售71.7亿美元相关信用违约互换的潜在后果，包括在交易日最后三个小时内抛售46亿美元该合约的可能影响，而这又证明了这些交易者同样无视其交易对合理市场力量造成的明显威胁这一放任行为。①

在认定摩根大通采用“操纵手段”的过程中，该命令援引了关于《证券交易法》第10节第（b）条和SEC规则10b-5的司法判例。这些司法判例大都引用了欺诈性操纵理论，将操纵视为一种欺骗，因为未披露的操纵手段使其他市场参与者相信：证券价格根据供需规则确定，而不是由操纵者操纵。②值得注意的是，CFTC的命令并未表示摩根大通2012年2月29日的行为具有欺诈性或未向其他市场参与者披露。实际上，该命令侧重的是交易者明知其行为具有干扰“合理市场力量”的可能性，而不是交易者未向市场披露其正采用可能扭曲相关信用违约互换价格的操纵手段，因而导致其他市场参与者被骗。该命令根本未提及不向他人披露操纵手段而导致的欺骗性不作为。同样，该命令未就SEC规则10b-5仅限于欺诈性操纵这一事实从司法判例中引用任何表述，包括“《证券交易法》第10节第（b）条被贴切地描述为一项兜底性条款，而其兜住的一定是欺诈行为”这一表述。③但是，该命令确实表示，操纵控诉的要旨就是欺骗。④因此，CFTC可能认为，该命令默示存在欺骗性不

---

① *In re* JPMorgan Chase Bank，2013 WL 6057042，at 12.

② 同上，［援引Gurary v. Winehouse，190 F.3d 37，45（2d Cir. 1999）］.

③ Prohibition on the Employment，or Attempted Employment，of Manipulative and Deceptive Devices and Prohibition on Price Manipulation，76 Fed. Reg. 41，398，41，400 n.13（July 14，2011）［援引Chiarella v. United States，445 U.S. 222，234-35（1980）］. CFTC还援引Dirks v. S.E.C.，463 U.S. 646，666 n. 27（1983）说明了以下观点，即“要构成违反规则10b-5的行为，必须要有欺诈”。同上。

④ *In re* JPMorgan Chase Bank，2013 WL 6057042，at *10（援引*Gurary*，190 F.3d at 45）. 但是，由于“仓位和意图的隐蔽性和私密性”，皮荣教授对于将市场力量操纵等同于欺诈的法律理论持批评态度。Pirrong，*Energy Market Manipulation*，31 ENERGY L.J. at 6. 皮荣认为，鉴于市场力量操纵与欺诈性操纵之间的差异，“用一个兜底性表述指称二者可能会且将会被人们视为一种相当危险的行为”。同上。皮荣还表示，“由于市场力量操纵并非通过欺诈和欺骗扭曲价格，因此任何此类执法诉讼可能都要求人们对背后的逻辑进行极度扭曲，以便将方形的市场力量榫头嵌入圆形的欺诈和欺骗榫眼。”同上，第12页。

作为。[①]无论怎样，即便一些市场参与者因为新闻报道意识到伦敦鲸在相关期限内的某些节点进行了大量信用违约互换交易，但2012年2月29日发生的确切交易，即被CFTC指控为“操纵手段”的交易，可能并未披露给他人，因而似乎满足了证券法案例中常见的欺诈性操纵的要求。

鉴于法院在证券法相关判决中使用欺诈性理论已有一段时间，该理论在商品法相关案例中的使用不应该存在特别大的争议。而且，该理论已为人们广泛接受，以至于纽约南区的一位地区法官也按该理论处理了《商品交易法》第6节第（c）条和第（d）条及第9节第（a）条第（2）款下的一项价格操纵主张，表示“和证券一样，商品操纵在商品价值的真实市场判断方面欺骗了交易者”。[②]

一部衍生品法律专著指出，尽管CFTC对欺诈性操纵和非欺诈性操纵进行了区分，但这种区分并没有明确测试标准。因此，CFTC可使用《CFTC规章》最终规则第180.1节和放任标准规避之前法律要求的特定故意要求。[③]该专著推测说，CFTC执法人员可能会寻找任何可视为欺骗的蛛丝马迹，以便对较容易证明的违法行为进行指控，从而无需证明特定故意。[④]但是，正如上文讨论所示，CFTC的执法人员根本不需要收集欺骗证明即可诉诸欺诈性操纵理

① 由于两大原因，CFTC不大可能用摩根大通的案例支持以下观点，即《商品交易法》第6节第(c)条第(1)款和《CFTC规章》最终规则第180.1节所述“操纵手段”不属于欺诈和欺骗。首先，该命令明确承认，在相关证券法判例下，操纵被理解成了一种欺骗。其次，该命令属于和解，因此联邦法院是否一定会同意其观点仍不得而知。

② 请参见：*In re* Amaranth Natural Gas Commodities Litig.，587 F. Supp. 2d 513，534 (S.D.N.Y. 2008) (Schleindlin, J.) (将证券法下的欺诈性操纵理论适用于《多德—弗兰克法》颁布之前《商品交易法》下的操纵主张)。地区法院进一步表示：

这一逻辑同样适用于商品市场。和证券一样，商品操纵在商品价值的真实市场判断方面欺骗了交易者。每一笔交易都应该作为信号反映出买卖双方都有进行交易的合理经济动机。如果任何一方缺少这种动机，这个信号就是不准确的。因此，合法交易加上不适当的动机就是商品操纵。

同上。当然，与《CFTC规章》最终规则第180.1节下的主张不同，价格操纵诉因要求证明存在特定故意和人为价格。同上，第530页。

③ JOHNSON & HAZEN，DERIVATIVES REGULATION § 1.05，at 278.

④ 参见同上，第278–279页（“鉴于《CFTC规章》最终规则第180.1节的语言表述，CFTC执法部可能会扩大其原始权力下的调查，以找出能够适用欺诈性操纵放任标准的其他行为，如在动机方面向经纪商撒谎、不接电话、表示有对冲需求等”）。

论，只要操纵交易行为未向其他市场参与者披露即可。[①]实际上，该专著也承认了这一点，认为依照SEC规则10b-5追究操纵行为的权力确实存在，并表示操纵行为在证券的市场价值方面对投资者进行了欺骗。[②]

简而言之，正如一位评论家所言：

> 新权力，即根据《商品交易法》第6节第（c）条第（1）款和《CFTC规章》最终规则第180.1节规定，仅需证明放任的权力，对于摩根大通案例至关重要，而交易者是否真的具有扭曲市场的故意仍不得而知。这种扩大化权力还使该机构能够对银行提出“采用操纵手段”的指控，而无须证明银行是否真的操纵了互换价格。

在摩根大通案例中，CFTC在《CFTC规章》最终规则第180.1节下使用欺诈性法律理论的行为并不特别让人惊讶，因为这一理论在证券法中经常采用，而CFTC的规则发布文件也表示，该机构将“灵活”解读其依照《商品交易法》第6节第（c）条第（1）款享有的权力。[③]此外，CFTC执法部主任麦斯特也承诺，CFTC将“积极运用”其依照《商品交易法》第6节第（c）条第（1）款享有的权力，打击欺诈和操纵。此外，他还公开表示，“在他看来，《商品交易法》第6节第（c）条第（1）款……使我们能够以创造性的方式行使反欺诈权力。”[④]比如，麦斯特表示，《商品交易法》第6节第（c）条第（1）款非常灵活，足以覆盖未对非法活动实施充分监督的情形。麦斯特还表

① 在欺诈性操纵法律理论下，只要未进行披露，人们即可轻松将几乎任何形式的市场操纵或任何破坏市场的交易行为理解为欺诈。关于这个问题的讨论，请参见：本章第K节。

② JOHNSON & HAZEN, DERIVATIVES REGULATION §1.05, at 279.（“CFTC可从类似视角看待《CFTC规章》最终规则第180.1节。”）

③ 请参见：Prohibition on the Employment, or Attempted Employment, of Manipulative and Deceptive Devices and Prohibition on Price Manipulation, 76 Fed.Reg. 41, 398, 41, 401（July 14, 2011）[“（CFTC）试图以‘灵活’而非‘技术性和限制性的’方式解读和适用《商品交易法》第6节第（c）条第（1）款和《CFTC规章》最终规则第180.1节，以‘实现其纠偏目的’”（援引S.E.C. v. Zandford, 535 U.S. 813, 819（2002）]。

④ Brez & Daniels, *The New Financial Sheriff*, at B-3 [援引Meister, *Transcript of Panel Discussion at the SEC Historical Society on Enforcement After Dodd-Frank*（Sep. 13, 2011）, http://c0403731.cdn.cloudfiles.rackspacecloud.com/collection/programs/sechistorical-09132011-transcript.pdf].

示,《商品交易法》第6节第(c)条第(1)款的禁令适用于涉及“看门人”的情形,例如,CFTC注册人的审计师“未对实施欺诈的公司进行适当审计”的情形。[①]在发起此类诉讼的过程中,CFTC可能会援引SEC规则10b-5相关证券法判例,要求会计师和审计师就其在履行职责或实施内部监督过程中未妥善行事的事实(如放任导致公司财务报告严重失实等)承担责任。如前所述,《商品交易法》第6节第(c)条第(1)款明确要求CFTC禁止(试图)使用或采用任何操纵或欺骗手段或伎俩”的行为。[②]因此,即便操纵手段或伎俩的运用不成功,也构成了违反《CFTC规章》最终规则第180.1节的事实。

第十四节 通过虚假报告实施的市场操纵

另一种市场操纵方法涉及传播关于农作物或市场信息的虚假谣言或报告。具体而言,《商品交易法》第9节第(a)条第(2)款也规定下列行为属于非法:

> 操纵或试图操纵美国商业活动中任何商品的价格、在任何注册实体或按其规则未来进行交割的任何商品的价格,或任何互换的价格……或在知情的情况下自行或促使他人通过邮件、电报、电话、无线通信或其他通信手段开展的商业活动,传播虚假、有误导性或明知不准确的农作物报告或者市场信息或情况,而该报告、信息或情况影响或易于影响跨州商业中的任何商品价格。[③]

要提出虚假报告主张,CFTC必须指控:(1)被告在明知的前提下通过商业传播或提交了市场报告或市场信息;(2)被告明知该报告或信息虚假、有误导性或不准确;(3)该报告或信息影响或可能影响商业活动中的商品价

① Brez & Daniels, *The New Financial Sheriff*, at B-3(援引SIFMA' s Monthly Meeting,见前注148).

② Prohibition on the Employment, or Attempted Employment, of Manipulative and Deceptive Devices and Prohibition on Price Manipulation, 76 Fed. Reg. 41, 398, 41, 401(July 14, 2011).

③ Commodity Exchange Act, Pub. L. No. 74-675, § 9(a)(2), 49 Stat.1491[编入7 U.S.C. § 13(a)(2)(2012)].

格。[①]虚假报告主张具有标准欺诈主张的大部分特征，但其失实陈述通常并不针对原告选择的个体，而是发送给交易所或市场信息提供商，然后再转发给整个市场。利用《商品交易法》第9节第（a）条第（2）款所述的禁止虚假报告权，CFTC目前已针对通过向能源行业出版物报告虚假信息的方式操纵或试图操纵价格的人，展开调查并提起诉讼。在CFTC处理的虚假报告相关操纵案件中，最著名的无疑是对伦敦同业拆借利率（LIBOR）的设定所开展的全球性调查。在这个案例中，为惠及自身互换和衍生品交易头寸，相关银行的交易者向设定LIBOR的机构提交了虚假的LIBOR利率，从而对这一全球性基准利率实施了操纵。CFTC表示，该行为构成了就无担保资金借贷成本（即LIBOR反映的对象）制作虚假、有误导性且明知不准确报告的事实，因而违反了《商品交易法》第9节第（a）条第（2）款的规定。

此外，《商品交易法》第9节第（a）条第（2）款除在虚假报告操纵法律理论下充当价格操纵主张的依据外，还可在以提交可能影响商品价格的虚假、有误导性或明知不准确报告或信息为由提起的单独民事诉讼中充当诉讼依据。在和解和诉讼中，CFTC似乎已经提出了这类主张。但是，对于《商品交易法》第9节第（a）条第（2）款下不涉及操纵的虚假报告主张，CFTC是否必须证明特定故意目前仍不确定。无论如何，《商品交易法》第9节第（a）条第（2）款中的“虚假报告”条款使用了“明知”一词。所以，在最低限度上，似乎必须存在故意行为。[②]

第十五节　构成非真实价格和虚假报告的交易活动型幌骗

幌骗是一种非法的破坏性交易行为，是指下单后又立即在交易执行前

① Atha，420 F. Supp. 2d at 1380［援引United States v. Valencia，394 F.3d 352，354（5th Cir.2004）］.请参见：Pirrong，*Energy Market Manipulation*，31 ENERGY L.J. at 5（表示欺诈性操纵的例子之一，是“在价格报告被用于确定衍生品合约结算价格的情况下，交易商……提交错误交易价格的情形”）。

② 7 U.S.C.§13（a）（2）（2012）.

撤单的行为。尽管幌骗将在第十四章进行讨论，但在这里，将幌骗作为被CFTC定性为欺诈的市场行为例子之一进行阐述。CFTC主张，幌骗行为违反了《商品交易法》第4c节第（a）条第（2）款第（B）项关于禁止报告非真实价格的规定和第9节第（a）条第（2）款关于禁止提交影响或可能影响任何商品价格的虚假、有误导性或明知不准确市场信息或报告的规定。这项主张虽然没有LIBOR丑闻那么高调，但就反操纵法律下的创新性做法而言，这项主张的意义也许更为重大。在证明这类主张的过程中，CFTC将人们并未打算执行而提交的交易指令单称为“虚假指令单”。[①]比如，在CFTC看来，如果交易商在开市前的交易时段内提交了被纳入指示性开盘价的“虚假指令单”，那他就应该依照第9节第（a）条第（2）款承担虚假报告责任，因为指示性开盘价是开市时合约的预期交易价格，由交易所向所有市场参与者发布。

近年来，盖尔伯集团（Gelber Group）和邦吉全球市场（Bunge Global Markets）这两家公司先后就期货合约指示性开盘价相关幌骗活动与CFTC达成了和解。

> 被指控的幌骗违法行为在CME电子交易平台Globex的开市前时段内发生。在开市前时段内，人们不能执行任何交易指令单。但是，除开市前的最后30分钟外，人们可随时撤单。根据事先确定的时间间隔，CME会利用Globex平台上的未执行交易指令单数据计算所谓的指示性开盘价。开市后，交易的初始价格将介于未执行买价与卖价之间，而指示性开盘价则为这一数据提供了一个动态估值。指示性开盘价会被发送给Globex平台用户和CME数据推送的接收者，且之后很快就会向公众发布。

在盖尔伯集团和邦吉全球市场两案中，相关交易商在开市前时段内以各种价格向Globex平台大量下单且之后又全部撤单。这些交易指令单推动了

① 如*In re* Gelber Grp., LLC, CFTC Docket No.13-15, 2013 WL 525839, at *3-4（C.F.T.C. Feb. 8, 2013）.

指示性开盘价的上涨或下跌，而具体幅度则取决于交易指令单中的价格。[①]通过这种方式，“被制裁的交易商……得以判断出不同价格水平的支持力度，因为他们知道，指示性开盘价因其交易指令单发生了相应变化”。[②]CFTC认为，这些交易商违反了《商品交易法》第4c节第（a）条第（2）款第（B）项的规定（即报告非真实价格）和第9节第（a）条第（2）款的规定（即提交影响商品价格的虚假、有误导性或明知不准确的报告）。[③]

在邦吉全球市场一案中，CFTC表示，交易商在开市前时段内大量下单，以测试期货合约市场的深度，从而获得其他交易商无法获得的信息，并以此获得相对于其他交易商的优势。[④]在邦吉全球市场一案中，CFTC还指出，“交易者承认，他有时会在开市前时段内提交其并不打算执行的交易指令单，以便对市场进行试探”。[⑤]在盖尔伯集团一案中，CFTC则表示，“相关交易者在开市前时段内提交了纳斯达克电子迷你期货合约交易指令单，以观察报价分布，并在交易决策中运用这类信息”。[⑥]在这两案中，CFTC均表示，“这些交易指令单属于虚假的误导性交易指令单，因为相关交易者并未打算执行这些交易指令单”。[⑦]因此，CFTC似乎认为，在没有执行意图的情况下仅以试探期货合约市场为目的而下单的行为：（1）赋予了肇事者以不当优势，且这种优势是以“其他交易者不具备的”[⑧]信息这种形式出现的；（2）传播了“虚假且有误导性的”[⑨]市场价格。简而言之，CFTC似乎认为，下单却不打算执行交易的交易者是在误导他人，且使用这种策略试探市场的交易者以牺牲其他市场参与者的方式获得了不当信息。

---

① Kluchenek & Kahn, *Deterring Disruptions*, at 130.

② 同上，第131页。

③ *In re* Gelber Grp., 2013 WL 525839, at *3–4; *In re* Bunge Global Mkts., 2011 WL 1099346, at *3–4.

④ *In re* Bunge Global Mkts., 2011 WL 1099346, at *1.

⑤ 同上，at *3.

⑥ *In re* Gelber Grp., 2013 WL 525839, at *2.

⑦ 同上，at *4; *In re* Bunge Global Mkts., 2011 WL 1099346, at *4.

⑧ *In re* Bunge Global Mkts., 2011 WL 1099346, at *1.

⑨ 同上，at *4; *In re* Gelber Grp., 2013 WL 525839, at *4.

第十六节　通过虚假报告实施的放任市场操纵

新的《商品交易法》第6节第（c）条第（1）款第（A）项通过《CFTC规章》最终规则第180.1节第（a）条第（4）款付诸实施。该款包含了禁止通过传播虚假信息或报告的方式实施操纵或试图实施操纵的规定，类似于第9节第（1）条第（A）款的虚假报告禁令，但其对放任故意的要求相对较低。如前所示，在《多德—弗兰克法》之前的判例法中，CFTC对“虚假报告”进行了宽泛解读，使其包括了在某些情形下下单后又几乎同时撤单的行为（即幌骗）。未来，CFTC可能会继续对“虚假报告”作宽泛解读。这意味着，人们不一定要以传统方式（即口头或书面语言）与其他市场参与者进行通信即可构成虚假报告，并需对其传播虚假信息或报告的行为负责，因为在不当骗局下提交交易指令单的行为本身即可被视为向市场传播了虚假、有误导性或不准确的信息，从而违反《CFTC规章》最终规则第180.1节第（a）条第（4）款的规定。

第十四章
破坏性交易行为

《商品交易法》和《CFTC规章》明确禁止了若干被认为具有破坏性或欺骗性的特定交易行为。现有的宽泛禁令中关于欺诈和操纵之类行为的法律概念，定义模糊，定性弹性空间大，与此不同的是，《商品交易法》中关于破坏性行为的禁止规定更为细化，明确了特定类型的交易活动。此类具有破坏性的不当交易行为可以溯源至期货交易所实体大厅时期，当时实体交易大厅可谓熙熙攘攘，但到了电子交易环境时代，比如CME推出了Globex后，许多此类行为仍屡屡发生。实际上，电子交易环境对某些破坏性交易行为似乎还有助推作用。这些行为名称花样繁多，如幌骗、洗售、操纵收盘价等。简而言之，洗售是指实施非竞争性事先安排交易或自我交易的行为。幌骗是指就期货合约、股票或其他金融工具的交易提交买单或卖单，但在交易执行之前又撤单的行为。今天，幌骗的实施方式经常是迅速提交交易指令单，然后通常在几分之一秒内立即撤单。"操纵收盘价"则是指在交易日收盘时，买卖大量商品合约并试图影响衍生品单个合约（或多个合约）价格的行为。违规性高买低卖是指以高于最低报价的价格买入合约或以低于最高竞价的价格卖出合约的行为。2010年《多德—弗兰克华尔街改革和消费者保护法》（下文简称《多德—弗兰克法》）第747节在《商品交易法》第4c节第（a）条的基础上新增了禁止操纵收盘价、违规性高买低卖、幌骗等行为的规定。虽然这些破坏性交易行为中的三项（幌骗、操纵收盘价、违规性高买低卖）在2010年颁布的《多德—弗兰克法》中进行了明确定义，并被宣布为违法，但至少其中两项（幌骗和操纵收盘价），在之前的市场操纵一般禁令下已属于非法行为。一般而言，如第十二章和第十三章所述，价格操纵和欺诈型操纵的法律概念具有开放性，本章探讨的内容涵盖所有这些破坏性交易行为。因此，打个比方说，如果某人就特定期货合约操纵了收盘价，那么，CFTC可因其违反《商品交易法》中禁止操纵收盘价的规定、禁止价格操纵的规定或禁止欺诈型操纵的规定，对其提起民事强制执行诉讼。实际上，CFTC已就涉及操纵收盘价、洗售和幌的行为发起过价格操纵（或价格操纵未遂）诉讼。因此，在一定意义上，这些破坏性交易行为可视为美国国会列举的、对市场有害或可能扭曲衍生品价格的交易活动的具体例子。一般而言，这些交易行为在证券市场中也在被禁之列。

整体而言，开放市场的操纵和破坏性交易行为可作为民事案件来起诉。在证券市场，这类案件由SEC负责，而在期货和衍生品市场，相关案件则由CFTC负责。近年来，联邦当局却对一些幌骗和市场操纵案件发起了刑事诉讼。因此，交易者和机构实施这类行为而可能付出的代价就大大提高。针对美国政府对扰乱金融市场行为所采取的执法行动而言，近年来最为显著的一个趋势，就是对幌骗行为的关注显著提升。CFTC和SEC似乎都调配了更多资源，以努力查明幌骗行为，并对其发起强制执行诉讼。同样，过去几年，联邦检察官针对期货和证券市场上的幌骗行为都发起过刑事诉讼。鉴于当局近年来对幌骗给予了巨大关注，第十五章将专门分析这类破坏性交易行为。

第一节　洗售

洗售和洗衣没有关系，并不是指和别人互换待洗衣物。《商品交易法》第4c节第（a）条第（2）款规定，旨在达成某种非竞争性交易或实施能够助长非竞争性交易的行为均属非法。自1936年以来,《商品交易法》就禁止了洗售行为,即“事先安排的虚构交易,由相同当事方同意就相同商品实施两笔相互对冲的交易。这类交易没有任何经济风险,也不会导致受益所有权发生任何净变化”。[①]洗售“是强大的多用途工具,可用于……重大欺诈和市场操纵”。[②]因此,“它们被认为是有害的,因为它们制造了市场价格变动的假象”。[③]也就是说,洗售可用于催生“交易量泡沫,诱使更多交易者入市,从而形成市场活动比平常更为繁忙的假象”。[④]要查实某行为违反了《商品交易法》洗售(或虚售)禁令,CFTC必须证明该行为同时满足以下情形:(1)买入和卖出行为同步进行;(2)买入和卖出对象为同一交割月到期的同一期货合约、期权或互换;(3)价格相同或相近;(4)具有必要的犯罪心态。要证明《商品交易法》第4c节第(a)条第(2)款(涉嫌洗售或涉及其他任何非竞争性交易)相关违法行为实施者的犯罪心态,人们必须证明交易主体实施交易时,具有抵消交易发起时的风险或价格竞争的故意,且交易目的是实现洗售的结果,即抵消风险。如前所述,在证券市场上,洗售行为也是非法的。在高频

① 6 Steven Wolowitz, *Commodities and Futures*, in BUSINESS & COMMERCIAL LITIGATION IN FEDERAL COURTS 855, 876(Robert L. Haig cd., 3d ed. 2012);请参见:Pouncy, *The Scienter Requirement*, at 1625(“洗售……是以相同或非常接近的价格同步买入和卖出同一数量期货合约的行为”).“洗售被认为是有害的,因为它们形成了虚假的市场价格走势。” Wilson v. CFTC, 322 F.3d 555, 559(8th Cir. 2003).

② Pouncy, *The Scienter Requirement*, 16 CARDOZO L. REV. at 1626.

③ Wilson, 322 F.3d at 559. 请参见:Craig Pirrong, *Energy Market Manipulation: Definition, Diagnosis, and Deterrence*, 31 ENERGY L.J. 1, 5(2010)(指出交易者进行洗售,从而造成对实际买卖市场权益形成误导的假象,这种情形也是一种操纵,具有一定程度的欺诈性);同时,请参见:Scott Patterson & Jacob Bunge, *Newedge Fined for Lax Oversight of Manipulative Trades*, WALL ST.J.(July 10, 2013, 7: 51 PM), http: //online.wsj.com/article/(表示在证券市场上,通过“洗售”,公司可在同一交易中同时充当买家和卖家,以扭曲市场活动,且该行为可造成交易量巨大的假象,从而诱使对这类活动实施追踪监测的公司入场)。

④ Scott Patterson et al., *Futures Trades Scrutinized: At Issue Are High-Speed "Wash" Transactions Banned Under U.S. Statutes*, WALL ST. J., Mar. 18, 2013, at C1. 请参见:Scott Patterson & Michael Rothfeld, *FBI Investigates High-Speed Trading*, WALL ST. J.(Mar. 31, 2014), http: //online.wsj.com/news/articles/SB10001424052702304886904579473874181722310#(“CFTC的调查人员正调查高频交易公司是否经常性地在同一交易中同时充当了买方和卖方,即是否实施了所谓的洗售行为,从而扭曲了期货市场。这种交易为美国法律所不容,因为它给市场提供了虚假信息,且可用于价格操纵)。幌骗也是高频交易公司用于“诱使其他交易者入场”的交易行为。Bradley Hope, *Regulators, Traders Are Out of Sync*, WALL ST. J., July 14, 2014, at C_1.

电子交易环境中，洗售已被证明极其容易实现。因此，CFTC官员对高频交易公司的洗售行为多有抱怨。

第二节　导致报告非真实价格

除禁止洗售行为外，《商品交易法》第4c节第（a）条第（2）款第（B）项还规定，如果任何商品期货交易"导致报告、注册或记录了任何非真正、非真实价格"，则提议达成、达成或确认执行该商品期货交易属于违法行为。①在这一禁令下，如果任何一笔商品期货交易导致报告、注册或记录了任何非真实价格，则"确认执行该笔商品期货交易都可能是非法的"。导致出现这种非真实价格的报告、注册或记录，不谈其他，关键在于实施了违反《商品交易法》或相关期货交易所规则的交易。②应该指出的是，非竞争性交易（如双方事先就价格达成了协议的交易）产生的期货合约价格也属于非真实价格，即便这些价格"不仅准确反映了双方协商价格，而且反映了交易所类似合约的当前价格"。③和洗售禁令一样，这种导致报告非真实价格的行为也是非法行为，因为衍生品价格应是竞争性市场力量的反映。换句话说，洗售与导致报告非真实价格这两种行为的"公分母"，就是"利用交易技术造成向公开市场提交交易的假象，同时抵消市场蕴含的风险或价格竞争"。④

第三节　违规性高买低卖

《多德—弗兰克法》第747节在《商品交易法》第4c节第（a）条的基础

---

① 7 U.S.C. § 6c（a）（2）（B）（2012）. 请参见：*In re* Gelber Group，[2012–2013 Transfer Binder] Comm. Fut. L. Rep.（CCH）¶32534，at 72115（CFTC Feb. 8，2013）.

② *In re* Casas Sendas Comcrcio E Industria S.A.，[2003–2004 Transfer Binder] Comm. Fut. L. Rep.（CCH）¶29566，at 55446（CFTC Aug. 18，2003）.

③ *In re* Morgan Stanley & Co.，[2012 Transfer Binder] Comm. Fut. L. Rep.（CCH）¶32218，at 69781（CFTC June 5，2012）.

④ *In re* Gelber Group，[2012–2013 Transfer Binder] Comm. Fut. L. Rep.（CCH）¶32534，at 72115（CFTC Feb. 8，2013）.

上新增了禁止破坏性交易行为的规定。具体而言，新的第4c节第（a）条第（5）款增加了有关条文，明确禁止交易者违规性高买低卖、操纵收盘价和实施幌骗。尽管第4c节第（a）条第（5）款属于自动执行条款，因此不需要《CFTC规章》或解释性指南即可生效，但CFTC一开始仍考虑过通过制定实施细则的方式实施这一规定，并对其在《商品交易法》第4c节第（a）条第（5）款下获得的新权限进一步界定范围。为此，CFTC还针对拟订新规发布了预先通知，就相关法律规定征求公众意见和建议。但最终，CFTC认定，要对这些法定破坏性交易行为进行处理，发布拟议的释义令至为允当。[①]因此，2011年3月18日，CFTC就反破坏性交易行为发布了一份拟议的释义指南。2013年5月16日，CFTC一致通过并批准了题为《反破坏性行为监管权限》的“释义指南和政策声明”。[②]

第4c节第（a）条第（5）款第（A）项包含了关于禁止违规性高买低卖的规定，该规定适用于以高于最低报价的价格买入合约或以低于最高竞价的价格卖出合约的少数交易行为。根据CFTC的释义，违规性高买低卖的行为属于严格责任犯罪。这意味着，如第九章所述，即便人们并无实施该交易行为的故意，其行为仍属非法并因此承担严格责任。《商品交易法》第4c节第（a）条第（5）款第（A）项仅适用于下列有限行为类型，即“以高于最低报价的价格从注册实体买入合约或以低于最高竞价的价格向注册实体卖出合约的行为”。[③]

> 本释义声明颁布政策，规定市场参与者不得执行未准确反映合约最佳价格的交易，由此促进了《商品交易法》确保价格发现机制完整性的目标，因为它有助于确保向市场用户和公众传播的价格反映真实价格，即准确反映正常供需力量的价格。

---

① Antidisruptive Practices Authority, 76 Fed. Reg. at 14944.

② 请参见：Transcript, Rulemaking Under the Dodd-Frank Act.

③ Antidisruptive Practices Authority, 78 Fed. Reg. at 31893-94.

在目前已基本常态化的自动化交易所和自动撮合市场平台上，这种交易行为不会再发生了。这意味着，对于通过算法机器人及其他自动交易系统实施的交易，针对违规性高买低卖的禁令不大可能仍然适用。因此，与高频交易、电子化、计算机化市场所滋生的其他不当交易行为相比，这种破坏性交易行为对本书探讨的主题而言并不是那么重要。

第四节　操纵收盘价

对操纵收盘价（banging the close）不能望文生义，以为实施该行为时会有“砰”的一声。操纵收盘价的操作过程其实基本上悄无声息。一般而言，操纵收盘价是指在即将收盘时执行大量交易的行为，因为期货合约等特定衍生品的价格都是在这个时候确定的。通过在闭市时提交大量交易，交易者可对特定期货合约的价格产生影响。具体而言，《商品交易法》第4c节第（a）条第（5）款第（B）项明确禁止操纵收盘价（又称为“做尾盘”）。根据定义，操纵收盘价是指在交易日即将收盘时买卖大量商品合约，同时试图影响合约价格的行为。在《商品交易法》第4c节第（a）条第（5）款第（B）项对“操纵收盘价”的认定当中，主观恶意是一个必要要件。

CFTC的释义指南表示，整体而言，鉴于法院就证券市场确立了规范市场的理念，并将其运用到了大量司法判例中去，因此（CFTC）将接受这些司法判例的指导，但不受其支配。具体而言，该释义指南表示：

> 规范市场可通过下列指标进行认定：连续价格之间的合理关系、价格变化与交易量之间的强烈相关性、波动程度不会导致流动性急剧降低、衍生品价格与标的物（实物商品或金融工具之类）价格之间的准确关系、近期合约与远期合约之间的合理价差等。

操纵收盘价还违反了证券法。

第十五章
幌骗：因技术进步而更易得手的市场破坏行为

第一节　金融市场中的鬼火

在民间传说中，鬼火是指沼泽地里像幽灵般飘荡的光。据说，这种超自然现象会诱使不幸的行人偏离正途，迷入险地。期货合约（或其他金融工具）的“幌骗式”交易指令单既不是超自然现象，也不是沼泽地里的鬼火，但它们与这种鬼火确有相似之处，因为幌骗单也是一闪即逝并故意将人引入歧途。现代期货市场上的鬼火，通常是指以超人类速度在交易平台上运行的软件算法，而非传说中会发光的幽灵。

幌骗是指提交衍生品交易买单或卖单、但并不打算执行这些交易指令单的行为。幌骗的实现方式通常是提交交易指令单，然后迅速撤单。在期货交易中，交易指令单是以“买单”或“卖单”的形式提交的。其中，“买单”涉及买入价格，而“卖单”则涉及卖出价格。在买卖双方均同意某一价格的情况下，交易所的撮合引擎将自动为双方进行配对。于是，交易即告“成交”或“执行”。由于其他交易商，无论是人类，还是算法机器人，都能看到电子交易指令订单簿上尚未执行的买单和卖单，因此，幌骗人可提交交易指令单，然后立即撤单，以此制造出特定期货合约交易量的假象。换句话说，幌骗损害了透明金融市场形成的公共利益，原因在于幌骗单歪曲了市场深度和市场方向，从而影响了交易价格预期。因为这一原因，人们对幌骗的描述是对限价指令簿[①]概况构成短暂扭曲的非法活动，而其目的也非常明确，即对不同交易频率的其他交易者造成误导。具体而言，幌骗会使其他交易者对金融工具的市场供需情况，以及由此导致的潜在市场走势形成误判。[②]此外，人们还认为幌骗类似于“自抬竞价行为”，比如在市场上卖猪时，安排朋友或侄子出高价竞买，以此诱使站在附近的其他人抬高出价。

另一个描述幌骗的例子，是二手车经销商中的奸猾分子，雇人装成客户在店里哄抬价格。

> 你想买辆车，但销售人员花钱请了一帮人，假装他们也想买这辆车。你愿意付1万美元，但其他许多人都愿意付10500美元。于是，你陷入了需求增大的假象，无奈向销售人员支付了更高的价格。但是，你一旦付完钱，就会发现其他那些“意向买家”全部都消失了。
>
> 反过来也一样：你想以10500美元卖掉这辆车，但一群冒充销售人员的人涌进来，说他们愿意以1万美元出售同款汽车。因此，你别无选择，只能降低价格。相对应地，销售商却因其雇佣的托儿而获得了利润增项。

在今天的电子化、计算机化市场上，这些障眼法在毫秒之间即可完成。这是因为，近年来，技术进步已经降低了幌骗难度，同时又大幅提高了发起幌骗的速度。自2010年《多德—弗兰克法》通过以来，CFTC、SEC、自律

① “限价指令簿”是指向市场参与者显示各种价格下尚未执行的买单（买价）或卖单（卖价）且持续更新的清单或账簿的交易所和交易平台。Charles R. Korsmo, *High-Frequency Trading: A Regulatory Strategy*, 48 U. Rich. L. Rev. 523, 534 & n.55（2014）.

② Aldridge, *The Risks of High Frequency Trading*, Huffington Post（将幌骗称为“高频市场操纵”）；同时，请参见：Lynne Marek, *Futures on the Line in D.C.; Reformers Aim to Fence in Chicago Traders*, Crain's Chi.Bus.（Jan. 24, 2011）, www.chicagobusiness.com/article/20110122/ISSUE01/301229976/futures-on-the-line-in-d-c（表示幌骗使交易者得以通过“烟雾弹”将买方或卖方骗出来，而无须就交易作出承诺）；Scott Patterson & Jacob Bunge, *Newedge Fined for Lax Oversight of Manipulative Trades*, Wall St. J.（July 10, 2013, 7: 51 PM）, http: //online.wsj.com/article/.SB10001424127887324425204578597962040067332.html（表示在证券市场上，“幌骗”是指提交交易指令单以诱使其他公司买卖股票的行为）。

组织（包括期货交易所和美国国家期货协会），甚至联邦刑事检察官都加大了对幌骗的打击力度。近年来最为闻名、最为惊人的金融市场破坏事件中，可以断定是幌骗的案件已有一例：2010年5月6日，道琼斯指数发生了“闪电崩盘”，在数分钟内狂跌了近9%，随即反弹，而当天交易结束时，仅下跌3%（本章后文及下一章将对这一闪崩事件进行详细阐述）。简而言之，过去几年，幌骗已不再是少有人知、偶尔才成为民事执法对象的破坏性交易行为，它已成为美国金融市场当局重点的民事和刑事执法工作。美国金融市场当局近年来在打击幌骗方面全面发力，这反映了一个事实，即由于交易算法如今能在瞬息之间即对市场变化（包括报单）作出反应，因此市场参与者们发现，他们正处于一个全新的金融世界中，在这个世界里，交易并非市场信息的基本单位，而支撑交易的交易指令单才是。①

交易者不需要计算机或算法机器人也可进行幌骗。但是，在计算机化交易诞生之前，如果人类交易者在喧闹的交易池内喊出交易指令单，交易大厅内的其他人一般比较容易发现谁在行骗。但是，在今天的电子化市场上，发现有人实施幌骗要困难得多，因为其他市场参与者必须对海量交易数据进行排查，从中找出幌骗证据及其他可疑的交易模式。

> “事情肯定是在交易池内发生的，但因为我们可以亲眼看到交易者、经纪商或做市商，因此可以判断到底是有人在搞幌骗，还是形成了真正的市场订单”，史蒂夫·法纳第（Steve Fanady）表示。这位先生于1986年至2003年间在CBOT国债期货交易池内从事交易工作。

时至今日，不道德的交易者能够利用现有技术，设计出恶意计算机软件程序，在指定的具体情形下自动提交交易指令单，然后再撤单，而这一切都

① 比如，可参见：Steven McNamara，United States v. Coscia as *a Case of First Impression*，Colum. L. Sch.Blue Sky Blog，Jan. 6，2016，http：//clsbluesky.law.columbia.edu/2016/01/06/united-states-v-coscia-as-a-case-of-first-impression/［援引Maureen O' Hara，*High Frequency Market Microstructure*，116 J. Fin.Econ. 257，263（2015）］.

发生在毫秒之间。因此，幌骗通常是在电子化交易平台上通过计算机算法极速实施，人类反应时间根本不足以应对。这意味着，幌骗通常并非交易大厅内某一交易者本人对另一交易者本人实施的欺骗，而是某一交易者的算法机器人对另一交易者的算法机器人进行的欺骗。当然，期货交易者也可利用计算机进行手动幌骗。比如，他们可直接按下按钮或击打键盘提交交易指令单，然后立即以同样的方式撤单。

计算机化、电子化交易所的出现，以及高速自动交易系统使用的日益增加，二者叠加催生了一种对幌骗极其有利的市场环境，因此，关于幌骗的投诉和报告近年来大幅攀升。艾坦·戈尔曼（Aitan Goelman）于2014年6月10日至2017年2月3日担任CFTC执法部主任，他在2015年4月告诉彭博新闻说，CFTC每周都会收到多项关于幌骗的投诉。①2017年3月（从CFTC离职一个月后），戈尔曼接受了路透社的采访。他表示，幌骗及其他形式的扰乱市场行为广泛存在，但要对所有可疑交易或潜在破坏性交易骗局进行调查，CFTC的人员和软件等资源尚不足够。更糟糕的是，根据一项预测，幌骗可能比戈尔曼所述更为广泛。根据报道，在一些金融市场，每天会有10—20项高度可疑交易事件，以及数百项中等程度的可疑事件都指向幌骗。②此外，近年来，部分交易者还对某些人员和公司发起了民事诉讼，指控其在期货市场上实施了幌骗。但是，鉴于交易的匿名性，这种情形往往意味着，幌骗诉讼针对的是匿名交易者，因此只能寄希望于事后再确定幌骗者的真实身份。总之，种种迹象表明，幌骗交易与民俗传说中的鬼火存在着一个重大差异：鬼火极其少见，但幌骗却比比皆是。

① Andrew M. Harris & Matthew Leising, *Market Manipulation Complaints Are Common but Prosecutions Rare*, Bloomberg, April 23, 2015. www.bloomberg.com/ncws/articles/2015-04-23/market-manipulation-complaints-are-common-but-prosecutions-rare; Philip Stafford, *Citigroup Pays $25m to Settle US 'spoofing' Charges*, Fin.Times, Jan. 19, 2017.（CFTC还指控说，花旗集团未以勤勉方式对其交易者实施监督；即将卸任的CFTC执法部主任艾坦·戈尔曼表示，幌骗是对市场完整性的一项重大威胁。）

② Sanders, Note, *Spoofing*, 51 Wake For.L. Rev, at 519.

鉴于过去几年从市场参与者那里收到了针对幌骗的大量投诉，CFTC的执法代理律师们针对涉嫌实施幌骗的交易者加大了办理力度。因此，CFTC针对幌骗的执法诉讼已显著增加。2017年3月15日，克里斯托弗·吉安卡洛（当时为CFTC代理主席，现为CFTC前主席）表示，他正在该机构内发起重组活动，以强化该机构发现和检控违法违规行为（如幌骗、操纵和欺诈）的能力。①2018年3月，CFTC委员罗斯廷·贝纳姆（Rostin Behnam）强调了一个事实，即CFTC执法部数月前已宣布成立一个内部反幌骗专责小组，以制定并实施旨在打击破坏性交易行为的策略。贝纳姆进一步表示，CFTC执法部正利用数据、分析和取证技术，同时使用CME集团等自律组织使用的工具，对典型的幌骗行为和模式及其他操纵行为进行监测和鉴别。②

第十四章阐述了多种不同的破坏性交易行为，但本章则专述幌骗，其原因有二：首先，如前所述，幌骗确实应予关注和分析，因为近年来，人们对市场参与者幌骗行为的关切已大幅升温，而市场监管当局对涉嫌幌骗者发起的执法诉讼数量也大幅攀升；其次，幌骗是典型的利用自动化及类似技术助推的破坏性交易行为。因此，在市场技术变革带来种种挑战的背景下，幌骗作为理想的案例研究对象，有助于探讨金融市场监管机构应如何作出最佳应对的问题。幌骗行为急剧增加，同时，以阻止此类破坏性交易行为为目标的监管行动也相应增加，其原因很可能是算法交易及相关技术降低了幌骗难度。

第二节　反幌骗规定的条文

如第十四章所述，2010年《多德—弗兰克法》针对《商品交易法》增加

① Clifford Histed & Gilbert A. Perales, *The SEC Sends a Stern Reminder That It Is Serious About Punishing "Spoofing" and "Layering" Schemes in the Securities Markets*, LAW360, May 2, 2017, www.klgates.com/the-sec-sends-a-stern-reminder-that-it-is-serious-about-punishing-spoofing-and-layering-schemes-in-the-securities-markets-04-24-2017/.

② Speech, *Remarks of Commissioner Rostin Behmam before Energy Risk USA, in Houston, Texas*. CFTC. GOV, May 15, 2018, www.cftc.gov/PressRoom/SpeechesTestimony/opabehnam6.

了禁止违规性高买低卖、操纵收盘价和幌骗的具体规定。即便在《多德—弗兰克法》针对《商品交易法》增加明确的反幌骗规定之前，幌骗也属于违法行为。正如CFTC主张和法院认定的那样，幌骗违反了《商品交易法》中关于禁止操纵价格、禁止试图操纵价格和禁止非真实价格（如前文章节所述）的规定。不管怎样，《多德—弗兰克法》授予CFTC的反破坏性行为权力中，都包括了明确禁止幌骗的规定，这消除了该禁令的模糊性，并使得CFTC无须再诉诸更为宽泛的不当交易行为禁令。具体而言，《商品交易法》第4c节第（a）条第（5）款第（C）项禁止具有“幌骗（提交买单或卖单、但在执行之前又撤单的行为）”性质或被行业公认为“幌骗”的任何交易、做法或行为。[①]该条款几乎没有任何立法史踪迹可循。唯一相关的法律条文是这样表述的：CFTC请求并获得了关于内幕交易、赔偿权和破坏性交易行为的执法权力。[②]顺便一提，《多德—弗兰克法》还对《商品交易法》进行了修订，明确授予了市场参与者在反幌骗条款下的私人诉权。

如第十四章所述，CFTC于2013年发布了关于违规性高买低卖、操纵收盘价和幌骗这三种破坏性交易行为的释义指南。2010年，《多德—弗兰克法》将这三类破坏性行为加入了《商品交易法》。在释义指南中，CFTC表示，主观故意是第4c节第（a）条第（5）款第（C）项相关主张不可分割的要件。也就是说，要构成第4c节第（a）条第（5）款第（C）项下的违法行为，市场参与者在实施第4c节第（a）条第（5）款第（C）项所述‘幌骗’交易行为时，除存在放任因素之外，还要有一定程度的故意，或者说主观恶意。[③]值得一提的是，该释义指南还指出，如果当事人在下单时的意图就是在执行前撤单，而不是完成合法交易，则无论其买单或卖单后续是否得以部分执行，其行为均可能违反了《商品交易法》第4c节第（a）条第（5）款第（C）项

① 7 U.S.C. §6c（a）（5）（C）（2012）.

② United States v. Coscia，2017 WL 5381422，at n.7（7th Cir. Aug. 7，2017）（援引156 Cong. Rec. S5992）（每日版，2010年7月15日）（参议员林肯的声明）.

③ Antidisruptive Practices Authority，78 Fed. Reg. 31，890，31，896（May，28，2013）.

的规定。[①]也就是说，幌骗的一个决定性要件，是交易者下单时的意图。因此，如果某交易者下单时具有撤单的故意，则该交易者就实施了幌骗。[②]CFTC进一步指出，“幌骗”行为的“四个非排他性例子”包括：

（1）下单或撤单，导致注册实体报价系统负担超载；（2）下单或撤单，延误他人的交易执行；（3）多份下单或撤单，以造成市场深度相关假象；（4）下单或撤单，试图形成向上或向下的人为价格走势。

释义指南指出，CFTC试图对特定案例的所有事实和情节（包括交易行为和模式）进行评估，以便对合法交易与“幌骗”进行区分。[③]但是，CFTC指出，《商品交易法》第4c节第（a）条第（5）款第（C）项下的违法行为并不需要证明行为模式，因为即便是单一交易行为也可违反该项法律规定，只要该行为作出时有实施被禁止行为的故意。[④]这项反幌骗规定还涵盖了开市前或其他交易中止期间提交的买单或卖单。[⑤]总之，CFTC并无意缩小幌骗的范围，不想仅用一套事先确定的市场行为对其进行认定，而是采用了逐案认定的做法，即高度依赖可疑市场行为的特定事实和情节进行认定。[⑥]此外，在对市场操纵进行认定的传统模式中，CFTC不仅要证明被指控操纵者有人为市场价格的明确意图，而且要证明其事实上作出了相应行为，而在新规下，CFTC无需证明交易者试图（或确实）影响了市场，即可对其幌骗行为实施处罚。[⑦]尽管反幌骗规定的适用范围可能很宽泛，但CFTC的指南表明，CFTC将优先办理存在具体主观故意的案件，而具体主观故意又是通过貌似以误导意图为动机

---

① Antidisruptive Practices Authority, 78 Fed. Reg. 31, 890, 31, 896 (May, 28, 2013).

② David Yeres et al., *Spoofing: The First Criminal Conviction in the US - Perspectives from the US and UK*, Clifford Chance, Nov. 2015, republished at David Yeres et al., *Spoofing: The First Criminal Conviction in the US - Perspectives from the US and UK*, 36 Fut. & Der. L. Rep. 1 (Jan. 2016).

③ 同上。

④ 同上。

⑤ Sar, *Dodd-Frank and the Spoofing Prohibition in Commodities Markets*, 22 FORDHAM J. Corp. Fin. L. at 399.

⑥ 同上。

⑦ Robert Houck et al., *Comparing SEC and CFTC Market Abuse Regimes*, LAW360, March 1, 2016, www.law360.com/articles/765248/comparing-sec-and-cftc-market-abuse-regimes.

的交易体现出来的。对此，CFTC的指南还给出了一些具体例子进行说明。[①]

该反幌骗规定还禁止“具有‘幌骗’性质或被行业公认为……‘幌骗’”的行为。但是，CFTC尚未颁布任何规则以细化该条款的含义，并解释哪些类型的交易行为“具有幌骗性质”，或交易行为到底需要满足哪些要件才能“被行业公认为”幌骗行为。尽管“被行业公认为”这一表述基本上没有引起关注，但市场参与者和评论家们对该法律中“具有幌骗性质的”行为这一表述条文提出了批评，认为这一表述具有模糊性，导致难以确定到底哪些类型的行为属于被禁止的行为。[②]事实上，“具有幌骗性质”这一表述，确实有可能扩大该反幌骗条款的适用范围。“具有……性质”和“被行业公认为”这两项表述在《商品交易法》的其他地方也有出现，人们通常将这一情况理解为《商品交易法》作为法律工具，此举目的是防止人们通过死抠条文字眼来规避法律制裁。因此，美国国会很可能只是采用了《商品交易法》中其他条文使用过的这种反规避语言。当然，人们大可认为，虽然这样的表述也出现在《商品交易法》的其他条文中，但在反幌骗规定中使用该表述，也仍然造成了反幌骗规定的模糊性，不过，针对这一反幌骗禁令到底应如何解读，其他条文中的这些表述至少为其提供了有益语境和背景。也就是说，“具有……性质”这一表述不应视为美国国会试图取缔所有可能与幌骗类似的行为，而应视为一项反规避工具。利用这项工具，即使某种行为严格来说不在幌骗的法律定义范围内，只要它以类似幌骗的方式影响市场及其他交易者，监管机构也能够对其进行打击。

这里我们列举《商品交易法》采用这些表述的几个例子。之前，我曾将幌骗比喻为洗售的表亲。通过洗售（见第十四章），交易者能够与自己进行交

① Yeres et al., *Spoofing: The First Criminal Conviction Comes in the US-Perspectives from the US and UK*, Clifford Chance, Nov. 2015, 36 Fut.& Der. L. Rep. 1, Jan. 2016.

② 很明显，“被公认为”“被行业公认为”或其某种形式的变体，在《商品交易法》中曾多次出现。比如，可参见：7 USC.§1a（47）（A）（将互换定义为“被公认为互换的任何协议、合同或交易……当前或未来为行业所公认的任何协议、合同或交易”）；同上，第49页（将互换交易商定义为“因从事任何活动导致其被行业公认为互换交易商或做市商的……任何人”）。

易，从而制造出市场流动性或活动增加的假象。而通过幌骗，交易者也可通过提交买单或卖单，即交易指令单，制造出市场流动性或活动增加的假象。但是，这些交易指令单在执行之前就会被撤销，因而只能在短暂瞬间为其他交易者所见。在《商品交易法》中，禁止洗售的法律规定为第4c节第（a）条第（2）款第（A）项第（i）目。该规定的表述方式与《多德—弗兰克法》中的反幌骗规定完全一致，即禁止“具有‘洗售’或‘虚售’性质或被行业公认为‘洗售’或‘虚售’”的交易。如前所述，《商品交易法》于1936年首次规定洗售行为违法，但并未对该术语进行定义。尽管所有法院均未对洗售语境下“具有……性质”这一表述的范围进行认定，但他们均认为《商品交易法》的洗售禁令并没有模糊到违宪的地步。[①]同样，《商品交易法》第4c节第（b）条禁止任何人违反CFTC颁布的任何规则或规定而实施具有“期权”性质或被行业公认为“期权”的任何交易。[②]联邦法院对《商品交易法》中的“期权”定义进行了考察，并认定“具有商品期权性质”这一表述并未模糊到违宪的地步。[③]法院认为，该表述不过是为了防止人们利用“晦涩名称”规避期权相关法律要求而采用的一种手段。在法律语言中保持一定程度的模糊性有其自身优势，这可以防止法律为犯规者制作出精准的违法路线图。和悬崖、沟壑的边沿一样，明线法律规则似乎也不可避免地会吸引某些人趋近其边缘，直至越线。

第三节　万变不离其宗的幌骗

幌骗名目繁多。比如，幌骗单又被称为假单、虚构单、虚假单、虚假交易等。此外，幌骗还被人们称为“塞报价单”“塞单”“分层”和“动量点火”

---

① United States v. Siegel，472 F. Supp. 440，（N.D. Ill. 1979）.

② 编入了《美国法典》第7编第6c节第（b）节。

③ CFTC v. Preferred Cap. Invest. Co.，Comm. Fut. L. Rep P 21770（C.C.H.），1983 WL 937992（N.D. Tex. 1983）（认为该表述虽然模糊，但并不违宪，并描述了该话题相关判例法）.

等，但在某些情况下，这四个术语又被人们称为幌骗的子类，或者称为涉及撤单行为的独立破坏性行为类型。如前所述，以撤单为目的而提交交易指令单的行为属于一种对金融市场的扰乱，它妨碍了金融市场反映全体投资者经济观点、形成金融产品准确价格信息的能力。实际上，芝加哥联邦储备银行的一份报告将幌骗之类的交易行为定性成了“欺骗”，并进一步表示：

> 在正常经营条件下，在交易机构确认交易指令单收到之前，任何市场参与者均不得撤销其原交易指令单。我们想不到有任何合法交易策略必须以这种方式撤单，而很多故意欺骗的交易策略都使用这种撤单方式。

在任何情形下，无论这种交易行为的具体名称是什么，在相当长的时间里，人们都已经认识到，撤单的行为可用于欺骗金融市场上的其他参与者。这些不当交易行为的公分母，就是利用撤单行为误导其他交易者，包括人类和算法机器人，或促使其他交易者以某种方式作出反应（即在本来不应提交买单的情况下提交买单，或在本来不应提交卖单的情况下提交卖单）。《商品交易法》的反幌骗规定及其他既有反欺诈和反市场操纵一般禁令已经足够宽泛，能够覆盖就特定商品或衍生品的基本供需状况来欺骗其他市场参与者的任何交易活动，或旨在通过下单后立即撤单的方式来扭曲期货合约价格的任何交易活动。

第四节 《多德—弗兰克法》颁布之前打击期货幌骗的努力

尽管幌骗近年来被人们称为“高科技市场操纵方法”[①]，但真相是，在金融市场转型为计算机化、电子化交易平台之前，幌骗就已被视为一种扰乱市场的形式。尽管如此，与之前相比，美国当局近年来才开始加强幌骗的执法行动。比如，2010年美国国会通过《多德—弗兰克法》之后，CFTC就针对在该法通过前涉嫌实施幌骗行为的交易者，提起了民事执法诉讼。由于这些

① Tom C. W. Lin, *The New Market Manipulation*, 66 Emory L.J. 1253，1258（2017）.

交易行为发生在《多德—弗兰克法》通过之前，因此CFTC当然不能援引该法的反幌骗规定打击他们的骗局。但是，CFTC能够诉诸《商品交易法》中其他早就存在、广泛禁止各类扰乱市场行为的条款。比如，2011年和2013年，CFTC就解决了两桩民事执法诉讼，即盖尔伯集团案和邦吉全球市场案。这两桩案件似乎均涉及构成幌骗的不当交易行为，但由于涉案行为均发生在《多德—弗兰克法》通过之前，因此，CFTC在诉讼中援引了《商品交易法》的其他条款。在这两起案例中，CFTC认为，由于实施幌骗，这些交易者违反了《商品交易法》第4c节第（a）条第（2）款第（B）项中禁止报告非真实价格的规定，以及第9节第（a）条第（2）款中禁止提交影响商品价格的虚假、误导性或明知不准确的报告的规定。基于无意执行的交易指令单属于"虚假交易指令单"的理论，CFTC在对幌骗进行打击时，通常会援引《商品交易法》中的这两项规定。[①]

同样，在2011年和解的另一民事执法诉讼，艾克沃尔乳制品交易公司（Ecoval Dairy Trade）案中，CFTC表示，被告的交易行为违反了《商品交易法》第6节第（c）条和第（d）条及第9节第（a）条第（2）款禁止试图操纵市场行为的规定。当然，如果发生在《多德—弗兰克法》生效之后，被告的某些行为将理所当然地被定性为幌骗。2012年，在纽约南区对埃里克·蒙卡达（Eric Moncada）发起民事执法诉讼时，CFTC再次援引了《商品交易法》的这些条款。在该案中，CFTC指控蒙卡达为制造"流动性增加的误导性假象"而实施了幌骗（即提交期货合约交易指令单、然后立即撤销的行为），从而构成了试图操纵市场行为。[②]2014年，CFTC就蒙卡达一案达成了和解。结

① 比如，可参见：Press Release，U.S. Commodity Futures Trading Comm' n，CFTC Sanctions Gelber Group，LLC $750000 for Trading Abuses on Two Exchanges（Feb. 8，2013），www.cftc.gov（PressRoom/PressReleases/pr6512-13；*Bunge Global Mkts.*，2011 WL 1099346 at *1［"（大豆期货）交易指令单的入场对Globex的指示性开盘价产生了显著影响……由于这些交易者并未打算执行交易指令单，因此这些交易指令单构成了作物或市场信息的虚假、误导性或明知不准确报告，且影响了或可能影响大豆价格，从而违反了《商品交易法》第9节第（a）条第（2）款的规定"］。

② CFTC v. Moncada，No. 12 Civ. 8791，2014 WL 2945793（S.D.N.Y. Jan. 29，2014）；Scopino，The（Questionable）Legality，47 Conn. L. Rev. at 651.

果，蒙卡达被罚156万美元，同时被判处为期一年的交易禁令。

此外，当局还针对在大规模金融市场操纵骗局中利用幌骗作为操纵手段之一的交易者发起了诉讼。值得一提的是，自2012年起，媒体逐步曝光一个事实，即一些大型银行曾在各大市场实施幌骗，而这些幌骗行为仅是一些金融机构企图合谋操纵基准利率和外汇汇率的一部分。由于新闻报道，并且这些银行与CFTC及其他国内外监管机构达成的和解协议被曝光，这些银行的违法行为才于2012年起开始大白于天下。在这些执法诉讼中，CFTC仍然无法援引反幌骗规定，因为这些基准操纵案件涉及的违法行为主要发生在《多德—弗兰克法》通过之前。因此，CFTC的和解协议只能指控这些银行违反了《商品交易法》第6节第（c）条和第（d）条及第9节第（a）条第（2）款的规定。

CFTC针对《多德—弗兰克法》通过之前实施的幌骗行为发起的所有民事执法诉讼均以和解告终。这意味着，CFTC的法律理论并未在法院受到质疑或接受检验。但是，这些和解至少表明了CFTC的观点，即幌骗不仅违反了《商品交易法》第4c节第（a）条第（5）款第（C）项所述的反幌骗规定，而且违反了第4c节第（a）条第（2）款第（B）项、第6节第（c）条、第6节第（d）条和第9节第（a）条第（2）款的广泛规定。需要指出的是，后面这些规定虽然提到了洗售和市场操纵，但并未明确提及幌骗。

第五节 《多德—弗兰克法》颁布之前打击证券幌骗的努力

在证券市场上，幌骗也在禁止之列。在证券背景下，“幌骗”这一术语的使用与其在《多德—弗兰克法》中的描述以及CFTC的释义基本相同，即幌骗涉及提交交易指令单并打算在执行前即撤单的行为，且通常在利用虚假交易指令单欺骗其他市场参与者的骗局中实施。在证券市场上，幌骗又被称为“自动执行式操纵”。在期货市场上，技术进步助长了幌骗的发生，而在证券市场上，技术进步似乎同样降低了实施幌骗的难度。和衍生品市场监管机构一样，近年来，SEC在打击幌骗方面的力度也大为增强。

《多德—弗兰克法》给《商品交易法》增添了一项具体的反幌骗规定，但联邦证券法律中却没有这样的新规。因此，与《商品交易法》不同，证券法律没有这样具体的反幌骗法条规定可用。但是，这并不妨碍SEC对被控实施幌骗的交易者发起执法诉讼，因为法院和监管机构认为，旨在禁止欺诈和扰乱市场的一般证券法律规定已经涵盖了幌骗，而幌骗、洗售和操纵收盘价一样，都是欺诈或扰乱市场行为的一个子类。对被控实施幌骗的交易者发起执法诉讼时，SEC援引了1933年《证券法》第17节第（a）条、1934年《证券交易法》第9节第（a）条和第10节第（b）条及SEC规则10b-5。《证券法》第17节第（a）条第（3）款禁止因疏忽（即SEC无须证明主观恶意）而出现的欺诈行为。SEC之所以能够利用第17节第（a）条第（3）款等反欺诈规定打击幌骗，是因为如前文第十三章所述，欺诈在法律上的解释非常宽泛，甚至包括了就特定证券制造供需假象、以误导其他交易者的操纵性交易行为。同样，如前所述，《证券交易法》第10节第（b）条和SEC规则10b-5扮演了证券法下全能工具的角色，可用于打击欺诈和市场操纵，包括幌骗之类"以人为方式影响市场活动，从而误导投资者"的交易行为。[①]此外，SEC还诉诸《证券交易法》第9节第（a）条第（2）款，即禁止利用"明显主动交易"而扭曲股票价格行为[②]的规定，对被控实施幌骗的交易者实施了打击。在打击幌骗时，SEC不仅向自己的行政法法官提起了诉讼，而且还在联邦法院发起了民事执法诉讼。而且，SEC还表示，账户被他人用于实施幌骗（或类似于分层的幌骗子类别）的经纪交易商违反了"市场准入规则"，即SEC规则15c3-5。[③]

---

① Santa Fe Indus, v. Green, 430 U.S. 462, 476（1977）.

② Securities Exchange Act of 1934, 15 U.S.C. S 78（a）(2)(2012）.

③ Canellos et al., *The Law Surrounding Spoofing in the Derivatives and Securities Markets*, Milbank, Tweed, Hadley & McCloy LLP; 17 C.F.R. 240.15c3-5.

在美国证券市场上，针对幌骗的禁令及确保人们遵守这些禁令的执法诉讼并非新鲜事。至少自21世纪初开始，SEC和证券市场自律组织就已开始针对幌骗发起执法诉讼。尽管证券市场自律组织之前并没有任何规则明确涉及幌骗，但这些自律组织仍以违反了公平公正交易原则或监督失灵等理由，对被控实施幌骗的交易者发起了执法诉讼。

在打击幌骗的过程中，SEC和证券市场自律组织援引了与第十一章所述类似的法律理论支持其打击行动。这些理论表明，就法律而言，欺诈具有多样性。具体而言，SEC和行业自律组织表示，幌骗扭曲了证券价格。也就是说，SEC通常会利用市场欺诈（或欺诈性操纵）法律理论对洗售、幌骗和操纵收盘价等交易行为进行定性，认为这些行为向其他市场参与者发送了虚假信号，从而扭曲了证券价格。实际上，将幌骗（即提交虚假交易指令单）之类的交易行为定性为欺诈，这种传统在联邦证券法律中由来已久。一部证券法专著甚至表示，从本质上看，虚构交易指令单具有欺骗性。[①]

过去17年以来，在对被控实施幌骗的交易者提起执法诉讼及惩戒程序的过程中，SEC和证券市场自律组织对幌骗进行定义的方式似乎与CFTC，以及更晚些的联邦刑事检察官的方式大致相同。用与证券市场大致相同的方式定义期货市场上的幌骗，这一决定似乎是合理的。毕竟，美国国会议员们制定《多德—弗兰克法》的反幌骗条款时，对证券市场定义幌骗的方式应该已经有所了解。鉴于在《多德—弗兰克法》通过之前的至少10年内，SEC和证券市场自律组织都在与幌骗进行斗争，美国国会或许认为，与CFTC不同，SEC已经不需要明确的反幌骗条款了。从这一视角出发，美国国会在《商品交易法》的基础上新增反幌骗条款，这一决定或许可视为赋予了一项对CFTC而言非常有用，但对于SEC而言早已具备的执法工具，因为美国证券法及相关判例早已赋予SEC这样的能力。鉴于期货和证券市场对其他非法交易行为（如洗售和操纵收盘价）的定义基本相似，而且这些行为在这些市场均被认

① Thomas Lee Hazen，4 Law Sec.Reg. §14：44（2017年5月更新）.

为非法，因此美国国会确保幌骗之类的不当行为在证券和期货市场上都被禁止的做法，并不令人惊讶。

另一种可能的情况是，《多德—弗兰克法》的起草者就是忘记了像《商品交易法》那样给证券法添加禁止破坏性交易行为（如幌骗）的法律条文。实际上，《商品交易法》和证券法在防范幌骗方面具有不同法律规定的事实，已经受到了人们的批评，因为证券法将幌骗定性为扭曲股票价格并且欺骗其他交易者的欺诈，这种做法与《商品交易法》的反幌骗规定（即禁止以撤销为目的提交交易指令单）并不一致。特别应该指出的是，这些批评聚焦的是《商品交易法》反幌骗条款在主观故意方面的要求（即要求具备在执行前撤销交易的主观故意）与证券法反欺诈和反操纵条款在主观故意方面的要求（即要求证明具有操纵金融产品价格的主观故意）之间的差异。

但是，这两种规定的差异似乎并没有妨碍CFTC和SEC采用类似方法对幌骗进行打击。首先，必须指出的是，如前所述，《商品交易法》的条款对扰乱市场行为从总体上一概禁止，而CFTC认为这些禁令同样适用于幌骗。这种释义与SEC将法律规定适用于所有各类市场不当行为的做法异曲同工。因此，就应对扰乱市场行为而言，《商品交易法》与证券法在许多方面存在一致性。其次，尽管与证明具有操纵金融产品价格的主观故意相比，证明在交易执行前撤单具有主观故意确实可能比较容易，但在实践中，这项差异的最终影响可能并不大。实际上，对于这两项不同的主观故意证明要求，人们可将其视为法律森林里两条殊途同归的路径，导向同一目的地，即要求提交虚假交易指令单的交易者就其幌骗行为承担责任。毫无疑问，如果美国国会像对待CFTC那样赋予SEC同样的反破坏性交易行为权力，那情形肯定会好一些。但是，美国国会没有赋予SEC这项权力，这可能并不会导致这两大监管机构在应对市场幌骗行为方面有巨大差异，因为两者似乎并不会因为这项差异的存在而无法继续对幌骗行为实施打击。同样，如果有事实能够证明，交易者提交交易指令单时具有执行前撤单的主观故意，那么法院大可认为该事实同时也证明了相关交易者存在扭曲价格的主观故意。至于证券法中缺乏反幌骗规定是否会削弱SEC防范证券市场交易者提交虚假交易指令单的能力，时间将会对这个问题作出判断。

到目前为止，反幌骗规定的缺失似乎并未妨碍SEC对幌骗进行打击，因为该机构已对被控在证券市场上实施幌骗的人员发起了若干执法诉讼。比如，2015年10月，纽约一家自营交易公司布莱艾格特交易有限责任公司（Briargate Trading LLP）及其创始人之一埃里克·奥谢尔（Eric Oscher）向SEC支付了100万美元与其达成和解，该公司被控在2011年10月至2012年9月间，对纽约证券交易所上市股票实施幌骗。此外，2015年12月3日，SEC又以幌骗为由对三名期权交易者提出了指控。

第六节　柯西亚案：反幌骗规定的首次应用

2013年7月22日，CFTC首次援引《多德—弗兰克法》的反幌骗规定发布了一项命令，起诉了一桩幌骗案件并达成和解。在该案中，CFTC指控新泽西州拉姆森（Rumson）的迈克尔·J. 柯西亚和他位于新泽西州红岸（Red Bank）的黑豹能源交易公司（Panther Energy Trading LLC），利用计算机化高频交易程序在期货市场上实施了幌骗。2011年秋，柯西亚及其公司违反《商品交易法》第4c节第（a）条第（5）款第（C）项的规定，对大量商品期货合约实施了幌骗。结果，柯西亚及其公司被罚280万美元，并被处以为期一年的交易禁令处罚。根据CFTC的新闻稿，柯西亚及其公司采用了在场内期货交易中非法下单，然后迅速撤单的计算机算法进行牟利。柯西亚和黑豹公司试图在市场上制造买方兴趣很大的假象。这意味着，价格可能很快就会上涨，从而使其他市场参与者更有可能购买柯西亚和黑豹公司的小规模卖单。柯西亚的行为被SEC称为“分层”，这种行为通常被认为是幌骗的一个子类。在分层策略下，幌骗交易者通常在打算执行的方向放出小单（如卖单），同时放出其打算在其小单成功执行后立即予以撤销的、价格不一的反方向的众多大单（如买单）。众多大单会造成市场兴趣浓厚且流动性充足的假象，从而提高小单以有利价格执行的可能性，而小单一旦执行，大单将被立即撤销。因此，柯西亚的计算机化高频交易程序首先会提交其希望执行的小单，然后提交另一方向的大单，并在小单被执行后，立即撤销这些大单。柯西亚撤销的期货交易指令单占其提交总单数的98%。具体而言，柯西亚“对四家交易所交易的18种期货合约实施了（骗局），涉及能源、金属、利率、农产品、股票指数、外汇等合约及包括轻质原油、天然气、玉米、豆油、豆粕和小麦合约在内的期货合约”。①对此，时任CFTC执法部主任大卫·麦斯特表示，“利用专为幌骗市场而编写的计算机程序属于非法行为，是不能容忍的”。②

CFTC并不是关注柯西亚2011年幌骗活动的唯一监管当局。就在CFTC宣布对柯西亚处以罚款的当天，英国金融行为监管局也就柯西亚在位于伦敦的洲际交易所欧洲期货交易所（ICE Futures Europe）实施的幌骗行为，对其处以了大约90万美元的罚款。英国金融行为监管局的最终公告详细阐述了这一和解协议，表示英国金融行为监管局得出了以下结论，即柯西亚先生的行为达到了蓄意扰乱市场（市场操纵）的程度，违反了2000年《金融服务与市场法》第118节第（5）条的规定，因为柯西亚的幌骗行为会让其他交易者对投资标的的供应、需求或价格产生虚假或误导性印象，进而将这些投资产品的价格固定在了一个人为的虚假水平上。③

如前所述，在美国，期货交易所属于自律组织，因此负有对其市场上的欺诈和扰乱市场行为实施监督的责任。正因为如此，2013年7月22日，期货交易所经营机构CME集团宣布，该集团的一个商业行为委员会专家组及其交

① *Regulators Crack Down on Market 'Spoofing'*, GLOBAL INV.（July 23, 2013）, www.globalinvestormagazine.com/Article/3234532/Regulators-crack-down-on-market-spoofing.html.

② CFTC Orders Panther, CFTC.GOV.

③ Fin. Conduct Auth., Final Notice, FCA.ORG, July 22, 2013, www.fca.org.uk/publication/final-noties/coscia.pdf.

易所之一，即CBOT，以幌骗（属于CFTC民事执法诉讼范围内的违规行为）为由对柯西亚和黑豹公司实施了罚款和纪律处罚。具体而言，该交易所对柯西亚处以了63600美元罚款，令其交出了130万美元的非法所得，并禁止其交易六个月。与此同时，该交易所还对黑豹公司处以了393884美元的罚款，并勒令其交出了190万美元的非法所得。

在许多情况下，针对不当交易行为，通过与三大金融市场监管当局达成和解，就可以终结当事人的法律问题。但是，对柯西亚而言，事情却并不是这样。2014年10月2日，美国司法部宣布对柯西亚发起刑事起诉，理由是其违反《多德—弗兰克法》反幌骗规定，即《商品交易法》第4c节第（a）条第（5）款第（C）项规定，这是美国司法部首次对个人提起刑事起诉。2014年10月2日，时任美国伊利诺伊州北区检察官扎查理·T. 法尔顿（Zachary T. Fardon）宣布，一个大陪审团呈交了一份针对柯西亚的12项罪名起诉书，指控其幌骗行为违反了商品欺诈相关联邦禁令和《商品交易法》的特定条款，即第4c节第（a）条第（5）款第（C）项和第9节第（a）条第（2）款。根据这些条款规定，幌骗属于重罪。该案被称为是美国历史上针对高频交易行为发起的首批刑事检控之一。

对于柯西亚在期货市场上实施的计算机自动化高速幌骗行为，这份刑事起诉书将其一概定性为对其他市场参与者实施欺骗的欺诈行为。起诉书称，柯西亚试图利用其以欺诈、误导性（交易指令单）形成的虚假价格和交易量信息，诱使其他交易者作出反应。①起诉书进一步表示，柯西亚设计了（高速幌骗）策略，以形成市场合约数量相关假象，并以这种欺诈手段诱使其他市场参与者对其生成作出反应。②起诉书的前六项罪名援引了商品欺诈法律条款，而后六项罪名则援引了《商品交易法》第4c节第（a）条第（5）款第（C）

① Coscia Indictment, at 5.

② 同上，第3–4页。该起诉书还表示，“作为骗局的一部分，柯西亚确实歪曲、掩盖和隐藏了其真实行为及其目的，并促使他人歪曲、掩盖和隐藏了真实行为和目的，以推动其骗局。”同上，第7页。

项（该项为禁止幌骗的民事规定）和《商品交易法》第9节第（a）条第（2）款（该款规定明确了任何违反第4c节规定的行为均属重罪）。

起诉书指控称，利用算法交易程序，柯西亚能够在瞬息之间自动撤销其提交的报价单。他全然不顾市场状况，即便在市场走势有利于其报价单的情况下，也无所顾忌，因为他并不打算执行这些报价单。起诉书还表示，柯西亚的幌骗诱使其他交易者对其通过欺诈性、误导性交易指令单形成的虚假价格和交易量信息作出了反应，从而违反了联邦法律的商品欺诈禁令。起诉书还披露，柯西亚雇用了一名计算机程序员为其设计专门的计算机软件程序，以便在CME经营的17家市场和洲际交易所经营的三家市场实施幌骗活动。

部分期货行业高管和评论家对联邦检察官以幌骗罪名起诉柯西亚的决定提出了批评。这些批评名目繁多。一些人认为，鉴于CFTC、英国金融行为监管局和交易所等均已与柯西亚达成和解，再对柯西亚发起刑事起诉是“多余的”；还有一些人则认为，这样的做法是在强行拓宽刑事起诉的范围，并且就交易活动采取刑事制裁“首开先河”。[①]比如，有些人表示，决定对市场监管机构上一年已经达成和解的案件发起刑事诉讼，这是一种非常见、不正常的诉讼行为。[②]还有一些人批评说，反幌骗条款可能会将之前不存在争议的常见交易行为入罪，并称该术语到底应作何解释目前还没有什么共识。[③]这项批评过去和现在都有点怪异，其原因有二，且均在本章前文中提到过。首先，期货合约幌骗在《多德—弗兰克法》关于禁止非真实交易、操纵市场和试图操纵市场的一般规定下，也是非法的。其次，尽管幌骗在证券市场上处于非

① Avergun et al., *First Criminal Prosecution for Spoofing*, MONDAQ（Oct. 8, 2014）.

② Overdahl & Park, *The Exercise of Anti-Spoofing Authority in U.S. Futures Markets*, 36 FUT. & DER. L. REP. at 5; Moeck & Flynn, *'Spoofing' - A New, Amorphous Crime with Domestic and International Implications for Traders*, LEXOLOGY（指出“一起案件据信已由交易所和联邦监管机构结案，而在结案一年多后仍被刑事当局重新审理，这非同寻常”）.

③ Kemnitz et al., *United States v. Coscia*, BLoomberg BNA, Aug. 29, 2017（认为反幌骗条款被批具有模糊性，且可能将之前并不存在争议的常见交易行为入罪）; Moeek & Flynn, *'Spoofing' - A New, Amorphous Crime with Domestic and International Implications for Traders*, LEXOLOGY, February 10, 2016（认为期货行业对这场刑事诉讼进行了密切追踪，因为人们认为，柯西亚并非一个人在受审）.

法状态已超过10年，且证券市场监管机构定义幌骗的方式，与《商品交易法》反幌骗条款的定义方式，以及政府适用该条款的方式，也基本相同（尽管其对该破坏性交易行为命名时使用了其他表述），但证券市场参与者却从未发出过任何抗议，表示这种被禁止的扰乱市场的形式在理解上存在模糊。简而言之，即便在《多德—弗兰克法》为《商品交易法》增加反幌骗条款之前，当时依据的可以说更加模糊、更具开放性的不当交易行为禁令，以撤单为目的提交期货合约和证券交易指令单的行为就已属非法，但在美国国会于2010年通过更加细化的幌骗禁令之前，却从未有人表示该罪行存在任何模糊性。

作为应对，柯西亚提出了撤销起诉的动议，而其理由则是：反幌骗条款模糊到了违宪的地步，且其行为并未构成法律意义上的商品欺诈。他的辩解，特别是以模糊条款无效原则对反幌骗条款提出的质疑，无疑呼应了市场参与者此前就CFTC破坏性交易行为释义指南及遏制幌骗的努力而发表的评论。在一定程度上，柯西亚的辩解建立在“幌骗难以定义”的主张上。[①]但是，审理法院（恰如其分地）驳回了他的撤诉动议。因此，该案推进到了2015年10月26日的审判阶段。

审判期间，检察官表示，柯西亚于2011年在3个月内就通过幌骗获利140万美元。检察官还强调了柯西亚交易活动的特别之处。比如，柯西亚的许多幌骗单（即其通常在执行前即予以撤销的交易指令单）在规模上堪称巨大，且通常是特定市场上规模最大的。检察官表示，由于电子化期货交易都是匿名进行的，因此柯西亚的大规模交易指令单看起来就像多个交易者提交的，从而形成了关于特定期货合约流动性的假象。

在审判期间，柯西亚的主观状态是争论的核心问题之一。检察官表示，柯西亚提交众多大规模交易指令单的目的，是在执行前撤销这些指令单。但柯西亚表示，他打算执行提交的每一个指令单。但是，检察官又提交证据，

---

① Overdahl & Park, *The Exercise of Anti-Spoofing Authority in U.S. Futures Markets*, 36 FUT. & DER. L. REP. at 5.

证明了柯西亚有意在其指令单被撮合并执行之前即撤销某些交易。柯西亚公司一名前计算机程序员耶利米·帕克（Jeremiah Park）告诉陪审团，关于公司的交易算法，他从柯西亚那里收到了详细指示，其中涉及以“推升市场”并“充当托儿”为目的的交易指令单。[①]帕克作证说，柯西亚的软件代码要求表明，柯西亚在设法“促使其他算法作出反应”。[②]帕克还作证说，之所以下大单就是为了避免成交，进而在以下三种情形下撤销，即：（1）时间流逝（通常以毫秒计）；（2）大单被部分成交；（3）小单全部成交。[③]审判活动还凸显了柯西亚交易的性质。比如，证据表明，在2011年相关时期内，柯西亚提交的绝大部分大单在市场上的平均持续时间不足一秒。实际上，仅0.57%的大单在市场上持续了一秒以上。相比之下，相关证词表明，其他高频交易者提交的大单中有65%持续了一秒以上。此外，还有证词显示，在2011年8月至10月提交的24814项大单中，柯西亚仅执行了其中的0.5%。检察官表示，这一事实说明，柯西亚提交这些大单的目的就是在执行前撤单。同样，在一个历时两个月的特定期间内，柯西亚的撤单量竟然占了洲际交易所全部布伦特石油期货合约撤单量的96%。

审判还呈交了CME和洲际交易所这两大期货交易所相关官员的证词。这些交易所官员作证说，收到交易者提交的投诉后，他们才开始意识到柯西亚的“反常交易”。[④]柯西亚幌骗活动的受害者也提供了证词。具体而言，芝加哥对冲基金公司Citadel的阿南德·特维尔斯（Anand Twells）表示，在与柯西亚交易的过程中，Citadel在400毫秒内就损失了480美元。同样，泰扎科技

① United States v. Coscia，2017 WL 3381422，at n.7（7th Cir. Aug. 7，2017）；Louis & Hanna，*Spoofing Trial Jury*，Bloomberg.

② United States v. Coscia，2017 WL 3381422，at n.7（7th Cir. Aug. 7，2017）.

③ 同上。

④ Philip Stafford et al.，*US Trader Found Guilty in Landmark 'Spoofing' Case*，Fin. Times（Nov. 4. 2015），www.ft.com/intl/cms/s/0/d7197620-8287-11e5-8095-ed1a37d1e096.html?ftcamp=published_links%2Frss%2Fcompanies%2Ffeed%2F%2Fproduct. 关于其他市场参与者向CME检举柯西亚交易行为的更多信息（其中一名市场参与者甚至发出了“这合法吗”之类的疑问），请参见：Gregory Meyer & Philip Stafford，*'Spoofing' Trial in Chicago to Test Market Clampdown*，Fin.Times（Oct. 25，2015），www.ft.com/intl/cms/s/0/500042d8-7b55-11e5-a1fe-567b37f80b64.html#axzz3wrvZEr2X.

（Teza Technologies）的霍范恩斯·德门奇恩（Hovannes Dermenchyan）也表示，因为柯西亚的幌骗，他的公司在一小时内损失了1万美元。而且，德门奇恩还告诉法院说，发现有人进行小额交易后立刻撤销相反方向大额交易这一规律之后，他迅速关闭了Teza的大部分程序，并对市场上的交易活动进行了分析。结果发现，在六个小时内，这种问题交易模式竟然重复了4000次。最后，XTX市场（XTX Markets）的亚历山大·格尔克（Alexander Gerko）也作证说，据他估算，“他的公司因为柯西亚的行为……很可能损失了小几十万美元。”①

为了削弱证明主观故意的证据，审判法官允许柯西亚证明存在某些交易所规则，并证明自己是为了遵守这些规则。比如，柯西亚提交的证据表明，他从事交易活动的期货交易所：（1）允许在市场两个方向同步提交交易指令单；（2）没有要求在特定时间内确保交易指令单保持可交易状态；（3）设定了最高撤单率，但柯西亚的撤单率并未达到这一水平。柯西亚在审判过程中也出庭作了证，强调其从未试图在执行前撤销交易指令单。他说：“我从未提交过任何不想交易的指令单。”②柯西亚还表示，他没想过要欺骗任何人，且没有隐藏或掩盖任何东西。③

但是，检察官不相信柯西亚（达成或不达成交易）的意图在其下单与撤单的几毫秒之内发生了变化。④在结案陈词中，美国联邦助理检察官苏尼尔·哈贾尼（Sunil Harjani）称，大量证据表明，柯西亚在提交大单时就有意撤销这些指令单。但是，柯西亚的律师克伦·巴顿·西摩尔（Karen Patton Seymour）（当时供职于苏利文·克伦威尔律师事务所）表示，她的当事人确实采用了不同于其他高频交易公司的策略，但这并不违法。

---

① United States v. Coscia, 2017 WL 3381422（7th Cir. Aug. 7, 2017）.

② Louis Hanna, *Spoofing Defendant Coscia Says He Intended to Trade Orders*, BLOOMBERG.

③ 同上。

④ Eric H. Sussman et al., *Landmark Conviction of High Frequency Trader: Assessing the Impact*, 48 Sec. Reg. & Law Rep. 126, Jan. 18, 2016.

陪审员们收到的“幌骗”说明中，对破坏性交易行为的定义是“提交买单或卖单，但试图在执行之前即撤销该买单或卖单的行为”。[①]此外，法官给陪审团的指导意见称：

> 要认定本要件得到了满足，您必须认定政府在排除合理怀疑的情况下，成功证明了以下事实，即交易者在提交您目前考察的罪行所涉及的买单或卖单时，确实试图在执行前就撤销全部买单或卖单，且其提交买单或卖单的行为并非执行（至少是部分执行）这些买单或卖单的合法、真实努力的一部分。政府则必须证明，交易者确实有在执行前就撤销其买单或卖单的目的或自觉意图。但是，对政府而言，仅证明（交易者）明知或应知后果极有可能发生，即买单或卖单极有可能在执行前即撤销，是不够的。

2015年11月3日，审议约一个小时后，陪审团认定柯西亚所有罪名均成立。结果，柯西亚被判处36个月监禁。随着柯西亚的定罪，人们开始明白，利用具有自动撤单功能的自动交易算法有时可能会违反《商品交易法》的反幌骗条款。[②]

柯西亚被迅速定罪的消息被人们描述成了对期货行业的沉重一击，因为长期以来，这个行业一直充斥着各式各样的狡诈、违规行为，却鲜有扰乱市场者被送进监狱。[③]柯西亚被定罪一天后，当时的CFTC主席蒂莫西·马萨德

---

① Jurgens et al., *Spotlight on Spoofing: Looking Back at 2015 and Forward to 2016*, Jones Day, Feb. 9, 2016.

② Miller et al., *Prosecutors Record First Ever Conviction for 'Spoofing'*. Lexology, Nov. 9, 2015.

③ Gregory Meyer et al., *Spoofing Verdict Shocks Futures Trading Industry*, Fin.Times (Nov. 4, 2015); *Denny Gulino, Sudden US Criminal Crackdown on 'Spoofing' Leaves HFT Spooked*, Mkt.News Serv. (Oct. 3, 2014)（“周四宣布的首桩‘幌骗’刑事起诉案似乎使整个高频交易群体陷入了不安。他们都在担心，接下来是不是还有一系列同类起诉动作，或者说，这个案件是不是‘一个一过性事件’，只是因为它过于恶劣，所以检察官们才无法放过它”）; Bradley Hope, *5 Things to Know About Spoofing in Financial Markets*, Wall St. J. (Feb. 22, 2015)（“柯西亚被刑事起诉的消息向交易界发出了一阵冲击波，因为在此之前，交易者们通常仅面临罚款和禁业处罚，而非监禁”）; Meyer et al., *Spoofing Verdict Shocks Futures Trading Industry*, *Fin.Times*（“针对幌骗行为的首桩刑事案件使得芝加哥的交易者们不安。芝加哥是自营交易公司的集中地，这些公司都在利用先进算法与竞争对手斗智斗勇……‘这是期货行业的一个分水岭时刻，’芝加哥传承（Traditum）交易集团公司的首席执行官迈克尔·克里顿（Michael Creadon）表示，‘对于本质上属于下单的行为，此前从未有过这样的起诉行动’”）。

告诫市场参与者说："CFTC将继续积极打击幌骗案件，如果（交易者）提交大量交易指令单，却没有成交意图，那他们就该去跟自己的律师聊聊了。"[①]

鉴于目前电子化交易平台和衍生品交易机制的复杂性，市场参与者和评论家都怀疑检察官是否能够证明柯西亚确有幌骗市场的主观故意。实际上，陪审团在大约一个小时内就迅速作出了柯西亚有罪的裁决，这一事实令一些观察家大感惊讶。纽约南区前联邦助理检察官大卫·米勒（David Miller）表示，柯西亚的定罪可能会使各位联邦检察官和CFTC各位执法律师更有勇气继续对实施幌骗的交易者进行打击，因为柯西亚的案例表明，幌骗检控不仅可行，而且不会复杂到令陪审团难以理解"。[②]

> "尽管高频交易算法纷繁复杂，但其可归结为一个相当简单的问题"，底特律韦恩州立大学法学院教授彼得·亨宁表示。这个问题就是，"他希望这些交易指令单成交吗？显然，陪审团并没有相信他的辩护。"[③]

一名陪审员以匿名为条件接受了彭博新闻的采访。他表示，审理结束后，陪审员们回到陪审室并研读欺诈规则和幌骗定义时，已经不可能认为柯西亚没有实施这些行为了。[④]

---

① Tom Polansek, *CFTC Head Issues Warning to Spoofers after US Verdict*, Reuters（Nov. 4, 2015, 12：44 PM），www.reuters.com/article/2015/11/04/court-spoofing-cftc-idUSL1N12Z28T20151104（认为律师和分析师们相信，由于柯西亚案的判决，他们预计政府在打击不法交易者方面将更加积极）.

② Zanki, *First Spoofing Conviction to Fuel More Prosecutions*, LAW360. 实际上，Trillium交易公司的法律总顾问迈克尔·弗里德曼（Michael Friedman）表示，"陪审团做出决定的坚决性，可以让声称这种交易过于复杂、因此难以理解，或陪审团会被轻松说服并相信这种行为合法的论调消失了。"同上。（弗里德曼补充说，"就柯西亚的交易行为而言，除了操纵价格以获利这个目的外，没有任何理由可说明其提交一系列买单和卖单的合理性。"）请参见：Sarah N. Lynch, *U.S. to Prosecute High-Speed Trader in First Criminal Spoofing Trial*, Reuters（Oct. 26, 2015, 10：47 A.M），www.reuters.com/article/court-spoofing-idUSL1N12N1U.A20151026（指出弗里德曼曾预测说，"政府可能会胜诉，因为该案的交易模式指向了强有力的'欺诈故意推论'"）; Louis & Hanna, *Swift Guilty Verdict in Spoofing Trial May Fuel New Prosecutions in U.S.*, Bloomberg（"以闪电般的速度对一名高频商品交易者作出有罪裁决可能会提振检察官的信心。一年来，他们已经加强了对幌骗行为的监管攻势"）。

③ Brian Louis et al., *From the Pits to Algos, an Old-School Trader Makes Leap to Spoofing*, Bloomberg, Nov. 12, 2015.

④ 同上。

作为对柯西亚被定罪一事的回应，期货行业协会主席沃特·卢肯（Walter Lukken）则敦促CFTC澄清何种行为构成幌骗。但是，CFTC主席马萨德则认为，陪审团的裁决“意义重大”，并表示“我认为法律已相当明确……如果有人提交数以千计的交易指令单，却没有交易的意图，我认为这就是诉讼依据。”[①,②]实际上，尽管一些衍生品行业官员认为反幌骗条款过于模糊，甚至可适用于正常情形下的合法行为，但柯西亚实施的交易行为不仅完全在《多德—弗兰克法》禁止反幌骗的规定范围内，而且还可轻松归入《商品交易法》中禁止操纵价格、试图操纵价格和传播非真实交易指令单等禁令传统上禁止的行为类型。而且，如果柯西亚在证券市场上实施了同类幌骗行为，他的行为很可能也会被认为属于证券法传统市场欺诈法理下的操纵伎俩。简而言之，即使假定CFTC存在将合法交易行为适用反幌骗条款的可能性，柯西亚的行为也显然并不在合法之列。

柯西亚就其被定罪一事提出了上诉。尽管大多数评论家都认为，柯西亚是以模糊条款无效原则为依据，对反幌骗条款的合宪性提出了表面上违宪的诉讼，但一些人则认为，柯西亚实际上是在主张反幌骗条款对他的适用违宪，所依据的理由是，反幌骗条款未告知他的交易行为属于非法。柯西亚表示，反幌骗条款模糊到了违宪的地步，因为该条款并未就哪些行为在禁止之列对其进行充分告知。柯西亚进一步表示，反幌骗条款甚至涵盖了合法交易行为，并指出：交易者经常会提交他们永远都不会希望执行的“止损”单（因为执行将意味着市场对其不利），或者提交仅在某些条件下才会执行的“要么全部成交，要么立即取消的”交易指令单，但监管机构并不会认为这些交易指令单非法。[③]当然，如前所述，对于这种止损单或

① Michael J. Bologna, *CFTC's Massad Touts Spoofing Conviction*, Bloomberg BNA (Nov.4, 2015).（马萨德表示，“我们将幌骗及正在发生的其他操纵行为当成了一项重点工作在做。我们一直在积极跟进我们认为属于违法行为的情形并行使我们在这方面的新权力。”）

② Marek, *Three Reactions to Yesterday's Spoofing Conviction*, Crain's Chi.Bus.

③ Kemnitz et al., *United States v. Coscia*, Bloomberg BNA, Aug. 29, 2017.（表示反幌骗条款“被批评为过于模糊，可能会将之前不存在争议的常见交易行为入罪。”）

“要么全部成交，要么立即取消”的交易指令单来说，柯西亚的交易模式与其没有任何相似之处。况且，CFTC从未解释说，反幌骗条款禁止此类交易指令单。此外，柯西亚还表示，他的交易行为并未构成商品欺诈。

美国第七巡回上诉法院驳回了柯西亚的所有论点。比如，第七巡回上诉法院认为，柯西亚对模糊规定的质疑不成立，因为法律对幌骗这一术语进行了明确定义，即“提交买单或卖单，但试图在执行之前撤销该买单或卖单的行为”。[①]第七巡回上诉法院指出，柯西亚的前计算机程序员作证说，他的大单“就是以撤销为目的，专门为防止真正成交这种风险而设计的。[②]第七巡回上诉法院表示，“与涉及止损单或‘要么全部成交，要么立即取消’这类交易指令单情形不同……在任何情形下，柯西亚都没有执行其大单的意图。”[③]第七巡回上诉法院进一步表示，庭审证据显示，柯西亚在CME提交的大单中仅有0.08%真正执行，而在洲际交易所提交的大单中，仅有0.5%被执行。法院还指出了一个事实，即柯西亚的大单往往会被迅速撤销，仅有0.57%的大单存续时间超过一秒，而其他市场参与者的这一比率为65%。第七巡回上诉法院裁决称，“根据政府提交的统计证据，柯西亚的交易与正常情况截然不同……因此任何理性的陪审团都会‘很容易认定，在提交交易指令单时’，柯西亚先生确有‘在执行前撤单的主观故意’”。[④]

最终，柯西亚基于幌骗行为范围具有不确定性而提出的辩护是无法令人

① Histed & Perales, *The Spoofing Statute Is Here to Stay*, LAW360. “柯西亚先生的主张，即一项模糊性达到不允许程度的法律规定导致了针对他的任意执法，是站不住脚的，因为他的行为完全在该规定所述禁令的范围之内：他委托别人专门设计了一个程序，规避所下订单被真实执行的风险，通过撤销大单哄抬或压低市场价格。” United States v. Coscia, 2017 WL 3381422（7th Cir. Aug. 7, 2017）.

② United States v. Coscia, 2017 WL 3381422（7th Cir. Aug. 7, 2017）.

③ Kemnitz et al., *United States v. Coscia*, Bloomberg BNA, Aug. 29, 2017. 表示反幌骗条款“被批评为过于模糊，可能会将之前不存在争议的常见交易行为入罪。”“柯西亚先生提交交易指令单并不是为了在某些情形下撤单，而是为了在任何情形下都撤单。他不是为了执行，而是为了利用这些交易指令单影响市场价格涨跌。”同上。

④ 同上。

信服的。[①]审判法院和上诉法院均认为，柯西亚针对幌骗禁令提出的辩解没有说服力，其原因如下：首先，在《多德—弗兰克法》颁布之前，幌骗就不合法。由于在2010年反幌骗条款颁布之前，与幌骗类似（但非完全相同）的交易行为在衍生品和证券两大市场上都是非法的，因此柯西亚的主张，即美国国会胡乱编造了一个不确定的新式交易罪行且未进行充分告知的主张，缺乏事实支持。《多德—弗兰克法》确实明确将商品衍生品市场上的幌骗行为规定为违法，但在此之前，金融市场监管机构已援引禁止欺诈、市场操纵和不当交易行为的规定，起诉了一些实施幌骗的交易者，而这些禁止性规定甚至比反幌骗条款还要模糊。此外，《商品交易法》甚至没有对市场操纵进行定义，而该法禁止市场操纵的规定也经受住了模糊性方面的质疑。禁止欺诈（包括证券和金融市场欺诈）的法律规定同样模棱两可，但总体上，这些禁令并没有被认为模糊到了违宪的地步。实际上，在前几个世纪，人类社会曾将欺诈的法律概念当成了一个包罗万象的容器，将人们对他人实施的、尚未构成实际盗窃或其他类型法律过错行为的不公现象，统统包括在内。针对欺骗行为的这种开放性操作模式具有其合理性，因为尽管法律上禁止欺诈的规定极其宽泛，通常与“不要骗人”这道命令等同，但这种宽泛的欺诈定义可防止不诚实的人实施诡计和欺骗，防止其利用现有禁止偷盗或禁止滥用他人钱财规定的漏洞规避惩罚，从而在法律领域扮演了重要角色。在这种欺诈应对方式下，人们可能会对“法律到底禁止了什么”这个问题表示关切，同时担心人们获得公平告知的权利会因此而被剥夺。但是，这个问题处理方式通常由个案而定：在检察官做得太过分的情况下，法院会介入并进行干预。比如，在证券欺诈相关判例法下，交易行为也可“构成……隐含的失实陈述”，因为行为本身可具有欺骗性，且（证券欺诈）责任不要求以“特定口头或书面陈述”

---

① Sar, *Dodd-Frank and the Spoofing Prohibition in Commodities Markets*, 22 Fordham J. Corp. & FIN.L. at 399；请参见：Lundy & DeLange, *7th Circuit Affirms 1st Conviction for Spoofing*, Nat' l L. J., Aug. 16, 2017（认为“该意见的措辞明确支持合宪性，因此陪审团似乎不同意柯西亚的辩解”）.

为依据。[①]同样，交易所等期货和证券市场自律组织也根据禁止违反“公平、公正交易原则”的交易所规则或针对“操纵和不诚信行为”的一般禁止性规定，对被控实施幌骗的交易者采取了纪律惩戒行动，而这些规则或法律规定也比反幌骗条款更为模糊。[②]简而言之，在《多德—弗兰克法》颁布之前，幌骗就已被视为不当交易行为，而当时用于打击幌骗的规定甚至比当前的反幌骗条款还要模糊得多。相比之下，反幌骗条款至少还明确提到了提交买单或卖单，并试图在执行前撤销该买单或卖单的具体行为，因而发挥了作用，将该条款禁止的对象限制在撤销交易指令单这种不当交易行为上。但是，传统的开放式反欺诈规则和同样采用宽泛表述的期货交易所行为标准并没有这样的限制。尽管如此，这些规则并没有因为这种模糊性而被人认为无效。

总之，《多德—弗兰克法》将反幌骗条款添加到了《商品交易法》中，而第七巡回上诉法院完全驳回这些质疑的举动确立了该反幌骗条款的广泛性。[③]2018年5月，美国最高法院正式拒绝审理柯西亚的上诉，从而维持了第七巡回上诉法院的判决和对柯西亚的定罪。

第七节　豪恩斯洛的猎犬与闪电崩盘

这里是一个小测试。豪恩斯洛的猎犬是什么，或者说，是谁？请从下列选项中选择一个正确答案。此外，它也是阿瑟·柯南·道尔（Arthur Conan Doyle）爵士以传奇侦探夏洛克·福尔摩斯为主人公的一篇短篇小说的标题。

（a）20世纪70年代伦敦一个朋克乐队的名称

---

① Scopino, *Expanding the Reach*, 45 Hofstra L. Rev. at 625–26.

② Overdahl & Kwon, *The Exercise of Anti-Spoofing Authority*, 36 Fut. & Der. L. Rev. 5, at 3（指出“即便在《多德—弗兰克法》的反幌骗条款颁布之前，在自律组织（即期货交易所）层面，幌骗也一直在禁止之列”）; Canellos et al., *The Law Surrounding Spoofing*, Milbank, Tweed, Hadley & McCloy LLP at 11（同前，但其提到的是证券市场自律组织）; 同上，第25–26页（简要描述了期货交易所对幌骗嫌疑人发起的六起纪律惩戒案）.

③ Lewis J. Liman, *Cleary Goitlieb Discusses Federal Spoofing Conviction*, Clsblueskyblog.com, Aug. 16, 2017, http://clsbluesky.law.columbia.edu/2017/08/16/cleary-gottlieb-discusses-federal-spoofing-conviction/.

（b）一名期货交易者的绰号，据称，这名交易者实施的幌骗行为要为2010年5月6日期货市场的“闪电崩盘”承担主要责任

（c）英国最古老的、经营从未中断的一家酒吧的名字

（d）上述答案都不对

正确答案是（c）。其实，豪恩斯洛是英国伦敦希思罗国际机场飞机航线下的一个偏僻郊区。2015年4月，芝加哥的美国联邦检察官对高频交易者纳温德·辛格·萨劳（Navinder Singh Sarao）提出了21项涉及欺诈和市场操纵的刑事指控。据称，萨劳与其父母一起住在豪恩斯洛的一栋半独立住宅中。在那里，他单枪匹马实施了期货合约幌骗行为，并导致了2010年5月6日期货市场的“闪电崩盘”。与此同时，CFTC还对萨劳提起了民事执法诉讼，指控其违反了《商品交易法》中禁止价格操纵和幌骗的规定。美国当局认为，近年来最重大的市场崩盘事件之一就是由这名仍与父母同住的孤狼式交易者导致的。这个消息被人们称为“晴天霹雳”，并导致英国媒体给萨劳取了“豪恩斯洛的猎犬”这个诨名。①在“伦敦西部的一个破旧城区”中，萨劳在自己的卧室里用自己的资金实施了涉案行为。②柯西亚被捕已经足够令人惊讶，但萨劳被捕以及相关指控却令金融市场参与者和评论家们更为震惊。

萨劳被捕时36岁，已婚并育有两个女儿。据称，自2010年起，他就开始从事幌骗，涉案规模令人发指，而其不当得利也多达4000万美元。而且，美国当局表示，萨劳在标准普尔500股票指数迷你期货合约上的幌骗行为引发了2010年5月6日期货市场的“闪电崩盘”。当时，约1万亿美元的市值在五分钟内蒸发殆尽。据称，萨劳在崩盘当日获利约90万美元。萨劳是所谓的“日内交易者”，通常利用自有资金进行交易，即所谓的“自营交易”。据称，在政府起诉书提到的10日期间内，他撤销了多达99%的交易指令单。萨劳在

① Dakers, *Did Home Trader Crash the US Markets?*, Sunday Telegraph [UK], April 26, 2015, 2015 WLNR 12115659.

② Liam Vaughan, *How the Flash Crash Trader's $50 Million Fortune Vanished*, Bloomberg, Feb. 10, 2017.

CME拥有一个交易席位，因此可直接在CBOT的市场上进行交易。美国当局的刑事起诉书对他提出了一项电信欺诈指控、十项商品欺诈指控、十项商品操纵指控和一项幌骗指控。CFTC在民事执法诉讼中提交的起诉书则指控他实施了操纵市场、试图操纵市场和幌骗等行为。

在深入阐述萨劳案细节之前，我们有必要先了解一下2010年的闪电崩盘事件。只有这样，我们才能充分理解美国政府当局对萨劳提出的指控。实际上，闪电崩盘事件当日的开盘与其他任何交易日并无不同。2010年5月6日，尽管交易可实现程度，即：市场流动性仍然很低，但经济关切迫使人们不断抛售政府债券，买入迷你合约（标普500期货合约）。①当时，市场已经开始波动，因为欧洲市场正风雨飘摇，处于一个更加动荡不安的主权债务危机时刻。②当天，从下午2点42分开始，道琼斯工业平均指数在45分钟内下跌了998.5点，随后开始反弹，收盘时下跌了348点。标普500股票指数迷你期货合约在四分钟内下跌了5个点，且期货合约的迅速下跌延伸到了标的股票市场，CME不得不对该合约实施5秒的交易暂停。在此期间，算法交易程序得以重新调整其方向，并修正其在市场评估方面的错误。值得一提的是，闪电崩盘当日，标普500迷你期货合约下单量为500万单，而2015年正常交易日该合约的下单量通常为100万单左右。这次闪电崩盘被人们称为一场前所未有的市场事件，因为数万亿美元市值在数分钟内蒸发殆尽。③在市场重新站稳脚跟并大体恢复之前，世界各地的公司已经损失了数十亿美元。

美国的金融市场监管机构对这次闪电崩盘事件的源头进行了追踪，发现其与标普500迷你期货合约的交易活动有关。标普500指数与美国500只主要股票的表现相挂钩，可口可乐和通用电气之类的公司股都在这500只股票之内。交易者可对该指数的表现进行投机。为此，他们可购买构成该指数的单

① Quinn & Rayner, *British Man Held Over £500bn Wall Street "Flash Crash"*, Telegraph Online [UK], April 21, 2015, 2015 WLNR 11627545.

② Dakers & Spence, *Mystery of Hounslow's "Flash Boy"*, 2015 WLNR 11786003.

③ Lin, *The New Market Manipulation*, 1255.

只公司股票，也可购买对该指数市场走势进行跟踪的衍生品。迷你标普500期货合约之所以被称为“迷你”合约，是因为其交易成本仅为以该指数为基准的其他金融工具的十分之一，每个点代表50美元。利用被戏称为“the Spoo”的标普500迷你期货合约，交易者可就标普500指数在未来数月内的涨跌形势进行押注。[①]标普500迷你期货合约是一个有益指标，能够显示金融界对该合约的标的资产——标普500指数的表现预期如何。[②]

2015年对萨劳的指控与美国当局此前就此次闪电崩盘事件的原因分析截然不同。2010年9月，SEC和CFTC曾就这次事件发布了一份联合报告。在报告中，他们将这次事件中价格暴跌的主要原因归结为堪萨斯州一家共同基金沃德尔里德金融（Waddell & Reed Financial）提交的一份标普500迷你期货大卖单。监管机构认为，沃德尔里德的卖单规模达到75000手，价值41亿美元，这些卖单引发了恶性循环：由计算机驱动的交易程序相互作用，迅速推动了市场下行，而交易者则由于害怕崩盘而选择退出市场。沃德尔里德的所有卖单仅在约20分钟内就完成了，而在正常情况下，这个规模的交易指令单至少需要数小时才能执行完毕。沃德尔里德的大规模交易结束后不久，道琼斯工业平均指数就下跌了9.16%，相当于下跌了约1000点。这次闪电崩盘事件还导致某些股票出现了短时间的极端波动：咨询公司埃森哲（Accenture）的股价从每股40美元跌到了每股1美分，而拍卖行苏富比（Soetheby）的股价则从每股34美元瞬间飙升到了每股99999.99美元。当时，SEC和CFTC的联合报告指出，沃德尔里德的大卖单传播了“消极情绪”，从而引发了崩溃。但是，CME对这一结论提出了质疑。

2010年5月6日（亦称“伤心日”）过去五年后，CFTC和美国联邦检察官才对萨劳提出了指控，并对这次闪电崩盘事件的起因提出了不同说法。由

---

① Spoo，Investopedia，www.investopedia.com/terms/s/spoo.asp［“Spoo”是CME交易者对标普500指数期货的俗称。该合约每个季度到期，到期月分别为3月、6月、9月和12月。Spoo一词源于美国证券交易所（AMEX）的XMI交易池，与9月份合约的交易代码“SPU”有关］；同时，请参见：Quinn & Rayner，*British Man Held Over £500bn Wall Street“Flash Crash”*，2015 WTNR 11627345.

② 同上。

于萨劳所犯罪行的诉讼期限为五年，因此检察官们在闪电崩盘事件五周年纪念日到来的两周之前，及时对萨劳提出了指控。实际上，美国当局是在一位匿名吹哨人的帮助下才得以揭开萨劳的骗局。这名吹哨人花了大量时间分析闪电崩盘事件的交易数据。此外，美国联邦调查局依靠一位匿名专家和一家咨询公司，对萨劳的交易进行了分析，而CFTC依靠的则是加利福尼亚大学伯克利分校教授特伦斯·亨德肖特（Terrence Hendershott）的专业技能。联邦检察官指出，萨劳的幌骗"是普通交易指令单规模的128倍，足以导致市场陷入（下降）旋涡。[①]尽管针对萨劳在闪电崩盘日实施幌骗的指控在媒体界最受关注，但实际上，联邦调查局还对萨劳在2009年至2015年4月期间实施的所有交易都进行了分析，并得出论断称，萨劳在检察官调查的交易期间有63%的交易日都在实施幌骗。在一些人看来，CFTC和CME无法提前发现和阻止萨劳的幌骗，这说明在当今世界的计算机化、电子化市场上，要以近乎即时的方式发现和检控幌骗及其他不当交易行为，监管机构仍然面临着种种挑战。CFTC时任主席蒂莫西·马萨德表示，市场的复杂性及CFTC经费不足等现实原因，导致CFTC花费了数年时间才对萨劳实施追查。一名CFTC前官员也表示，2010年对闪电崩盘事件进行调查时，美国监管机构甚至从未将幌骗作为该事件的一个潜在原因进行调查，而即便他们对幌骗进行了调查，要查实幌骗也是极其困难的。

CFTC和美国司法部指控称，萨劳利用修改后的现成软件对其他市场参与者实施了欺骗，使其相信大量卖单即将入场，从而导致所谓的标普股票指数迷你期货价格下降。这样，他就可以在较低价位买入期货。萨劳被捕时CFTC的执法部主任艾坦·戈尔曼表示，萨劳的行为至少应为交易指令单失衡现象负主要责任，而交易指令单失衡是导致闪电崩盘的条件之一。[②]戈尔曼表示，萨劳的行为是市场失衡的一个重大因素，而市场失衡又是促成闪电崩盘发生的主要条件之

① Kevin Dugan, *Super 'Spoofer' Trader Allegedly Sparked 2010 'Flash Crash'*, N.Y.Post, April 22, 2015, 2015 WLNR 11718048.

② Quinn & Rayner, *British Men Held Over £500bn Wall Street "Flash Crash"*, 2015 WLNR 11627345.

一。[①]换言之，美国当局认为，萨劳的幌骗造成了相当于2亿美元的“下行市场压力”。[②]据报道，萨劳过去曾因幌骗或实施具有幌骗迹象的交易行为而多次引起CME的注意。实际上，就在闪电崩盘事件发生当日，萨劳收到了CME的警告函，警告其不得实施幌骗。在该函中，CME向萨劳及其期货经纪商强调，交易指令单应以执行真实交易为目的而被真实提交。[③]对此，法院备案文件称，萨劳给CME打电话，要求他们滚远一点儿，并立即将此告知了其期货经纪商。[④]

一些评论人士认为，萨劳案说明，在今天的计算机化、电子化市场中，金融市场监管机构在追踪破坏性交易行为方面，面临重重挑战。一名市场参与者表示，随着电子化高速互联市场的诞生，监管机构难以追踪算法式操纵者，因此幌骗之类的破坏性交易行为“正将市场变为无法无天的荒蛮西部”。[⑤]对一些人而言，更大的问题并不是萨劳案本身，而是同样在市场上实施幌骗却仍未被发现的其他人。乔治敦大学金融学教授詹姆斯·安杰尔（James Angel）表示，如果说萨劳能够在伦敦郊区与父母同住的破旧房子里实施大规模幌骗，且在数年内都不被监管机构发现的话，这就提出了一个问题，即“还有谁正在做同样的事情呢？”毕竟，萨劳只是一个相对而言并没有什么经验的小规模交易者，他经营的只是一家个人独资企业，且远离该市繁华的金融中心。[⑥]实际上，萨劳案本身颇具争议。一些人质疑为何大市场中的小交易者能够在2010年闪电崩盘事件中扮演重大角色，导致道琼斯工业平均指数在数分钟内暴跌600多点，并使数万亿美元资金暂时从美国股市中消失。[⑦]

---

① Quinn & Rayner, *British Men Held Over £500bn Wall Street "Flash Crash"*, 2015 WLNR 11627345.

② Dakers & Spence, *Mystery of Hounslow's "Flash Boy"*, 2015 WLNR 11786003.

③ Dakers & Spence, *Mystery of Hounslow's "Flash Boy"*, 2015 WLNR 11786003.

④ 同上。

⑤ Bernard Condon, *"Spoofing" Widespread Market Manipulator*, The Elkhart Truth (Apr. 26, 2015), ¶8, 2015 WLNR 12212060.

⑥ 同上，第1段和第4段。

⑦ Lindsay Whipp & Kara Scannell, *'Flash Crash' Trader Navinder Sarao Pleads Guilty to Spoofing*, Fin. Times, Nov. 8, 2016, www.ft.com/content/a321o31a-a6cb-11e6-8898-79a99e2a4de6?segmentId=080b04f5-af92-ae6f-0513-095d44fb3577.

萨劳的交易软件供应商是交易技术公司（Trading Technologies，Inc.）和前沿金融技术公司（Edge Financial Technologies，Inc.）。美国当局表示，萨劳曾明确要求供应商对软件进行修改，使其包含特定功能（如当市场价格接近其交易指令单价格水平时，能够自动撤单等）。联邦检察官表示，在与软件供应商雇员的电子邮件中，萨劳曾公开谈到他实施幌骗的意图。他曾经抱怨说："我每天都会被自己的幌骗单冲击，这给我造成了巨大损失。"因此，他要求软件供应商对软件程序进行修改，以阻止未来"幌骗单"进入执行阶段。①美国当局还进一步指出，按照萨劳的要求，撤单功能被加入交易软件后，萨劳终于能够以不同的价格同步提交多项交易指令单，并且在市场价格接近其下单价格时，不待指令单执行便自动撤单了。②启用这项功能后，"当标普股指期货价格……接近其下单的价格水平时，软件就能自动撤销这些交易指令单"。这种做法使当局认定，萨劳从未打算执行这些交易指令单，而只是想操纵相关合约。③和柯西亚一样，萨劳也被控实施了"分层"操纵行为，即幌骗的一个子类。

> 通过在CME提交多项价格各异的大单，萨劳制造出了存在巨量卖单的假象，并因此诱使其他市场参与者对其欺骗性市场信息作出反应。这样，萨劳便人为地压低了迷你合约的价格。在自动化交易程序的帮助下，萨劳得以在执行前即对其交易指令单进行修订，最终予以撤销，从而几乎完全消除了无意中执行这些交易指令单给其带来的风险。

后来有人透露，萨劳患上了严重的阿斯伯格综合征。在几位阴险人物的诓骗下，他失去了几乎全部5000万美元资产。这些骗子以财富增值为名，向

---

① Gina Chon, *Sarao Allegedly Wanted to 'Spoof' Markets*, Fin.Times（Sept. 3，2015），www.ft.com/intl/cms/s/o/1bcdc546-5286-11e5-bo29-b9d5oa74fd14.html?sitecdition=intl#axzz3kTAZkJ4J; Suzi Ring et al., *Flash Crash Trader E-mails Show Spoofing Strategy*, *U.S. Says*, Bloomberg（Sept. 3，2015，4：03 PM），http：//www.bloomberg.com/news/articles/2015-09-03/flash-crash-trader-sarao-indicted-by-grand-jury-in-chicago-ie4n4sos?module=TopNews&position=9_headline.

② Fortado et al., *Flash Crash*: *Ten Days in Hounslow*, Fin. Times.

③ Lynch et al., *Documents Show Flash Crash Traders Frenetic Business Dealings*, Reuters.

他兜售了各种投资和避税方案，最终使其破产，面临财务困境。[①]2016年，萨劳的律师——伦敦高博金（Kobre & Kim）律师事务所的罗杰·伯林格姆（Roger Burlingame）告诉一位美国法官说，萨劳的所有资产“均已被偷光”。[②]伯林格姆补充说：“总的来说，萨劳拥有某种超常的规律识别能力和某些数学能力，但同时也存在相当严重的社交障碍。”[③]据报道，萨劳从未炫耀财富。那些认识他的人都提到了他的“节俭”和“邋遢着装，而且不愿在名车名表上花钱”。[④]

在其避免被引渡至美国的努力失败后，2016年11月，萨劳承认了电信诈骗和幌骗罪名。[⑤]而且，萨劳还承认，2010年至2014年间，他都实施了幌骗。具体而言，萨劳承认在崩盘当日提交了85个迷你合约卖单，相当于当天不同时刻所有可见迷你合约卖单的20%。[⑥]美国司法部刑事司的助理司法部长列斯里·考德威尔（Leslie Caldwell）将萨劳的投降称为对技术驱动型扰乱市场行为的一大胜利。他表示：

> 纳温德·萨劳滥用先进技术以快速获得利润，破坏了美国金融市场完整性……他的虚假订单淹没了市场，使无数投资者沦为了受害者。今天，我们终于在美国境内将他绳之以法。这项成就表明，无论犯罪分子身在何处，我们的刑事部门都将铲除复杂的金融欺诈和金融市场操纵。[⑦]

---

① Liam Vaughan, *How the Flash Crash Trader's $50 Million Fortune Vanished*, Bloomberg, Feb. 10, 2017.

② 同上。

③ 同上。

④ 同上。

⑤ Lindsay Whipp & Kara Scannell, *'Flash Crash' Trader Navinder Sarao Pleads Guilty' to Spoofing*, Fin. Times, Nov. 8, 2016, www.ft.com/content/a321o31a-a6cb-11e6-8898-79agge2a4de6?segmentld=o8obo4f5-af92-ae6f-o513-o95cl44fb577. “在芝加哥一家法院举行的历时90分钟的听证会上，试图拒绝引渡但失败了的萨劳，几乎一动不动地站在法官面前，头微微低着。他穿着美国监狱统一的橘黄色囚衣，脚上还戴着一根脚镣。法官接受了他的有罪答辩。”

⑥ 同上。

⑦ 同上。

尽管萨劳作出了认罪答辩并因此被判有罪，但这个案子仍然存在争议。一些评论人士公开质疑了美国当局认为萨劳的幌骗导致了闪电崩盘这一结论。比如，由斯坦福大学法学教授（前SEC委员）约瑟夫·A. 格伦德费斯特（Joseph A. Grundfest）、加利福尼亚大学圣塔克鲁兹分校经济学家埃里克·M. 奥德里奇（Eric M. Aldrich）和耶鲁大学天体物理学家格雷戈里·拉夫林（Gregory Laughlin）执笔的一篇研究论文认为，对闪电崩盘事件当日的毫秒级交易数据进行详细分析证明，对于当日前所未有的市场暴跌而言，萨劳的交易并无推动作用。这篇论文认为，闪电崩盘事件可能的起因，仍是之前提到的、引发了崩溃的沃德尔里德大卖单事件。当然，讨论萨劳案时，分清以下两个问题非常重要：（1）萨劳是否曾对标普500股指期货合约进行幌骗（即其是否曾试图在交易指令单执行之前撤单）；（2）在第一个问题的答案为“是”的情况下，他的幌骗是否对闪电崩盘事件有推动作用（这需要对交易数据进行高级分析）。基于公开信息和新闻报道，第一个问题似乎比第二个问题更容易回答。显然，美国当局已经掌握了大量电子邮件和类似通信的副本，证明萨劳曾向软件程序员抱怨其交易程序无法进行有效幌骗，并要求程序员修改算法交易程序，以确保幌骗单（即买单和卖单）不会作为真正的交易而被执行。这些通信内容（假设其确实存在）相当有力地证明了一个问题，即萨劳提交买单和卖单的目的，就是在它们被真正执行之前将其撤销，而根据破坏性交易行为的法律定义，这种行为确实构成了幌骗，即“以在执行前撤销为目的而提交买单或卖单的行为”。[①]因此，即便萨劳的交易并非导致闪电崩盘事件的因素之一，公开披露显示的相关事实似乎也表明，萨劳在事件当天及其他时间内一直都在期货市场上实施幌骗。

柯西亚和萨劳两案是《商品交易法》反幌骗条款下的第一批刑事定罪案件。这些案件说明了一个大趋势，即：过去这些年，尽管美国当局对在开放

① 7 U.S.G.§6c（a）(5)（G）(2012）.

市场进行的扰乱行为提出的刑事指控极少，但如今，他们似乎非常愿意运用法律工具，包括刑事指控和起诉等工具，阻止算法机器人被用来扭曲期货及其他金融工具市场。萨劳案也说明了当局在发现算法“鬼火”（即幌骗交易）方面面临的重重困难。毕竟，该案是在原市场破坏行为发生五年后才提起诉讼，而且是在匿名吹哨人帮助进行交易分析的情况下才得以定案。在民间传说中，“鬼火”据说是在黑暗的沼泽地里故意高调现身，引诱行人误入歧途，而在期货交易市场上，算法和机器人“鬼火”却与数以百万的电子交易指令单夹杂在一起，至少在某些情况下，它们对其他交易者实施误导的时候，处于难以被察觉的状态。

第八节　《多德—弗兰克法》颁布之后的其他反幌骗努力

反幌骗斗争仍在持续进行，目前已远超柯西亚案和萨劳案的范围。如前所述，尽管过去使用了不同名称来指幌骗，但在《多德—弗兰克法》明确这种行为违法时，幌骗并非什么新型的受禁止的扰乱市场行为，即便是在柯西亚和萨劳时代。在《多德—弗兰克法》将禁止幌骗的规定编入《商品交易法》很久之前，期货交易所和证券经纪协会等期货和证券市场自律组织，就曾根据禁止违反“公平、公正交易原则”的规则或禁止“操纵性、不诚实行为”的一般规定，对被控幌骗的成员发起过纪律惩戒行动。[①]

尽管期货交易所在《多德—弗兰克法》颁布之前已经能够“基于一般行为规则”对幌骗进行处罚，但美国两家主要的期货和衍生品交易所（即CME集团和洲际交易所）仍分别于2014年颁布了具体的反幌骗条款。[②]2014

---

① Overdahl & Kwon, *The Exercise of Anti-Spoofing Authority*, 36 Fut. & Der. L. Rev. 5, at 3（即便在《多德—弗兰克法》的反幌骗条款颁布之前，“在自律组织（即期货交易所）层面，幌骗也一直在禁止之列”）；Canellos et al., *The Law Surrounding Spoofing*, Milbank, Tweed, Hadley & McCloy LLP at 11（同前，但其提到的是证券市场自律组织）；同上，第25–26页（简要描述了期货交易所对幌骗嫌疑人发起的六宗纪律惩戒案）。

② Sar, *Dodd-Frank and the Spoofing Prohibition in Commodities Markets*, 22 Fordham J. Corp.& Fin. L. at 399.

年8月28日，CME集团向CFTC提交了一份通报，表示其拟发布一项明确禁止《商品交易法》第4c节第（a）条第（5）款所述幌骗及其他交易行为的规则（即规则575）。2014年12月29日，洲际交易所也通过了类似规则。

在对新规进行解释的建议性通知中，CME指出，之前交易所已根据其他宽泛表述的交易所规对幌骗及其他不当交易行为予以禁止，只不过未明确列出被禁止的交易行为。该交易所表示，至少早在2002年，CME就曾因幌骗类行为而对交易者实施制裁。[①]CME女发言人安妮塔·利斯基（Anita Liskey）表示：

> 在我们的市场上，幌骗始终都在禁止之列。我们一直都在监控这种及其他破坏性交易行为，并在恶劣行为发生时采取执法行动。此外，我们一直都在努力开发并改进工具和技术，以更有效地发现幌骗等各种破坏性交易行为。[②]

美国国家期货协会主席兼HTG资本合伙（HTG Capital Partners）有限责任公司（一家高频交易公司）首席执行官克里斯托弗·K. 赫迈耶（Christopher K. Hehmeyer）对CME颁布规则575的决定表示了欢迎，他认为：规则575为市场提供了明确性，这是好事，且幌骗自规则575生效以来已大幅减少。[③]

2014年9月，CME颁布了规则575。同年11月，CFTC发布了一份规

---

① Clifford C. Histed, *A Look at the 1st Criminal "Spoofing" Prosecution*: *Part 1*, LAW360, at n.6 (Apr. 20, 2015, 12: 01 PM), klgates.com/files/Publication/7185c754-97ca-4998-ae01-f65e8fc4480d/Presentation/PublicationAttachment/4535dc28-5cfe-41be-8ed4-faadf9e83b53/A_Look_At_The_1st_Criminal_ 'Spoofing' _Prosecution_Part_1.PDF.

② Bloomberg, *How These Chicago Firms Took on Spoofing*, Crain' s Chi. Bus., Dec. 28, 2015.

③ Daniel P. Collins, *End of an Era*, Futures Mag. (Apr. 7, 2015), www.futuresmag.com/2015/04/07/end-era.赫迈耶的公司，即HTG，此前曾以另一高频交易公司奥尔斯顿交易有限责任公司（Allston Trading LLC）涉嫌在期货合约市场上实施幌骗为由，向CME提起了一桩仲裁案。请参见：Matthew Leising & Saijel Kishan, *Allston Accused by HFT Rival of Manipulating Prices on CME*, Bloomberg Bus. (Aug. 30, 2014), www.bloomberg.com/news/articles/2014-08-29/allston-accused-by-hft-rival-of-manipulative-trading. HTG还对CME集团发起了诉讼，以迫使其公布HTG认为实施了幌骗的其他交易者的身份。（因为CME Globex平台上的交易是匿名的，因此交易者并不知道其他市场参与者的身份。此前，CME曾经明确，Allston正是HTG认为实施了幌骗的交易对手方之一。HTG希望CME披露其他交易者的身份，以便其能够在联邦法院发起诉讼。但是，CME拒绝了HTG的请求，认为这种争端属于交易所仲裁程序的范畴，而非联邦法院的管辖范围。）请参见：Leising, *CME Ordered to Tell Judge Flames of Alleged Spoofers in HTG Case*, Bloomberg; Zanki, *CME Ordered to Prove Identities of 'Spoofing' Defendants*, LAW360.

则执法审议报告（本质上为审计报告），认为CME旗下的两家期货交易所（NYMEX和COMEX）在调查高频幌骗方面做得还不够，且幌骗执法诉讼耗时过长。因此，CFTC要求CME在调查和检控幌骗方面加大力度。对于CFTC的批评，CME提出了异议，但之后仍对实施幌骗的人员采取了纪律惩戒行动。比如，2015年，CME集团通过其商业行为委员会发起了16宗幌骗相关案件调查，与2014年审议的幌骗案件数相比，出现了大幅增加，且其中许多案件均以“六位数的和解金额”告终。[①,②]或许是因为不当行为都发生在规则575生效之前，因此CME在2015年针对幌骗的纪律惩戒行动中，并未运用规则575建议性通知所述的具体反幌骗权力，这种情形凸显了一个事实，即和CFTC一样，对于可能与幌骗类似的行为，CME也可诉诸于更具一般性的执法权力。[③]2015年，洲际交易所也针对交易所会员实施的类似于幌骗的行为，运用一般性执法权力发起了纪律惩戒程序。总体而言，期货交易所之所以强化反幌骗执法力度，其原因可归结为市场参与者进一步达成了打击幌骗的共识，以及要求改善市场公平诚信的呼声越来越大。[④]

联邦检察官对涉嫌幌骗市场的交易者实施追查的案例并不仅限于柯西亚案和萨劳案。在另一个案例中，联邦检察官对亚历山大·米尔路德（Aleksandr Milrud）也提出了指控，控告他雇用大量海外证券交易者为其实施“分层”幌骗。据检察官指证，米尔路德指令其雇用的外国交易者利用多个交易账户，并通过第三方运作的方式隐藏其证券幌骗行为。最初，联邦检察官指控米尔路德实施了电信诈骗，并合谋实施证券欺诈，但2015年9月，米尔路德最终仅同意就合谋实施证券欺诈作认罪答辩。

同样，2017年，亚太地区贵金属交易者、德意志银行前雇员大卫·刘

---

① Overdahl & Park, *The Exercise of Anti-Spoofing Authority in U.S. Futures Markets*, 36 Fut & Der.L. Rep. at 5.

② Sar. *Dodd-Frank and the Spoofing Prohibition in Commodities Markets*, Fordham J. Corp.& Fin. L. at 408–09.

③ Overdahl & Park, *The Exercise of Anti-Spoofing Authority in U.S. Futures Markets*, at 5.

④ Sar, *Dodd-Frank and the Spoofing Prohibition in Commodities Markets*, Fordham J. Corp.& Fin. L., at 409.

（David Liew）同意在联邦法院就合谋实施远程欺诈作认罪答辩。据指控，2009—2012年间，刘曾对CME黄金、白银、铂金和钯金期货合约实施幌骗。大约在同一个时期，刘还与CFTC就一项民事执法诉讼达成了和解。

尽管针对柯西亚和萨劳的执法诉讼和刑事指控具有争议性，但近年来，随着美国监管机构持续将打击算法“鬼火”作为重点工作，反幌骗行动实现了常态化。简而言之，联邦监管机构和自律组织经常针对涉嫌实施幌骗的个人和实体开展执法行动，这似乎已成为一种新常态。即便在从民主党向共和党执政过渡的过程中，这种反幌骗努力也没有松懈。CFTC前主席吉安卡洛表示，CFTC在打击幌骗及其他破坏性交易行为领域继续扮演了领导角色。在吉安卡洛的领导下，2018年，CFTC宣布成立了一个内部“反幌骗工作组”。这样，由执法部律师组成的一个专门小组得以专职打击幌骗。此外，CFTC还继续与美国司法部进行了协调，以便对实施幌骗的人发起刑事指控。

在这里，我并不打算对近年来针对幌骗发起的所有民事和刑事诉讼一一列举说明，而只是希望通过以上案例，为人们理解这种破坏性交易行为的性质提供充分的法律和事实背景。毕竟，近年来，这种不法行为已发展为一种高频的、计算机化的扰乱市场的形式。

第九节　幌骗执法诉讼的一些启示

到目前为止，本章已经分析了反幌骗规定，简要回顾了该规定通过之前，针对破坏性撤单行为的监管行动史，并分析了美国监管机构利用该法律工具打击算法“鬼火”制造者的情况。下面，我们将从这些监管努力中总结经验教训，以便我们更好理解构成幌骗的具体行为及证据。首先，《商品交易法》反幌骗规定下的违法行为须有故意依据，即被控实施幌骗的人是否在撤单执行前有具体故意。这意味着，具体故意证据对于证明违反反幌骗规定的行为至关重要。当然，正如柯西亚案审理法院所言，由于提供被告主观状态方面的直接证据通常很困难，甚至根本不可能，因此法院允许通过间接证据对具体故意进行证明。①

但应该指出的是，《商品交易法》的反幌骗规定仅是监管当局对幌骗进行检控的手段之一。而且，这个手段明确要求当局证明，当事人在实施行为时故意在执行前撤单。如第十三章所述，法律认为，欺诈是有一定弹性的概念，可用于处罚多种被视为不公的欺骗和诡计。因此，如第十三章第十五节所述，法院顺理成章地将幌骗视为一种欺诈。具体而言，美国第七巡回上诉法院在支持对柯西亚定罪的同时，还认同了其他联邦法院的意见，即：无须作出虚假陈述或出现重要遗漏，交易者仅须通过在开放、流动的期货市场上提交指令单，即可对其他匿名市场参与者实施操纵或欺诈，甚至是刑事欺诈。这种认定意义重大，因为金融市场欺诈这一诉因通常仅要求证明被告在欺诈他人时具备放任、不负责任的心态，而对当局而言，证明这一心态要比证明具体主观故意容易。此外，如第十六章详细阐述的那样，商品经纪商和商品交易顾问等受监管的衍生品市场中介，须以勤勉方式对其雇员实施监督，以确保其自身或客户均不实施幌骗、洗售或其他不当行为。这意味着，因监督失灵导致幌骗发生的公司，可因其监督政策实施不充分而被追责。其内部监督制度的完备与否，是以过失标准进行衡量的。最后，如本章前文所述，在2010年反幌骗规定通过之前，CFTC曾利用《商品交易法》的其他条款，如禁止试图操纵市场和报告非真实价格的规定，对幌骗类破坏性交易行为进行追责。简而言之，反幌骗规定要求证明交易者实施幌骗行为时具有在执行前撤单的明确主观故意，但利用这些替代性诉因，监管机构无须证明交易者是否有这种故意，即可对幌骗行为实施打击。

---

① Histed & Perales, id.（“和基于间接证据的所有案件一样，任何单项证据均无法认定幌骗。但是，如果从总体进行评估，任何理性的案情审理者都能基于这些累积性证据得出柯西亚先生提交交易指令单就是为了在执行前撤单的结论”）；比如，可参见：United States v. Salameh, 152 F.3d 88, 143（2d Cir.1998）（“一般而言，大部分证明故意的证据都是间接的”）；United States v. Torres, 604 F.3d 58, 67（2d Cir.2010）（“合谋属于秘密行动，除非利用间接证据，否则通常难以证明”）。

因为这一原因，考察被监管机构视为潜在幌骗证据的事实和情节，就变得非常重要。

监管机构和自律组织查证幌骗时主要考察的内容包括：（1）分层或不平衡交易指令单；（2）使走势平淡的市场出现波动而设计的“闪电”交易指令单；（3）下单后并在执行前撤单的固定模式；（4）与其他交易者相比，被撤销的交易指令单与被执行的交易指令单之比相对较高；（5）与其他交易者相比，被修改的交易指令单所占比例相对较高；（6）与普通证券或期货合约交易指令单相比，被撤销的交易指令单规模相对较大；（7）被撤销的交易指令单价格水平与最佳买价或最佳卖价接近；（8）撤单发生在下单后不久；（9）被修改或撤销的交易指令单集中在交易日的某些时段内；（10）交易指令单在交易指令单簿中异常集中。①

此外，如果交易算法在所有情况下均要求撤销买单或卖单，即便价格走势有利也如此，那么，这种情形也是潜在的幌骗“警示标志”。“撤单活动与市场价格之间存在任何潜在关联”的情形也是幌骗的潜在“标志”。②在推动幌骗监管诉讼的过程中，监管机构可能会考察交易指令单保持开放的时长（即交易指令单在执行前的持续时间），以及相对于其他市场参与者的指令单成交比。这两个指标的一个优势在于，尽管高频算法交易非常复杂，但这两个指标相当直白，而且实施和监测这两项指标可为防止市场参与者规避（幌骗相关监管执法诉讼）提供两项防范工具。③此外，还有人建议，鉴于当前的监管氛围，交易者还应准备说明其撤销买单或卖单的理由，以防止任何人进行推断，认为其提交买单或卖单时并未打算成交。④

---

① Jurgens et al., *Spotlight on Spoofing: Looking Back at 2015 and Forward to 2016.*, Jones Day, Feb. 9, 2016.

② Miller et al., *Prosecutors Record First Ever Conviction for "Spoofing"*, Lexology, Nov. 9, 2015.

③ Lundy & DeLange, *7th Circuit Affirms 1st Conviction for Spoofing*, Nat'l. L. J., Aug. 16, 2017.

④ Eric H. Sussman et al., *Landmark Conviction of High Frequency Trader: Assessing the Impact*, 48 Sec. Reg. & Law Rep. 126, Jan. 18, 2016.

最后，由于《商品交易法》的反幌骗规定，即第4c节第（a）条第（5）款第（C）项，同时还禁止了“具有幌骗性质”的行为，因此作为防范性法律规则，CFTC还可援引该法律规定，对幌骗定义范围之外的许多交易行为进行打击。防范性法律措施是指那些在“被禁止的核心活动之外”，将更多行为规定为非法的措施。美国国会对反幌骗规定赋予了宽泛性，甚至禁止了具有幌骗性质的行为。这一事实似乎表明，法院确实应将该法律表述解读为创设了一项预防性规则。如果这样，《商品交易法》第4c节第（a）条第（5）款第（C）项就可充当一项兜底性条款，凡是通过连续提交并立即撤销交易指令单或涉及撤单的类似操作而实现的破坏性交易行为，无论是整体如此或部分如此，一律禁止。很明显，如之前的章节所述，CFTC还采用了《商品交易法》的其他规定（如禁止试图操纵市场的规定、禁止报告非真实交易指令单的规定等）对幌骗进行打击。因此，这些规定中的某些条文可能也足够宽泛，能够涵盖类似于幌骗的其他破坏性交易行为。绷紧这根弦，各公司就可避免在交易指令单持续时间和撤单量这两个指标上出现异常情况，毕竟，《商品交易法》和证券法似乎都为监管机构提供了若干工具，供其对利用撤单来扭曲或破坏市场的行为进行打击。

第十节　另类解决方案：减速带和征税

到目前为止，本章主要探讨的内容是当局对被控实施幌骗的人发起刑事和民事法律诉讼，以打击幌骗。那么，除了诉讼方式外，是否还有其他打击幌骗的方式呢？答案是肯定的，我将在这里简要介绍两种。第一种是要求期货（和证券）交易所在交易平台上创设强制性的“减速带”，即要求交易者在执行交易前故意延迟一刹那的时间，如此，若高频交易公司要实施掠夺性高频交易行为，难度会更大。[①]2019年，CFTC决定不阻止亚特兰大衍生品交易

① Alexander Osipovich, *More Exchanges Add ‘Speed Bumps’, Defying High-Frequency Traders*, Wall St. J., July 29, 2019; Philip Stafford, *Futures Exchanges Eye Shift to ‘Flash Boys’ Speed Bumps*, Fin. Times, May 29, 2019.

所（即洲际交易所）为黄金和白银期货引入三毫秒“减速带”的建议案。[①]目前，减速带仍具有争议性。一些市场参与者和评论人士甚至还在争论，减速带是否有效实现了预设目标。但近年来，这类交易延迟措施已然兴起，却是一个不争的事实。放眼全球，从证券和商品到期货及衍生品的众多金融工具，采用这项措施的交易所越来越多。

另一种方式则是对报单或撤单行为实施某种形式的征税，迫使交易者提高幌骗单的成本，从而使幌骗成为一种代价高昂的行为。[②]比如，西顿霍尔大学法学院副教授伊利亚·贝林（Ilya Beylin）认为，比起单纯依赖监管执法诉讼的做法，对撤单行为征税效率更高，因为对监管机构而言，查实幌骗并发起幌骗诉讼的整套程序难度很大，颇费时日，而且需要动用的资源密度很高。具体而言，贝林教授建议对导致供需夸大的不对称撤单行为征税，对于那些在较短时间内撤销大单的人员来说，他们会面临较大的成本。因此，该税种能够影响那些最可能破坏价格稳定的各种行为。[③]贝林认为，征税不仅可防范虚假指令单，而且可避免单纯依赖诉讼的许多不确定性和复杂性。贝林教授还认为，对高出特定撤单率的行为征税的做法，优于单纯依靠监管执法诉讼，因为反幌骗规定并不适用于非故意“形成误导性交易指令单流”[④]的交易行为。在贝林教授看来，即便并不是为了扭曲市场价格，撤单行为也代表着一种污染，因为和污染一样，虚构的订单干扰了共享资源（价格信息）的使用。[⑤]在这种视角下，即便不是为了欺骗其他市场参与者，过度撤单行为也可能对市场造成损害。简而言之，贝林认为，金融监管机构并未认识到撤单行为即便不是故意破坏

---

① Stephen Bartholomeusz, *'Flash Boys' Slowed Down by a 3 Millisecond Speed Bump*, May 17, 2019, www.stuff.co.nz./business/world/112806602/flash-boys-slowed-down-by-a-3-millisecond-speed-bump.

② Beylin, *Taxing Fictive Orders*, 85 U. Cin.L. Rev. at 107 n.54（援引Joint CFTC-SEC Advisory Committee Report at 11-12）.

③ 同上，第96页。

④ 同上，第95页。

⑤ 同上，第96页。

交易指令订单簿所示买单和卖单的准确性，也对金融市场造成了损害。[①]

贝林教授并非唯一提出征税建议的人。《杜克法律和科技评论》2016年发表的一篇文章也建议，比如，针对掠夺性交易策略的专门税种在遏制该行为方面可能会大有作用。[②]

> 比如，仅在交易的报单成交比超过特定水平时适用的税种，可对塞单之类的行为构成威慑，因为在正常交易策略下，这种行为根本就没有一席之地。但是，征税本身不能解决眼前的问题，而如果与其他潜在的（监管）应对措施联用，征税可成为一项很有价值的工具。

尽管期货和证券交易所在其现有权力范围内，可自由实施短暂的交易延迟，但对报单或撤单行为征税的做法，无论是期货合约、证券，还是其他金融工具，都需要美国国会采取行动。而且，市场参与者可能反对这种征税。鉴于当前的情况，美国国会似乎不大可能对任何交易或撤单行为征收任何税款。我之所以要在这里讨论减速带和征税这两种方式，只是为了说明一个问题，即在打击幌骗及其他破坏性交易行为方面，人们还有替代性措施可用。这些替代性措施并不需要进行执法诉讼，而只需要直接改变市场结构，迫使幌骗这种策略难以实施，或实施的成本更加高昂。换言之，要将这种电子“鬼火”从这个世界上彻底消除，人们可从形成幌骗的环境出发，消除其生存土壤，而不是对其逐一进行打击。

---

① Beylin, *Taxing Fictive Orders*, 85 U. Cin.L. Rev. at 107.

② Jacob Adrian, *Informational Inequality: How High Frequency Traders Use Premier Access to Information to Prey on Institutional Investors*, Duke L. & Tech. Rev. 256, 275 (2016).

第十六章
充分监管算法机器人的监管者

如果用一句话概述本章阐述的法律概念，这句话就是："请看好您的计算机化交易系统，因为监管失察和疏忽也可能导致罪责。"尽管在现行法律下，很多时候无法拿到充足证据证明机器人交易软件具备充分的犯罪心态，满足市场欺诈和价格操纵等诉因的要求，但本章仍然针对算法机器人的行为，提出了一种可能用于对公司进行追责的方式。如前所述，在期货市场上，大部分交易决策是由自动交易系统及相关算法机器人在没有具体人类指令的情况下做出的。衍生品市场欺诈和价格操纵诉因通常都要求证明被告有犯罪心态，如放任心态，甚至是特定故意。此外，必要犯罪心态必须存在于人类的思维中，而非算法机器人或计算机系统的思维中。因此，在参与交易的人类缺乏必要犯罪心态的情况下，要求证明放任或故意行为的法定诉因往往派不上用场，因为实施不当行为的是自动交易系统，而非人类，无论这种行为是操纵收盘价（在交易即将收盘时买卖大量期货合约以影响合约价格的行为）、幌骗（下单后又在执行前撤单的行为），还是其他行为。其实，这个棘手的问题并非仅存在于期货及衍生品市场。实际上，自动交易系统造成的有害行为难以追溯至应受惩处的特定人类，这个问题在法律学术文献中已有广泛论述，并被称为"问责缺失"问题。

我认为，在市场参与者未能阻止自动交易系统操纵衍生品价格、操纵收盘价、幌骗或实施其他不当行为的情况下，确实可以利用监管失察主张（如根据《CFTC规章》第166.3节提出的主张），根据合理标准，针对算法机器人及类似自动交易系统实施的不当交易行为，对人进行追责。当然，对于负责控制和监督自动交易系统及类似期货交易机器人的高管和雇员而言，哪些行为构成合理监管，这个问题可与美国国家期货协会、期货交易所和市场参与者等协商确定，并在相关具体指引中概述监督自动系统的行业最佳实践。需要证明特定主观状态的责任形式导致无法对自动交易系统实施的有害交易行为进行追责，因此随着市场自动化程度的提高，人们将更加广泛地使用一种责任制度，这种制度根据过失（或合理）标准，对控制和监督自动交易系统的人类施加监管义务，这一趋势具有积极而现实的意义。实际上，这种做法与CFTC当前和以往的执法行为一致：CFTC确实在衍生品市场中介未充分监管负责控制和监督自动系统的雇员时，对这些衍生品市场中介提起了监管失察主张。

联邦法规广泛要求CFTC注册人以勤勉方式对其高管、雇员和代理人实施监管。具体而言，《CFTC规章》第166.3节规定如下：

> 除不负有监管责任的业务相关人员外，每一（CFTC）注册人均须以勤勉方式监管其合伙人、高管、雇员和代理人（或者承担类似职位或履行类似职能的人）对所持有、运作、提供顾问服务或者介绍的商品权益账户处理情况，以及其合伙人、高管、雇员和代理人（或者承担类似职位或履行类似职能的人）开展的、与其以（CFTC）注册人身份从事业务有关的所有其他活动。

CFTC要求履行监管义务的规定，旨在保护客户不受CFTC注册人欺诈或操纵行为的影响。1978年通过《CFTC规章》第166.3节时，CFTC曾明确否决了原拟议规则的形式，即以列表形式明确规定具体监管要求，转而选择以开放式的条文规定宽泛的监管职责。在实践中，《CFTC规章》第166.3节的开放性质使CFTC在执法行动中能够更加灵活变通，在追究监管失察责任时不囿于具体制定法定条款或监管要求。因此，《CFTC规章》第166.3节下的违规行为属于独立违规行为，不一定要有构成其基础的其他违规行为。[①]违反《CFTC规章》第166.3节的行为可表现为下列任一情形：（1）注册人的监管制度总体上存在不足；（2）注册人未勤勉履行其监管义务。[②]CFTC表示，《CFTC规章》第166.3节要求注册人履行积极义务，通过创设、实施并执行充分的监管架构和合规方案，对其合伙人、雇员和代理人实施勤勉监管。[③]在违反《CFTC规章》第166.3节的案例中，CFTC之所以屡屡提及被告未对其雇员履行勤勉监管义务，主要是为了确保：（1）注册人遵守自身合规政策和程序；（2）注册人以勤勉方式处理客户账户，并对客户账户实施检测，以发现不当行为等问题；（3）注册人以勤勉方式对客户账户实施检测，以发现可能导致其自身财务损害的风险。[④]更重要的是，"即便未违反法律规定或监管规则规定的任何具体监管要求，注册人仍可能违反《CFTC规章》第166.3节"。[⑤]此外，"如果有证据证明违法行为'由于其性质或反复发生而本应当

---

① *In re* The Linn Group, Inc., No. 13-21, Comm. Fut. L. Rep.（CCH）¶ 32598, 2013 WL 1703082, at *5（C.F.T.C. Apr. 18, 2013）（援引*In re* Thomas Collins [1996-1998 Transfer Binder] Comm. Fut. L. Rep.（CCH）¶ 27194, ¶ 45744（C.F.T.C. Dec. 10, 1997））；同时，请参见：*In re* First Nat' l Trading Corp., Nos. 90-28, 92-17, Comm. Fut. L. Rep.（CCH）¶ 26142, 1994 WL 16796569, at *10（C.F.T.C. July 20, 1994）; *In re* Paragon Futures Ass' n, No. 88-18, Comm. Fut. L. Rep.（CCH）¶ 25266, 1992 WL 74261, at * 13（C.F.T.C. Apr. 1, 1992）; *In re* GNP Commodities Inc., No. 89-1. Comm. Fut. L. Rep.（CCH）¶ 25360, 1992 WL 201158, at *17 n.11（C.F.T.C. Aug. 11, 1992）, aff' d in part and modified in part sub nom. Monieson v. CFTC, 996 F.2d 852（7th Cir. 1993）.

② *In re* Interactive Brokers LLC, No. 13-19, Comm. Fut. L. Rep.（CCH）¶ 32592, 2013 WL 1496929, at *3（C.F.T.C. Apr. 9, 2013）.

③ *In re* Morgan Stanley & Co., No. 12-22, Comm. Fut. L. Rep.（CCH）¶ 32218, 2012 WL 3262462, at *6（June 5, 2012）；同时，请参见：*In re* LFG, L.L.C., No. 01-19, 2001 WL 940235, at *3（C.F.T.C. Aug. 20, 2001）（认定一家公司"没有针对国外综合账户制定书面检测程序，无人负责国外综合账户的交易检测，且似乎该公司的政策是不对国外综合账户交易实施检测，从而违反了《CFTC规章》第166.3节"）。

④ 关于监管失察，为确保雇员以勤勉方式检测客户账户相关风险，大体可参见：*In re* FCStone LLC, No. 13-24, 2013 WL 2368539（C.F.T.C. May 29, 2013）.

⑤ 同上，at *5。"这个概念是CFTC最初通过《CFTC规章》第166.3节并拒绝对所有期货经纪商施加具体监督要求时形成的。拒绝对期货经纪商施加具体监管要求时，CFTC援引了以下案例，即*In re* GNP Commodities Inc., No. 89-1, Comm. Fut. L. Rep.（CCH）¶ 25360, 1992 WL 201158, at *17 n.11（C.F.T.C. Aug. 11, 1992）, aff' d in part and modified in part sub nom. Monieson v. CFTC, 996 F.2d 852（7th Cir. 1993）。"

被勤勉监管制度发现'……则证明监管失察"。[①]实际上，如果客户交易指令单引发了合理质疑，令人担心这些交易指令单是否符合《商品交易法》规定，那么接受或检测交易指令单的期货专业人员本来就有义务进行深入调查。[②]但是，在拟发布该监督规则的文件中，CFTC却表示，"雇员实施不法行为本身……尽管通常强烈表明缺乏适当监管，却并不一定意味着该雇员未受到适当监管。"[③]

如前所述，要履行《CFTC规章》第166.3节所述义务，注册人不仅必须制订充分的监管计划，而且必须确保该计划得到执行。[④]要证明其监管失察主张，CFTC必须认定相关注册人是否确立了充分的监管制度、不同雇员和代理人在该制度下扮演的角色及该雇员和代理人未勤勉履行的具体监管义务等。换句话说，人们必须评估监管制度的性质、特定雇员在该制度下扮演的角色及这些雇员是否勤勉履行了应承担的义务等问题。在《CFTC规章》第166.3节下，注册人有义务开发程序，以发现并遏止其代理人可能实施的任何不法行为"。[⑤]因此，CFTC表示，只要证明注册人未开发适当程序用于监测不法行为，即可认定其未制定充分的监管制度。[⑥]此外，CFTC还表示，注册人如果未针对遵守CFTC特定义务为雇员提供充分培训，即为未充分落实监管制度。同样，注册人未遵循自身合规程序和政策（即未确保其监管

① *In re* Open E Cry LLC, No. 12-24, 2012 WL 10259805, at *7（C.F.T.C. June 7, 2012）[援引 *In re* Paragon Futures Ass' n, No. 88-18, Comm. Fut. L. Rep.（CCH）¶ 25266, 1992 WL 74261, at *14（C.F.T.C. Apr. 1, 1992）].

② *In re* Morgan Stanley Smith Barney LLC, No. 13-02, Comm. Fut. L. Rep.（CCH）¶ 32422, 2012 WL 5217738, at *4（C.F.T.C. Oct. 22, 2012）（援引*In re* U.S. Sec. & Futures Corp., No. 01-01, Comm. Fut. L. Rep.（CCH）¶ 31494, 2009 WL 3244152, at *11（C.F.T.C. Oct. 7, 2009））.

③ Protection of Commodity Customers, 42 Fed. Reg. 44, 742, 44, 747（Sept. 6, 1977）.

④ *In re* Open E Cry, 2012 WL 10259805, at *6 [援引*In re* GNP Commodities Inc., 1992 WL 201158 and CFTC V. Carnegie Trading Grp., Ltd., 450 F. Supp. 2d 788, 805（N.D. Ohio 2006）].

⑤ Samson Refining Co. v. Drexel Burnham Lambert, Inc.,（1986-1987 Transfer Binder）Comm. Fut. L. Rep.（CCH）¶ 24596, 1990 WL 10570561, at *10（C.F.T.C. Feb. 16, 1990）.

⑥ *In re* Open E Cry, 2012 WL 10259805, at *6 [援引CFTC v. Trinity Fin. Group, Inc.（1996-1998 Transfer Binder）Comm. Fut. L. Rep.（CCH）¶ 27179 at 45635（S.D. Fla. Sept. 29, 1997）, aff' d in part, vacated in part, and remanded sub nom. Sidoti v. CFTC, 178 F.3d 1132（11th Cir. 1999）].

计划得到勤勉执行和实施）的行为也可构成违反《CFTC规章》第166.3节的行为。

CFTC的监管要求并非严格责任条款。实际上，认定监管失察的行政决定和司法判决适用的似乎是合理性标准，即仅在监管制度或监管制度执行中的行为不合理时才会对注册人进行追责。有时，这种合理性分析还会考察，当监管制度充分时，注册人是否本应或本可发现相关不法行为。比如，一些决定和判决提到注册人未充分重视或直接无视“警示标志”。“警示标志”指一些既往信号，向注册人提示其高管、雇员和代理人正在实施不当行为或当前监管制度不充分。

传统的过失标准经常提出的问题是，理性谨慎的人在类似情形下会怎么做。而与此不同的是，依照《CFTC规章》第166 3节作出的决定所适用的标准似乎是理性谨慎注册人标准，因为依照该规定进行的分析所关注的焦点，往往是被告行为在多大程度上与其他（理性谨慎）注册人应该或通常会实施的行为发生了偏离。比如，理性谨慎的注册人应该知悉且阅读CFTC的释义指南、工作人员建议、对《CFTC规章》进行释义的《联邦公报》规则发布文件等。

第一节 对搭建、检测和维护电子交易平台的雇员实施监管的义务

在近年发起的若干执法案件中，CFTC均指出，注册人有义务对其负责搭建、检测、维护和控制电子交易平台和系统的高管、雇员和代理人实施监管。比如，2012年，CFTC对一名期货经纪商发起了诉讼并与其达成了和解。在该案中，被告期货经纪商的“定制交易软件”含有一个瑕疵，导致该软件七个月中对客户从事俄罗斯卢布（期货）合约交易的损益进行了错误计算。利用这一软件故障，一名观察敏锐（但不道德）的交易者得以实施了一个骗

局，即通过事先安排好的交易进行欺诈。[①]对此，CFTC指出，该期货经纪商未对客户账户中的可疑交易活动进行充分检测，因而违反了《CFTC规章》第166.3节，因为期货经纪商必须对客户账户的操作情况及其人员就期货经纪商业务开展的其他所有活动予以勤勉监管。[②]CFTC指出，该期货经纪商用于检测客户账户风险的计算机软件在技术上能够生成自动“提示”，在各类可疑交易活动发生后向风险管理人员发送电子邮件，但是，该期货经纪商并未对其系统进行配置，使其具备生成系统性自动提示的能力。[③]相关交易者利用软件计算俄罗斯卢布期货合约价值出现错误这一瑕疵牟利时，该期货经纪商的“夜班工作人员”并未在计算机上启用任何个性化自动提示功能。[④]尽管他们“负有……对夜间时段客户交易流程实施视觉化检测的职责”，但他们却没有发现可疑交易活动。[⑤]

CFTC还用《CFTC规章》第166.3节对场外外汇市场电子交易平台相关监管失察现象进行了打击。在场外外汇市场上，欺诈始终是一个屡禁不止的问题。在2011年和2013年的两次独立诉讼中，CFTC分别以违反《CFTC规

---

① *In re* Open E Cry LLC，No. 12−24，2012 WL 10259805，at 2（C.F.T.C. June 7，2012）（一期货经纪商因未监管其雇员对客户账户的操作和监督情况而被诉，但与CFTC达成了和解。在该案中，一名客户利用该期货经纪商定制交易软件计算俄罗斯卢布期货合约时出现系统性价格错误这一瑕疵实施了洗售行为）；Press Release，CFTC，CFTC Orders Futures Commission Merchant Open E Cry，LLC to Pay $250000 to Settle Failure to Supervise Charges（June 7，2012），www.cftc.gov/PressRoom/PressReleases/pr6276−12［“期货经纪商向客户提供了交易期货合约所需的软件，却未发现和纠正该软件的一个瑕疵，即在客户从事俄罗斯卢布期货合约交易时错误计算日内损益……一名俄罗斯公民……利用了这一卢布计算错误和该期货经纪商的监管失察问题。因此，这名俄罗斯公民通过事先安排的交易骗局实施了欺诈……该期货经纪商未落实旨在发现可疑交易活动（如涉案交易或数量极大的期货合约）的充分提示制度，因而未能发现并阻止这名俄罗斯公民的交易”］。

② *In re* Open E Cry，2012 WL 10259805，at *2，*4−5［“该期货经纪商意识到，其定制的软件交易程序可能会误算客户损益……但该期货经纪商仍未实施任何风险管理程序，以发现客户利润计算方面的错误……尽管其知晓本领域既往问题，且拥有能够标记现金余额不一致问题的工具……尽管该期货经纪商人员出于其他目的经常对这种偏差报告进行审查，但该期货经纪商对这些报告的审查并不充分，无法检测出账户余额差异问题”］；同时，请参见：*In re* Morgan Stanley & Co.，LLC，No. 12−22，Comm. Fut. L. Rep.（CCH）¶ 32218，2012 WL 3262462，at * 5（C.F.T.C. June 5，2012）.

③ *In re* Open Cry，2012 WL 10259805，at *5.

④ 同上。

⑤ 同上。

章》第166.3节为由，对两名零售外汇交易商①即Forex Capital Markets（FXCM）和FX Direct Dealer（FXDD）发起了指控并达成了和解。根据指控，这两名零售外汇交易商未对其高管、雇员和代理人操作、控制和检测电子交易平台的行为实施监管。在这两桩案件的同意令（即和解协议）中，CFTC表示，这两名零售外汇交易商之所以违反了《CFTC规章》第166.3节，是因为他们未“就市价单和保证金清算单的滑点问题（即下单至执行期间的价格变化问题）”对“高管、雇员和代理人在电子交易平台上操作客户账户的情况”实施监管。②

具体而言，CFTC认定，这两家零售外汇交易商未对其高管、雇员和代理人实施监管，导致后者在电子交易平台上创设并维系了非对称滑点参数。其结果是，价格变化即“滑点”有利于客户时，客户的交易指令单被拒收，而价格变化有利于注册人时，客户的交易指令单则被受理。就这两桩案件而言，CFTC强调称，注册人必须对其“负责搭建、检测和维护”计算机化交易平台的雇员实施勤勉监管。

在这两名零售外汇交易商的同意令中，有一项援引了《美国国家期货协会释义通知9060》美国期货业协会合规规则2–36第（e）条：电子交易系统

① 零售外汇交易商“指任何充当或提议充当零售外汇交易对手方的人”，但不包括属于列明例外范围内的人。17 C.F.R§5.1（h）（1）（2013）.

② *In re* Forex Capital Mkts., 2011 WL 4689390, at *1; accord *In re* FXDirectDealer, 2013 WL 5295802, at *1；同时，请参见：Joshua Gallu, *FXCM Agrees to Pay* $14 *Million to Resolve CFTC 'Slippage' Claims*, BLOOMBERG（Oct. 3, 2011, 1: 39 PM）, www.bloomberg.com/news/2011–10–03/fxcm–agrees–to–pay–14–million–to–resolve–cftc–slippage–claims.html（“2008年至2010年间，FXCM剥夺了客户多达826万美元的‘积极价格滑点’，即客户下单至交易执行期间有利于客户的价格差额……虽然客户没有收到积极价格滑点带来的利润，却消纳了消极价格变动导致的损失”）; Press Release, CFTC, *CFTC Orders FXDirectDealer, LLC to Pay $2.74 Million for Supervision Failures Relating to Trading Platform*（Sept. 18, 2013）, www.cftc.gov/PressRoom/PressReleases/pr6697–13; Press Release, CFTC, *Forex Capital Markets LLC Ordered to Pay More Than $14.2 Million to Settle CFTC Charges Relating to Its Failure to Supervise Customer Accounts*（Oct. 3, 2011）, www.cftc.gov/PressRoom/PressReleases/pr6119–11; News Release, NFA, *NFA Fines New York Forex Firm FXDirectDealer LLC $1.1 Million and Orders the Firm to Pay $1.8 Million in Restitution to Customers*（Sept. 18, 2013）, www.nfa.futures.org/ news/newsRel.asp?ArticleID=4299; News Release, NFA, *NFA Levies $2000000 Monetary Sanction Against FXCM and Orders Refunds to Customers*, Aug. 12, 2011）, www.nfa.futures.org/news/newsRel.asp?ArticleID=3851.

使用的监管。该《释义通知9060》在相关部分表示：

> 外汇市场高度自动化，几乎所有交易都在电子平台上完成。大多数指令也以电子方式下达，通常通过互联网直接在平台输入。因此，为履行监督责任，会员必须采用并执行书面程序，其中涉及公司电子交易系统提供的安全措施、容量、信用和风险管理控制措施以及相关记录……对于电子交易平台而言，监督程序还必须解决该平台上所从事交易的诚信问题。①

该通知还明确提到了滑点问题，表示“电子交易平台的设计应确保任何滑点均基于真实的市场条件”，且“滑点……向有利于客户的方向变动频率应当与向不利于客户的方向变动频率相当”。②第9060号释义通知表示，零售外汇交易商必须通过并执行设计合理的书面程序，以确保其交易平台所提交交易的完整性。③

有趣的是，CFTC并未指控FXCM和FXDD实施欺诈。这或许是因为，基于两案案情，CFTC难以认定这两家零售外汇交易商的主观恶意心态。在与FXCM达成和解的同意令中，CFTC前委员斯科特·D. 欧玛利亚（Scott D. O’Malia）发表了一份附和声明。④在这份声明中，欧玛利亚表示：“该注册人依赖的明显是其交易平台的程序，而不是稳健的监管和检测，这凸显了CFTC通过强化标准对电子交易平台及其他系统实施监管的必要性。”⑤CFTC前委员欧玛利亚进一步表示：

> CFTC需要更加严厉地审视科技在其监管的所有市场中扮演的角色。

---

① Interpretive Notice, NFA, 9060 – Compliance Role 2-36（e）: Supervision of the Use of Electronic Trading Systems（Sept. 19, 2016）, www.nfa.futures.org/nfamanual/NEAManual.aspx?RuleID=9060&Section=9.

② 同上。

③ 同上。

④ *In re* Forex Capital Mkts., 2011 WL 4689390, at *10（O’Malia, Comm’r, concurring）.

⑤ 同上。（“如果有人试图以科技万无一失这一虚幻理论为依据，规避《商品交易法》及规章制度下的义务，并为其不当行为进行辩护，那么本案应该对这些人起到警示作用。很明显，他们的行为如果直接由人类实施，本应受到更高程度的审查。”）

CFTC还需要开发更多专业技术，透过黑箱直面那些设计、操作、维护、检测和监管科技手段的人，以发现和检控不当行为。毕竟，科技目前大行其道，基本上改变了传统交易场所和交易执行功能。我们不能继续因为没有手握确凿证据的人在场，就推定没有发生违法违规行为。那个时代已经过去了。

CFTC前委员欧玛利亚还指出，虽然这些指控并没有提到欺诈或挪用，但该案揭示出的监管失察问题也令人“触目惊心”。①

第二节　适用于自动交易系统交易行为的《CFTC规章》第166.3节

FXCM和FXDD的同意令表明，在注册人高管、雇员或代理人未勤勉监管自动交易系统的情况下，如因自动交易系统的行为导致了操纵性和破坏性交易行为，则CFTC可利用《CFTC规章》第166.3节规定，对该操纵性和破坏性交易行为进行打击。与需要违法者有故意或放任心态的其他执法诉因不同，《CFTC规章》第166.3节适用的似乎是合理性标准。因此，CFTC可将《CFTC规章》第166.3节适用于注册人的高管、雇员或代理人未对自动交易系统进行构建、编程、管理和监督，以确保自动交易系统不实施破坏衍生品市场或扭曲、操纵衍生品和商品价格等不当交易行为的情形。

同样，期货经纪商如未对其高管、雇员或代理人实施勤勉监管，未确保其高管、雇员或代理人监督客户账户，以发现自动交易系统所实施的不当行为，则CFTC也可援引《CFTC规章》第166.3节对期货经纪商实施处罚。换句话说，如果注册人的自动交易系统实施了类似操纵收盘价、洗售或幌骗的行为，且该注册人未对其负责管理和操纵自动交易系统的雇员实施勤勉监管，则CFTC完全可以对该注册人以违反《CFTC规章》第166.3节为由提起诉讼。

① *In re* Forex Capital Mkts., 2011 WL 4689390, at *10 (O' Malia, Comm' r, concurring). “指出在和解协议下，FXCM受到的处罚包括CFTC要求的600万美元民事罚款、美国国家期货协会要求的200万美元罚款和返还受害者的8261937美元。”

实际上，如前所述，对于注册人未勤勉监管其负责电子交易平台编程、监督或控制等工作的雇员，CFTC曾经提起相关诉讼，认为注册人违反了《CFTC规章》第166.3节。《CFTC规章》第166.3节不要求被告有违反《商品交易法》或《CFTC规章》的基础行为。因此，CFTC可就自动交易系统发起的交易活动提起监管失察诉讼，而无须证明价格操纵或洗售等诉因要求证明的全部要件。实际上，CFTC仅须证明，就自动交易系统发起的操纵性或破坏性交易活动而言，注册人未对其雇员实施勤勉监管，或者未制定并充分落实监管制度。如前所述，对于期货经纪商未勤勉监管其负责检测客户账户可疑活动和违法行为的雇员这种情形，CFTC非常愿意以违反《CFTC规章》第166.3节为由对期货经纪商提起诉讼，即便事实最终证明，上述可疑活动并未违反《商品交易法》或《CFTC规章》，也可以提起上述诉讼。

2013年，CFTC对期货经纪商福斯通（FCStone）发起并达成和解的监管失察诉讼进一步表明，《CFTC规章》第166.3节的适用范围非常灵活，可广泛用于打击监管制度不足，而无须援引背后的具体诉因或违法行为。CFTC表示，“2008年全年和2009年部分时期，福斯通未充分执行其客户信用风险和集中风险政策和管控措施，导致一个账户……建立了（客户）无法维系的大规模期权头寸”。[①]最终，福斯通被迫接管了账户，并损失了大约1.27亿美元。[②]CFTC前执法部主任大卫·麦斯特（David Master）总结指出：

> CFTC监管规则有助于确保市场的财务稳健性，并保护客户资金。如果期货经纪商缺少金融风险控制措施，几乎无法约束客户，因此使客户像本案中那样，承担超出其承受能力的大量交易风险，就有可能随之发生多米诺骨牌效应，产生财务损失的后果。这不仅会影响期货经纪商，而且还可能会对其他客户和整个市场产生影响。

---

① Press Release, CFTC, *CFTC Orders FCStone LLC to Pay a $1.5 Million Civil Monetary Penalty for Failing to Have Risk Controls, in Violation of Supervision Obligations* (May 29, 2013), www.cftc.gov/PressRoom/Press Releases/pr6594-13.

② 同上。

就福斯通违反《CFTC规章》第166.3节的主张而言，CFTC认为，福斯通等期货经纪商须就其作为期货经纪商开展的业务，对其高管、雇员和代理人的所有活动实施勤勉监管。[①]从这一观点出发，CFTC指出，相关雇员活动肯定包括管理客户账户相关风险，如信用风险、集中风险及可能“实际导致或根据合理预期……会导致公司资产重大损失”的其他任何风险。[②]更重要的是，在监管失察使客户面临潜在损失风险的情况下，CFTC自然会认定这种行为违反了《CFTC规章》第166.3节。[③]因此，CFTC认定，注册人如未监管其高管、雇员和代理人在检测客户信用风险和集中风险方面所开展的活动，则违反《CFTC规章》第166.3节。CFTC进一步表示，福斯通的监管失察违反了《CFTC规章》第166.3节，因为监管失察要么实际导致了福斯通公司的损失，要么根据合理预期会导致福斯通公司资产重大损失。[④]

为支持福斯通作为注册人在业务管理中实施的信用风险和集中风险相关行为（或不作为）构成了《CFTC规章》第166.3节的监管失察这一主张，除引用司法判决和CFTC决定（其中许多为同意令）外，CFTC还援引了许多参考文献，其中包括三份涉及期货经纪商资本要求的联邦公报规则发布文件（其中两份为20世纪80年代发布）。此外，CFTC还援引了CFTC工作人员2001年发布的一份报告，该报告指出了“在交易不活跃的市场上持有头寸或持有特定合约的大部分头寸”给期货经纪商带来的风险。[⑤]另外，还有关于期货经纪商财务控制和保障的规则。

值得一提的是，福斯通选择与CFTC达成和解，而不是应诉。因此，我

① *In re* FCStone LLC，No. 13-24，2013 WL 2368539，at *5（C.F.T.C. May 29，2013）.

② 同上at *7。

③ 同上at *6。援引*In re* Goldman Sachs Execution Clearing，LP，No. 12-20，Comm. Fut. L. Rep.（CCH）¶ 32141，2012 WL 1377971，at *6（C.F.T.C. Mar. 13，2012）（“在一项行政诉讼中对一家期货经纪商发起并实施了制裁，并认定该期货经纪商违反了《CFTC规章》第166.3节，因为该期货经纪商在收到举报，获知一家经纪交易商可能在向其客户提供不准确的账户描述后，未对该经纪交易商开展调查”）。

④ 同上at *7。

⑤ 同上at *4。

们无法知晓如果福斯通应诉，联邦法院是否会赋予CFTC以灵活变通的方式援引各种迥然不同的法律渊源的权力。这些法律渊源正是《CFTC规章》第166.3节义务的依据。该节规定了对雇员实施勤勉监管，以确保雇员充分检测客户集中风险等义务。CFTC认为，对任何持有客户账户的期货经纪商而言，管理客户账户相关风险是一项基本活动，这无疑是正确的。①但是，针对《CFTC规章》第166.3节应诉的被告完全可以表示，相关特定事实并未构成监管失察相关违法行为，而只是一系列不幸发生的事件；尽管注册人履行了合理的监管职责，这些事件还是发生了。

福斯通的同意令表明，在注册人遭遇不利情况（如发生涉及流氓交易者的事件或因所持账户发生严重损失导致近乎破产的事件）时，CFTC完全可能找到足够的依据作为绳索套住注册人，使注册人无法摆脱违反《CFTC规章》第166.3节的指控。②而这根绳索上的套子既可能是注册人未遵守的内部合规政策，也可能是被注册人践踏的交易所规则，甚至还可能是CFTC工作人员之前发布的风险警示报告，其中涉及导致当前问题的风险。当然，如果以理性谨慎注册人标准看待《CFTC规章》第166.3节中的违法行为，那么，CFTC在福斯通案中的立场就不是什么非同小可的事情了，因为理性谨慎的CFTC注册人（如本案中的期货经纪商）理应知晓CFTC工作人员2001年发布的报告，且理应知道自己必须制定并落实检测的制度，以对客户账户的信用风险和集中风险实施检测。

鉴于这种灵活做法，注册人未监管其负责监督自动交易系统的雇员，从而导致自动交易系统实施了操纵性或破坏性交易行为时，CFTC很可能会以类似方式对该注册人适用《CFTC规章》第166.3节及理性谨慎注册人标准。实

---

① *In re* FCStone LLC, No. 13-24, 2013 WL 2368539, at *6 (C.F.T.C. May 29, 2013).

② 比如，几乎任何案例只要涉及期货经纪商遭遇严重损失，足以威胁其稳定，继而威胁客户账户资金，那么期货经纪商内部大概率都出现了足以使CFTC对其发起监管失察诉讼的问题。在这些情形下，CFTC基本上都可以援引下列原则支持其主张，即“在监管失察使客户面临潜在损失风险的情况下，CFTC自然会认定这种行为违反了《CFTC规章》第166.3节”。

际上，由于今天的交易环境已经高度自动化和计算机化，因此理性谨慎的注册人在构建监管系统，以检测自己的自动交易系统所发起的交易，或者检测利用自动交易系统实施交易的客户账户时，很可能会确保其监管系统拥有对可疑交易模式自动报警的功能。当然，除自动报警功能外，其他能够使注册人对潜在不当行为作出快速响应的自动内控功能也是恰当的。

在注册人对其雇员监督自动交易系统的交易未予以勤勉监管时，CFTC如果要对该注册人发起《CFTC规章》第166.3节相关诉讼，就可以援引各种法律渊源：《CFTC规章》、工作人员公告、释义指南、联邦公报规则发布文件等。CFTC可强调注册人有必要对负责检测交易账户及其他自动化或非自动化业务和经营维度的雇员实施勤勉监管。CFTC还可强调市场价格发现功能具有重要意义，以及有必要确保市场远离操纵性和破坏性交易行为。然而，为了确保市场尽可能远离操纵性和破坏性交易行为，对那些检测和操作自动交易系统的雇员实施勤勉监管是必不可少的。

未对雇员实施勤勉监管的主张可建立在下列事实上，即注册人必须对其雇员实施勤勉监管，以防止该雇员实施扭曲期货及衍生品价格的交易行为，而更重要的是，防止该雇员不检测客户账户、电子交易平台或系统和自动交易系统是否实施了上述行为。值得一提的是，扭曲衍生品价格的交易行为肯定损害了市场的价格发现功能，无论实施这种破坏性或操纵性交易行为的是人类，还是自动交易系统。《CFTC规章》第166.3节所述的监管失察是一项基本的独立违法行为，它不需要证明被告存在违反《商品交易法》或《CFTC规章》的其他任何基础行为。因此，如果期货经纪商未对客户账户实施检测，并因此导致客户账户利用自动交易系统实施了洗售或操纵收盘价等可疑交易活动，那么，（在案情允许的前提下）CFTC无论能否证明违法人员实施了洗售或操纵收盘价的行为，均可指控该期货经纪商未对其负责检测客户账户的雇员实施勤勉监管，因而未能发现此类可疑行为。

在指控被告违背了《CFTC规章》第166.3节所述监管义务的案例中，

CFTC无须证明注册人的雇员或客户由于监管失察而可能实施价格操纵或洗售等不当行为时，具有案由确立所需的相关主观状态。但是，对于《CFTC规章》第166.3节的相关主张，CFTC必须证明：注册人没有充分的监管制度，或注册人未就其作为注册人开展的业务对其高管、雇员或代理人实施勤勉监管。实际上，期货经纪商如果允许客户利用其在该期货经纪商处开立的账户作为载体，实施“具有洗售、操纵收盘价或其他破坏性交易行为迹象”的交易活动，那么该期货经纪商就很可能符合上述条件中的一项或者全部两项。[①] 当然，如果注册人做到了合理勤勉，则其可能无须面对这种结局。那么，怎么才算做到了勤勉呢？实际上，勤勉须以下列事实为依据，即注册人发现了可疑交易，对该交易的具体情形进行了尽责调查，并得出结论认为相关交易未扭曲或操纵价格或未以其他方式破坏市场。

尽管如此，与《CFTC规章》第166.3节相关的大部分决定实际上都涉及注册人实施了违反《商品交易法》或《CFTC规章》等基础性违法行为的情形。因此，如果基础性行为没有违反《商品交易法》或《CFTC规章》，那么，CFTC可能会很难以被告违反《CFTC规章》第166.3节为由对其发起诉讼，其原因包括被告不具有必要的主观恶意等。如果注册人未勤勉监管负责自动交易系统编程和操纵工作的雇员，那么按理说CFTC确实可以援引《CFTC规章》第166.3节进行诉讼。但是，如果自动交易系统实施扭曲期货合约价格或破坏市场的交易行为，或者以其他方式模仿不当行为（如操纵收盘价），则赋予相关执法行动更加明确的权力，就有助于消除不确定性，明确CFTC有权要求利用自动交易系统实施交易的注册人对其负责自动交易系统活动的雇员实施勤勉监管。

因此，CFTC可颁布一项或多项规则，明确要求所有利用自动交易系统的注册人均须制定并落实某些政策和程序，从而对《CFTC规章》第166.3节中现行的宽泛监督条款进行补充。一些交易行为如由人类实施且无需证明任

---

① 请参见：*In re* LFG, L.L.C., No. 01-19, 2001 WL 940235, at *3（C.F.T.C. Aug. 20, 2001）.

何主观状态即可能违反《商品交易法》或《CFTC规章》(例如，模仿洗售或操纵收盘价的交易行为)，而上述政策和程序可确保注册人负责自动交易系统编程和操作工作的雇员不实施这些交易行为。这类规则将明确宣示，如果因监督不力导致在自动交易系统指令下实施的交易行为操纵或扭曲了衍生品合约价格，破坏了市场，或者模仿了操纵收盘价、洗售和幌骗等非法交易行为，则注册人有可能因监管失察而被追究责任。

但是，鉴于CFTC在起草《CFTC规章》第166.3节时特意选择了这种不列述具体要求的灵活、开放式监管规则，因此该机构可能并不希望改变这种做法，并就自动交易系统颁布这种列述具体监管要求的规则。因此，作为一种替代方式，CFTC可要求美国国家期货协会发布合规规则和释义通知，更具体地说明在注册人的交易由自动交易系统控制的情形下，这些监管要求应如何适用。作为一个行业自律组织，美国国家期货协会由CFTC主管，且经常就CFTC的合规规则发布说明性质的释义通知。如前所述，美国国家期货协会之前曾就外汇电子交易平台的监管问题发布释义通知。因此，针对由计算机控制的期货和衍生品市场交易发布合规规则及相应指南，是美国国家期货协会当仁不让的职责。美国国家期货协会针对自动交易系统控制交易新制定的合规规则和指南，可设立行业最低标准，规定如何检测自动交易系统指令下的交易，以有助于发现类似价格操纵、洗售、操纵收盘价或幌骗的交易活动或其他不当交易行为。

如前所述，现行《CFTC规章》第166.3节可以说在任何情况下均默示要求利用自动交易系统的注册人制定书面政策和程序，以防止其雇员不对自动交易系统实施检测和管控。这种检测和管控旨在防范与《商品交易法》和《CFTC规章》中洗售、操纵收盘价及其他操纵性手段相类似的行为，但不考虑相关诉因的主观状态要求，因为《CFTC规章》第166.3节适用的似乎是合理性标准。同样，《CFTC规章》第166.3节还默示要求注册人制定书面政策和程序，并通过这些政策和程序对负责检测客户账户的雇员实施监管，以确保客户账户通过自动交易系统实施的交易不出问题。这种对客户账户实施的检测同样是为了防范幌骗、操纵收盘价、洗售及其他操纵性和破坏性交易行为。当然，对客户账户实施检测以发现可疑交易，这项义务也无须考虑客户或客户自动交易系统程序员和操作员的主观状态。

第三节　监管失察主张的局限性

《CFTC规章》第166.3节的局限性之一，是该规则的宽泛、开放性可能会使其过于模糊，因而在针对CFTC注册人如何使用自动交易系统制定具体、统一而合理的标准时，《CFTC规章》第166.3节不能成为该标准的法源。因此，如果CFTC仍然希望就注册人运用自动交易系统的行为为市场参与者提供一份具体的行为要求清单，那么《CFTC规章》第166.3节本身是无助于实现这个愿望的。此外，由于《CFTC规章》第166.3节适用的似乎是合理性标准，因此，在注册人控制和监督其自动交易系统的行为确属合理，但仍然导致了市场混乱和扭曲的情况下，该规则将鞭长莫及。但是，鉴于《商品交易法》和《CFTC规章》作为总则性质的规定，并不禁止针对衍生品市场不当行为适用严格责任，因此这个问题可能并不是特别麻烦。

《CFTC规章》第166.3节的另一个局限，是其仅适用于注册人，即要求进行注册的人。这意味着，《CFTC规章》第166.3节无法用于打击非注册人利用自动交易系统实施的破坏或有害交易行为，但通过非注册人的期货经纪商或介绍经纪商间接进行打击的情形除外。此外，尽管本章重点为CFTC的执法规定，而非私人诉权，但法院已经表示，对于违反《CFTC规章》第166.3节的行为，人们不享有私人诉权。因此，对于因负责自动交易系统检测的雇员未接受注册人充分监管而导致自动交易系统发起操纵性或破坏性交易行为的，《CFTC规章》第166.3节并未向因上述行为而遭受损害的人赋予私人诉权救济。在这种情况下，这些人别无他法，只能寄希望于CFTC对那些因未对自动交易系统的交易行为实施充分监管而导致其遭受经济损失的特定注册人发起诉讼。此外，一些人认为，与价格操纵和洗售之类更为“严重的”民事执法诉因相比，仅以违背监管义务为由对实施操纵性和破坏性市场行为的人提出指控是无法令人满意的。

如果人们以这种方式看待监管失察主张，那么，CFTC完全可以考虑颁布新规，使自己有权无须证明被告主观状态即可基于其他诉因对被告进行追责。比如，在自动交易系统控制和指挥相关交易活动的情况下，CFTC或许可利用过失或合理性标准提出价格操纵或非竞争性交易主张并使其主张成立。特别值得一提的是，如果CFTC认定特定交易行为破坏了市场或扭曲了价格，则即便该行为并非故意，也仍有理由采用上述做法。例如，如果CFTC通过在现行注册人类型下创设“自动交易系统场内交易商”或“自动交易系统商品交易顾问”等子项，要求利用自动交易系统实施交易的人注册，并且注册方式能够将这些人识别为使用自动交易系统的注册人，那么，CFTC完全可以颁布一项新规，就“自动交易系统注册人”实施的特定不当交易行为对其追究过失责任。在期货和衍生品监管领域，这种做法并非完全没有先例可循，因为如前所述，《商品交易法》第40节第（1）条第（B）款就以过失标准为依据，在无须证明故意的情况下追究了欺诈行为的责任，只不过该规定仅适用于商品交易顾问、商品基金经理及其业务相关人员。退一步讲，如果CFTC的规则仍不够充分，那么，美国国会还可对《商品交易法》进行修订，基于过失标准，对自动交易系统指令实施交易形成的破坏性或操纵性交易行为追究责任。

第十七章
闪电事件

近年来，交易技术不断创新的潜在弊端之一是，无论行情好坏，市场都能以闪电般的速度闻风而动。在期货和证券交易通常以毫秒（即千分之一秒）甚至是微秒（即百万分之一秒）计量的情况下，如今，市场崩溃和反弹也能以惊人的速度发生，使人类的反应速度看起来就像龟速，而在实践中，这样的情形确实已经发生。算法交易技术使期货、证券和期权市场能够以前所未有的速度将市场信息反映在金融工具价格上，但与此同时，也导致了偶有发生的市场崩溃和反弹现象，而其中的原因有时仍令市场参与者和专家困惑不已。在相当大的程度上，金融工具价格变动速度的提升取决于一个事实，即驱动人工智能系统的计算机和软件程序能够以远超人类思维的速度进行决策。因此，随着算法交易的普及，金融市场上的价格变动速度与当前在衍生品市场上运作的计算机化思维和网络速度一致，远远超过之前的速度，或许也在意料之中。

本章分析了“闪电崩盘”和“闪电上涨”这类市场事件（合称为“闪电事件”），同时简要叙述了金融市场上的技术错误和计算机故障等问题（其中一些是在高频交易时发生的，另一些则不是）。这些由技术问题造成的非故意破坏事件，见证了人们为确保复杂的计算机交易网络持续正常运作，需要面临哪些挑战。很明显，严肃的市场参与者和评论家都不会推荐人们回到过去，使用实体交易大厅和相应的纸质（有时甚至是手写的）交易记录。但是，在分析和审视现行监管框架时，人们必须考虑期货市场及其他衍生品工具的算法性质，到底使交易环境发生了哪些变化。本书其他章节侧重阐述了故意或者放任的市场破坏和价格扭曲问题，而本章则针对闪电崩盘及其他因技术导致的市场破坏事件，考察了应对之策。现行的监管工具大部分目的是来应对具有恶意或欺骗性质的主体导致的市场损害，但金融市场日益计算机化、相互联系且错综复杂，因此强化了人们对交易平台或市场中介内部技术事故的关切。

特别值得一提的是，范德堡大学法学院教授叶莎·雅达芙建议设立金融市场基金，即所谓“国家市场体系基金”。根据该建议，对于因闪电崩盘及算法造成的其他市场破坏活动而遭受损失的投资者，国家市场体系基金将提供赔偿。在某些方面，雅达芙教授的建议与证券投资者保护基金背后的理念大体相同。证券投资者保护基金是一个非营利性法人团体，经联邦政府授权，由会员出资成立，旨在保护其客户，使客户不会因经纪公司陷入财务困境而遭受财务损失。在证券经纪公司破产的情况下，证券投资者保护基金将为其会员提供赔付。与此不同的是，触发国家市场体系基金赔付的事件是发生市场破坏活动，而不是证券经纪公司破产。但是，设立这样的基金及随之而来的闪电崩盘保险肯定需要美国国会批准。因此，该建议即便不具有争议性，但似乎仍有点超前。尽管如此，我仍然相信，未来，美国国会肯定要认真考虑实施广泛的社会保险计划，以应对人们因算法而遭受的经济和实物损失。由于人工智能系统仍在继续渗透到更多社会领域，且有可能在更多社会领域对他人造成经济和实物损失，因此，对于因人工智能系统而遭受经济或实物损害的人，现行法律和监管体系可能无法提供充分补偿。对于现行法律和监管架构无法就自主性人工智能系统行为追责的问题，本书前面章节曾经将其称为“问责缺失”。因此，尽管本章分析和讨论的重点为当前期货市场的运行问题，但其论述范围相当广泛，远非仅限于算法交易和交易平台技术故障导致的市场扰乱现象，以及相关法律、监管和责任制度的潜在缺失问题。简而言之，我相信，本章关于机器人和算法意外伤害社会保险的相关认识，可能还适用于其他地方，适用于法律和社会的其他领域。

第一节　2010年5月6日的闪电崩盘事件

"闪电崩盘"这一术语源于2010年5月6日发生的闪电崩盘事件。这是"一次前所未有的市场事件，一万亿美元在数分钟内在市场上消失殆尽"[①]，但在交易日收盘之前，市场又掉头向上，基本恢复到了暴跌之前的水平。第十五章（幌骗）在一定程度上已对闪电崩盘事件进行过详细探讨，并介绍了人们在试图解释这一（就当时来说）令人震惊的市场扰动事件发生的根源时所提出的一些基本理论。在这里，我们将对此进行简要回顾。2010年9月30日，CFTC和SEC就闪电崩盘事件发布了一份联合报告。该报告表示，2010年5月6日闪电崩盘事件的起因是美国中西部地区一支共同基金提交的标普500股指期货合约卖单。这项卖单规模巨大，导致相关期货合约价格暴跌，进而又触发了证券价格联动下跌。但是，CME集团（即标普500股指期货的所有方）对该报告结论提出了异议。此外，其他评论家和市场参与者也对该报告结论提出了质疑。

闪电崩盘事件发生五年后，CFTC对一名英国籍日内交易者萨劳提出了指控，表示其对标普500股指期货进行了幌骗，因而促成了这次闪电崩盘事件。针对CFTC的结论，即萨劳的幌骗导致了闪电崩盘事件，一些评论家提出了异议，其中包括一位曾担任SEC委员的斯坦福大学法学院教授（CFTC在一名匿名吹哨人帮助其进行交易分析的情况下得出上述结论）。除CFTC发起的民事执法诉讼外，美国检察官还以幌骗为由对萨劳提出了刑事指控。萨劳在引渡听证会上未能争取到不引渡至美国，随后作出了认罪答辩，同时还

---

① Lin, *The New Market Manipulation*, 66 Emory L.J., at 1255.

与CFTC达成了和解。由于萨劳并没有在针对他提起的民事和刑事诉讼中为自己辩护，因此，关于萨劳实施了幌骗并导致了闪电崩盘事件的指控，从来没有在法庭上接受过检验。总之，到目前为止，2010年闪电崩盘事件的确切原因仍然是人们公开争论的话题，任何关于这次快速崩盘起因的理论都无法成为决定性的理论。

但很明显的是，期货市场交易能够影响股票市场，这一事实本身并不令人惊讶。其实，人们早已认识到，股指期货等金融衍生品的价格变动确实能够对证券价格产生影响。因此，在关于闪电崩盘事件原因的辩论中，辩论的焦点并不是期货市场交易是否会影响证券市场，而是到底是什么原因导致了2010年5月6日市场快速崩盘（然后又基本恢复）。因此，尽管本章、本书都以衍生品市场为重点，但当今金融市场的相互联系性决定了一个事实，即如果不将商品、证券、衍生品等市场作为一个整体看待，人们就无法对闪电崩盘和闪电上涨之类的问题进行分析。确实，今天的算法能够通过交易所控制的计算机化交易平台，高频发送交易指令信息以进行交易，也似乎正因为这一点，不同市场间的相互联系比以往任何时候都更为紧密。

闪电崩盘事件发生后，交易所高管们一致就取消市场扰动期间进行的某些交易制定了统一规程。因此，2010年5月6日14时40分或在此之前进行的、价格低于最后一次交易价格60%的交易全部被取消了。通常，交易所会采用熔断机制（又称为“交易限制”或“价格限制”）防止发生市场崩盘。一般而言，特定证券、期货合约或其他金融工具的价格如果超过事先设定的价格变动范围（如上涨或下跌5%），熔断机制就会触发。一旦触发，熔断机制会使交易暂停一小段时间或提前结束交易，以便市场参与者获得准确信息并做出理性交易决策。但是，相关金融工具在闪电崩盘事件期间的价格变化幅度并不足以触发2010年生效的熔断机制。作为闪电崩盘事件的应对措施，交易所对其交易限制进行了变更，以确保熔断机制在相互联系的各类市场间能够统一运行。

对于到底是什么原因导致了闪电崩盘事件，我并没有自己的看法。在这里，我的目标并不是一劳永逸地“解决”到底是谁或什么东西导致了闪电崩盘事件，而是为这类市场事件的分析提供相关背景。对于这类事件，我们能够做出的一个判断就是，金融市场专家似乎也难以对闪电崩盘等事件的根源明确作出不容置疑的认定。此外，闪电崩盘事件明显地使投资者感到了不安，甚至彻底吓坏了一些投资者。但是，闪电崩盘事件并不是终点。实际上，2010年闪电崩盘事件帮助CFTC与SEC起草联合报告的CFTC前首席经济学家安德烈·基里连科（Andrei Kirilenko）（现为伦敦帝国理工学院全球金融和科技中心负责人）表示，由于闪电崩盘事件是自动算法交易时代的首次市场崩盘事件，因此它并非偶然发生一次事件，而是对市场参与者和监管机构的某种“警醒”。

第二节 其他闪电事件、市场扰动和技术故障

自2010年闪电崩盘事件发生以来，从商品市场到证券市场，再到货币市场，不同市场已经发生了许多其他闪崩事件。其中，一些短时、快速、剧烈的价格波动被人们称为“迷你”闪崩事件，因为它们仅对单一股票或金融工具产生了短暂影响。比如，“近年来发生的闪电事件包括但不限于……2014年10月15日发生的国债闪涨事件、2015年8月24日发生的美国股票市场闪电事件、2016年10月7日发生的英镑闪崩事件、2018年2月5日发生的美国股票和波动率指数市场动荡事件等。”[①]在2015年8月24日的闪电崩盘事件中，标普500开盘就崩溃了，触发熔断机制在2010年闪电崩盘事件后为中止疯狂交易

① Gov. Lael Brainard, Speech, *The Structure of the Treasury Market: What Are We Learning?*, n.12, BD.OF GOVS.OF FED. RESERVE SYS.（2018年12月3日）（“四年前，美国国债‘闪涨’事件给监管机构和市场参与者提了个醒，即从传统视角看，美国国债市场的结构已经发生了剧烈变化”）；请参见：Gaia Balp & Giovanni Strampelli, *Preserving Capital Markets Efficiency in the High-Frequency Trading Era*, 2018 U. ILL.J. L. TECH. & POL'Y 349, 405（2018年秋）（“闪电崩盘并非孤立事件：2014年10月15日的美国国债市场，2015年8月24日的欧洲和美国股票期货市场和2015年7月9日的纽约证券交易所及其他市场也发生了同样的事件”）。

而推行近1300次。[①]此外，2018年2月5日，美国股市再次发生严重的闪电崩盘事件，道琼斯工业平均指数一度下跌了1597点。这是有史以来单一交易日下跌幅度最大的一次，尽管当日闭市前道琼斯工业平均指数有所反弹，比开盘时下跌1175点。[②]《华盛顿邮报》的一篇文章对2018年2月5日的闪电崩盘事件总结如下：

> 在美国历史上最大规模的股市暴跌中，推动暴跌的因素可能并不完全是闪电般的交易模式、自动化卖单和众多先进算法。但是，投资者和市场专家表示，这些因素可能大大提高了那个疯狂交易日的疯狂性，使所有退休基金持有人受到了惊吓，从而引发了一场恐慌性抛售，也使周二的反弹显得更莫名其妙。

有人曾引用纳斯达克前副董事长大卫·威尔德（David Weild Ⅳ）的话，“我们创造了一个对人类而言变动过于迅速的股票市场”。[③]另一名市场参与者则认为，2018年2月5日的闪电崩盘事件很可能只是预演了随着越来越多的交易由算法及相应的程序化交易行为驱动，投资者所能设想的结局，因为抛售永远只会招致更多抛售，但在当前环境下，局面可能在数秒之内就会失控。[④]

过去几年，众多金融工具都发生了闪电崩盘事件。对这些事件我们不可能

---

① Wigglesworth, *Volatility: How 'Algos' Changed the Rhythm of the Market*, FIN. TIMES, Jan. 9, 2019.

② Danielle Wiener, *How the Dow Fell 800 Points in 10 Minutes*, CNN MONEY, Feb. 5, 2018; Drew Harwell, *A Down Day on the Markets? Analysts Say Blame the Machines*, WASH.POST, Feb. 7, 2018; Jeff Cox, *The Stock Market Correction Two Weeks Later: How It Happened, and If It Can Happen Again*, CNBC.COM, Feb. 16, 2018（提到了“2018年2月5日1175个点的疯狂暴跌之旅。这次暴跌重新引发了人们对‘闪电崩盘’的恐惧，并使市场参与者不停地思考恐慌性抛售结束前到底会造成多大的损害”）。

③ Wiener, *How the Dow Fell 800 Points in 10 Minutes*, CNN MONEY, Feb. 5, 2018.“股票市场周一发生了惨不忍睹的暴跌事件，对于这一事件人们首先要知道的是，这并不是市场基本面造成的。……实际上，市场有其自身思维。情绪及某些计算机程序化交易可能是使华尔街陷入怪异恐慌的罪魁祸首。”Jeff Cox, *Why the Stock Market Plunged Monday*, CNBC.COM, Feb. 6, 2018（“周一，道琼斯工业指数一度暴跌1500点以上，是有史以来单日跌幅最大的一次”）; Jim Cramer, *Jim Cramer: The Market Refs Are Gone, and Flash Crashes Will Keep Happening*, THE STREET, Jan. 23, 2019.

④ Cox, *The Stock Market Correction Two Weeks Later*, CNBC.COM, Feb. 16, 2018.

也没有必要全部详加讨论。但是，总的经验教训是，闪电崩盘事件似乎已成为金融市场上反复发生的常见现象。比如，加利福尼亚州一家投资管理公司的首席执行官迈克尔·由上（Michael Yoshikami）表示，市场总是因程序化交易而离大规模波动只有一步之遥，且计算机化高频交易强化了个别投资者的恐惧和贪婪心理。[①]特别值得一提的是，投资管理人表示，在市场下行的情况下，算法会加剧恐慌情绪，因为算法会引发人类歇斯底里的抛售，破坏信心并形成恶性循环。[②]一些人还担心闪电崩盘事件可能会削弱投资者对全球金融市场的信心。[③]此外，还有人表示，"迷你"闪崩事件给设置证券或期货止损单的小规模投资者带来了财务损失。在市场迅速崩溃的情况下，止损单被触发，导致这些投资者的金融工具被自动抛售，而随后市场价格却又迅速反弹，收复大部分或全部失地。

同样，国际清算银行（BIS）也发布了一份报告，并在报告中得出了一项结论，即：2016年10月6日的英镑闪崩并非独一无二或前所未有的事件，而是后危机时代电子金融市场一系列闪崩事件中的一个新数据点，毕竟，现在的电子金融市场比过去要广泛得多。[④]这份报告还警告说，这类事件可能会破坏人们对金融市场的信心，进而影响实体经济。同样，2018年，高盛联席首席市场经济学家查尔斯·希梅尔伯格（Charles Himmelberg）写道，高频交易及相关算法交易的普及给市场带来了风险。[⑤]希梅尔伯格认为，算法交易的日

---

① Harwell, *A Down Day on the Markets?*, Wash. Post. "财政部长史蒂文·姆努钦（Steven Mnuchin）表示，算法交易在周一1175点的道指暴跌事件中'肯定发挥了影响'。"

② 同上。

③ "投资管理人表示，算法的冰冷算计最终引发了人类歇斯底里的抛售，破坏了信心，并加剧了恶性循环，使越来越多的算法加入其中。"同上；请参见：Graham Bowley, *The Flash Crash, in Miniature*, N.Y.TIMES, NOV. 8, 2010；请参见：Todd C. Frankel, *Mini Flash Crash? Trading Anomalies on Manic Monday Hit Small Investors*, WASH. POST, Aug. 26, 2015; Chris Ciaccia, *Apple's 'Flash Crash' Scares the Daylights Out of Investors (Update 2)*, THE STREET, March 23, 2012.

④ Chu, *Mysterious Pound Sterling "Flash Crash"*, INDEPENDENT [UK], Jan. 13, 2017；大体可参见：Jethro Mullen, *U.K. Pound Plunges More Than 6% in Mysterious Flash Crash*, CNN MONEY, Oct. 7, 2016.

⑤ "高盛引用奥斯卡·王尔德（Oscar Wilde）的话表示，高频交易商是市场的威胁，因为他们'知道万事万物的价格，却不知道它们的价值'。" Luke Kawa, *Goldman Warns Rise of the Machines Leaves Markets Exposed*, BLOOMBERG, May 23, 2018.

益流行可能会使市场更加脆弱，且自2010年以来，随着机器的崛起，股票、固定收益、外汇和波动率指数等市场都发生了突发性“闪电崩盘”事件。①希梅尔伯格还进一步指出，在非常时刻，如果高频交易公司选择离场，并且抛售持续发生，就可能会形成反馈环，导致流动性缺失，从而加剧价格下跌，而这反过来又会推动高频交易公司进一步减少流动性供应，而在某些情况下甚至会使高频交易公司的流动性需求大幅增加。②面对在各种金融工具中流行的“迷你”闪电崩盘及其他闪电事件，麻省理工学院金融工程实验室主任安德鲁·W. 罗（Andrew W. Lo）不得不表示，我对这些技术在市场动态中造成的潜在不稳定性表示担忧。③

另一些人则主张说，闪电崩盘和技术故障问题并没有那么严重，并认为在今天的市场中，这些事件仅是特例，而非常态。CFTC市场监管部市场情报处曾对期货市场的闪电崩盘问题进行过研究，并于2018年6月发布了一份结论报告。④该报告将闪电事件称为“剧烈价格变动”，并表示剧烈价格变动的频率和强度似乎均未随着时间的推移而持续增加。⑤该报告还进一步指出，剧烈价格变动与波动性、市场基本面、新闻和数据发布等因素相关，且相关研究并未发现期货市场缺陷或脆弱性导致破坏性价格变动的迹象。⑥最后，该报告表示，相关研究表明，美国商品期货市场非常高效，吸纳新信息的速度很快，且将继续充当全球商品市场的先进价格发现

① “高盛引用奥斯卡·王尔德（Oscar Wilde）的话表示，高频交易商是市场的威胁，因为他们‘知道万事万物的价格，却不知道它们的价值’。” *Deutsche Bank Lists The Top 30 Risks To The Market In 2019, And One Surprise*, PHIL' S STOCK WORLD, Dec. 22, 2018（讨论了希梅尔伯格的忧虑，即担心算法交易可能出人意料地引发流动性大减，进而加剧价格下跌并最终导致闪电崩盘）。

② Kawa, *Goldman Warns Rise of the Machines Leaves Markets Exposed*, BLOOMBERG, May 23, 2018（引用希梅尔伯格的话，他认为，新市场结构的漏洞被人们低估了）。

③ Graham Bowley, *The Flash Crash, in Miniature*, N.Y.TIMES, NOV. 8, 2010；同时，请参见：Lin, *The New Market Manipulation*, 66 EMORY L.J. at 1264（表示“一些专家和政策制定者预测，随着市场日益依赖技术，迟早会发生另一场类似闪电崩盘的大规模崩溃事件”）。

④ 市场监督部市场情报处工作人员发布的报告《商品期货市场的剧烈价格变动》第4页，CFTC（2018年6月）。

⑤ 同上，第4页。

⑥ 同上，第4页。

机制。[①]但是，该报告仅考察了期货合约价格剧烈变动现象，而未对证券价格剧烈变动进行研究。此外，该报告并未提及2010年闪电崩盘事件的原因。特别值得一提的是，该报告表示，CFTC工作人员之所以未对2010年5月6日的闪电崩盘事件进行分析，是因为能够获得的"相关数据"起始于2012年。该报告公开发表后，当时的CFTC主席J·克里斯托弗·吉安卡洛表示，该报告消除了一种论调，即市场结构的近期变化，特别是自营交易公司和高频交易日益增加的现象，在某种程度上降低了市场的稳定性。[②]

到2018年，尽管CFTC报告透露出非常积极的消息，但一些市场参与者和评论家对闪电崩盘事件仍然感到焦虑。比如，摩根大通银行资深分析师马可·科勒诺维科（Marko Kolanovic）在2018年9月发布的一份报告中表示，他担心可能再次发生严重的闪电崩盘事件，因为超快计算机"自动"抛售被动型共同基金的行为可撼动市场，导致与"闪电崩盘"类似的暴跌，并且这样的暴跌可能像滚雪球一样不断恶化。[③]2018年12月，德意志银行首席国际经济学家托斯滕·斯洛克（Torsten Slok）在列举2019年30项重大市场风险时，提出的第一大风险就是算法交易，尤其是对金融工具进行"清仓大甩卖"式抛售的算法交易。此外，闪电崩盘和上涨事件仍在各类金融市场持续上演。比如，2019年1月，澳大利亚和日本货币市场就发生了令人惊讶的闪电事件。至今，市场参与者和专家仍在就这些货币为何会发生这种出人意料的迅猛价格变动展开辩论。从总体上看，2019年，"日均交易额高达5.1万亿美元的外汇市场"发

---

① 市场监督部市场情报处工作人员发布的报告《商品期货市场的剧烈价格变动》第4页，CFTC（2018年6月）。

② R. Jason Howard, *CFTC releases report on sharp price movements in the commodity futures markets*, JIM HAMILTON' S WORLD OF SECURITIES REGULATION, July 2, 2018, https: //jimhamiltonblog.blogspot.com/2018/07/cftc-releases-report-on-sharp-price.html.

③ Thomas Heath, *The Warning from JPMorgan About Flash Crashes Ahead*, WASH. POST, Sept. 5, 2018. "科勒诺维科（Kolanovic，CNBC的常客且被称为'看透市场未来的人'）因其对全球市场的准确预测而颇受欢迎。"在该报告中，科勒诺维科表示，电子交易可迅速导致市场大幅下跌，而如果没有足够的买方给股价提供支撑，损失可能会在养老基金、退休储蓄等资金中逐级传导。同上；同时，请参见：Hugh Son, *JP Morgan's Top Quant Warns Next Crisis to Have Flash Crashes and Social Unrest Not Seen in 50 Years*, CNBC.com, Sept. 4, 2018.

生闪电崩盘和上涨事件的频率日益增加，令监管机构困惑不已。银行家们和政策制定者一致认为，（外汇）市场整个行业转向算法交易是价格变动频率和幅度增加背后的主要原因，而这意味着，今后有可能发生更严重的崩溃事件。①

但闪电事件并非困扰金融市场的唯一技术问题。另一类市场扰动是由金融工具交易所技术故障造成的，这些故障导致交易所关停等交易停顿现象。近年来，纽约证券交易所（NYSE）、伦敦证券交易所和CME等交易所，都经历过临时闭市及相关计算机故障问题。

此外，一些市场参与者还表示，令他们担心的是，除造成闪电崩盘和上涨事件外，高频算法交易还使商品期货及其他金融工具市场波动性加剧，异常价格变动次数增加。《华尔街日报》2018年的一篇文章认为，众多商品对冲基金之所以接连关闭，至少在某种程度上是由于商品市场运行日益由算法推动，而不再由基本面信息推动，且价格变动似乎与供需信号相背，令人难以捉摸。②《金融时报》2019年的一篇文章触及了一个类似话题，认为“曾经的宇宙之主被轻易击败，他们最近一迭连声地相互指责，表示借助计算机的力量，‘量化’投资者即宽客和高频交易者影响力不断膨胀，正对市场造成破坏，并使传统分析和常识显得陈旧过时”。③例如，经纪商瑞富公司（Marex Spectron）的农产品业务联合负责人乔纳森·帕克曼（Jonathan Parkman）表示，纽约可可市场2018年的一次涨价绝对与市场基本面无关，而是由算法交

① Saikat Chatterjee & Trevor Hunnicutt, *Bump in the Night*: *FX Flash Crashes Put Regulators on Alert*, REUTERS, May 30, 2019. “根据计算机交易模型开发商Pragma开展的一项研究，在（外汇）市场上，迷你崩盘事件大约每两周就会发生一次。在这些事件中，货币价格通常会先剧烈上涨或下跌，然后迅速逆转，同时，买价与卖价之间的价差也会突然迅速扩大。但几分钟后，这种价差通常又会缩小。”同上。

② Wigglesworth, *Volatility*, FIN. TIMES; Stephanie Yang, *Oil Hedge Funds Struggle in Age of Algos*, WALL ST. J., Jan. 25, 2018. “指出美国油价最近猛涨4.6%，使市场参与者不知所措。这是近两年来单日涨幅最大的一次。事实上，石油输出国组织成员国之前已宣布，他们将提高产量，而这通常会压低油价。”

③ Wigglesworth, *Volatility*, FIN. TIMES. “这些‘算法’完全打乱了市场节奏，让我感觉非常困惑，”著名投资者、对冲基金经理斯坦利·德鲁肯米勒（Stanley Druckenmiller）最近接受一家行业电视台采访时表示。同上。

易触发的。[1]特别令人担忧的是，算法交易引发的“剧烈价格波动”可能会导致企业及相关终端用户减少使用商品期货市场，因为由于日内价格波动加剧，一些生产商和食品公司难以维持其套期保值头寸，而其他公司则由于市场越来越频繁发生异常而不愿持仓。[2]在那些尚未关闭的商品对冲基金中，一部分据说正在采用量化交易策略，并沉迷于人工智能技术，例如，利用人脸识别软件发现市场变化的规律。[3]2018年11月，长期执业的对冲基金经理人里昂·库珀曼（Leon Cooperman）指责算法交易放大了价格变动，并表示算法交易“正在引发公众恐慌”。[4]2018年，位于美国亚特兰大的期货交易所——洲际交易所的首席执行官杰弗里·斯普雷彻（Jeffrey Sprecher）表示，各大交易所担心，这种迅速、无序的价格变动如果持续发生，交易所将失去客户信任，因此目前正在探讨如何解决“非预期”价格飙升问题。[5]

尽管一些人认为算法交易对商品和证券市场有消极影响，但是，另一些人却不这么看。比如，一位前首席商品交易者表示，尽管算法交易可能会导致暂时的价格波动，但最终决定商品期货价格的仍是供需基本面。[6]AQR资本管理公司创始人克里福德·阿斯尼斯（Clifford Asness）更加断然地表示，一些人将闪电崩盘和无序市场波动归结于算法交易是“精神错乱”，并称“这样做是只见树木，不见森林，通过电子方式实施交易并没有改变任何东西，

① “许多交易者和经纪商都表示，计算机化交易导致可可、咖啡和白糖市场价格发生剧烈波动，令市场参与者大感意外。” Emiko Terazono, *Computers Drive Trading in Coffee and Cocoa Markets*, FIN. TIMES, May 12, 2018.

② “农产品市场上的许多重要参与者也感受到了这种水深火热。可可农场主、养牛牧场主等生产商以及食品公司等商品终端用户都经历过令人惊讶的价格波动。毕竟，他们还要依靠市场来对冲风险。” Terazono, *Computers Drive Trading in Coffee and Cocoa Markets*, FIN. TIMES, May 12, 2018.（援引一位市场参与者的话，“自动交易公司形成了高企的交易量，从而放大了短期波动性。”）

③ Stephanie Yang, *Oil Hedge Funds Struggle in Age of Algos*, Wall, ST. J., Jan. 25, 2018.

④ Shelly Hagan, *Cooperman Says Algo Trading "Scaring the Hell Out of the Public"*, BLOOMBERG LAW; Nov. 29, 2018.

⑤ David Sheppard & Jonathan Spicer, *Analysis: High-Frequency Trade Fires Up Commodities*, REUTERS, June 17, 2011.

⑥ Terazono, *Computers Drive Trading in Coffee and Cocoa Markets*, FIN. TIMES, May 12, 2018（援引一名前商品交易者的话，“随着时间的推移，市场基本面最终将发挥作用。没有人能大过市场。”）.

只不过是以更加高效的方式完成了同样的事情……书呆子和基金经理们不过是以此为借口罢了。”[①]

第三节　高速运行、相互联系且错综复杂的金融市场

一些监管机构、市场参与者和评论家认为，闪电事件、技术故障及随之而来的高速、无序价格变动可能会增加金融市场的系统性风险。[②]特别指出的是，人们认为，在目前由算法支配的电子金融市场上，以下三个因素可能会增加系统性风险：（1）金融市场高速运行；（2）不同交易所及金融系统之间相互联系；（3）市场上运行着复杂的计算机化算法系统。天普大学法学院教授汤姆·C. W. 林自创了两个术语对这三个因素进行了总结，即“快到无法施救（too fast to save）”和“联系紧密到不容有失（too linked to fail）”。同时，他还提到了复杂系统，包括作为全球金融市场支柱的电子系统所固有的内在风险。

一、速度

林教授还指出，“快到无法施救”这一表述是指“不断加快的金融速度……使不经意的错误、恶意行为和技术破坏更有可能损害金融机构和金融体系，而人们根本来不及阻止”。[③]换句话说，计算机交易算法之所以比人类交易者更具有潜在危险性，是因为计算机对证据作出反应的速度比任何人类都要快得多，它们能够在百万分之一秒而不是分钟的维度内进行思考，而且

① Wigglesworth, *Volatility: How 'Algos' Changed the Rhythm of the Market*, FIN. TIMES, Jan. 9, 2019.

② “2015年，七个国家的财政部长写道，算法交易‘导致了重大波动和市场扰动’，且其日益增加的复杂性使‘系统性风险更有可能在非常短的时期内……发生’。” Harwell, *A Down Day on the Markets?*, WASH.POST, Feb. 7, 2018；请参见：Gregory Zuckerman et al., *Behind the Market Swoon: The Herdlike Behavior of Computerized Trading*, WALL ST. J., Dec. 25, 2018（表示金融市场背后新的现实状况是，“近85%的交易都是自动实施的，即由机器、模型或被动投资公司控制实施的。这种现象形成了一个前所未有的交易群体，他们行动统一且交易速度超快”）.

③ *Lin*, at 66 EMORY L.J. at 1273–74（认为“人们越来越多地强调金融加速，形成了‘快到无法施救’的系统性风险。”）.

能够整体行动，在全球范围内同时进行大量交易。[①]林教授还指出，自动化程序可能会加剧波动性并减少流动性，因为它们可迅速消除市场中的交易头寸。[②]

并非只有林教授一个人注意到了金融市场速度相关的棘手问题。2017年，彭博社的一篇新闻报道指出，SEC和CFTC官员们特别担心的一个问题是随着自动交易日益占据支配地位，市场问题可能会迅速扩散，因为依赖人工智能阅读数据信号的计算机可能对错误单甚至超大单作出反应，并且反应速度非常之快，导致整个市场瞬间就会发生瀑布效应。[③]雅达芙教授则指出，由于算法的速度和效率，源于单一市场的损害可能会广泛扩散至其他市场。[④]具体而言，雅达芙教授认为，技术进步如今能够使交易在微秒甚至是更短的时间内迅速执行，从而使市场在算法交易带来的风险面前更加脆弱。[⑤]当然，在交易所转型成为电子交易平台之前，也就是大多数交易仍由人类实施的时代，金融市场偶尔也会遭遇波动和价格暴跌的问题，但当今金融市场的速度使这种恶劣现象影响更加巨大，并且更加难以防范。[⑥]

> “在闪电崩盘事件最糟糕的时刻，我们看到，一些股票的交易价格一会儿高达35美元，一会儿又跌到了1便士”，一名市场参与者表示，“在交易所的大厅里，这种现象从未发生过，因为人类会进行足够的干预。人类会观察并指出，这不可能是正确的。”[⑦]

---

① Harwell, *A Down Day on the Markets*, WASH. POST.

② Lin, *The New Market Manipulation*, at 66 EMORY L.J. al, 1274.（“对速度的强调还意味着，为了提高速度，人们选择牺牲了制度保障，而这使得制度性和系统性损害更加难以防范。”）

③ Benjamin Bain, *Regulators Can't Keep Up with Wall Street's Robot Invasion*, BLOOMBERG, Oct. 20, 2017.

④ Yadav, *The Failure of Liability*, 102 VA. L. REV. at 1037.

⑤ 同上，第1071页。

⑥ Lin, *The New Market Manipulation*, 66 Emory L.J. at 1274. “（金融工具价格变动）的速度和幅度很可能因机器和模型驱动交易的存在而提升了，” Eagle's View资产管理公司经营人尼尔·伯格（Neal Berger）表示。该公司从事的是对冲基金及其他工具的投资业务。“人类一般无法以这样的速度和强度作出反应。” Zuckerman et al., *Behind the Market Swoon*, WALL ST. J., Dec. 25, 2018.

⑦ John Authers, *The Big Changes in US Markets Since Black Monday*, FIN. TIMES, Oct. 18, 2017.

实际上，即便有人类对交易金融工具的人工智能系统实施积极监测，如果金融智能体行动极其迅速，工程师就可能无法快速地更正不希望出现的行为，以防范市场扰动及其他损害。

二、相互联系性

“联系紧密到不容有失”这一表述是指在新的金融市场中，所有机构、行业和工具都在一个高科技金融网络中相互影响并相互联系，而这种现象以前从未出现过。[①]林教授指出，“联系紧密到不容有失”这一概念与“大到不能倒”这个概念不同，（因为）“联系紧密到不容有失”带来的系统性风险涉及规模较小的参与者和产品，由于相互联系，无论这些参与者和产品各自的价值或规模如何，其行为和不作为都可能会在整个系统中产生涟漪效应。[②]

林教授表示，另一个复杂之处是，新市场中许多相互联系的金融参与者都在从事类似且相互依赖的策略。这意味着，一名参与者的失败或缺陷不仅可能会对他人产生不利影响，而且还可能随着交易的逐级发生，使整个金融系统形成恶性波动循环，并形成具有严重后果的反馈环和溢出效应。[③]在这方面，金融稳定理事会也表达了与林教授类似的关切。金融稳定理事会负责对全球金融系统实施监测并提出建议，在就金融服务使用人工智能问题发布的首份报告中，该机构表示，人工智能和机器学习的运用可能会导致金融市场和机构之间以出乎意料的形式形成新的相互联系，例如，不同的金融机构因使用了以前并不相关的数据源而形成了新联系。[④]金融稳定理事会的报告表

① Lin, *The New Market Manipulation*, 66 EMORY L.J. at 1274.

② 同上，第1275页。

③ 同上。

④ *Artificial Intelligence and Machine Learning in Financial Services*, FIN. STABILITY BD., NOV. 1, 2017, http: // www.fsb.org/2017/11/artificial-intelligence-and-machine-learning-in-financ; Izabella Kaminska, *Global Financial Regulators* Urge *Caution over Rise of Robots*, FIN. TIMES ALPHAVILLE, NOV 1, 2017, https: //www.ft.com/content/b62f9776-f4CC-3fa5-8606-cfe72C5f0809?myftTopies=1f7dfef-fc54-3be6-a475-dbf2bdb76fd9#myft: my-news: grid.“金融稳定理事会（FSB）发布的一份报告表示，诸如人工智能和机器学习之类的模糊技术如不加以监管，那么除造成伦理和法律问题外，还可能造成威胁金融稳定的事故。” Tsering Namgyal, *Artificial Intelligence Remains Opaque*, *Uncontrolled*: *Needs Attention from Regulators*, *Says FSR*, MLEX, Nov. 1, 2017.

达了以下关切，即“在人工智能正日益取代人类的领域，例如算法交易领域，可能存在严重问题”，因为在发生市场崩溃的情况下，计算机无法向监管机构解释其行为。[①]雅达芙教授也指出，市场的联系性与交易执行的速度相结合，可能会形成新的风险，因为金融市场之间的相互联系比以往任何时候都要更加紧密。这意味着，价格反应可能会在多个交易所和资产类型间快速传播。[②]

三、复杂性（及脆弱性）

当今的金融市场高速运转着，普遍运用算法和网络，因此复杂性成为可能导致系统性风险的第三大根源。[③]复杂性之所以被视为一项风险，是因为许多专家认为，随着系统日益复杂，相应地也会变得更加脆弱，更容易发生故障及相关差错。林教授表示，（组织社会学家）查尔斯·佩罗（Charles Perrow）在关于技术风险的重要著作《正常事故》（Normal Accidents）中指出，对于复杂的技术系统，例如驱动当今金融市场的系统，易发生事故是固有弱点。[④]林教授认为，随着金融市场更加依赖复杂的高科技系统，这种“正常金融事故”将变得更加普遍。[⑤]为说明自己的观点，林教授指出，过去几年，纽约证券交易所和纳斯达克市场都经历了严重的技术故障，导致在正常交易日，交易中断数小时之久。[⑥]除林教授外，其他人也表达了这种关切。牛津大学赛德商学院首任院长、经济学家约翰·克伊（John Kay）的观点与林教授一致，他认为，金融系统已变得极其复杂，因而也非常脆弱。在他的著作《别人的钱》（Other People's Money）中，克伊写道，金融系统的复杂性、互联

---

① Tsering Namgyal, *AI presents Huge Regulatory Challenges as Industry Use Blossoms, Experts Warn*, MLEX, Oct. 26, 2017.

② Yadav, *The Failure of Liability*, 102 VA. L. REV. at 1079.

③ “第三，金融界新的现实状况，即严重依赖复杂技术体系，除了造成与速度和联系相关的风险之外，还造成了其他风险。” Lin, *The New Market Manipulation*, 66 EMORY L. J. at 1275.

④ Lin, *The New Market Manipulation*, 66 EMORY L.J. at 1275［援引 CHARLES PERROW, NORMAL ACCIDENT: LIVING WITH HIGH-RISK TECHNOLOGIES 4-5（1999）］；同时，请参见：JOHN KAY, OTHER PEOPLE'S MONEY: The Real Business of Finance, Kindle loc. 4914（2016）.

⑤ Lin, *The New Market Manipulation*, 66 EMORY L. J. at 1275.

⑥ 同上，第1275-1276页。“而且，新金融体系严重依赖科技，使市场面临以往在技术上不可能出现的不当行为、违法行为和操纵等新式风险。” 同上，第1276页。

性和相互依赖性均大幅提升，而这是一个棘手问题，因为复杂的系统难免出现故障，并且也没人敢信誓旦旦地表示，自己能预测故障将会引发的所有相应后果。①

雅达芙教授表示，算法交易公司在投资决策过程中有“大量数据”可供使用，人们没法清楚地看到这些数据所传递的信息有多复杂。②他进一步解释说，人们就2010年5月闪电崩盘事件的根源提出的各种解释明确说明了当今金融市场的复杂性，并认为闪电崩盘等复杂事件可能根本无法解释。③全球非营利政策智库兰德公司2017年发表的一份报告表示，2010年的闪电崩盘事件是一个例证，表明人工智能体的运用使金融系统脆弱性呈现出新的形式。④

关于2010年的闪电崩盘事件，需要指出的是，监管机构指控两个实体机构促成（或导致）了该事件，而这两个实体均非大型系统性金融机构：沃德尔里德只是美国中西部地区的一个共同基金，而萨劳不过是一个从事个人经营的日内交易者。⑤而且，如前所述，美国监管机构表示，沃德尔里德和萨劳的股指期货合约交易引发了证券市场的快速崩溃。如果事实果真如此，那么，美国期货市场上一名日内交易者的交易活动就导致了近年来最耸人听闻的股市崩溃事件，这个事实本身不仅令人后怕，而且也恰恰证明了金融市场的脆弱性。值得注意的另一个事实是，沃德尔里德和萨劳都不是故意通过交易造

① KAY, OTHER PEOPLE' S MONEY, at Kindle loc. 4925. “根据佩罗的分析，系统如果互动复杂（即任何东西都相互依赖）且耦合紧密（即容错能力低），则将缺乏稳健性。” *Id.* at Kindle loc. 4928.

② Yadav, *The Failure of Liability*, 102 Va. L. Rev. at 1086.

③ *Id.* at 1087; Browning & Patterson, *Market Size + Complex Systems = More Glitches*, Wall, ST. J., Aug. 22, 2013. “由于（2010年闪电崩盘事件相关）事件的复杂性，监管机构花费了数月时间才（就该事件根源）得出了一个结论。” 即便如此，许多人仍对监管机构的诊断表示了质疑，以至于“人们至今仍在激烈争论这次闪电崩盘事件的原因”。

④ “许多自动系统无法识别自己何时处于错误状态。” Osonde A. Osoba & William Weser Ⅳ, Perspective, *The Risks of Artificial Intelligence to Security and the Future of Work*, RAND CORP., 2017.

⑤ 比如，可参见：Lin, *The New Market Manipulation*, 66 EMORY L.J. at 1275（“比方说，沃德尔里德并非一个具有系统重要性的金融机构，但由于市场的联系性，该公司的单项交易却成了闪电崩盘事件的重要催化剂，一度造成了上万亿美元的损失）.

成市场崩溃。即便假设萨劳对股指期货合约实施了故意幌骗，相关报告也没有任何内容表明他曾想到自己的幌骗行为能够促成快速、极端的市场崩溃。正如华盛顿大学法学院教授莱恩·卡罗所述：

> 2010年的“闪电崩盘事件”中，股市在短短20分钟内就损失了20%的市值。该事件涉及多项交易算法，这些算法单独运行时基本无害，但共同运行时则相互影响，共同造成了市场扰动。交易算法的操作人均未预见到这种后果，也不希望发生这种后果。但是，大量算法采用彼此相异、重叠或竞争的策略，这些策略相互影响，引起了严重的突发事件，需要停止交易并引入应对机制才能处置。

可以说，在科技的助力下，金融系统既相互联系又日益复杂，催生了一种新情况：个体交易活动能够对整个市场产生巨大影响，甚至导致闪电崩溃和上涨事件。这种情况可理解为蝴蝶效应的一个案例：在没有故意或预期的情况下，单个共同基金或日内交易者买卖股指期货的行为可引发瀑布式的连锁反应，使整个证券市场暂时陷入混乱。作为背景知识，这里将简单地解释一下蝴蝶效应这个概念。所谓蝴蝶效应，是指麻省理工学院已故教授爱德华·洛伦兹（Edward Lorenz）首次提出的一个颇具争议的问题和思维实验，即一只蝴蝶在巴西扇动翅膀，可能会引发一系列大气事件，而这些大气事件又会导致数周后在得克萨斯州形成一场龙卷风。[①]洛伦兹教授提出这个令人费解的假设性问题，是为了说明一个道理，即系统条件的小变化，例如一只蝴蝶扇动翅膀导致地球气象系统中的气压受到微小影响，可能会对看似无关的未来事件产生广泛而深远的发散性影响。[②]洛伦兹教授的这些见解为一个新的数学分支奠定了基础，这个分支被称为混沌理论。如今，这个理论已经被运

① Natalie Wolehover, *Can a Butterfly in Brazil Really Cause a Tornado in Texas?*, LIVESCIENCE.COM, Dec. 13, 2011；请参见：Jamie L. Vernon, *Understanding the Butterfly Effect*, AMER. SCI., May–June 2017.

② Vernon, *Understanding the Butterfly Effect*, AMER. SCI., May–June 2017.

用于分析天气系统和金融市场。[①]根据混沌理论，复杂系统（如天气、经济体或其他任何东西）最小的扰动也可能引发一连串事件，并最终形成一个截然不同的未来。[②]尽管气象学家认为，一只蝴蝶过于渺小，并不足以影响天气，但一些人仍然认为，洛伦兹的整个理论仍是稳健的，因为相对而言，"小规模影响因素"（如个别云朵）的效应可能会不断增强，并以不可预见的方式影响其他地方的天气。尽管并未明确援引混沌理论，但林教授也认为，金融市场中相对较小的主体和行为也可能产生超大规模的影响。他表示：

> 金融界目前新的现实状况是，数十亿美元有可能在数分钟内消失殆尽，一小撮人就能从根本上改变金融运作，一个流氓交易者就能迫使《财富》500强企业暂停交易，而凭借一次点击或几行代码就能操纵价值上万亿美元的金融市场。

同样，2017年，金融稳定理事会就人工智能系统相关风险发布的一份报告警告称，运用"不透明模式"实施交易可能会导致难以预料的后果，例如，各公司利用难以理解且市场影响难以预测的金融交易软件，就是一种不透明交易模式。[③]波士顿大学法学院教授罗里·范·卢（Rory Van Loo）表示，通过2008年金融危机和2010年"闪电崩盘"等近乎灾难的事件，华尔街负责撰写机器人交易算法的工程师们认识到，人们难以预测先进计算机代码与现实

---

① Vernon, *Understanding the Butterfly Effect*, AMER. SCI., May-June 2017. "（混沌）理论背后的主要观点，是这样一个基本理念：小事件能够作用于看似不相关的事件，对这些事件的后果产生显著影响。" *Chaos Theory*, INVESTOPEDIA.COM, Updated July 15, 2019, https: //www.investopedia.com/terms/c/chaostheory.asp. "混沌理论被用于解释一些系统的某些特性，这些系统一般难以准确表达为模型，而金融市场就属于这类系统。对于看似健康的金融市场为何会遭遇突发震荡和崩溃这个有趣的金融问题，混沌理论即便无法完全解释清楚，也有助于进行适当说明。" 同上。

② Natalie Wolchover, *Machine Learning's 'Amazing' Ability to Predict Chaos*, QUANTA, April 18, 2018.

③ Namgyal, *Artificial Intelligence Remains Opaque*, *Uncontrolled*, MLEX, Nov. 1, 2017. "人工智能和机器学习方法缺乏可解释性或可审核性，这可能会成为宏观风险。同样，不透明模型的大范围兴起也可能导致意料之外的后果。" *Artificial Intelligence and Machine Learning in Financial Services*, FIN. STABILITY BD., NOV. 1, 2017, http: /www.fsb.org/2017/11/artificial-intelligence-and-machine-learning-in-financ.

世界交互后到底会发生什么。[①]正如《金融时报》援引一位市场分析师所言，算法一旦在复杂系统中与人类行为的主观性和不可预测性共存，就会产生不可预见且破坏稳定的弊端。[②]

同样，剑桥大学人工智能专家尼克·博斯特罗姆（Nick Bostrom）认为，2010年闪电崩盘事件出现人工智能系统的行为，为人们提供了若干生动有益的教训。他的结论与本章之前提到的一些主题一脉相承。其中，第一项教训是，单独看起来很简单的组件（如销售算法和高频算法交易程序）一旦产生互动，就可能产生复杂且出乎意料的后果，因为系统性风险会随着新元素的引进而在系统中积聚，并且这些风险十分隐蔽，出现某些差错之后才会显现（有时甚至出现差错后都不会显现）。第二项教训是，智能专家可能会基于看似合理且正常情况下确实可靠的假设（如交易量是市场流动性的准确指标）给程序下达指令，但即便在该假设被证明不合理的情况下，程序仍可能会继续以雷打不动的逻辑一致执行该指令。在这种情况下，程序可能会造成灾难性后果。[③]最后，博斯特罗姆表示，尽管自动化促成了2010年的闪电崩盘事件，但其同样促成了该事件的解决方案。该事件发生后，CME对市场实施了交易限制，以使市场有时间重新站稳脚跟。[④]博斯特罗姆表示，2010年的闪电崩盘事件说明，对人工智能系统实施监管时，有必要事先安装能够自动执行的安全功能，而非完全依靠人类监管。[⑤]

---

① Rory Van Loo, *Rise of the Digital Regulator*, 66 DUKE L. J. 1267, 1323（2017）. 为此，金融稳定理事会关于金融系统人工智能运用的一份报告指出，“各种模型复杂程度提升，可能会削弱开发者和使用者的能力，使他们无法充分解释或在某些情况下理解这些模型的运作方式。” Namgyal, *Artificial Intelligence Remains Opaque*, *Uncontrolled*, MLEX, Nov. 1, 2017.

② Robin Wigglesworth, *Quant Hedge Funds Set to Surpass $1tn Management Mark*, FIN.TIMES, Jan. 8, 2018. “量化投资是对冲基金行业增长最快的一个领域，且一些基金经理担心，大量资金同时注入简单和复杂的算法交易策略，正使市场变得更加复杂而脆弱。”

③ “算法只会按部就班地工作；除非是非常特殊的算法，否则它才不会在乎我们看到它的荒谬行为时会不会紧握双手、倒吸凉气、惊恐万状。” 同上，第17–18页。

④ “事先编程的止损单是在价格变化极不正常的情况下暂停交易的指令。该指令单背后的逻辑是自动执行，因为在这种情形下，人们的正确预测是触发事件可能会在对人类反应而言过于迅速的时间维度内发生。” 同上，第18页。

⑤ 同上，第18页。

第四节　为应对闪电事件和算法破坏行为而可能出台的政策

到目前为止，我们已经考察了闪电事件、技术故障及类似的市场意外扰动。现在，我们来讨论如何解决这些问题。目前，美国监管机构已对适用于金融交易所的现行自动熔断机制进行了微调，并试图建立针对所有交易的一体式审计追踪机制，以便专家能够更好地确定未来市场扭曲事件的原因。当然，除了开展上述工作外，人们还有一个选择，即想当然地认为，市场整体运转良好，闪电事件和技术故障不过是小问题而已，因而无须采取任何行动。就这个选择而言，支持者当然可以摆出一些合理的论据。但是，对于上述问题，一些评论家已经就如何减少这类意外市场扰动事件或限制这类闪电事件对投资者造成的经济损害，提出了一些政策建议。我认为，这些政策建议至少是值得考虑的。实际上，并非只有金融市场监管机构在寻找这类问题的解决方案。这里我们首先需要建立一个认识，即更深层的关注重点不仅限于证券市场的闪电崩盘事件，政策制定者面临的挑战更为广泛，需要解决的问题是“如何制定‘道德（和法律）措施’，以消弭自主机器人造成的‘意外损害’”。[①]因此，本章将首先探讨有可能采取哪些政策措施来应对算法造成的金融市场扰动问题，然后考察这些政策措施中是否有一些可以扩大适用范围，以应对自动人工智能系统造成的其他损害。

天普大学法学院的林教授认为，如果人们更加注重网络安全，使算法更简单，并且更加强调金融市场中介的诚信，金融市场就可以从中受益。尽管传统的技术创新管理方法，例如要求自动交易控制功能对脱缰的交易算法设限、强制推行改进版网络安全标准等，确实值得人们认真考虑，但针对人工智能系统及相关自动技术在期货合约市场及其他金融工具市场上造成的意外经济损害，我仍希望考察另一条可能的救济路径。具体而言，我认为，一个

① Namgyal, *AI Presents Huge Regulatory Challenges as Industry Use Blossoms, Experts Warn*, MLEX, Oct. 26, 2017.

值得探讨的理念是，创设一种强制性的公共基金和社会保险，对因算法导致的意外市场扰动事件而使投资者遭受的损害予以赔偿。如果愿意，人们可将这种做法称为闪电崩盘社会保险。实际上，范德堡大学法学院的雅达芙教授曾经提出过这一理念的另一种形式。如前所述，他认为，我们应该设立一种市场破坏基金，这种基金在某些方面似乎类似于在经纪商破产情形下为投资者提供保护的基金。在本节中，我在探讨市场破坏基金这一理念的同时，力图从更广泛的角度，讨论保险制度的理论依据及人们呼吁设立机器人和人工智能系统损害社会保险的情况。

一、保险概述

为应对算法造成的市场扰动，有可能专门创立哪些新型保险制度，这个问题我们稍后会深入阐述。在此之前，我先介绍一些基本的保险知识，以便提供有益的背景信息。在有保险的情况下，如果某人遭遇了特定类型的损害或损失（如汽车在交通事故中损毁、工人在工作中受伤等），则私人保险公司（如汽车保险公司）或公共基金（如州工伤赔偿计划）将向被保险人或受伤者支付赔偿金。大体上讲，人们针对未来可能会发生致使自己遭受特定类型损失的事件这种风险，作为被保险人与公司订立合约，为自己提供保险。因此，保险可理解为一种合约，由合约一方承诺就因可能发生的事件或未知事件而遭受的损失或损害或者承担的责任为另一方提供赔偿。[①]一般而言，保险的目的是应对风险，无论是发生交通事故的风险，还是房屋因火灾或地震而损毁的风险。[②]类似于保险的计划几乎从人类文明开始时就出现了。比如，一些古代社会，包括埃及、中国、希腊、罗马、印度、希伯来和基督教等社会，都成立过互助性质的社区协会，利用共同基金为团体中的伤者或患者提供援

① Eliot Lauer et al., *Stay Afloat in the New Wave of High-Frequency Trading Actions*, N. Y. L. J.18 (Feb. 25, 2013), http: //www.newyorklawjournal.com/id=1202589088509.

② JERRY & RICHMOND, UNDERSTANDING INSURANCE LAW, at 7-10.

助，为逝者提供葬礼服务（或支付其费用），或为逝者的遗属提供协助。[①]这种互助组织与保险类似，因为它们通常都是由这类组织的潜在受益人定期出资设立的。当今的保险形式始于海事行业，是由航运业的商人创设的。这些商人之所以开发保险这种产品，是为了应对货物在海上丢失这种（不可谓不重大）风险，为自己提供保护。随着时间推移，其他类型的保险（如意外险）也在条件成熟时应运而生。比如，随着工业革命期间侵权责任的拓展，产生了责任险。保险在法律体系中扮演着非常重要的角色，因为尽管法律体系的职能之一是对法律主体的行为实施监管并对违法犯罪者实施惩罚和威慑，但法律体系的另一职能，却是为那些已经遭遇或正面临损害风险的人提供救济。[②]

二、图灵注册表和机器人保险

由于自动机器人和人工智能系统在社会中扮演的角色不断增加，现行的责任制度因此受到了挑战，因为针对伤害他人的行为，为寻求救济而提起诉讼，就往往需要证明被告存在伤害的故意（或人类意识中的类似犯罪心态），或者需要证明被告未以充分谨慎的方式行事（如过失情形）。如前所述，自主人工智能系统，无论是自动驾驶汽车、送货机器人，还是其他类似系统，都可在没有任何人类要求其伤害他人的情况下，或者没有任何人类在其开发、编程或使用过程中以放任或粗心方式行事的情况下，独立实施伤害他人的行为。这种现象被称为"问责缺失"。[③]（顺便说一下，卡罗教授将人工智能系统令其开发者和用户大感意外的方式行事的能力称为"突发"行为能力。相对于"自主"，他更倾向于使用"突发"这个概念。[④]）一些评论家和政策制定者

---

① JERRY & RICHMOND, UNDERSTANDING INSURANCE LAW, at 7–10.

② Jeffrey Wale & David Yuratich, *Robot Law: What Happens If Intelligent Machines Commit Crimes?*, THE CONVERSATION, July 1, 2015.

③ Lynn LoPucki, *Algorthmic Entiries*, 95 WASH.U. L. REV. at 901.

④ "突发是指系统以复杂、非预期方式行事的能力或趋势。" Ryan Calo, *Robots in American Law*, University of Washington School of Law Research Paper No. 2016–04, 40, February 24, 2016, https: //ssrn.com/abstract=273759840 Calo, 539–40（使用了"突发"和"突发行为"这两个术语，描述以下情况：人工智能系统的行为无法事先预测或者超出人类对适当行为的预期范围。）.

表示，问责缺失相关挑战的应对方式之一，就是创设强制性的机器人注册制度及相关保险基金，为机器人伤害行为的受害人提供赔偿。

这类建议大同小异，均要求自主机器人的创造者向基金注入资金，而基金可用于向因机器人行为而受到伤害的人提供赔偿。比如，2017年，欧洲议会通过了一项决议，倡议将自主机器人和人工智能系统置于强制注册和保险制度的约束之下，同时辅之以一项补充赔偿基金，在保险未给予受害人充分赔偿的情况下为受害人提供赔偿。该决议还建议，在机器人有害行为与受害方遭受的伤害之间存在因果关系的情况下，机器人应受“严格责任”的约束。在一定程度上，推动欧洲议会采取上述行动的部分原因是欧洲议会的成员质疑现行责任制度是否能够充分应对机器人的行为或不作为无法归结为特定人类主体的情形。[①]人们普遍认为，世界上许多地区的法律尚未明确机器人和人工智能系统的行为或不作为是否应由制造商、所有人或用户承担责任，或者由这三者按特定比例共同承担责任。对日益自主的机器人所造成的损害如何进行责任分摊“是个复杂的问题”，而对机器人的制造商、生产者、程序员或所有人实施强制保险制度则“有可能解决这个问题”。[②]

欧洲议会还建议赋予自主机器人和人工智能系统有限的法律人格，当然，

---

① Resolution of 16 February 2017 with Recommendations to the Commission on Civil Law Rules on Robotics [2015/2103 (INL)], Eur. Parl. Doc.P8 TA 0051 (2017)；请参见：European Parliament Committee on Legal Affairs, Draft Report with recommendations to the Commission on Civil Law Rules on Robotics [2015/2103 (INL)] (31 May, 2016).（认为通常的责任法存在不足，因为它们仅在行为或不作为的原因可归结于制造商、所有人或用户等特定人类主体，且该主体可以预见并防范有害行为时，才能适用。这种规定是很不利的，因为在机器人可进行自主决策的情况下，传统规则不足以触发责任，因为人们无法明确承担赔偿的责任方，进而无法要求其就损害进行赔偿。）同时，请参见：Michal S. Gal, *Algorithmic Challenges to Autonomous Choice*, 25 MICH. TELECOMM. & TECH. L. REV. 59 (2018)；James Vincent, *Giving Robots 'Personhood' Is Actually about Making Corporations Accountable*, VERGE, Jan. 19, 2017, https://www.theverge.com/2017/1/19/14322334/robot-electronic-persons-eu-report-liability-civil-suits.

② Walker-Osborn, *Artificial Intelligence Forges Ahead of the Law*, LEXOLOGY, Feb. 15, 2017；请参见：Rich Haridy, *EU to Debate Robot Legal Rights, Mandatory 'Kill Switches'*, NEW ATLAS, Jan. 12, 2017；Aiden Warren & Alek Hillas, *Lethal Autonomous Robotics: Rethinking the Dehumanization of Warfare*, 22 UCLA J. INT' L L. & FOREIGN AFF. 218, 234 (2018).（表示欧洲议会建议，“保险方案可‘以生产者为其生产的自主机器人购买保险这一义务为基础’，且可‘辅之以一项旨在确保在没有购买保险的情况下损害也能得到赔偿的政府基金’”。）

这个话题并不在本书探讨的范围之内。在任何情况下，欧洲议会授予自主系统以“电子人格”的建议都不大可能成为欧盟法律，因为欧盟委员会并未就欧洲议会的建议采取任何行动，而且似乎未来也无意这样做。需要明确的是，人们并不需要机器人和人工智能系统先具有法律人格才能设立相关保险制度。但是，一些人表示，主流观点认为，政府最终还是会赋予人工智能系统类似于法人（corporation）的有限法律人格，但同时也会对人工智能造成的损害适用严格责任。和其他许多事情一样，并非所有人都一致认为法律人格、法定注册和强制性机器人保险能够解决人工智能系统给法律体系带来的责任困境。比如，2018年4月，一些专家发表了一封公开信，呼吁欧盟委员会无视欧洲议会提出的建议，并拒绝采纳授予机器人“电子人格”的观点，理由是引入这种法律身份是不恰当、不合理、不现实且流于空想，而且，要适当解决机器人行为和不作为的责任问题，并不需要给人工智能系统赋予“电子人格”。

需要再次说明的是，人们还可设想更加朴素的方法，比如不需要赋予法律人格的人工智能系统保险制度，但为了追踪哪些人工智能系统进行了适当保险，某种形式的登记簿可能还是需要的。在这种方式下，卡罗教授探讨了要求为机器人投保并“根据机器人造成损害的能力调整保险费率”的理念。①根据卡罗教授提议的“朴素”保险方案，对于主要用于娱乐的小型机器人，仅须按最低缴费额度投保，或者根本不需要投保，而对于拥有更多自主功能的大型机器人，例如，在停车场巡逻的安保机器人，则需按更高的缴费额度投保。②其他评论家则建议根据“复杂”系统或“自主”系统的能力及其造成的潜在风险，制定适当的保险方案。③

在欧洲议会提出建议之前，现为旧金山县高等法院法官的柯蒂斯·E. A. 卡尔诺（Curtis E. A. Karnow）曾于1996年在一份法律期刊上撰写过一篇

① M. Ryan Calo, *Open Robotics*, 70 MD. L. REV. 571, 576（2011）.

② 同上。AI 609-10（2011）. 在这种方案下，每个机器人甚至都可获发一份注册表和一份“电子保险证明”，以证明其已进行适当保险。Jones, *The Robot Koseki*, 14 J. BUS. & TECH. L. at 459.

③ Chagal-Feferkorn, *Am I an Algorithm or A Product?*, 30 STAN. L. & POL'Y REV. at 68.

文章，建议对人工智能系统实施强制注册和保险。卡尔诺法官将其制度称为“图灵注册表”，而其中的“图灵”正是指计算机科学和人工智能先驱艾伦·图灵（Alan Turing）。卡尔诺法官认为，面向人工智能系统的图灵注册表及相关保险制度是必不可少的，因为据他预测，由于现行侵权法原则提出的近因（proximate causation）要求，人工智能系统的受害人将非常难以甚至不可能就其损害获得救济。一般而言，是否能够证明近因（有时为“法律上的”因果关系）主要取决于损害对侵权行为人而言是否可以预见。[1]更为重要的是，尽管近因要求通常与过失主张相关，但利用产品责任理论追偿机器人相关损害的做法同样不大可能有效，因为即便责任是“严格的”（即原告无须证明被告过失即可追偿），可预见性也仍是一个必不可少的要件。[2]下面这个例子有助于说明近因这个概念：

> 如果一位驾驶员不小心追尾了一辆普通汽车，但这辆汽车上出人意料地装载着放射性材料，那么，在这种情形下，被告可能要就通常与交通事故相关的损害（如刮擦损坏）承担责任。但根据近因原则，在一起普通交通事故导致了通常不会出现且异常严重的后果（如对周围社区造成辐射毒害）时，被告无须就该后果承担责任。

早在20世纪90年代中期，卡尔诺法官曾撰文表示，人工智能系统及与这些系统进行互动的用户和其他计算机网络已经非常复杂，且注定将越来越复杂。因此，他预测，计算机和软件系统复杂性导致的问题可能会以多种方式体现出来。卡尔诺法官认识到，复杂程序出现故障，有时并不是因为人类在

① Ryan Calo, *Robotics and the Lessons of Cyberlaw*, 103 CAL. L. REV. 513, 554–55 (2015); 同时，请参见：Jeffrey K. Gurney, *Crashing into the Unknown: An Examination of Crash-Optimization Algorithms through the Two Lanes of Ethics and Law*, 79 ALB. L. REV. 183, 229 (2016).

② Calo, *Robotics and the Lessons of Cyberlaw*, 103 CAL.L. REV. at 554–55 (2015); Daniel A. Crane et al., *A Survey of Legal Issues Arising from the Deployment of Autonomous and Connected Vehicles*, 23 MICH. TELECOMM. & TECH.L. REV. 191, 259–61 (2017). “对设计缺陷产品责任主张而言，证明因果关系需要证明两个方面，一方面是证明汽车缺陷为相关损失的‘必要（but for）’原因（即如果不是因为该缺陷，相关损失就不可能发生），另一方面是证明该缺陷是相关损失的‘近’因（即相关损害是该缺陷的合理可预见结果）。”

程序开发或程序运行方面存在过失，而是因为软件本身的可靠性存在问题。①他认为，很难开发出有效的技术方法，对智能体进行检查或分析。②卡尔诺法官进一步指出，对软件进行彻底检测几乎是不可能的，因为要测试程序，所有潜在指令串都要运行一遍，以检查程序是否会像设计的那样运行，而这可能要耗费极长时间。③具体而言，通常无法确切认定软件的可靠性，因为故障是由各种不明显的具体事件相结合导致的。④简而言之，复杂系统在长期运行过程中会带来重大的不确定性，特别是在复杂环境下，而智能体预计正是要在这种复杂环境下运行。⑤卡尔诺法官承认，在这种错综复杂、相互联系且呈现网络化的世界里，极难证明对于特定主体所受的损害，特定人工智能系统就是可预见的原因，即近因。

法院在针对发生问题的人工智能进行责任认定时，会禁不住运用其一直运用的近因分析方法。但是，这种方法并不会奏效。我们可能会知道，人工智能是无数事实原因当中的一个。但是，在众多短暂、分散且多形态的处理元素中，法官也无法抽丝剥茧，找出哪些特定的小程序或人类主体才是近因。

因为这个原因，卡尔诺法官提议，在注册人工智能系统（“经认证智能体”）确为造成损害的事实原因时，图灵注册表将为受害人提供赔偿，而无须考虑近因关系（即无须考虑是否可以预见人工智能系统会以涉案的行事方式行事并会造成相关损害）。⑥卡尔诺法官指出，图灵注册表须与传统保险方案不同，因为传统保险单是基于传统侵权责任原则（包括近因证明要求）运作的。和大多数保险方案一样，人工智能系统在图灵注册表保险制度下的保费水平因不同的人工智能系统而异，具体取决于特定人工智能系统的风险水平

---

① Karnow, *Liability for Distributed Artificial Intelligence*, 11 BERKELEY TECH. L. J. at 161–62.

② 同上，第199页。

③ 同上，第162页。

④ 同上。

⑤ 同上，第162页。“因此，尽管可以肯定智能体会出现故障，但我们却无法预见特定问题的性质或时间，这种观点不无道理。”同上，第163页。

⑥ 同上，第195页。“如果图灵注册表认定某一经认证智能体是某一场灾难的事实原因，该注册表就会支付赔偿。在这个过程中，人们不会对近因进行考察。”

等。卡尔诺法官也承认，他的建议也有其局限性，而其中之一就是，在充满独立运作的人工智能系统和人类错综复杂且相互联系的世界中，人们有时会难以认定哪一个人工智能系统（或哪个人）才是造成特定损害的真正原因。但是，这并不是采用图灵注册表（或类似框架）的重大障碍，因为我们的目标实际上应该是为人工智能系统造成的损害创建并提供一个更好的救济制度，而不是执着于找出（可能并不存在的）完美解决方案。无论怎样，卡尔诺法官1996年的文章及其关于图灵注册表的建议，似乎都对本领域的思想产生了重大影响，因为甚至连后来的学者都在引用他的观点，并倡导创设一项类似于图灵注册表的制度。

三、市场破坏基金

基于对机器人保险建议的讨论，可以明确的是，给金融市场不法行为问责制度带来挑战的那些问题，如人工智能系统及相关自动化网络的相互联系性和复杂性等，也同样给其他法律领域带来了诸多问题。如前所述，由于衍生品市场不当行为的诉因大都要求证明被告存在主观恶意（即有放任或故意行为），因此形成了所谓的“问责缺失”问题。实际上，这个问题带来的挑战在基于侵权法原则的其他诉因中，同样存在。《纽约法律报》的一篇文章就说明了在高频交易案件中完美证明主观恶意的难度：

> 算法使主张和证明主观恶意的难度比以前要大得多，从而放大了高频交易案件的重要性……算法可能不会明显以执行操纵交易行为为目的进行设计，但算法对市场刺激作出反应时可能会造成不同层次的复杂性和准随机性，因而在高频交易背景下，主张和证明主观恶意要比一般情况下困难得多。
>
> 对任何认定主观恶意的司法标准，高频交易公司均可轻松为自己进行辩护，表示其算法导致的结果仅是算法对市场激励以及其他算法作出反应时产生的意外后果，而其他算法的行为同样不可预测，从而轻松对抗指控

其故意操纵市场或向市场提供不准确信息的任何主张。

由于存在这些棘手问题，因此如果算法机器人实施了不当交易行为，但其人类程序员和操作者并未故意要求其这样做，且未以放任方式放任其这样做的风险，那么要求证明主观恶意的诉因很可能无法适用。

如本章开头所述，范德堡大学法学院教授雅达芙曾以美国证券市场上的国家市场体系基金为背景，提出了设立市场破坏基金的建议。雅达芙教授认为，这种基金有利无害，因为证券市场现行的责任制度可能无法应对因高速自动化的交易或者金融市场计算机化的瑕疵而产生的市场扭曲、破坏和崩溃等问题。为此，雅达芙教授建议，要求交易所要对市场崩溃和技术破坏负责，同时要求交易所为市场破坏基金提供资金支持。雅达芙教授认为，这种基金代表着不同交易所资源的集合，可在一家交易所被追责的情形下用于赔偿。[①]为说明这个问题，雅达芙教授提到了若干闪电崩盘事件和著名的交易所暂停交易及故障事件。她指出，设立"市场破坏基金"有助于以更可靠的方式赔偿损失，而设立该基金的前提是大额损失有可能由多家市场分摊。[②]市场破坏基金可确保有大量备用资源用于鼓励对破坏性市场交易行为进行赔偿，且可提振信心，使人们对市场基础设施的资本配置表现更加信任。[③]雅达芙教授进一步指出，市场破坏基金还有可能使赔偿投资者"损失的过程更顺畅"，因为那些被该基金损害的人可向该基金索赔，而不是向特定交易者索赔，毕竟对任何投资者而言，向特定交易者索赔都是一项棘手的任务。[④]因此，该基金可就自动化市场框架中破坏行为导致的损失提供赔偿，而赔偿后，该基金可转而向损害事件所涉及的交易者或交易者组合索赔。[⑤]

雅达芙教授列出了利用传统问责制度打击破坏性市场行为的若干缺陷。

---

① Yadav, *The Failure of Liability in Modern Markets*, 102 VA. L. REV. at 1095.

② 同上，第1095页。

③ 同上。

④ 同上，第1095页。

⑤ 同上。

首先，她指出，问题之所以会出现，是因为在相互联系的高速自动化证券市场上，即便使用高频算法交易系统的证券市场参与者行事理性、谨慎，仍有可能甚至可以预见会发生大规模市场破坏。如前所述，过失责任标准在设计上是无法防范所有损害的，它只能防范那些未达到谨慎义务标准的行为所导致的损害。在今天相互联系的电子市场中，即便对导致或促成市场破坏的自动交易系统而言，其所有人履行了理性谨慎义务，算法交易行为也仍可能会造成重大市场破坏。因此，雅达芙教授认为，在算法交易行为导致重大市场扭曲和破坏，并因此而给其他市场参与者造成严重损失时，可能无法运用过失标准对该行为追责。但是，即便是小错，也可能催生大规模市场反应。[①]因此，她进一步建议说，由于过失标准本质上允许合理的冒险行为，所以可能无法充分威慑具有潜在危害的交易行为，并因此而可能会促使交易者甘愿承担巨大风险并因此付出高昂代价。

其他责任标准也各有缺陷。比如，如果交易者既未故意导致或促成市场破坏，也未放任无视其行为具有破坏市场的风险，那么证明存在主观恶意（即证明某人以故意或放任方式行事）的诉因就发挥不了作用。同样，如果无法认定导致相关损害的人，严格责任标准也没有用武之地。实际上，这可能是一个非常严重的问题，因为人们普遍认为，在高速自动化运转的现代金融市场，人们至少难以精准确定哪家公司或者哪些公司实施了特定市场滥用行为（或者导致或促成了市场破坏）。[②]

雅达芙教授认为，在打击算法交易公司的市场滥用行为方面，责任制度还因为其他一些问题而效果有限。首先，电子市场的运行速度使得人类无法及时介入并修正（导致破坏的）错误。[③]其次，雅达芙教授指出，高频交易

① Yadav, *The Failure of Liability in Modern Markets*, 102 VA. L. REV. at 1079（认为“即便采用严格的理性概念，可能也不足以防止市场上发生严重损害现象”）；同上，第1093页；同上，第1077–1078页。

② Yadav, *The Failure of Liability*, 102 VA. L. REV. at 1079.

③ 同上。

行为的“系统性涟漪效应”可能“是出人意料且难以预测的”[①]，而这将使交易公司的雇员难以提前对其交易系统进行编程，从而防止该交易系统导致或促成市场破坏。实际上，在金融市场上，高速运转的各种算法机器人和自动化计算机系统之间的互动具有不可预测性。这种不可预测性很可能意味着，在某些情况下，交易公司的雇员可能无法防止其交易策略导致或促成市场破坏，因为他们无法预见，不同市场参与者在未来特定时间节点同时进行的交易活动将导致这种崩溃或破坏。雅达芙教授指出，市场破坏基金有助于确保人们对市场保持信心，并使投资者在因市场破坏而遭受损失时更易于获得赔偿。支持证券市场引入市场破坏基金的理由似乎同样适用于衍生品市场。比如，如前所述，美国期货市场已基本从实体交易池和交易大厅演变为电子交易平台，且高速自动化交易已日益成为期货市场上的普遍现象。因此，期货市场也频频遭遇市场崩溃和破坏事件，而这些事件的原因同样非常难以认定。此外，雅达芙教授还证实，至少在防范导致投资者遭受大范围损失的某些重大市场破坏事件方面，过失责任标准是无能为力的，因为即便在使用自动交易系统和算法机器人的人和公司均行事合理的情况下，这些事件仍可能发生。这并不是说我认为过失理论在当前计算机化市场的监管领域没有一席之地。

相反，我坚定地认为，市场中介理应按照合理性（即过失）标准的要求对其自动交易系统及相关算法工具实施充分监督。但是，在无法认定特定个人或公司的不谨慎是造成特定市场崩溃或破坏事件的实际原因时，过失责任就派不上用场了。而且，大多数衍生品市场滥用诉因都要求证明主观恶意（即存在故意或放任行为），而人们普遍公认的是，这种主观恶意比过失更加难以证明。此外，在涉及复杂计算机算法的情况下，甚至也非常难以证明过失，因为这种认定可能会要求计算机科学专家进行分析，查明交易算法及相关自动化系统的程序员、开发者或操作人是否遵循了其所在领域要求的谨慎标准。更严重的是，如本章前文所述，即使是监管机构和专家也很难甚至不

---

① Yadav, *The Failure of Liability*, 102 VA. L. REV. at 1079.

可能认定闪电事件及类似市场破坏现象的原因。在这种情况下，即便是严格责任制度也将无能为力，因为人们无法从某一时刻在市场上活动的所有主体中找出哪些交易者或市场参与者才是造成特定市场破坏或高速崩溃事件的实际原因。这意味着，受害投资者和法院将无法确定需要担责的交易者或公司。因此，市场破坏基金基于是否因特定事件（即市场破坏）遭受了损失这个事实，而非特定交易商的行为，对投资者提供赔偿，有助于维持人们对市场的信心。如因技术性金融市场破坏事件遭受了损失，相关投资者仅须指出导致其遭受损害的特定市场崩溃事件，而无须厘清到底是谁导致了破坏事件或这些事件为何会发生等问题。

因此，遵循雅达芙教授建议的国家市场体系基金这条路线，设立相应的衍生品市场破坏基金，对基于责任的赔偿制度而言是一个潜在的替代选项。当然，这种基金的设立需要国会批准。如果国会选择考虑这个建议，那么，明智的做法是考察是否有必要就证券市场和衍生品市场分别设立独立的市场破坏基金，还是应为两个市场统一设立一项基金。目前，我倾向于认为，鉴于衍生品、证券及其他金融工具市场之间联系日益紧密的性质，设立单一机构对一个广泛的市场破坏基金进行监管，以便就索赔和赔偿政策实施统一管理，是大有裨益的，但这个问题可以进一步考虑。同样，国会还需确定具体标准，规定投资者何时及如何从这样的基金中获得赔偿，并解决一些问题，例如，在何种情形下人们可向该市场破坏基金提出索赔并获得赔偿？该基金是应向在所有市场破坏事件中遭受损害的投资者提供赔偿，还是仅向严重破坏事件的受害人提供赔偿？（且人们应如何定义‘严重’破坏？）本建议与雅达芙教授所提建议之间的一项差异是，她似乎是建议用市场破坏基金替代投资者可用的其他所有诉因，包括因过失或故意造成市场损害情形下的追偿手段，而我在本章中追求的目标，是探讨适用于非故意甚至是意外市场破坏和金融工具价格扭曲事件的救济机制。当然，面对相互联系且错综复杂的高速金融市场，监管机构的一项挑战是很难确定某一崩溃事件到底是故意市场操纵的结果，还是仅仅由适当时刻同步发生并导致不幸事件的不可预测事件共同造成，因为准确认定造成任何特定闪电崩盘事件或类似破坏的实际原因是极富挑战性的。正因为如此，扩大证券和衍生品市场破坏基金的覆盖范围可能是有所帮助的。

雅达芙教授在自己的学术著作中并未详细阐述应如何设立或管理市场破坏基金这个问题，但其建议的基本轮廓与公共保险方案或由联邦政府授权的保险计划有诸多相似之处。在这类计划下，特定的人或商业实体通常须支付一定费用或税金，从而为基金提供资金来源，然后通过基金向那些因某些类型的事件（如特定公司的破产事件）遭遇损失的人支付赔偿。对于衍生品市场破坏基金，因市场崩溃或破坏事件而受到损害的投资者和公司可向该基金提出索赔，而不是试图识别并起诉导致市场破坏事件的市场参与者。这种基金与美国证券市场上的证券投资者保护基金具有相似之处。所谓证券投资者保护基金，其实是根据1970年《证券投资者保护法》由联邦政府授权并由成员出资成立的一个非营利性美国法人团体。证券投资者保护基金是一项保险计划，其资金来源于成员公司的核定保费，而其目的则是“从破产或存在其他财务困境的经纪公司手里追回客户的现金和证券”。[①]大多数在美国注册的经纪交易商均须成为证券投资者保护基金的成员。实际上，证券投资者保护基金与联邦存款保险公司（FDIC）有点相像，而后者旨在为破产银行的客户提供保护。尽管证券投资者保护基金是根据联邦法律创建的，但其实际上只是一个由美国证券交易委员会主管的非政府组织。目前，期货和衍生品市场还没有保护破产期货经纪商客户的实体，也没有与证券投资者保护基金相类似的实体。

银行存款保险旨在纠正市场失灵现象，因为银行高管及其金融机构将外部风险转移给了他人，具体而言，这种外部风险受到大范围银行挤兑和破产可能形成的灾难性经济影响。

① 请参见：SIPC Mission, http://www.sipc.org/about-sipc/.sipc-mission.

1913年，美国设立了联邦储备银行，作为问题银行最后借款人，1933年通过联邦存款保险公司设立了联邦存款保险制度，这些都是国家实施的重大干预措施，以在1907年银行恐慌事件和1933年银行倒闭潮中应对私人市场无法可靠维持银行存款功能的问题。

这似乎是一项明智的政策举措，银行存款保险被广泛认为具有防范银行挤兑和恐慌的作用。联邦存款保险公司负责存款保险基金的管理，并负责破产银行的有序清算和重组。①由于就保险服务向成员银行收取核定保费，联邦存款保险公司实现了“财务独立”。②在美国，存款保险名义上是自愿的，但事实上是强制的，所以所有银行基本上都是联邦存款保险公司的成员。③支持设立强制性银行存款保险制度的观点认为，从根本上说，金融机构只要接收公众存款或可能直接或间接给金融中介系统的稳定性造成风险，就均应纳入存款保险。④此外，人们还担心，自愿成员制（可能会）导致逆向选择或道德风险增加。⑤

以公共保险计划或联邦政府授权的保险计划这种形式设立衍生品和证券市场破坏基金，这种做法并非没有先例可循，因为美国政府已经实施了多项旨在应对市场运作失灵问题的公共保险计划。这些计划包括Medicare联邦医疗保险计划（面向老年人）和Medicaid联邦医疗补助计划（面向经济条件受限的人和家庭），以及面向农场主的农作物保险计划。如前所述，联邦存款保

① Richard E. Flint, *Why D'oench, Duhme? An Economic, Legal, and Philosophical Critique of a Failed Hank Policy*, 26 VAL. U. L. REV. 465, 524 (1992).

② 同上。

③ Marilyn B. Cane, *The Eagle or the Ostrich: A United States Perspective on the Future of Transnational Banking*, 25 VAND. J. TRANSNAT'L L. 183, 192–93 (1992).

④ Yi Zhou, *Establishing A Deposit Insurance System in China: A Long-Awaited Move Toward Deepening Financial Reform*, 16 CHI.-KENT J. INT'L. COMP. L. 46, 74 (2016).

⑤ 同上。“保护资金供应是整个银行系统的任务。在这个系统中，资金供应主要是由私人机构提供的。如果任何一家银行没有保险，那么在维护这个系统所需的全部成本中，这家银行就没有承担起自己本应承担的部分。而且，其存款客户也因此而暴露在不必要的风险之中。” Kenneth E. Scott & Thomas Mayer, *Risk and Regulation in Banking: Some Proposals for Federal Deposit Insurance Reform*, 23 STAN.L. REV. 857, 867–69 (1971).

险公司旨在为作为美联储组成部分的银行提供存款保险服务。同样，海外私人投资公司（Overseas Private Investment Corporation）就因外国政府征用资产、战争或暴乱及无法将美元兑换为当地货币等情形造成的财产损失为美国公司提供保障。1968年《国家洪水保险法》旨在为洪涝多发地区因私人保险公司拒绝承保而无法获得私人洪水保险的财产所有人提供保险保障。1957年《普莱斯—安德森法》设立了一项联邦计划，旨在为核电事故造成的损害提供超额责任保险，根据《城市增长与新社区开发法》，联邦政府将直接为那些无法以可承受价格获得保障的城市住宅和商业物业提供犯罪保险。而且，上述所列只是美国政府保险计划中的一部分，仅用作说明。

为应对私人保险市场"无法以合理成本提供必要保险"的情况，美国国会已经创设了相应的公共保险计划。人们认为在这种情形下，"联邦政府对私人市场的干预"至关重要，能够针对私人市场的缺陷予以补救。在这里，人们也可认为，联邦政府的"干预"，即由美国国会为衍生品、证券及其他金融工具市场创设市场破坏基金，对于解决现行责任制度无法充分应对算法机器人导致的市场扭曲这一问题是非常必要的。

美国国会创设衍生品和证券市场破坏基金的根据在于，和今天的自动化证券市场一样，现行的责任制度已无法为衍生品市场的投资者提供充分保护。而且，科技发展已无法回到过去。因此，人工智能系统将继续在金融机构和金融市场内部运行。正如林教授所言：

> 过去二十年，信息技术和金融监管领域的进步导致金融行业的性质和运作发生了革命性变化。人类的努力和分析已逐渐被计算机自动化系统和人工智能取代。

因此，鉴于市场将继续被人工智能系统所支配，且由此导致，难以对闪电崩盘、技术故障和类似技术性市场扰动事件进行责任认定，因此旨在保护投资者的社会保险似乎是一个前景不错的解决方案。至少，这个方案值得人们进行深入探讨。

有鉴于此，我想在这里提出最后一个看法。正如本章所示，侵权责任制度在处理人工智能系统和机器人造成的损害时面临着一些问题，而这些问题同样导致金融市场滥用主张举证困难。闪电崩盘和自动驾驶汽车碰撞事故以及图灵注册表和市场破坏基金等，都是同一个问题的不同方面。因此，政策制定者最好对这些问题进行全面考察，并致力于从社会层面、而非特定部门层面，为这些困难寻找解决方案。这并不是说不同类型的损害不需要不同类型的法律制度和方法，而是说，如果不承认人工智能系统及相关技术给现行各种法律法规体系造成的障碍具有共同性，我们就有可能总是试图以短期的权宜之计解决当前面临的具体问题，而无法后退一步，从更长远角度看问题。为此，我们或许应设立一个新的政府机构或监管委员会，并赋予其管理图灵注册表的重任。这个机构应创设若干不同基金，以应对从无人驾驶汽车事故到金融市场闪电崩盘等事件造成的各种损害。该机构既要考虑到特定类型的人工智能系统所造成的风险具有差异性，又要确保图灵注册表的管理以共同的总括性原则为指导。敲定这项制度的细节并非本章和本书的任务。在这里，我只想提出一项建议，以供在未来深入探究时予以考量。

第十八章
全球范围内的算法机器人

尽管本书侧重于美国衍生品市场的监管，并将重点放在人工智能系统及相关技术对市场的影响上，但期货和衍生品交易并非仅在美国，而是在全球范围内进行的，在这一过程中，计算机通常扮演了辅助角色。实际上，算法机器人是没有国界的。这不仅因为它们没有人类意义上的“身体”，而且还因为人工智能系统及相关技术的进步并非仅发生在美国，利用算法机器人实施交易的商业实体出于税收和监管等目的，可轻松地将其业务“部署”到全球各地。如果对各国监管衍生品算法交易的方式进行详细阐述，那么本书将比目前的篇幅要长的多。因此，本章首先简要回顾国际社会近年来为实现衍生品市场监管趋同所作的努力，然后再重点考察欧盟的相关法律法规。

第一节　G20国家和匹兹堡峰会

在深入探讨世界各国如何对衍生品算法交易实施监管之前，我想先简要探讨一下衍生品的国际监管情况。二十国集团（简称“G20”）是由成员国政府和央行行长组成的国际论坛，这个超国家组织的成员国大多是地球上最富裕的国家，其中包括欧盟。G20成员国定期会晤，共同探讨促进国际金融稳定的政策。创建G20这样的组织，目的在于应对超出任何单一国家或组织职责范围的问题。G20会定期举行成员国国家元首或政府首脑峰会及单独的财政部长会议，以解决全球经济面临的种种问题。

欧盟在G20的代表分别为欧盟委员会和欧洲央行。作为一个整体，G20经济体占全球GDP总量的85%左右，占世界贸易总量的80%，同时占全球人口的三分之二。简而言之，G20是进行全球经济合作的最佳国际场合。①G20成员包括阿根廷、澳大利亚、巴西、加拿大、中国、法国、德国、印度、印度尼西亚、意大利、日本、韩国、墨西哥、俄罗斯、沙特阿拉伯、南非、土耳其、英国、美国和欧盟。

G20对本书探讨的目的非常重要，因为在全球金融危机期间及之后，这个组织推动了场外（即OTC）衍生品领域的全球改革。金融稳定理事会（简称“FSB”）就是2009年4月G20伦敦峰会后成立的。（金融稳定理事会是对全球金融系统实施监测并提出相关建议的国际机构。）金融危机期间，G20成员国召开会议，试图找到一条应对当时金融市场相关问题的出路。2008年和2009年，G20成员国领导人召开了三次会议，其中，第一次是在美国首都华盛顿，第二次是在英国首都伦敦，第三次则是在美国匹兹堡市。

这些峰会的目的，是协调各国行动，以解决金融系统中的监管缺失问题。会后，G20成员国的领导人发布了公开声明，谴责了目前盛行于全球的金融监管方式，即放松政府监管，转而严重依赖自我监管。由于这种监管方式的盛行，在金融危机之前，场外衍生品要么不受监管，要么监管松懈。危机发生后，G20成员国的领导人开始认识到，金融危机证明了去监管化政策无效，各国政府必须改变金融监管方式。

2009年9月召开的G20匹兹堡峰会是一次极其重要的会议。在这次峰会上，G20成员国决定指定G20为应对全球金融危机的国际合作平台。这次峰

① G20 Summits; Pittsburgh, United States, OECD, https: //www.oecd.org/g20/summits/pittsburgh/.

会公报提出了一系列成员国承诺遵守的原则，用于修复金融市场并对金融机构实施监管，其目的是确保全球有协调统一的金融监管方式。改变场外衍生品的监管方式是G20匹兹堡峰会公报提出的核心建议之一。这份公报提出的原则构成了2010年《多德—弗兰克法》的基础，而《多德—弗兰克法》又是美国实施G20成员国所列原则和目标的具体方式。最重要的是，在匹兹堡峰会上，G20成员国的领导人通过了一系列原则，以鼓励场外衍生品市场的国际监管趋同。G20的主要目标之一，是将更多的衍生品交易引导到交易所和电子平台上进行，并要求衍生品交易实施中央清算和报告制度，因为他们认为，这样做可以提高透明度并降低系统性风险。

G20匹兹堡峰会公报中列述的原则包含以下观点，即所有标准化的场外衍生品合约均应在交易所或电子交易平台进行交易和清算，衍生品合约应报告至交易报告库，且未通过中央清算所进行清算的衍生品均应接受更高的资本要求。（注意，对于通过清算所进行清算的衍生品，清算所通常会设置保证金或抵押品，即履约保证金）。在危机爆发之前，一些场外衍生品没有足够的抵押品支持，而在某些情况下，甚至没有抵押品支持。

改革原则背后的理论是，清算所可对相关风险实施监测并设置保证金要求，而如果衍生品不通过清算所进行清算，那么，订立衍生品合约的银行和金融机构只要从事衍生品合约交易，就必须接受更高的资本要求。G20成员国的领导人认为，场外衍生品市场是整个金融危机的关键，而在危机爆发前的数年内，衍生品市场已日益复杂化。一些复杂的场外金融衍生品缺乏透明度。由于场外衍生品并不在交易所进行交易，且无公开的交易价格清单，因此，全球领导人对公共当局面临的透明度缺失问题感到担忧。他们认为，这种透明度的缺失将会或已经使他们能力不足，难以应对或了解该领域不断积聚的风险。

G20领导人不仅承认其国别监管机构未与金融创新保持同步，也承认其监管机构甚至缺少对相关风险进行充分监测的工具。比如，G20领导人表示，过去20年的监管并未充分考虑和应对场外衍生品市场不断变化的发展动态，如待执行合约数量的爆炸性增长等因素。

G20匹兹堡峰会为场外衍生品列述了一套全球通用的监管原则。当然，场外衍生品交易一般并不是以高速电子方式进行的。那么，在这本关于衍生品算法交易的书中，我为什么要提及G20关于金融危机的这段历史呢？其实，之所以提及金融危机期间召开的G20峰会，主要是因为这些峰会列述的原则是2010年《多德—弗兰克法》的基础。《多德—弗兰克法》对《商品交易法》进行了修订，并改变了美国的衍生品监管方式。可以说，《多德—弗兰克法》代表了美国数十年来对《商品交易法》进行的最为全面的一次修订。因此，读者有必要了解，这些修订至少可部分归结于G20成员国达成了一套一致的原则。在峰会上，所有G20成员国均承诺对其场外衍生品监管框架进行修订，以便与这些原则保持一致。在欧盟，这些修订是以《金融工具市场指令（二）》（MiFID Ⅱ）、《金融工具市场条例》（MiFIR）和《欧洲市场基础设施条例》（EMIR）等形式出现的。此外，欧盟还以2016年生效的《市场滥用条例》（MAR）取代了之前的《市场滥用指令》（MAD）。（注意，根据欧盟法律，条例于生效日在欧盟境内自动适用，无须成员国就其实施细则进行立法，这一点与指令不同。）尽管G20的这些改革努力主要针对场外衍生品监管，但一些国家还对其金融市场法律进行了其他变革，而其中一些修订就对算法交易行为和市场技术进步产生了影响。如前所述，《多德—弗兰克法》对《商品交易法》进行了修订，禁止了幌骗这种通常与高速算法交易相关但与场外衍生品并不相关的破坏性交易行为。同样，欧盟为应对金融危机而通过的一些立法条款同样涉及了金融公司实施的算法交易。

第二节　欧盟的金融市场监管

到目前为止，本书已为读者提供了一份关于美国版金融市场监管政策的简介，包括《商品交易法》、《CFTC规章》、期货经纪商、商品基金经理、指定合约市场等内容。现在，该了解一下欧盟版的金融市场监管政策了。《金融工具市场指令（二）》《金融工具市场条例》《欧洲市场基础设施条例》和《市场滥用条例》等立法，都是后危机时代欧盟金融监管措施组合中的部分内容，这些措施组合的目标包括但不限于市场整合、消费者保护和实现金融稳定。其中，《金融工具市场指令（二）》于2018年1月生效，其目的是弥补《金融工具市场指令（一）》的不足，并改进金融市场运行状况，完善投资者保护。[①]值得注意的是，2007年11月生效的《金融工具市场指令（一）》被人们贴上了不足或过时的标签，因其未包含场外交易、高频交易和衍生品交易监管等方面的内容。[②]

在深入探讨欧盟各项改革细节之前，有必要先了解一下欧盟金融市场的监管范围。实际上，欧盟金融市场的监管范围与美国大体相当，但采用的是不同的立法路径。当然，要确定特定金融市场监管体制是否适用，第一步是要明确并定义适用监管体制的金融产品。美国、欧盟和其他大多数国家莫不如此。[③]金融产品的定义是各类证券（及金融市场）监管的适用通道。[④]如前所述，在美国法律下，金融产品相关关键定义包括“证券”“期货合约”和“互换”等。在欧盟法律下，证券及金融市场监管围绕着“金融工具”展开。根据《金融工具市场指令（二）》附件Ⅰ第C节，金融工具包括“可转让证券”。[⑤]根据欧盟法律，确定某样东西是否构成“可转让证券”的定义，重点

① Rachel Horzempa, *MiFID Ⅱ and the Importance of Equivalence Decisions*, 37 Rev. Banking & Fin. L. 604. 607–608 (2018).

② 同上，第607–608页。

③ Philipp Maume & Mathias Fromberger, *Regulation of Initial Coin Offerings: Reconciling US and E.U. Securities Laws*, 19 Chi. J. Int'l L. 548, 555 (2019).

④ 同上。

⑤ Article 4 (1) (44) of MiFID Ⅱ; Philipp Maume & Mathias Fromberger, *Regulation of Initial Coin Offerings: Reconciling U.S. and E.U. Securities Laws*, 19 Chi. J. Int'l L. 548. 583–84 (2019); Tilen Cuk & Arnaund Van Waeyenberge, *European Legal Framework for Algorithmic and High Frequency Trading (MiFID 2 and MAR); A Global Approach to Managing the Risks of the Modern Trading Paradigm*, 9 EUR. J. RISK REG. 146 (2018).

是特定单位的金融工具是否可在二级市场上进行转让（即购买或销售）。[①]正如《商品交易法》未对"期货合约"提供定义一样，欧盟成文法也未对"证券"进行定义。而且，欧盟似乎并没有哪项司法判决对这一术语进行释义。[②]但是，对于"可转让证券"这一合并术语，欧盟仍然给出了成文法定义。与期货合约、商品期权及其他衍生品相关的是，《金融工具市场指令（二）》第4条第（1）款第（44）项第（c）目将"可转让证券"定义为"可在资本市场上流通的证券类型，如（c）赋予持有人购买或出售任何此类可转让证券权利的证券或导致人们参考可转让证券、货币、利率或收益、商品或其他指数或指标的价格进行现金结算的证券"。[③]在欧盟成员国当局看来，这种表述已经足够宽泛，能够涵盖许多衍生品类型。[④]比如，根据第4条第（1）款第（44）项第（c）目的规定，关于橘子的远期合约据说就属于可转让证券。[⑤]因此，这一表述经常被人们援引并用于支持虚拟货币相关衍生品，包括期货、期权和差价合约等，均属于"可转让证券"这一观点，这是不足为奇的。这意味着，提供虚拟货币衍生品的公司必须获得欧盟成员国金融监管机构，即"国家主管当局（NCA）"的"批准"，而这种做法与美国的衍生品市场中介注册制度大体相当。

而且，《金融工具市场指令（二）》中的其他表述也涵盖了欧盟监管范围内的具体衍生品类型。《金融工具市场指令（二）》附件Ⅰ第C节规定了许多构成"金融工具"的具体协议和交易类型（第C节列出的第一项就是"可转让证券"），其中包括：

……

（4）与证券、货币、利率或收益、排放配额或其他衍生品工具、金融

① Maume & Fromberger, *Regulation of Initial Coin Offerings*, 19 Chi. J. Int'l L. at 583–84.
② 同上，第573–574页。
③ Article 4（1）（44）of MiFID Ⅱ；同上，第573页。
④ Maume & Fromberger, Regulation of Initial Coin Offerings, 19 Chi. J. Int'l L. at 584.
⑤ 同上，第583页。

指数或金融指标相关且进行实物或现金交割的期权、期货、互换、远期利率协议及其他任何衍生品合约；

（5）与商品相关且必须进行现金交割或任何一方可选择（即非因违约或其他终止事件）进行现金交割的期权、期货、互换、远期合约及其他任何衍生品合约；

（6）与商品相关且可通过实物进行结算的期权、期货、互换及其他任何衍生品合约，但以其在受监管市场、（多边交易设施或有组织交易设施）进行交易为前提，且在有组织交易设施进行交易、同时必须进行实物交割的批发类能源产品除外；

（7）与商品相关、可进行实物交割、本项第6目未提及、不以商业为目的且具有其他衍生品金融工具特征的期权、期货、互换、远期合约及其他任何衍生品合约；

（8）以转移信用风险为目的的衍生品工具；

（9）差价类金融合约；

（10）与气候变量、运费费率、通胀率或其他官方经济统计指标相关、必须进行现金交割或任何一方可选择（即非因违约或其他终止事件）进行现金交割的期权、期货、互换、远期利率协议及其他任何衍生品合约，以及与资产、权利、义务、指数和指标相关、本节其他地方未提及、在考虑是否在受监管市场、有组织交易设施或多边交易设施进行交易这个问题后仍具有其他衍生品金融工具特征的其他任何衍生品合约。

因此，在美国被视为期货合约、商品期权、互换、证券互换及类似金融工具的协议和交易在欧盟境内同样须接受监管。确定具体金融产品类型在欧盟境内的监管程度后，现在，我们探讨欧盟境内算法交易公司的监管范围。

根据《金融工具市场指令（二）》，在任一欧盟成员国境内从事经营活动、属于做市商或“通过高频算法交易从事自营交易”的期货经纪商或其客户均被视为投资公司，并作为投资公司进行监管。这意味着，它们必须获得欧盟成员国国家主管当局（即金融市场监管机构）的“批准”（即注册）。这种做法与美国不同，因为在美国，联邦法律并不要求金融市场监管机构仅基于公司或人员从事算法交易（无论是否为高频交易）这一事实即对其实施监管。换言之，与欧盟的金融市场监管不同，《商品交易法》并不要求使用高速算法交易技术的自营交易公司注册为衍生品市场中介。《金融工具市场指令（二）》将算法交易定义为在没有人类干预或在人类干预有限的情况下，计算机算法自动确定各项交易指令参数的情形。[①]高频交易被视为算法交易的一个子类，涉及：（1）旨在将网络或其他类型的延迟（如共址服务或直接电子接入的延迟）降至最低限度的基础设施；（2）在没有人类干预的情况下由系统决定交易指令发起、生成、传递或执行的做法；（3）交易指令、报价或撤单日内高信息率。为获得批准，高频交易公司必须向监管机构提供关于其算法运作方式及编写人、操作人和控制人的详细描述。[②]尽管欧盟法律并不要求高频交易公司向监管机构提供其算法交易代码的副本，但特定交易算法的活动须通过唯一的法人识别编码进行追踪。[③]此外，根据《金融工具市场指令（二）》及相关条例，高频交易公司每年均须对其算法进行测试，以确保其按照设计的方式运行、履行公司的监管义务、遵循交易场所的规则和制度并促进交易的有序进行。[④]此外，欧盟当局还通过了一项要求，即所有算法均须进行测试，以确保其在压力市场条件下仍能够有效运行，且在必要情况下能够停止运作。[⑤]

---

① Article 4（1）（39）of MiFID Ⅱ；请参见：Article 18 of Commission Delegated Regulation（EU）2017/565 of 24.4.2016（以下简称为“Definitions Delegated Regulation”）.

② Cuk & Van Waeyenberge, *European Legal Framework for Algorithmic and High Frequency Trading*（*MiFID 2 and* MAR）, 9 Eur. J. Risk Reg. at 150.

③ 同上，第146页。

④ Sviatoslav Rosov, *2 Fast 2 MiFID: What Does Brussells Have in Store for HFTs*, BloG CFA Inst., Oct. 19, 2015.

⑤ 同上；请参见：Cuk & Van Waeyenberge, *European Legal Framework for Algorithmic and High Frequency Trading*（*MiFID 2 and* MAR）, 9 EUR. J. Risk Reg. at 149.

在欧盟境内，违规交易行为和市场操纵也在禁止之列。特别值得一提的是，和美国一样，欧盟的《市场滥用条例》也将某些“涉及算法和高频交易策略的行为”归入了“相当于市场操纵”的行为行列。[①]换句话说，由高频交易技术促成且由高频交易商实施的许多违规交易行为在美国和欧盟（及世界上其他地方）都是非法的。比如，幌骗，即提交买单或卖单但试图在执行之前将其取消的行为，在欧盟和日本都是非法的。实际上，如果幌骗在英国法律下属于合法行为，那么，被指控通过幌骗导致了2010年闪电崩盘事件的萨劳是不可能被成功引渡到美国并接受刑事指控的。总而言之，美国法律禁止的许多交易行为在欧盟法律下同样属于被禁行为。

退一步看，欧盟法律，特别是《市场滥用条例》第15条，明确禁止市场操纵，并以类似于美国的方式对该违法行为进行了定义。《市场滥用条例》第12条第（1）款第（a）项将市场操纵定义为满足下列条件之一的交易达成、下单或其他任何行为：（1）就金融工具（或）相关现货商品合约的供应、需求或价格发出或可能发出虚假或误导性信号；（2）将一项或多项金融工具（或）相关现货商品合约的价格锚定在非正常或人为水平。[②]如前所述，美国法律对期货市场操纵的认定，高度聚焦于被控违法行为人的故意。注意，与美国法律不同，《市场滥用条例》第12条第（1）款第（a）项的表述似乎并未提及违法行为人的故意，焦点似乎在交易活动的影响上，如达成交易或下单的行为是否发出或可能发出了虚假或误导性市场信号。此外，《市场滥用条例》第12条第（1）款第（b）项规定，市场操纵还包括采用虚构手段或其他任何形式的欺骗或伎俩且影响或可能影响一项或多项金融工具（或）相关现

① MOLONEY, EU SECURITIES AND FINANCIAL MARKETS REGULATION, at Kindle loc. 34621; Bloomberg Professional, *Market Abuse Regulation: What You Need to Know*, BLOOMBERG, April 11, 2016. “对涉及运用算法交易和高频交易的操纵行为（在《市场滥用条例》下）也给予了特殊关注。”

② Article 12（1）（a）of MAR.

货商品合约价格的交易达成、下单或其他任何活动或行为。[①]和第12条第（1）款第（a）项一样,《市场滥用条例》第12条第（1）款第（b）项似乎还聚焦于交易活动的影响，而非被控违法行为人所具有的故意。

此外,《市场滥用条例》第12条第（2）款第（a）项规定，市场操纵包括一人或多人协同，实施对金融工具或相关现货商品合约供应或需求具有支配性影响的行为，且该行为具有或可能具有直接或间接锚定买入或卖出价格、形成或可能形成不公平交易条件的影响。[②]重要的是,《市场滥用条例》的反操纵禁令适用于会影响相关工具价格的产品交易指令单，包括买卖标的工具以影响其衍生品价格或价值的交易（或反向交易）。[③]从我们关于美国市场操纵法的讨论中可以看到，除不包含要求证明故意的表述外,《市场滥用条例》的市场操纵禁令与美国判例和监管法律关于市场操纵和破坏性交易行为的表述是一致的。需要指出的是，就禁止“任何形式的欺骗或伎俩”这一点而言，《市场滥用条例》同时也是一部反欺诈法律。因此，和美国法律一样,《市场滥用条例》似乎将金融市场操纵骗局归类为对其他市场参与者的欺诈和欺骗。

根据欧盟《市场滥用条例》，传播影响或可能影响衍生品（或其他金融工具）价格的虚假谣言或信息也属于非法行为，这与美国《商品交易法》关于虚假报告的禁令是一致的。具体而言,《市场滥用条例》第12条第（1）款第（c）项规定，市场操纵包括：

> 通过媒体，包括互联网，或其他任何手段传播信息，且该信息能够就金融工具（或）相关现货商品交易的供应、需求或价格发出或可能发出虚假或误导性信号，或者将一项或多项金融工具（或）相关现货商品合约的

① Article 12（1）(b）of MAR.“与原《市场滥用指令》相比,《市场滥用条例》涵盖的场所和工具均更为广泛，因为该《条例》还适用于在场外进行交易且可能对现货商品合约等标的工具产生影响的任何相关金融工具。” Bloomberg Professional, *Market Abuse Regulation.*

② Article 12（2）(a）of MAR；同时，请参见：Bloomberg Professional, *Market Abuse Regulation.*

③ Bloomberg Professional, *Market Abuse Regulation*. Michelle Moran et al., *Market Abuse Regulation*, ROPES & Gray ALERT, June 15, 2016.“《市场滥用条例》适用于商品衍生品，并进一步表示,《市场滥用条例》适用于价格或价值取决于或可影响另一金融工具（包括以‘范围内’股票或债券为参考资产的场外衍生品）价格或价值的工具，包括指数衍生品和信用违约互换。”

价格锚定或可能锚定在非正常或人为水平，包括传播谣言者明知或本应知晓其传播信息为虚假或误导性信息的情形。

即使冒着表述重复的风险，《市场滥用条例》上述条款的规定也似乎仍然聚焦于传播虚假和误导性信息这一行为的影响，而非造谣者的故意。

除在一般意义上禁止市场操纵外，欧盟法律还明确禁止了《商品交易法》中所谓的幌骗，即提交买单或卖单但试图在交易执行之前撤单的行为。有趣的是，尽管《多德—弗兰克法》包含了禁止在期货和衍生品市场上实施幌骗的具体条款，但该条款的措辞并未提及提交买单或卖单并试图在执行前撤单这一行为带来的任何特定不当后果或结果。而欧盟的法律法规条款至少在一定程度上基于撤单骗局所导致的不当后果或结果，对涉及撤单的各类违规交易行为进行了概述，比如，规定了大量下单或撤单，从而给其他交易人“造成不确定性”或延缓交易网络的行为。[①]相比之下，美国《商品交易法》的反幌骗条款仅仅是大体禁止了提交买单和卖单并试图在执行之前撤单的行为，而没有提及撤单行为是否延缓了交易网络或造成了市场参与者的不确定性等后果。

欧盟禁止幌骗的主要条款可见诸于《市场滥用条例》第12条第（2）款第（c）项。该项规定，被禁止的幌骗行为包括：

通过任何可用交易手段（包括电子手段，如算法和高频交易策略）向交易场所提交交易指令单（包括撤单和改单）并通过下列方式产生了《市场滥用条例》第12条第（1）款第（a）项或第（b）项所述影响之一的行为：

（1）扰乱或延误或可能扰乱或延误交易场所交易系统的运行；

（2）使他人更加难以或者可能更加难以识别交易场所交易系统中的真实交易指令单，包括以导致交易指令簿过载或不稳定为目的而下单；

① Section 4（e）of Annex Ⅱ of Commission Delegated Regulation（EU）2016/522（Dec. 17, 2015）.

（3）制造或可能制造关于金融工具供应、需求或价格的虚假或误导性信号，特别是以生成或恶化某种趋势为目的而下单。

欧盟委员会颁布了一项条例，对利用撤单手段实施的违规交易行为进行了明确分类。具体而言，第（EU）2016/522号委员会授权条例规定，“操纵行为的提示信号”包括“提交少量交易指令单、以确定隐藏的交易指令单数量，特别是评估隐秘平台上的指令单数量，即通常所谓的试单”[①]，以及“执行交易指令单或一系列交易指令单，以发现其他参与者的交易指令单，然后下单以利用其获得的信息，即通常所谓的钓鱼”[②]。此外，第（EU）2016/522号委员会授权条例规定，提示市场操纵的行为还包括“提交大量交易指令单或撤单或更新交易指令单，从而给其他市场参与者造成不确定性、延缓其进程或掩盖自身策略的做法，即通常所谓的‘塞单’”。[③]此外，第（EU）2016/522号委员会授权条例附件Ⅱ第（5）点第（e）项规定，下列现象同样提示市场操纵，即交易人“在交易指令簿一侧提交多项或大量交易指令单，以便其在交易指令簿另一侧执行交易”，“而一旦交易完成，即取消其原本并未打算执行的交易指令单，即通常所谓的分层和幌骗”。[④]最后，第（EU）2016/522号委员会授权条例附件Ⅱ第（6）点第（a）项规定，提示操纵的另一交易行为涉及提交在执行之前即予撤回的交易指令单，从而产生或可能产生关于金融工具（或）相关现货商品合约供应或需求的误导性假象，即通常所谓的“下单

① Section 1（c）of Annex Ⅱ of Commission Delegated Regulation（EU）2016/522（Dec. 17. 2015）.

② Section 1（d）of Annex Ⅱ of Commission Delegated Regulation（EU）2016/522（Dec. 17, 2015）.

③ Section 4（e）of Annex Ⅱ of Commission Delegated Regulation（EU）2016/522（Dec. 17, 2015）；请参见：Ng, *EU Market Abuse Regulation 2016*, Sidley Update, June 8, 2016. “为应对国别监管机构近期开始关注算法交易和高频交易的发展动态，《市场滥用条例》规定，某些具有发送虚假或误导性信号或扭曲市场价格效果的电子交易活动（事实上包括塞单、分层和幌骗等行为）均应……视为市场操纵。” Simon Witty, *The New EU Market Abuse Regulation*, Harv. L. Sch. Forum on Corp. Gov. & Fin. Reg., June 17, 2016.

④ Commission Delegated Regulation（EU）2016/522（Dec. 17, 2015）.

但不希望执行交易的行为”。[①]如前所述，《商品交易法》的反幌骗条款大体上禁止了提交衍生品交易买单或卖单但试图在执行前即撤单的行为。但是，对于涉及撤单的违规交易行为子类，如塞单和试单，《商品交易法》和《CFTC规章》的任何规定均未进行明确定义。[②]

在美国被宣布为非法的其他破坏性交易行为在欧盟境内也在禁止之列。比如，和美国法律一样，欧盟法律也禁止了“操纵收盘价”的行为（英文称为“marking the close”或“banging the close”），即在确定或结算特定金融工具价格的时候（如闭市期间）提交大量交易的行为。同样，欧盟法律法规也禁止洗售行为，即与自己（或己方控制的实体）进行交易的行为或事先安排的非竞争性交易（如对敲）。

本书反复提到了一个事实，即《市场滥用条例》的条文表述聚焦的是操纵性行为和欺骗性行为的影响，而非被控实施不当行为的人和公司所具有的故意。这种做法可能与《商品交易法》第40节第（1）条第（B）款的规定相似，而后者聚焦的也是某一陈述或行为是否具有欺诈他人的影响，并基于过失标准要求商品交易顾问、商品基金管理人及其业务相关人员承担欺诈责任。如前所述，过失性欺诈责任是根据合理性标准进行判断的。如果被告以草率方式作出了欺骗或误导潜在或实际客户的陈述，则其应被认定为有罪。因此，《市场滥用条例》中注重影响的市场操纵和欺骗伎俩禁令可能与过失标准下的欺诈诉讼具有可比性，而在被控违法者的心态和谨慎程度均与欧盟欺骗性和操纵性伎俩犯罪完全无关的情况下，则可能与严格责任标准下的欺诈诉讼具有可比性（根据严格责任标准，即便是意外伤害也可能导致责任）。

总之，金融危机导致G20国家寻求创建一个统一的、基于共同原则的场外衍生品金融监管框架。总体而言，G20的后危机改革原则并未明确针对算

① Section 6（a）of Annex Ⅱ of Commission Delegated Regulation（EU）2016/522（Dec. 17, 2015）.

② 但是，CFTC确实发布了关于反幌骗条款的释义，并在其中列述了一些提示幌骗的具体行为。但是，需要明确指出的是，CFTC尚未颁布任何条例对幌骗的子类进行定义。

法交易，但在更新金融市场相关法律法规时，一些政府利用这一机会，加入了一些旨在应对技术变革相关问题的条款，毕竟这些变革改变了金融市场的结构。尽管人们致力于采用全球一致的监管方法，但各国之间仍然存在差异。比如，与美国不同，欧盟将高频算法交易公司归入了必须由成员国金融监管机构“批准”（即需注册）的受监管中介行列。根据美国《商品交易法》，如果从事算法交易的公司可归入现行的注册人类别，则其必须在CFTC进行注册，但要求其注册的依据并不只是其从事高速算法交易这一行为本身。另一方面，就市场操纵的定义和操纵收盘价和洗售等相关法律法规明确禁止的破坏性行为类型而言，美国和欧盟法律之间却存在着显著重合。但是，美国与欧盟法律之间的一项显著区别是，《市场滥用条例》条款似乎主要侧重于特定交易行为的影响，而不重视实施该行为的公司或交易人的故意。这一差异表明，具有操纵衍生品市场这一特定故意的公司和交易人是CFTC面临的一大挑战。因此，尽管美国和欧盟的反操纵条款大体上似乎都涵盖了同类操纵性和破坏性交易行为，但欧盟淡化故意的做法可能会提高公司和交易人就违法指控进行抗辩的难度，因为国家主管当局无须证明高管和雇员实施行为时具有导致期货（或其他衍生品）出现人为价格的必要故意。

第十九章
结　论

本书的整体目标是为衍生品市场监管提供一个概述，同时探讨由于算法机器人及相关人工智能系统的使用日益增加，给市场带来了哪些重大法律法规问题。尽管，目前大多数讨论与分析更关注高频交易公司、虚拟货币和算法市场操纵，但要理解技术变革对期货及衍生品市场的影响，就有必要探讨现行衍生品市场法律法规的基本情况。正因为如此，本书主题包含了对衍生品整体监管框架的阐述。比如，人们必须了解何谓商品期货合约，才能理解虚拟货币及其相关产品是如何适应（或不适应）现行监管体制的问题。同样，本书介绍了法律如何将个人和公司归类为商品交易顾问和商品经纪商（即期货经纪商），而要理解未来可能会由算法机器人和人工智能系统取代人类，成为商品交易顾问和商品经纪商，就必须了解这些基本情况。一般来说，《商品交易法》和《CFTC规章》无法预测人们在期货及衍生品市场上使用的技术手段。因此，当事人如果就期货合约的买入或卖出时间提供建议并因此获得报酬，此人应归类为商品交易顾问，并作为商品交易顾问接受监管，无论提供交易建议的是软件算法、人类市场分析师，还是占卜板。

但是，正如本书各部分阐明的那样，算法机器人和计算机系统适用为规范人类行为而制定的法律，可能会遇到问题。比如，软件程序和计算机并非法律意义上的“人”，并且人们并不认为软件程序和计算机具有主观状态，因此，软件程序和计算机的自动行为不一定会被认定为“故意”行为，除非该行为是应人类的明确指令作出的。也就是说，要指控当事人实施了市场操纵和破坏性交易行为，就必须证明当事人在实施行为时具有特定主观状态，而如果是算法交易扰乱了期货市场，那么监管机构就可能很难证明这种主观状态。在这种情况下，可能会出现以下情形，即扭曲期货市场的交易行为（如洗售和幌骗）如果是由人类实施，那么就可能是非法的，而如果是由算法机器人独立实施，则可能是合法的，因为旨在禁止破坏性交易行为的法律，要求人们必须在特定人类的意识中找到必要的犯罪故意心态。事实上，市场破坏或扭曲行为的合法性不应取决于该行为是由人类实施，还是由算法机器人实施。

正如我们在前面的章节看到的那样，这是一个现实问题。实际上，算法机器人及相关人工智能系统能够从事市场中介的许多重要任务，这些任务传统上以人类为中心且受CFTC监管，如买卖期货合约、向投资者募集资金、管理投资组合等，但《商品交易法》中没有数字中介的规定，这可能会导致所谓的“问责缺失”问题。具体而言，问责缺失是指现行法律责任和问责机制无法有效应对算法机器人及类似自动化系统在没有人类指令情况下实施的某些行为，即便这些行为由人类实施则可能会导致当事人承担法律责任或接受监管。问责缺失给金融市场监管带来了挑战，但这个问题涉及的范围远不止于此。从公司法[①]到国际人道主义法，在许多法律领域，人们都对问责缺失问题广泛关切。

尽管未来的确切发展路径可能难以准确预测，但人们仍可窥见社会发展的一般趋势，即人工智能系统将越来越多地应用于社会生活的许多领域，包括金融服务领域。而正是金融稳定理事会（一家基于巴塞尔规则的国际监管机构）表示，在金融机构和金融市场中，人工智能系统应用日益广泛，而人工智能系统“基本上处于一种无监管、无审计的状态”，因此需要全球监管机

① LoPucki, *Algorithmic Entities*, 95 Wash. U. L. Rev. at 890.

构加强监督。

专家警告说，随着机器人和人工智能的兴起，出现了众多几乎不可能逾越的监管问题。智能机器在工商业中的运用不断增加，已经迫使人们思考如何制定最佳监管标准和保障措施，以降低这些智能机器造成的潜在风险。

因此，金融稳定理事会表示，金融监管范围很可能要进一步扩大，至少须将为金融机构提供人工智能系统的某些个人和公司纳入监管范围。需要明确的是，人们认为，人工智能和机器学习对金融行业的潜在效益相当大，使得各大公司能够更加迅速地处理信息，并改进其与客户之间的互动。但是，监管机构必须理解金融市场中介和基础设施中日益增加运用人工智能系统所带来的风险，这是非常重要的。[①]全球金融市场监管机构（包括CFTC）极有可能需要帮助市场参与者就市场中人工智能的运用制定“准则、道德标准和最佳惯例”。[②]正如自主设计的军用无人机必须符合战争相关法律的规定一样（包括避免平民伤亡的规定），期货交易算法机器人的设计也必须避免扰乱市场或扭曲衍生品价格。在确保金融机构使用的算法机器人和人工智能系统不伤害投资者或以其他方式使市场面临风险方面，监管机构可能要扮演重要角色。

总体而言，期货及衍生品市场上算法机器人和人工智能系统的运用日益增加，带来了一些挑战，人们可采取多项步骤应对这些挑战。首先，美国国会和CFTC应修订《商品交易法》及相关法规，利用过失标准责任拓展监督义务的适用范围，以确保市场参与者以负责任的方式制造和控制算法机器人

---

① “金融稳定理事会昨日表示，监管机构应面向整个金融行业，包括对冲基金、经纪商、银行等，对不断使用人工智能和机器学习技术的情况进行监测，这非常重要。” Barner & Harris, *Risks of Artificial Intelligence on Financial Markets Must Be Monitored, Warns Financial Stability Board*, CITY A. M., Nov. 1, 2017.

② Namgyal, *AI Presents Huge Regulatory Challenges as Industry Use Blossoms, Experts Warn*, MLEX, Oct. 26, 2017.

及其他自动系统。其次，根据金融稳定理事会的建议，美国国会应修订《商品交易法》，以拓宽中介注册范围，将负责算法机器人（或类似自动交易系统）创造、设计和编程的人和计算机自动化销售人员纳入其中，因为当前的注册要求并未涵盖此类人员或公司。[①]再次，监管机构应考虑制定一项适用于自动交易系统、交易算法和数字中介的强制“识别”（即“要求注册”）系统，因为任何监管框架如果仅专注于法律主体，即人类和商业实体，就可能会出现监管疏漏，至少会漏掉某些真正负责关键市场决策的人工智能系统，无论是算法机器人，还是其他类型的算法程序和实体。最后，美国国会和CFTC应开始着手准备，以便未来某天衍生品市场几乎不再有根据人类明确指令而实施的活动时，也就是金融市场上绝大多数活动均由算法机器人实施时，能够从容应对。这意味着，我们可能需要与道德哲学、计算机科学等众多学科领域的学者进行合作，共同确定在衍生品市场完全实现计算机化且由算法控制时，将如何采用最佳方式，确保衍生品市场继续以符合道德标准的方式运作并继续服务于人类。衍生品市场决定了人们为汽油、玉米和面包等商品支付的价格。因此，我们要确保这些市场继续履行其在经济中的重大职能，不会沦为一群算法机器人的逐利之地，任由算法机器人在一轮接一轮永无止境的高频交易中，为一些蝇头小利交锋不止，丝毫不顾及这些交易行为会如何影响人们的生活。如果人工智能管理期货市场的最终结果是油价成为算法机器人任意拉扯涨跌的对象，那么，人类社会将陷入混乱的境地。如果我们现在就认真对待这些问题，这个结果就不会成为现实。（幸运的是，人们似乎正在这么做，因为全球监管机构似乎已经认识到了这些风险，并且正在努力规划应对这些问题的路径。）

在本书作结之际，我还想指出，在从销售到交易等各行各业中，人工智能系统的运用都在不断增加，在这一背景下，整个法律体系面临着一系列共同的挑战，而本书涉及的主题和问题只是其中的一些具体例子。人工智能和

---

① 也就是说，某些数字中介类型的创造者目前仍在监管范围之外，因此应将其纳入监管。

自动化领域的技术进步正在对几乎所有法律领域产生深远影响。今天，机器人，无论是算法机器人，还是其他类型的机器人，正在从事几年前还被认为仅属人类和人类理性领域的工作，无论是向特定人士推荐其钟情的电影，还是向某些人推荐贷款或其他金融产品，莫不如此。事实证明，机器人及相关人工智能系统不仅善于从事高频股票交易和期货交易，而且还日益胜任销售人员、贷款专员和市场分析师岗位。因此，涉及算法机器人及人工智能系统的法律问题，恰恰说明了在自动化水平不断提高的背景下，人类法律法规需要应对更大规模的挑战。因此，本书探讨的一些概念，与当前关于机器人和人工智能系统法律和伦理范围及框架的辩论高度相关。

正如绪论部分所述，未来某一天，我们无须使用“金融科技”或“电子商务”之类的词汇，因为这些词汇中表示“电子”的部分，即“科技”和“电子”，变得不言而喻，甚至显得多余。也就是说，金融科技将简称为“金融”，而电子商务将简称为“商务”。同样，如果算法机器人在社会中无处不在，并且在我们的生活中承担着无数角色，那么所有律师都将有必要了解“机器人法律”。当然，到那时，人们将以“法律”指代所谓的“机器人法律”。但现在，本书只能算作是对算法机器人和法律监管现状进行的探索，因为这个主题只是衍生品市场监管的一部分。我坚信，人工智能系统将继续扩大应用范围，进入更多社会领域，而这一过程中会出现与本书探讨的某些问题类似的法律问题。因此，本书关于衍生品市场算法机器人的法律分析，也可以为其他法律领域的实务工作者提供一些有益见解。

译后记

金融稳定与发展离不开与时俱进的有效监管。近年来，自动化和人工智能领域的技术进步，已经改变了我们的世界，同时也给金融市场监管带来了挑战，这值得我们深入思考和积极应对。美国乔治城大学格雷戈里·斯科皮诺教授关注到这一问题，凭借自身丰富的职业和研究经验，从法律及金融的角度进行抽丝剥茧，分析算法交易相关技术变革给市场监管带来的影响及挑战，探讨监管机构面对挑战的潜在应对方式，于2020年出版了这本《算法机器人和法律监管》。该书对于深化认识科技进步给期货及衍生品市场发展带来的新问题，深入了解境外衍生品市场监管框架以及积极应对人工智能带来的新挑战等，具有较强的现实意义。为此，郑州商品交易所期货市场研究丛书将此书列入引进出版计划，为完善我国期货市场法律法规和监管方式贡献有益文献资料。

为做好引进出版工作，郑州商品交易所期货及衍生品研究所成立了翻译项目小组，参加翻译审校的人员有王慧（第二章、第四章、第七章、第九章、第十一至十三章、第十六章），李柯颖（第一章、第五章、第八章、第十章、第十四章、第十七至十九章），李彤（第六章、第十五章），李科瑾（第三章）。孙振宇（第一至三章）、翟智君（第四至十三章）、陈良涛（第十四至十九章）对全文进行了二次审校。芦发喜、韩学广、王楠、陈良涛对全文进行了审读及完善。历经两年时间，终于完成呈现给读者。在翻译审校过程中，我们严守“忠于原文”的原则，并在此基础上努力做到易于理解和文字流畅，并与作者取得联系，对原文部分脚注进行了删减。

陈邦华、朱斌、刘春彦、朱玲、郑乃全、施利敏、汪楠、白玉在丛书立项和出版预审阶段给予了诸多专业评审意见。陈阳在图书版式设计、相关出版合同拟定及签订等出版阶段，做了诸多统筹协调工作。在此，感谢以上所有人员为本书出版提供的大力支持。

受时间、精力和能力所限，且本书融合了法律、科技、金融等多方面专业内容，译稿难免存在瑕疵，若有不当之处，敬请批评指正。我们期待，本书能使行业内外各位读者有所启发，共同推动期货市场高质量发展。

郑州商品交易所期货及衍生品研究所

2024年10月